D1747307

Joachim Zentes/Lambert Scheer/Markus Lehnert
Internationalisierungspotenziale für Verbundgruppen

**Zukunft im Handel
Band 22**

Herausgegeben von
Bruno Tietz (†)
Hans-Peter Liebmann
Joachim Zentes

Joachim Zentes
Lambert Scheer
Markus Lehnert

**Internationalisierungspotenziale
für Verbundgruppen**

Deutscher Fachverlag

Bibliografische Information Der Deutschen Bibliothek

Die Deutsche Bibliothek verzeichnet diese Publikation in der Deutschen Nationalbibliografie; detaillierte bibliografische Daten sind im Internet über http://dnb.ddb.de abrufbar.

ISSN 1433-8130
ISBN 978-3-86641-089-3
© 2007 by Deutscher Fachverlag GmbH, Frankfurt am Main.
Nachdruck, auch auszugsweise, nur mit Genehmigung des Verlages.
Umschlag: Deutscher Fachverlag GmbH, Frankfurt am Main
Satz: UCMG, Kiew
Druck und Bindung: Wilhelm & Adam, Heusenstamm

Inhaltsverzeichnis

Geleitwort des ZGV XI
Vorwort XIII

Erstes Kapitel: Einführung und Grundlagen

A. Theoretischer Bezugsrahmen 17
   I. Ausgangslage der Studie 17
   II. Verbundgruppen in Deutschland 17
   III. Internationalisierungstendenzen der Verbundgruppen 23

B. Empirische Untersuchung 31
   I. Problemstellung, Zielsetzung und modularer Aufbau
      der Untersuchung 31
   II. Vorgehensweise 32
   III. Merkmale der untersuchten Verbundgruppen 34
      1. Absatzseite 34
         a) Branchenaufteilung 34
         b) Länderaufteilung 35
         c) Art der Geschäftätigkeit der Mitglieder/Anschlusshäuser ... 36
         d) Größe der Verbundgruppen 37
         e) Wachstum der Verbundgruppen 39
      2. Beschaffungsseite 39
         a) Aufteilung nach Warenbereichen 39
         b) Warenbereichsspezifische Angaben 40

Zweites Kapitel: Absatzseitige Internationalisierung

A. Status quo, Entwicklungstendenzen und Perspektiven 45
   I. Status quo der Internationalisierung 45
      1. Auslandsanteile ausgewählter Kenngrößen 45
      2. Vergleich des Innenumsatzwachstums Inland vs. Ausland 46
      3. Geografischer Aktionsradius 47
      4. Derzeitige absatzseitige Tätigkeiten deutscher Verbundgruppen
         (in Europa) 48

II. Entwicklungsprozesse und Perspektiven der Internationalisierung 50
1. Vergleichende Beurteilung der derzeitigen Internationalität
   (Verbundgruppe vs. Branche) 50
2. Entwicklung des geografischen Aktionsradius 51
3. Prozesse der Internationalisierung 53
4. Institutionalisierung von Aufgaben bzw. Prozessen
   der Internationalisierung 57
5. Erleichterung der Internationalisierung durch europäische Rechtsformen .. 58
III. Motive der Internationalisierung 61
1. Überblick 61
2. Ökonomische Motive vs. nicht-ökonomische Motive 61
3. Stammland-orientierte Motive vs. Zielland-orientierte Motive 65
4. Defensive vs. offensive Motive 68
IV. Voraussetzungen der Internationalisierung und deren Erfüllungsgrad 70
V. Barrieren der Internationalisierung 80

B. Wahl der Absatzmärkte 86
I. Länderselektionskriterien 86
1. Überblick 86
2. Auswertung der Befragungsergebnisse 92
II. Marktsegmentierung 96
1. Überblick 96
2. Auswertung der Befragungsergebnisse 99
III. Timing-Strategien 100
1. Überblick 100
2. Auswertung der Befragungsergebnisse 104
IV. Methoden der Ländermarktanalyse 105
1. Überblick 105
2. Auswertung der Befragungsergebnisse 110
V. Vorgehensweisen bei der Ländermarktanalyse 111
1. Überblick 111
2. Auswertung der Befragungsergebnisse 112

C. Betätigungsformen und Geschäftsmodelle auf ausländischen Absatzmärkten 115
I. Betätigungsformen in Auslandsmärkten 115
1. Überblick 115
2. Auswertung der Befragungsergebnisse 116

II. Determinanten der Wahl von Betätigungsformen 120
    1. Überblick 120
    2. Auswertung der Befragungsergebnisse 122
III. Wechsel der Betätigungsform 124
    1. Überblick 124
    2. Auswertung der Befragungsergebnisse 125
IV. Geschäftsmodelle in Auslandsmärkten 125
    1. Überblick 125
    2. Auswertung der Befragungsergebnisse 127
V. Determinanten der Geschäftsmodellwahl 130
    1. Übersicht 130
    2. Auswertung der Befragungsergebnisse 130

Drittes Kapitel: Beschaffungsseitige Internationalisierung

A. Status quo, Entwicklungstendenzen und Perspektiven der internationalen Beschaffung 135
    I. Anteil des ausländischen Einkaufsvolumens 135
        1. Analyse aller Verbundgruppen 135
        2. Vergleich Einzelhandel vs. Großhandel/Handwerk/Dienstleistungen 136
    II. Internationale Beschaffung in Abhängigkeit der Charakteristika des Warenbereichs 138
    III. Vergleich der internationalen Beschaffung von Markenartikeln, Handelsmarken und Commodity-Artikeln 141
    IV. Verteilung des internationalen Einkaufsvolumens auf Produktionsländer und zukünftige Bedeutung der Produktionsländer 142
B. Wahl der Beschaffungsmärkte 143
    I. Kriterien zur Beurteilung von Produktionsländern 143
        1. Überblick 143
        2. Auswertung der Befragungsergebnisse 148
    II. Beurteilung ausländischer Produktionsländer gegenüber dem heimischen Produktionsmarkt 149
C. Beschaffungskanäle 151
    I. Kriterien der Beschaffungskanalwahl 151
        1. Überblick 151
        2. Auswertung der Befragungsergebnisse 153

II. Analyse heutiger und zukünftiger internationaler Beschaffungskanäle 154
   1. Überblick 154
   2. Auswertung der Befragungsergebnisse 157

Viertes Kapitel: Praktische Vorgehensweisen und Fallbeispiele

A. Gegenstand 165

B. Konkretisierung der Länderselektion am Beispiel der Unterhaltungselektronik-/ Informationstechnologie-Branche in Polen 165
  I. Überblick 165
  II. Analyse der relevanten Selektionskriterien 169
    1. Marktvolumen und Marktwachstum 169
    2. Bevölkerungsreichtum 171
    3. Angebot an qualifizierten Arbeitnehmern und Arbeitskosten/Lohnniveau 172
    4. Sicherungsmöglichkeiten für Forderungen 174
    5. Möglichkeit der Durchführung von Zentralregulierung/ Zentralfakturierung/Vermittlungsgeschäft 176
    6. Stabilität der Gesellschaftsstruktur, der Rechtsordnung und Durchsetzbarkeit von Verträgen 176
    7. Politische Stabilität 179
    8. Schutz von Urheberrechten, Markenzeichen 180
    9. Ausmaß an Korruption 181
    10. Höhe der Tarife, Zölle und Steuern 182
    11. Kenntnisse der englischen Sprache sowie der Sprache des Stammlandes 184
    12. Kulturell-psychische Distanz 185
    13. Kommunikations- und Verkehrsinfrastruktur 186
    14. Geografische Distanz 189
    15. Vorhandensein mittelständisch geprägter Handels-/Handwerksstrukturen 190
    16. Kapitalerfordernisse beim Markteinstieg 193
    17. Bekanntheit der Geschäftsmodelle von Verbundgruppen und Verfügbarkeit guter Standorte 193
    18. Wettbewerbsintensität 196
    19. Verfügbarkeit kooperationswilliger Lieferanten 198
  III. Bewertung auf Basis eines Scoring-Modells 199

C. Fallbeispiel Einkaufsbüro Deutscher Eisenhändler GmbH (E/D/E) 204
    I. Unternehmensportrait 204
    II. Absatzseitige Internationalisierung 206
        1. Status quo, Entwicklungsprozesse und Perspektiven 206
        2. Motive, Voraussetzungen und Barrieren der Internationalisierung 209
        3. Aspekte der Marktwahl 211
        4. Einsatz von Betätigungsformen 212
        5. Anwendung von Geschäftsmodellen 216
    III. Fazit und Ausblick 217

D. Fallbeispiel SPORT 2000 218
    I. Unternehmensportrait 218
    II. Beschaffungsseitige Internationalisierung 223
        1. Organisationale Verankerung der Beschaffungsfunktion 223
        2. Lieferantenstruktur 224
        3. Status quo, Entwicklungstendenzen und Perspektiven der
           internationalen Beschaffung 225
        4. Beurteilung von ausländischen Produktionsländern 226
        5. Auswahl und Analyse von Beschaffungskanälen 226
    III. Fazit und Ausblick 227

Fünftes Kapitel: Zusammenfassende Schlussbetrachtung

Literatur 235

Autoren 255

Geleitwort des ZGV

Wer im Prozess der fortschreitenden Internationalisierung nicht unbemerkt zum Zaungast werden möchte, muss aktiv handeln. Falsch ist es, die Globalisierung als einen alleinigen Aktionsraum von Großkonzernen zu begreifen. Zu mehr Wachstum, Beschäftigung und Wohlstand können weltweiter Handel und Auslandsinvestitionen nur dann wirklich beitragen, wenn nicht nur wenige große, sondern gerade auch kleine und mittlere Unternehmen in breiter Aufstellung an der grenzübergreifenden Wertschöpfung und Arbeitsteiligkeit teilhaben. In der Praxis stehen dem oft eine Fülle von Hindernissen entgegen, die sich aus der engen räumlichen Bindung des in der Regel vom Inhaber geleisteten Managements an den Unternehmensstandort und aus den begrenzten personellen und finanziellen Ressourcen ergeben. Gerade im Fachhandel und im Handwerk greifen diese Expansionsgrenzen meist bereits früh. Für das Einzelunternehmen wird sich hieran auch in absehbarer Zeit nichts ändern. Chancen hingegen versprechen eine Reihe von unterschiedlichen Internationalisierungsansätzen bei der überbetrieblichen Zusammenarbeit in Form von Verbundgruppen. Richtig aufgestellt, lassen sich die Kräfte der einzelnen Unternehmen für die Überwindung nationaler Grenzen bündeln, wenn es darum geht, die Informationssuche auf ausländischen Märkten, die Finanzierung von Vermarktungsstandorten und Ware, den Transport von Gütern und die Klärung rechtlicher Fragen zu organisieren.

Mit der Fertigstellung der vorliegenden Studie ist erstmalig eine umfassende und systematische Durchdringung der Chancen und Risiken der Internationalisierung von Verbundgruppen gelungen. Unser besonderer Dank gilt deshalb Herrn Univ.-Professor Dr. Joachim Zentes, Institut für Handel & Internationales Marketing (H.I.Ma.), und seinen Mitarbeitern, die Entscheidungsträgern in Verbundgruppen und dem Mittelstand mit der Studie eine wertvolle Orientierung an die Hand geben. Das Werk schließt an an eine sehr umfassende Studie aus dem Jahr 2003 mit dem Titel „Die Zukunft der Kooperationen", an der das H.I.Ma. maßgeblichen Anteil hatte. Bereits damals war die Internationalisierung der Kooperationssysteme als „Megatrend" identifiziert worden, ohne ihn wissenschaftlich näher zu analysieren.

Es würde mich freuen, wenn der vorliegende Band bei den vielfältigen Fragen der Internationalisierung von den jeweiligen Entscheidungsträgern als fundierte Gestaltungshilfe herangezogen wird.

Berlin, im Februar 2007

Dr. Ludwig Veltmann
Hauptgeschäftsführer des Zentralverbands Gewerblicher Verbundgruppen (ZGV)

Vorwort

Die Planung und Durchführung von Geschäftstätigkeiten auf internationalen Absatz- und Beschaffungsmärkten stellt für Verbundgruppen des Handels, des Handwerks und von Dienstleistern aus dem erweiterten deutschsprachigen Raum (inkl. Niederlande) eine Aufgabe von höchster Priorität dar. Dies veranlasste den ZGV, im Jahre 2005 einen „Arbeitskreis Internationales" zu gründen, der seither regen Zuspruch seitens der Verbundgruppen findet. Die empirische Untersuchung, auf der die vorliegende Studie basiert und an der sich zahlreiche ZGV-Mitglieder beteiligt haben, belegt gleichermaßen die Relevanz des Themenkomplexes der Internationalisierung. So ist die Mehrzahl der teilnehmenden Verbundgruppen bereits auf Auslandsmärkten tätig oder plant, in solche Märkte einzutreten.

Internationalisierungspotenziale bestehen für Verbundgruppen sowohl absatzseitig als auch beschaffungsseitig. Wenngleich die beschaffungsseitige Internationalisierung in Verbundgruppen – wie generell im Handel – bereits eine lange Tradition hat, so gewinnt sie im Rahmen der zunehmenden Globalisierung eine steigende Bedeutung. Dies zeigte sich auch in der H.I.Ma.-Studie „Global Sourcing im Einzelhandel" (Deutscher Fachverlag, Frankfurt a. M. 2006), die in Zusammenarbeit mit der AVE (Außenhandelsvereinigung des Deutschen Einzelhandels) durchgeführt wurde.

Die absatzseitige Internationalisierung ist für die meisten Verbundgruppen „Neuland"; Erfahrungen liegen meist nur im begrenzten Ausmaß vor. Diese strategische Orientierung wird jedoch in den nächsten Jahren erheblich an Bedeutung gewinnen.

Die vorliegende H.I.Ma.-Studie, die in enger Zusammenarbeit mit dem ZGV (Zentralverband Gewerblicher Verbundgruppen) durchgeführt wurde, analysiert die Potenziale beider strategischer Stoßrichtungen, die absatzseitige und die beschaffungsseitige Internationalisierung auf der Grundlage einer breit angelegten empirischen Untersuchung und zahlreicher Expertengespräche mit Vertretern von Verbundgruppen.

Den Ansprechpartnern in den Verbundgruppen sind wir für ihre großzügige Auskunftsbereitschaft zu Dank verpflichtet. Gleichermaßen gilt unser Dank allen Unternehmen, die an der empirischen Untersuchung teilgenommen haben. Unser besonderer Dank gilt den Unternehmen, die uns ermöglicht haben, die konkreten Fallbeispiele in offener Form darzustellen. Bei der Konzeption des Untersuchungsdesigns unterstützten uns die Mitglieder des „Arbeitskreis Internationales" des ZGV, denen wir an dieser Stelle sehr herzlich danken. Ein besonderer Dank gilt Herrn Dr. Ludwig Veltmann, Hauptgeschäftsführer des ZGV, und Herrn Michael

Gerling, Geschäftsführer des EHI (EHI Retail Institute GmbH), für die Diskussionsbereitschaft und die tatkräftige Unterstützung der operativen Abwicklung der empirischen Untersuchung.

Saarbrücken, im Februar 2007

Joachim Zentes
Lambert Scheer
Markus Lehnert

Erstes Kapitel:

Einführung und Grundlagen

A. Theoretischer Bezugsrahmen
    I. Ausgangslage der Studie
    II. Verbundgruppen in Deutschland
    III. Internationalisierungstendenzen der Verbundgruppen

B. Empirische Untersuchung
    I. Problemstellung, Zielsetzung und modularer Aufbau der Untersuchung
    II. Vorgehensweise
    III. Merkmale der untersuchten Verbundgruppen
        1. Absatzseite
            a) Branchenaufteilung
            b) Länderaufteilung
            c) Art der Geschäftstätigkeit der Mitglieder/Anschlusshäuser
            d) Größe der Verbundgruppen
            e) Wachstum der Verbundgruppen
        2. Beschaffungsseite
            a) Aufteilung nach Warenbereichen
            b) Warenbereichsspezifische Angaben

A. Theoretischer Bezugsrahmen

I. Ausgangslage der Studie

Der Wettbewerbsdruck und die Konzentrationstendenzen sind vor dem Hintergrund der Zunahme der Internationalisierung auf den Absatz- und Beschaffungsmärkten in den letzten Jahren in Deutschland in vielen Wirtschaftszweigen stark gestiegen. Im Zuge der Intensivierung des weltweiten Wettbewerbs stehen mittelständisch geprägte Kooperationen des Handels, des Handwerks sowie aus dem Bereich der Dienstleistungen, die im Folgenden als „Verbundgruppen" bezeichnet werden, immer häufiger im direkten Wettbewerb mit international ausgerichteten Unternehmen („global players"). Dies lässt sich aktuell insbesondere bei handelsorientierten Verbundgruppen beobachten, die angesichts der immer mächtiger werdenden Filialsysteme bzw. Konzernunternehmen vor schwierigen Herausforderungen stehen.

Um den veränderten Marktanforderungen gerecht zu werden und eine Erfolg versprechende Positionierung im zukünftigen Wettbewerbsumfeld zu erlangen, sind grundlegende strukturelle Veränderungen der bestehenden Verbundgruppen erforderlich. Angesichts des sowohl lieferanten- als auch abnehmerseitigen Globalisierungsdrucks in zahlreichen Branchen zählt insbesondere eine stärker internationale Ausrichtung zu den wichtigsten Herausforderungen für das strategische Verbundgruppen-Management, da hierdurch bedeutende Wachstumschancen in neuen Ländern eröffnet und entscheidende Wettbewerbsvorteile, u.a. durch Kostendegression, ermöglicht werden können.

Im folgenden Abschnitt werden Verbundgruppen zunächst näher charakterisiert, so hinsichtlich ihrer Grundformen, ihrer Marktstellung sowie ihrer Dachverbände, dem Zentralverband Gewerblicher Verbundgruppen (ZGV) auf nationaler Ebene sowie der Union des Groupements de Détaillants Indépendants de l'Europe (UGAL) auf europäischer Ebene. In einem weiteren Abschnitt wird der aktuelle Stand der Forschung bezüglich der Internationalisierung von Verbundgruppen dargelegt.

II. Verbundgruppen in Deutschland

Erste Anzeichen für eine kooperative Wirtschaftsgestaltung im deutschsprachigen Raum finden sich bereits in der mittelalterlichen Stadtwirtschaft in Form des Konkurrenzschutzes, des Stapelrechts sowie des Umschlags- und Marktzwangs, wodurch die damaligen Handwerkszünfte und Kaufmannsgilden gekennzeichnet waren (Berekoven 1987, S. 18ff.).

Eine wichtige Rolle für die Entwicklung von Verbundgruppen spielte die Genossenschaftsbewegung, die in Deutschland seit der Mitte des 19. Jahrhunderts entscheidend von Hermann Schulze-Delitzsch und Friedrich Wilhelm Raiffeisen durch die Gründung von Handwerker- und landwirtschaftlichen Genossenschaften sowie Konsumgenossenschaften vorangetrieben wurde. Die Rechtsgrundlage für diese Genossenschaften bildeten das 1867 erlassene preußische Genossenschaftsgesetz sowie das heute noch gültige (obgleich oftmals geänderte) Genossenschaftsgesetz von 1889, das die persönliche beschränkte Haftung der Genossen beinhaltet (Schenk 1998, S. 157).

Im Zuge der Diskussion um das Gesetz gegen Wettbewerbsbeschränkungen von 1956 etablierte sich die Bildung von Kooperationen als mittelstandspolitisches Instrument mit dem Ziel der „Hilfe zur Selbsthilfe" für Klein- und Mittelbetriebe (Schenk 1998, S. 158). Die hohe Bedeutung der Kooperationen wird auch von Siebert/Veltmann (2006, S. 261) hervorgehoben, die sie als „insbesondere für den Mittelstand [...] nach wie vor zukunftsträchtige und existenzschützende Wettbewerbsstrategie" bezeichnen.

Aus dem Spektrum der in der Literatur laut Siebert/Veltmann (2006, S. 261) sehr weit gefassten und unsystematischen Definitionsansätze des Begriffs „Verbundgruppe" wird der vorliegenden Untersuchung folgende Definition des Ausschusses für Definitionen zu Handel und Distribution aus dem Jahre 2006 (S. 51f.) zu Grunde gelegt: „Verbundgruppe ist ein Sammelbegriff für Zusammenschlüsse rechtlich selbständiger Unternehmen zum Zwecke der zwischenbetrieblichen Kooperation. Die Zusammenarbeit kann in der Beschaffung, im Absatz, im Investitions- und Finanzbereich und in der Verwaltung erfolgen. Trägerbetriebe sind Verbundgruppenzentralen, meist in der Rechtsform der Genossenschaft, der GmbH oder der AG. Zu den Verbundgruppen zählen Einkaufsgemeinschaften des Groß- und Einzelhandels [...], des Handwerks und des Dienstleistungssektors sowie Freiwillige Ketten."

Liebmann/Zentes (2001, S. 12ff.) kategorisieren Verbundgruppen darüber hinaus in horizontale sowie vertikale Verbundsysteme. Im horizontalen Sinne existieren sie auf den unterschiedlichen Ebenen der Handelskette, so auf Großhandels- und auf Einzelhandelsebene, im vertikalen Sinne bestehen sie zwischen Groß- und Einzelhandel, aber auch zwischen Herstellern und Groß- und Einzelhandelsunternehmen. Die Aufgabenschwerpunkte sowohl der horizontalen Einkaufsallianzen des Einzelhandels als auch der – oftmals als Einkaufskontore bezeichneten – Einkaufsgemeinschaften des Großhandels sind zwar traditionell beschaffungsmarktorientiert, allerdings zeichnet sich eine Ausdehnung des Leistungsspektrums um Vermarktungsaktivitäten und betriebswirtschaftlichen Support ab. Auf Grund der hierdurch entstehenden Arbeitsteilung zwischen der Verbundgruppenzentrale und ihren Mitgliedern gewinnen die in der Regel im Sinne von Y-Allianzen auf die gemeinsame Durchführung von Aktivitäten ausgerichteten horizontalen Verbundsysteme zusätzlich den aktivitätsübergreifenden Charakter einer X-Allianz (Zentes 1994, S. 80f.; Liebmann/Zentes 2001, S. 13).

Die vertikalen Verbundsysteme können nach IBB/H.I.MA. (2003, S. 73) in Verbundgruppen des Handels sowie Verbundgruppen des Handwerks eingeteilt werden (siehe Abbildung 1). Hierbei werden die vielfältigen Erscheinungsformen von Verbundgruppen deutlich, da diese im Grunde zwischen jeder Stufe der Handels- bzw. der Handwerkskette gebildet werden können.

Abbildung 1: Grundformen von Verbundgruppen

Legende: VG = Verbundgruppe, GH = Großhandel, EH = Einzelhandel, HW = Handwerk

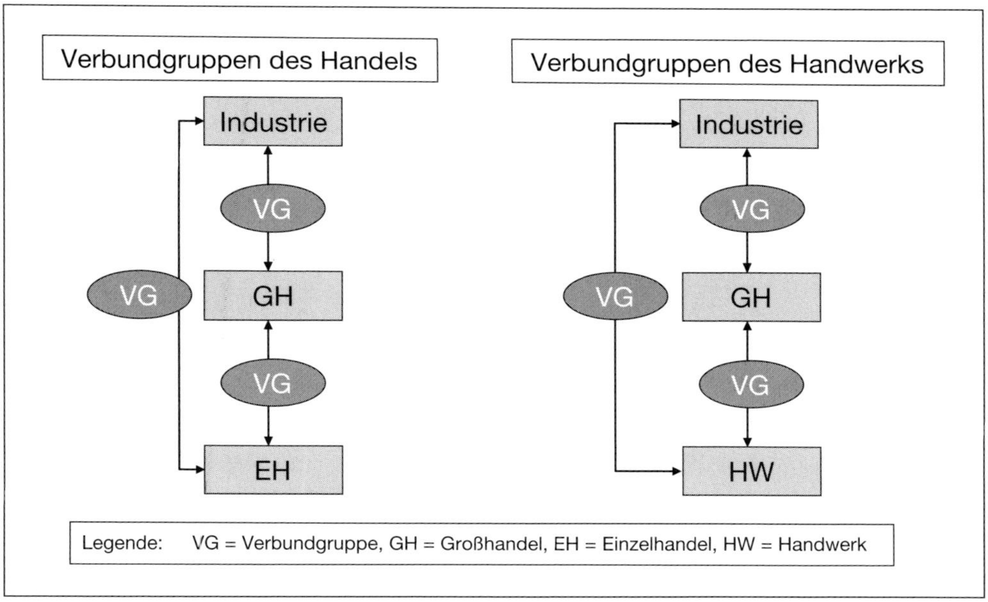

Quelle: in Anlehnung an IBB/H.I.MA. 2003, S. 73.

Verbundgruppen können darüber hinaus im Vergleich zu anderen Handelssystemen in einem Spannungsfeld zwischen Markt und Hierarchie betrachtet werden (siehe Abbildung 2). Hierbei ist der nichtorganisierte Einzel- und Großhandel durch einen geringen Grad der organisatorischen Verklammerung auf der Handelsebene gekennzeichnet, da er mit diversen Marktpartnern, die er jeweils neu auswählt, Transaktionen durchführt ohne dabei kurz- oder langfristige Bindungen einzugehen. Auf der anderen Seite des Spektrums befinden sich Filialbetriebe, welche die Großhandelsfunktion selbst übernehmen und in einer hierarchischen Konzeption eine zentrale Planung und Umsetzung von Maßnahmen vornehmen. Zwischen den beiden Endpunkten des Kontinuums befinden sich Formen von Handelskooperationen als Hybridformen zwischen marktlicher und hierarchischer Koordination. Hierzu zählen die Verbundgruppen und die Freiwilligen Ketten als Handelskooperationen im engeren Sinne ebenso wie die Franchisesysteme, die als Handelskooperationen im weiteren Sinne bezeichnet werden können (Müller-Hagedorn 2005, S. 1310).

Abbildung 2: Handelssysteme zwischen Markt und Hierarchie

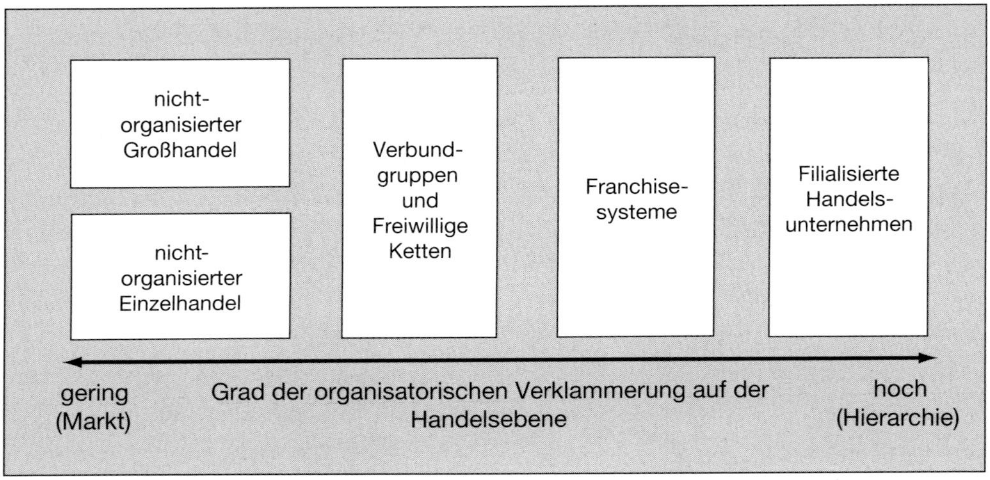

```
┌─────────────────────────────────────────────────────────────────────┐
│  ┌──────────────┐                                                   │
│  │   nicht-     │   ┌──────────┐                                    │
│  │ organisierter│   │ Verbund- │                      ┌──────────┐  │
│  │  Großhandel  │   │ gruppen  │   ┌──────────┐       │Filialisierte│
│  └──────────────┘   │   und    │   │Franchise-│       │ Handels- │  │
│  ┌──────────────┐   │Freiwillige│  │ systeme  │       │unternehmen│ │
│  │   nicht-     │   │  Ketten  │   └──────────┘       └──────────┘  │
│  │ organisierter│   └──────────┘                                    │
│  │ Einzelhandel │                                                   │
│  └──────────────┘                                                   │
│  ◄─────────────────────────────────────────────────────────────►    │
│   gering      Grad der organisatorischen Verklammerung auf der  hoch│
│   (Markt)                     Handelsebene                (Hierarchie)│
└─────────────────────────────────────────────────────────────────────┘
```

Quelle: Müller-Hagedorn 2005, S. 1310.

Die volkswirtschaftliche Bedeutung, die den Verbundgruppen in Deutschland zukommt, lässt sich anhand mehrerer Kennzahlen verdeutlichen. So kann angeführt werden, dass in den ca. 600 in Deutschland existierenden Verbundgruppen rd. 200.000 Mitgliedsunternehmen mit rd. 2,5 Millionen Beschäftigten zusammengeschlossen sind. Betrachtet man die Umsatzanteile im deutschen Einzelhandel von 1970 bis 2000 (siehe Abbildung 3), so zeigt sich, dass Verbundgruppen mit über 40 Prozent Marktanteil im Jahre 2000 eine gewichtige Marktstellung einnehmen.

Wuchs dieser Anteil von 1970 bis 1990 noch stetig an, so ist seit 1990 jedoch ein leichter Rückgang von 45 auf 42 Prozent zu verzeichnen. Die Marktanteile der Großfilialbetriebe stiegen im gesamten Betrachtungszeitraum stetig an, während die der unabhängigen Betriebe ebenso stetig abnahmen.

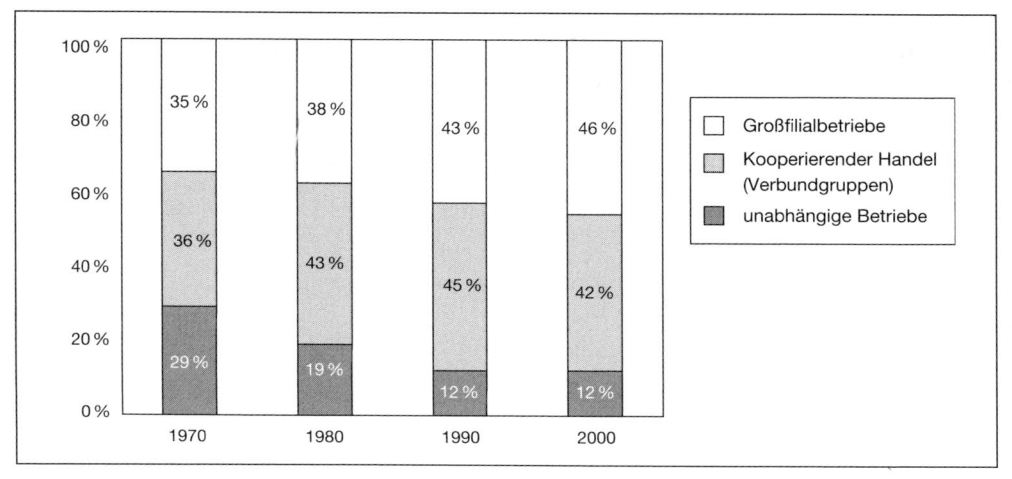

Abbildung 3: Entwicklung der Marktstellung von Verbundgruppen

Jahr	unabhängige Betriebe	Kooperierender Handel (Verbundgruppen)	Großfilialbetriebe
1970	29 %	36 %	35 %
1980	19 %	43 %	38 %
1990	12 %	45 %	43 %
2000	12 %	42 %	46 %

Quelle: o.V. 2001, S. 11.

Darüber hinaus sind die Verbundgruppen in Deutschland in einem sehr breiten Spektrum an Branchen vertreten, wobei 30 verschiedene Branchen als Untergrenze genannt werden können. Innerhalb dieser Branchen gibt es zahlreiche, in denen Verbundgruppen einen substanziellen Marktanteil verbuchen können, wie Abbildung 4 verdeutlicht. Zu den Handelssegmenten, in denen Verbundgruppen über einen Marktanteil von mehr als 50 Prozent verfügen, zählen neben den hier aufgeführten Bereichen „Möbel" sowie „Getränke" laut IBB/H.I.MA. (2003, S. 82) auch der Optiker- sowie der Baustofffachhandel mit Marktanteilen von 58 bzw. 76 Prozent.

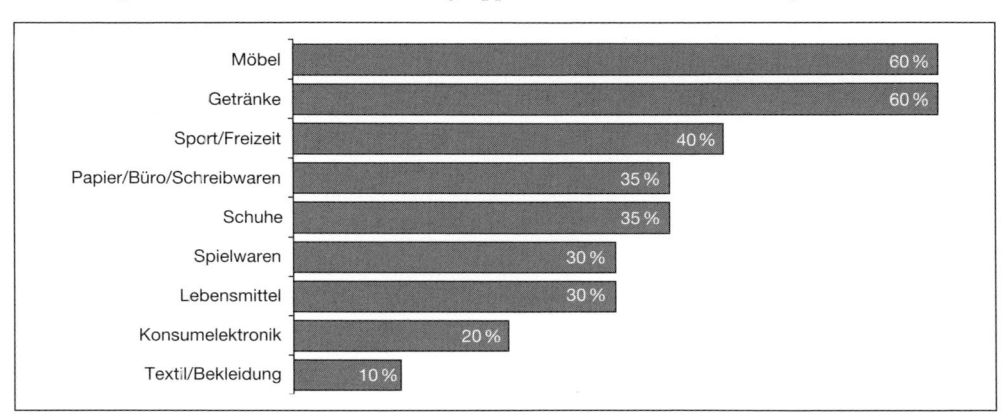

Abbildung 4: Marktanteile von Verbundgruppen in einzelnen Handelssegmenten

Handelssegment	Marktanteil
Möbel	60 %
Getränke	60 %
Sport/Freizeit	40 %
Papier/Büro/Schreibwaren	35 %
Schuhe	35 %
Spielwaren	30 %
Lebensmittel	30 %
Konsumelektronik	20 %
Textil/Bekleidung	10 %

Quelle: ifo Institut; ZGV; EHI; McKinsey, zit. nach Barrenstein/Kliger 2003, S. 11.

Innerhalb der Verbundgruppenszene kommt dem Dachverband ZGV eine wichtige Bedeutung zu (siehe Tabelle 1). Der ZGV vertritt als Spitzenverband ca. 300 Verbundgruppen, dies entspricht in etwa der Hälfte der Gesamtheit deutscher Verbundgruppen. Laut Schwerin (2004) sind im ZGV die führenden Verbundgruppen aus über 30 Branchen zusammengeschlossen. Diese erwirtschafteten im Jahre 2005 mit ihren Anschlusshäusern einen Innenumsatz von über 100 Mrd. EUR und damit ca. 4,5 Prozent des deutschen BIP. Den Verbundgruppen im ZGV können ca. 180.000 mittelständische Unternehmen mit ca. 2 Millionen Beschäftigten zugeordnet werden, dies entspricht 90 Prozent sämtlicher in Verbundgruppen zusammengeschlossenen mittelständischen Unternehmen (200.000) sowie vier Fünfteln der Gesamtzahl an Beschäftigten in Unternehmen, die sich einer Verbundgruppe angeschlossen haben (2,5 Mio.).

Tabelle 1: Bedeutung des ZGV in der deutschen Verbundgruppenszene

Verbundgruppen-/ZGV-Fakten 2005	
Anzahl der Verbundgruppen in Deutschland	ca. 600
Anzahl der Verbundgruppen im ZGV	ca. 300
Anzahl der Branchen, in denen Verbundgruppen existieren	> 30
Anzahl der von den ZGV-Mitgliedern abgedeckten Branchen	> 30
Anzahl der Beschäftigten der Verbundgruppen-Mitglieder	ca. 2,5 Mio.
Anzahl der Beschäftigten der Verbundgruppen-Mitglieder im ZGV	ca. 2,0 Mio.
Anzahl der in Verbundgruppen zusammengeschlossenen Unternehmen	ca. 200.000
Anzahl der in Verbundgruppen zusammengeschlossenen Unternehmen im ZGV	ca. 180.000
von den ZGV-Mitgliedern mit deren Anschlusshäusern erwirtschafteter (Innen-)Umsatz	ca. 100 Mrd. EUR
von den Anschlusshäusern der ZGV-Mitglieder erwirtschafteter (Außen-)Umsatz	ca. 300 Mrd. EUR

Quelle: eigene Darstellung in Anlehnung an http://www.zgv-online.de; Siebert/Veltmann 2006, S. 269.

Auf europäischer Ebene werden Verbundgruppen durch den 1963 gegründeten Dachverband UGAL (Union der Verbundgruppen selbstständiger Einzelhändler Europas) vertreten. Die UGAL vertritt nach eigenen Angaben „mehr als 323.000 selbständige Einzelhändler, die einen Einzelhandelsumsatz von über 496 Milliarden Euro realisieren und 456.000 Verkaufsstellen innerhalb von ca. 33 Verbundgruppen und Vereinigungen von Verbundgruppen in Europa betreiben. Diese vertreten über 3.477.000 Beschäftigte und realisieren einen Großhandelsumsatz von über 222 Milliarden Euro" (http://www.ugal.org/de/objectifs.htm).

III. Internationalisierungstendenzen der Verbundgruppen

Nur wenige Handelsforscher haben sich in der Vergangenheit mit der Internationalisierung von Verbundgruppen beschäftigt: So integrierte Tietz (1992) eine Internationalisierungsphase in sein Phasenmodell für Handelskooperationen, Zentes (1994) stellte die Europäisierung als Basisoption kooperativer Wettbewerbstrategien für Verbundgruppen dar, Dautzenberg (1996) identifizierte das Wachstum durch Internationalisierung als eine der Herausforderungen an das Management von Verbundgruppen, Blümle/Maass (1998) warfen drei strategische Grundfragen der Internationalisierung von Verbundgruppen auf, Groß (2003) betrachtete die Internationalisierung als eine wichtige strategische Entwicklungsrichtung für Verbundgruppen und IBB/H.I.MA. (2003) stellten das Modell „Global Player" als eines der Zukunftsmodelle für Kooperationssysteme vor. Gesamthaft betrachtet, ist die Erforschung des Phänomens der Internationalisierung von Verbundgruppen dennoch als defizitär zu bezeichnen (vgl. Schenk 1998, S. 178ff.).

Während erste, vor allem große, Verbundgruppen des Einzelhandels bereits internationale Tätigkeiten aufgenommen haben, ist die Internationalisierung der kleinen und mittleren Verbundgruppen weitaus weniger vorangeschritten. Dass vor allem die wachstumsstarken und wirtschaftlich erfolgreichen, großen Verbundgruppen in höherem Maße international tätig sind, zeigte die „Benchmarking-Studie Verbundgruppen 2000" von ZGV/Dr. Wieselhuber & Partner (2000). Auf den Nachholbedarf der kleinen und mittleren Verbundgruppen hat auch Olesch (1994, 1997, 1998) in der Vergangenheit mehrfach hingewiesen, wenngleich Blümle/Maass (1998, S. 327) zu dem Ergebnis kommen, dass es „unabhängig von der Umsatzgröße der Verbundgruppe" ist, ob „eine Verbundgruppe internationalisiert oder nicht". Ein Nachholbedarf hinsichtlich der absatzseitigen Internationalisierung, die im Rahmen dieser Studie im Vordergrund steht, ist jedoch unbestritten. Dies bekräftigt Olesch (1998, S. 290) mit folgender Aussage: „Richtig ist sicher, dass der Handel im Hinblick auf den Absatz, also auf seine Präsenz im Ausland, nicht die Bedeutung hat, wie sie dem Internationalisierungsgrad ausländischer Handelsunternehmen entspricht." Darüber hinaus wird im Rahmen der vorliegenden Untersuchung auch die beschaffungsseitige Internationalisierung betrachtet, die durch Global-Sourcing-Konzepte u.Ä. bei Verbundgruppen bereits weiter entwickelt ist.

In einer über Deutschland hinaus gehenden Betrachtung können auch im europäischen Ausland zahlreiche Verbundgruppen identifiziert werden, wobei deutlich wird, dass Deutschland das bislang bedeutendste Herkunftsland von Verbundgruppen darstellt. Gemäß einer Untersuchung von IBB/H.I.MA. verteilen sich die übrigen Verbundgruppen auf die folgenden europäischen Länder bzw. Regionen (IBB/H.I.MA. 2003, S. 72):

- Frankreich: 51
- Großbritannien: 37
- Italien: 20
- Niederlande: 21
- Österreich: 39
- Schweiz: 29
- Skandinavien: 15
- Spanien: 69.

Laut Olesch (1994, S. 16) besteht das dichteste Netz an Verbundgruppen in denjenigen Ländern, in denen „die Konzentration am weitesten fortgeschritten und der Wettbewerbsdruck durch die Großbetriebe des Handels am grössten ist". Demzufolge stellt er ein Nord-Süd-Gefälle hinsichtlich der Verbreitung von Verbundgruppen in Europa fest, bei dem nordeuropäische Länder einen stärkeren Verbundgruppenbesatz aufweisen als südeuropäische Länder.[1] Dieses Gefälle ist anhand von Abbildung 5, welche die Marktanteile von Verbundgruppen in ausgewählten europäischen Ländern aufzeigt, ersichtlich.

Abbildung 5: Marktanteile von Kooperationsgruppen in ausgewählten europäischen Ländern

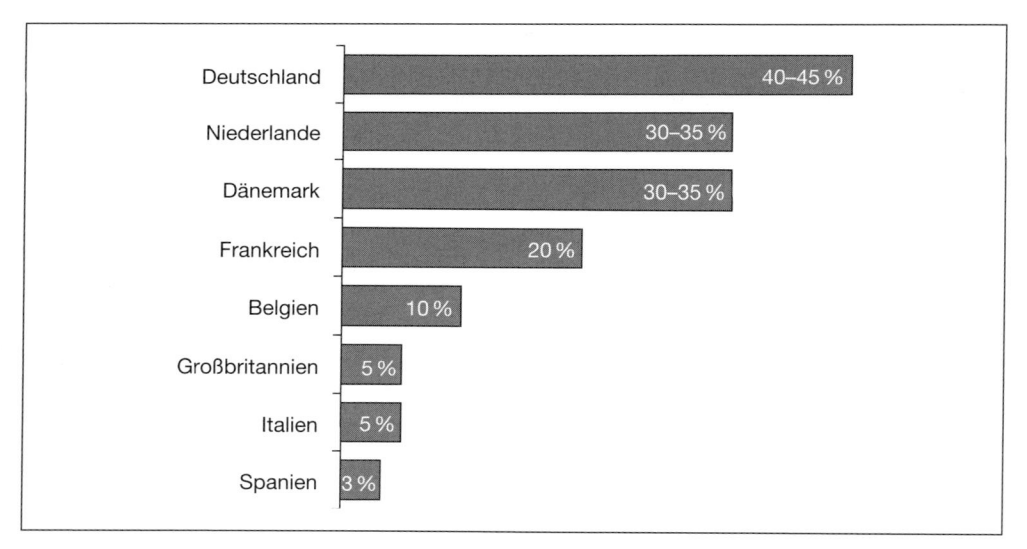

Deutschland	40–45 %
Niederlande	30–35 %
Dänemark	30–35 %
Frankreich	20 %
Belgien	10 %
Großbritannien	5 %
Italien	5 %
Spanien	3 %

Quelle: Euromonitor/M+M Eurodata/ifo Institut 1988.

---

[1] Zwar existiert im südeuropäischen Spanien eine vergleichsweise hohe Anzahl an Verbundgruppen, jedoch können diese nur relativ geringe Marktanteile auf sich vereinigen (siehe Abbildung 5).

Darüber hinaus zieht Olesch (1994, S. 17) von der Anzahl der Verbundgruppen in den jeweiligen Ländern Rückschlüsse auf den qualitativen Entwicklungsstand der Verbundgruppen. Seinen Ausführungen zufolge zeichnen sich Verbundgruppen, die in einem Land ansässig sind, das eine hohe Verbundgruppendichte aufweist, durch ein dementsprechend hohes Leistungsniveau sowie einen hohen Internationalisierungsgrad aus. Vor dem Hintergrund des hohen Marktanteils sowie des hohen Leistungsstands der deutschen Verbundgruppen sei es nicht verwunderlich, dass diese „bei der Internationalisierung eine Vorreiterrolle in Europa einnehmen" (Olesch 1994, S. 17). Hierbei beruft sich Olesch u. a. auf die ifo-Studie „Kooperative Handelssysteme auf europäischen Märkten" von Ahrens (1994), bei der den deutschen Verbundgruppen eine ebensolche Rolle zugesprochen wurde. Dieser Erkenntnis pflichten Blümle/Maass (1998, S. 327) ebenfalls bei: „Deutsche Verbundgruppen übernehmen aufgrund ihres hohen Marktanteils und ihres Leistungsstandards eine Vorreiterrolle."

Im Rahmen seines in den achtziger Jahren entwickelten Phasenmodells der Handelskooperationen unterscheidet Tietz (1983, 1992), der das Modell mehrfach modifizierte, neun Entwicklungsstufen (siehe Abbildung 6). Wenngleich das Modell keine zeitliche Abgrenzung der neun Entwicklungsstufen vornimmt, vermittelt es laut Schenk (1991, S. 395) einen guten Eindruck über die Ausweitung der Marktaktivitäten der Verbundgruppen. Der Beginn der ersten Entwicklungsstufe kann Schenk (1998, S. 156) zufolge „im ausgehenden 19. Jahrhundert mit dem Aufkommen der Einkaufsgenossenschaften" vermutet werden. Laut Olesch (1998, S. 289ff.) dominierten bis zum Ende des Zweiten Weltkriegs die regionalen Kooperationen, erst danach setzten sich landesweit (national) operierende Verbundgruppen durch. Seit Ende der neunziger Jahre sind Verbundgruppen, seiner „Theorie der drei geografischen Ebenen" folgend, verstärkt international tätig.

Olesch analysierte das Tietz'sche Phasenmodell im Jahre 1997 auf seine Aktualität und unterzog es einer Neubewertung. Hierzu nahm er eine Zweiteilung der Phasen in „klassische Phasen" (Warenvolumenphase, Waren- und Servicephase, Full-Service-Phase, regionale Marktbesetzungsphase, Marketingphase) und „avangardistische Phasen" (Segmentierungsphase, Diversifikationsphase, Supervolumenphase und Internationalisierungsphase) vor, da letztere Phasen Ausdruck eines grundlegenden Wandels des Kooperationsgeschehens seien (Olesch 1997, S. 5). Diesen Phasen bescheinigte er auch eine hohe Aktualität, wobei er die Internationalisierungsphase als sich noch in der Entwicklung befindlich beschreibt. Dies kann aus dem Hinweis auf den bestehenden Nachholbedarf, insbesondere auf der Absatzseite, geschlossen werden (Olesch 1997, S. 5). Es ist daher davon auszugehen, dass zahlreiche Verbundgruppen auf der Basis dieses Modells zukünftig verstärkt eine Internationalisierung in Erwägung ziehen, da das Modell laut Olesch (1997, S. 6) als Anregung gedacht ist, um neue Marktchancen auf bisher nicht wahrgenommenen Feldern zu entdecken.

Abbildung 6: Das Phasenmodell der Handelskooperationen

Entwicklungsphase	Leistungsprogramme/Marketingkonzepte	Relevante Märkte
Warenvolumenphase	Warenbeschaffung und Belieferung der Mitglieder Eigen-/Fremdgeschäft Lager-/Streckengeschäft Zentralregulierung Delkrederehaftung Datenträgeraustausch	Beschaffungsmarkt
Waren- und Servicephase	Beschaffungsmarketing Produktgestaltung Markterschließung (Importe) Messen, Börsen Handelsmarken Sortimentspolitik	Beschaffungsmarkt Absatzmarkt
Full-Service-Phase	Betriebswirtschaftliche Dienstleistungen (Betriebsvergleiche, Standortanalysen, Betriebstypenpolitik) Aus- und Weiterbildung Nachfolgeberatung	Beschaffungsmarkt Absatzmarkt Konkurrenzmarkt Interner Markt
Regionale Marktbesetzungsphase	aktive Mitgliederpolitik Standortsicherung Partnerschaftsmodelle Regiebetriebe	Beschaffungsmarkt Konkurrenzmarkt Interner Markt
Marketingphase	Gruppenprofilierung (offensives Gruppenmarketing) Leistungsprogrammkonturierung	Beschaffungsmarkt Absatzmarkt Konkurrenzmarkt
Segmentierungsphase	Gruppenhomogenisierung unter gleichzeitiger Leistungsdifferenzierung nach – Sortimenten – Betriebstypen – Zielgruppen – Betriebsgrößen organisatorische Segmentierung in fachgruppen-/modul-orientierte und betriebstypenorientierte Modelle	Absatzmarkt Konkurrenzmarkt Interner Markt
Diversifikationsphase	Erweiterung des Leistungsprogramms, insb. Aufnahme von Dienstleistungen Betriebstypenauffächerung Aufbau von Franchisesystemen	Absatzmarkt Konkurrenzmarkt Interner Markt
Supervolumenphase	Kooperation mehrerer Einkaufsverbände Kooperation von Verbundgruppen mit Großbetrieben des Groß- und Einzelhandels Beteiligung an anderen Gruppen und/oder Handelsunternehmen	Beschaffungsmarkt Absatzmarkt Konkurrenzmarkt Interner Markt
Internationalisierungsphase	Aufnahme ausländischer Mitglieder Abschluss von Partnerschaftsabkommen Gründung von Niederlassungen im Ausland	Beschaffungsmarkt Absatzmarkt Konkurrenzmarkt Interner Markt

Quelle: Tietz 1992, S. 342f.

Wie aus Abbildung 6 ebenfalls hervorgeht, identifizierte Tietz (1992, S. 343) unter der Rubrik Leistungsprogramme/Marketingkonzepte bereits drei Betätigungsformen von Verbundgruppen auf ausländischen Märkten (Aufnahme ausländischer Mitglieder, Abschluss von Partnerschaftsabkommen sowie Gründung von Niederlassungen im Ausland) die – in teils unveränderter, teils leicht abgewandelter Form – Eingang in die vorliegende Untersuchung gefunden haben.

In seiner Dissertation über das „Verbundgruppenmanagement im Spannungsfeld zwischen Zentralisierung und Dezentralisierung" identifizierte Dautzenberg (1996, S. 91ff.) das Wachstum durch Internationalisierung als eine relevante Herausforderung für Verbundgruppen innerhalb der Kernherausforderung „Mitgliederwachstum der Verbundgruppe anstreben". Die Bedeutung der Internationalisierung für den zukünftigen Erfolg wurde hierbei jedoch seitens der Verbundgruppen sehr unterschiedlich beurteilt. So gab es innerhalb der meisten Branchen sowohl Verbundgruppen, die der Internationalisierung einen hohen Stellenwert beigemessen haben, als auch stark national orientierte Verbundgruppen. Ausnahmen stellten der fast ausschließlich national orientierte Lebensmittelhandel sowie die in hohem Maße international orientierte Schuhbranche dar. Einen Überblick über sämtliche von Dautzenberg (1996, 1997) identifizierte Herausforderungen für Verbundgruppen gibt Abbildung 7.

Abbildung 7: Herausforderungen an das Management von Verbundgruppen

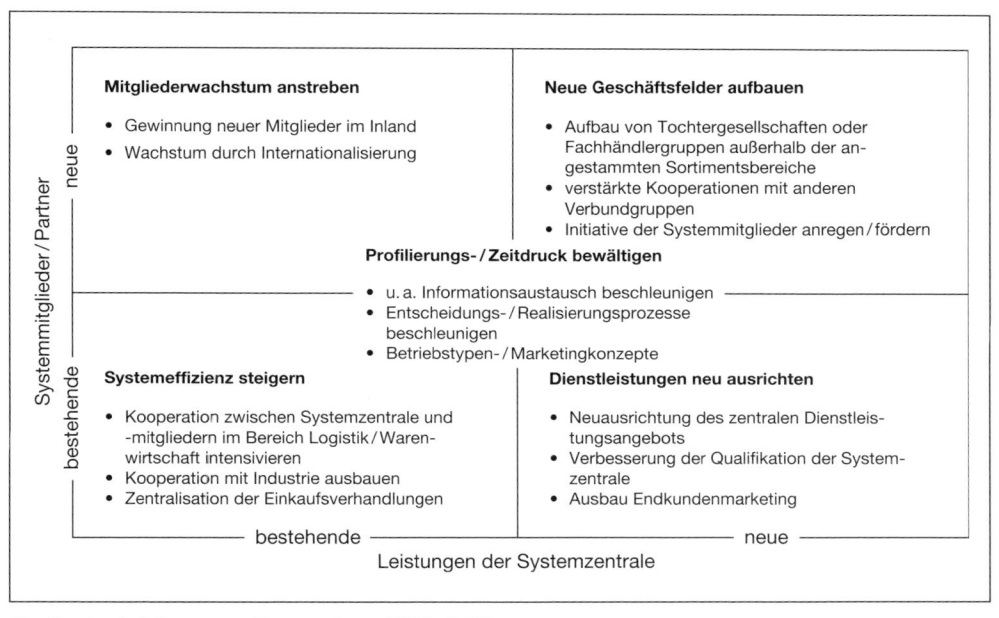

Quelle: in Anlehnung an Dautzenberg 1997, S. 78.

Auch Olesch/Ewig betrachteten die Internationalisierung von Verbundgruppen als zentrales Strategiefeld und verwiesen auf eine Umfrage unter 400 Handelsmanagern im Jahre 2001, nach der die fortschreitende Internationalisierung „die Herausforderung [...] schlechthin" bilde (Olesch/Ewig 2003, S. 65).

Einen Systematisierungsansatz hinsichtlich der Internationalisierung von Verbundgruppen lieferten Blümle/Maass im Jahre 1998, indem sie drei grundsätzliche Fragestellungen formulierten, die das Verbundgruppen-Management im Vorfeld bzw. im Verlauf der Internationalisierung berücksichtigen sollte. Diese betreffen erstens die Wahl der Tätigkeit im Ausland (Was?), zweitens die Wahl des Zielmarktes (Wo?) sowie drittens die Wahl der Strategie (Wie?) (Blümle/Maass 1998, S. 324). Die vorliegende Studie geht im Anschluss an eine Status-quo-Betrachtung auf sämtliche der aufgeworfenen Fragestellungen ein. So greift die Analyse der Marktwahl die Frage des „Wo?" auf während die Analyse der Betätigungsformen (Markteintrittsstrategien) die Frage des „Wie?" behandelt. Hinsichtlich der Wahl der Tätigkeit im Ausland führten Blümle/Maass (1998) organisationsspezifische sowie unternehmensfunktionale Tätigkeiten an; diese zielen auf eine Analyse der Marktbearbeitungsstrategien von Verbundgruppen auf Auslandsmärkten ab, die in dieser Studie durch die ebenfalls analysierten Geschäftsmodelle von Verbundgruppen auf Auslandsmärkten abgedeckt werden.

Blümle/Maass (1998) analysierten darüber hinaus die Auslöser sowie die Motive für eine Internationalisierung von Verbundgruppen, wobei sie zwischen unternehmensstrategischen, länderspezifischen und kostenorientierten Motiven differenzierten; hinzu kommen die persönlichen Motive der Entscheidungsträger. Des Weiteren führen die Autoren an, dass sich für Verbundgruppen durch internationale Tätigkeiten Standortvorteile, Informationsvorteile, Größenvorteile, Verbundvorteile sowie Internalisierungsvorteile ergeben können.

Im Rahmen seiner Analyse der strategischen Entwicklungsrichtungen für Verbundgruppen beschäftigte sich Groß (2003) mit Fragen der Internationalisierung. Während die beiden Kernstrategien „Strategien zur Verbesserung der Marktdurchdringung" sowie „Strategien zur Steigerung der Unternehmenseffizienz" im Mittelpunkt seiner Ausführungen stehen, attestiert er vier weiteren Strategien, die kombinativ eingesetzt werden können, eine hohe Relevanz, um wesentliche Potenziale von Verbundgruppen erschließen zu können: Diversifizierung, Horizontalisierung, Vertikalisierung und Internationalisierung (siehe Abbildung 8).

Abbildung 8: Strategische Entwicklungsrichtungen für Verbundgruppen

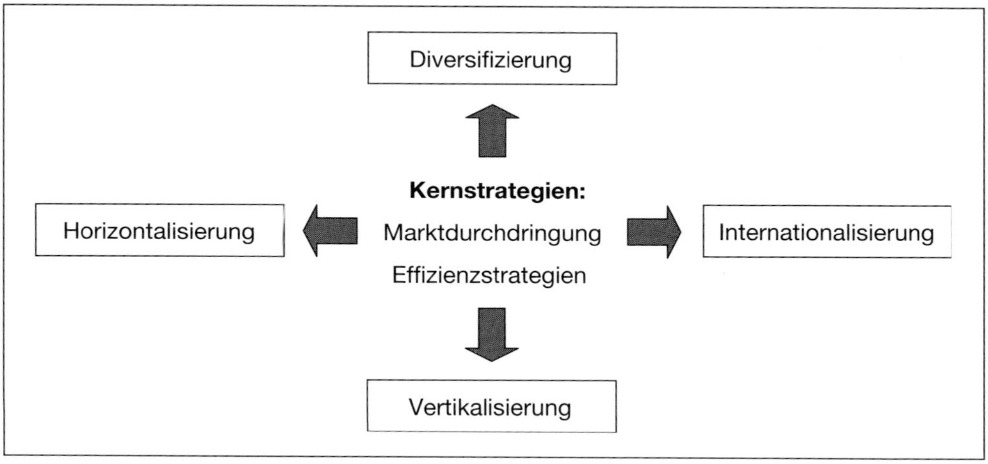

```
                        ┌──────────────────┐
                        │ Diversifizierung │
                        └──────────────────┘
                                 ▲
                                 │
                          Kernstrategien:
┌──────────────────┐                              ┌──────────────────────┐
│ Horizontalisierung│ ⇐   Marktdurchdringung   ⇒ │ Internationalisierung│
└──────────────────┘      Effizienzstrategien    └──────────────────────┘
                                 │
                                 ▼
                        ┌──────────────────┐
                        │ Vertikalisierung │
                        └──────────────────┘
```

Quelle: Groß 2003, S. 52.

Hinsichtlich der strategischen Entwicklungsrichtung „Internationalisierung" beschäftigte sich Groß (2003, S. 58) in einem Kurzabriss mit der geografischen Ausdehnung deutscher Verbundgruppen, den Barrieren der Internationalisierung sowie den Betätigungsformen[1] von Verbundgruppen auf ausländischen Märkten. Diese Themenfelder werden in der vorliegenden Studie umfassend analysiert. Des Weiteren hält Groß (2003, S. 58) es für erfolgskritisch, sich bei der Analyse von Marktpotenzialen mit folgenden Fragestellungen auseinanderzusetzen:

- Welche verbundgruppenrelevanten Marktpotenziale sind im Zielland tatsächlich vorzufinden?
- Wie werden die relevanten Zielkunden heute bedient?
- Wen muss die Verbundgruppe verdrängen?
- Wie sehen Absatzwege und Lieferantenstruktur im Zielland heute aus?
- Kann die Verbundgruppe ihre Lieferanten „mitnehmen"?
- Ist das Geschäftsmodell für das Zielland überhaupt geeignet und tragfähig?

Auf die in diesen Fragestellungen thematisierten Aspekte des Marktpotenzials, der Wettbewerbs- und Lieferantenstruktur sowie der Geschäftsmodelle von Verbundgruppen wird im Rahmen der vorliegenden Studie konkret eingegangen.

---

[1] Groß (2003, S. 25) verwendet den Begriff „Betätigungsformen" allerdings nicht, er spricht stattdessen von „Internationalisierungsstrategien".

Im Kontext ihrer Studie „Die Zukunft der Kooperationen" stellten IBB/H.I.MA. (2003, S. 151ff.) diverse Zukunftsmodelle für Verbundgruppen vor (siehe Abbildung 9), die auch das Modell des „Global Player" enthalten. Dieses Modell geht von einer bewusst international agierenden Verbundgruppe aus, die mit einem Fokus auf internationale Organisation und Kultur in andere Länder expandiert. Die Organisationsstruktur sieht hierbei eine Aufteilung von länderspezifischen Angeboten und Funktionen in Landesorganisationen sowie eine Zentralisierung aller nicht-landesspezifischen Funktionen in der Kooperationszentrale vor. Die Integration und Homogenisierung der nationalen Strategien erfolgt durch einheitliche Willensbildung und Steuerung durch die Kooperationszentrale.

Abbildung 9: Zukunftsmodelle für Verbundgruppen

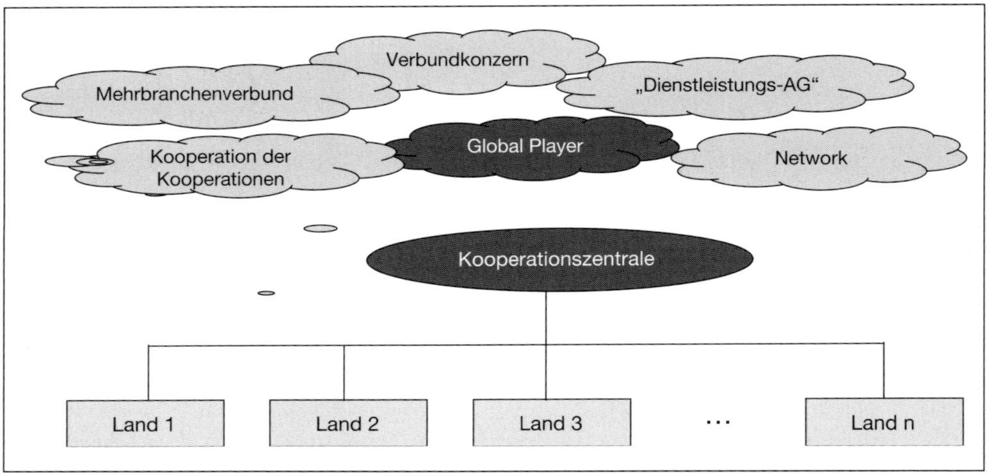

Quelle: in Anlehnung an IBB/H.I.MA. 2003, S. 152, S. 156.

Diesen Abschnitt abschließend und die empirische Untersuchung einleitend, sei auf den Appell Wellenbecks aus dem Jahre 2002 (S. 131) hingewiesen, der einmal mehr die dringliche Relevanz von Internationalisierungsbestrebungen seitens der Verbundgruppen verdeutlicht: „Verbundgruppen müssen aufgrund der zunehmenden Globalisierung und Konzentration des Angebotes den europäischen Markt als ihr Operationsgebiet betrachten und nicht auf ein regionales oder Nischenniveau zurückfallen mit der Gefahr, die kritische Unternehmensgröße zu unterschreiten."

B. Empirische Untersuchung

I. Problemstellung, Zielsetzung und modularer Aufbau der Untersuchung

Im Rahmen dieser Studie wurden Internationalisierungspotenziale für im deutschsprachigen Raum (Deutschland, Österreich, Schweiz) sowie in den Niederlanden ansässige Verbundgruppen analysiert, wobei der Fokus auf der Analyse der deutschen Verbundgruppen lag. Die Zielsetzung dieser modular aufgebauten Untersuchung besteht darin, den Status quo bzw. den Grad der Internationalisierung der Verbundgruppen auf der Absatz- sowie auf der Beschaffungsseite zu bestimmen (Modul A), die Kriterien der Selektion von Absatz- und Beschaffungs- bzw. Produktionsländern sowie die generelle Vorgehensweise bei der Länderanalyse zu überprüfen (Modul B). Darüber hinaus werden die Betätigungsformen von Verbundgruppen, d.h. die Strategien des Markteintritts und der weiter gehenden Operationen im Zielland, auf der Absatz- und der Beschaffungsseite untersucht (Modul C).

Im Folgenden werden die Ergebnisse der modular aufgebauten Untersuchung, differenziert nach der Absatzseite (Zweites Kapitel) und der Beschaffungsseite (Drittes Kapitel), dargestellt. Innerhalb dieser beiden Kapitel wird ein symmetrischer Aufbau gewählt, der in Abbildung 10 schematisch visualisiert ist.

Abbildung 10: Modulare Projektstruktur

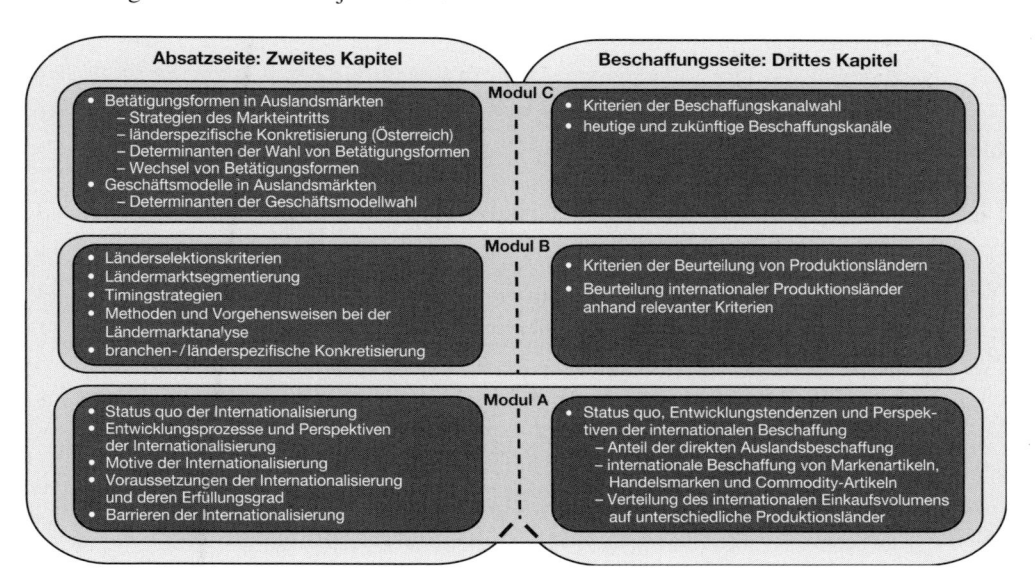

Absatzseite: Zweites Kapitel	Beschaffungsseite: Drittes Kapitel
Modul C • Betätigungsformen in Auslandsmärkten – Strategien des Markteintritts – länderspezifische Konkretisierung (Österreich) – Determinanten der Wahl von Betätigungsformen – Wechsel von Betätigungsformen • Geschäftsmodelle in Auslandsmärkten – Determinanten der Geschäftsmodellwahl	• Kriterien der Beschaffungskanalwahl • heutige und zukünftige Beschaffungskanäle
Modul B • Länderselektionskriterien • Ländermarktsegmentierung • Timingstrategien • Methoden und Vorgehensweisen bei der Ländermarktanalyse • branchen-/länderspezifische Konkretisierung	• Kriterien der Beurteilung von Produktionsländern • Beurteilung internationaler Produktionsländer anhand relevanter Kriterien
Modul A • Status quo der Internationalisierung • Entwicklungsprozesse und Perspektiven der Internationalisierung • Motive der Internationalisierung • Voraussetzungen der Internationalisierung und deren Erfüllungsgrad • Barrieren der Internationalisierung	• Status quo, Entwicklungstendenzen und Perspektiven der internationalen Beschaffung – Anteil der direkten Auslandsbeschaffung – internationale Beschaffung von Markenartikeln, Handelsmarken und Commodity-Artikeln – Verteilung des internationalen Einkaufsvolumens auf unterschiedliche Produktionsländer

II. Vorgehensweise

Das Projekt startete Anfang Oktober 2005 mit der Recherche und Analyse wissenschaftlicher Literatur zur Verbundgruppenforschung, zur Internationalisierungsforschung sowie zur Kombination der beiden Forschungsgebiete, der Internationalisierung von Verbundgruppen. Basierend auf dieser Sekundäranalyse wurde die Struktur des Projektes entworfen und im November 2005 in Köln auf der konstituierenden Sitzung des Arbeitskreises „Internationales" des ZGV vorgestellt.

Von Anfang Dezember 2005 bis Mitte Februar 2006 wurden insgesamt 17 Expertengespräche mit Vorständen/Geschäftsführern bzw. mit der Internationalisierung betrauten leitenden Angestellten der zweiten Führungsebene geführt und evaluiert. Im Rahmen dieser als „semi-structured interview" geführten Expertenbefragung wurden offene, in logischer Reihenfolge vorstrukturierte Fragen gestellt, die Raum ließen für eine breite Diskussion der Themenfelder. Die Erkenntnisse dieser qualitativen Untersuchung dienten als Grundlage für eine erste Primärerhebung.

Sämtliche die erste Primärerhebung tangierenden Aktivitäten, d. h. die vor- und nachgelagerten Arbeitsschritte sowie die Durchführung der Primärerhebung selbst, bildeten die zweite Projektphase, bei der zunächst – basierend auf den Expertengesprächen sowie literaturgestützt – ein erster Fragebogenentwurf konzipiert wurde. Dieser Entwurf wurde auf einer Sitzung des Steuerungsausschusses kritisch analysiert sowie teilweise modifiziert bzw. optimiert. Die Teilnehmer des Steuerungsausschusses, dessen Aufgaben die Abstimmung zentraler Fragestellungen und Vorgehensweisen im Rahmen des Gesamtprojekts umfassten, setzten sich aus Vertretern der das Projekt durchführenden bzw. unterstützenden Institute bzw. Verbände sowie aus Verbundgruppenvertretern zusammen.

Zur Validierung des Fragebogens wurde außerdem ein Pre-Test mit ausgewählten Verbundgruppen durchgeführt. Die anschließende Primärerhebung wurde im Zeitraum Februar bis März 2006 unter den deutschen und z.T. ausländischen Verbundgruppen, die im ZGV organisiert sind, durchgeführt. Es wurden Fragebögen an die ca. 300 deutschen Mitgliedsunternehmen des ZGV versandt; darüber hinaus wurden ca. 70 Fördermitglieder und potenzielle zukünftige Mitglieder sowie ca. 30 Verbundgruppen aus Österreich, der Schweiz und den Niederlanden in die Stichprobe einbezogen. Insgesamt lag der Umfang der Stichprobe somit bei ca. 400.

Für die absatz- und die beschaffungsseitigen Fragestellungen der Internationalisierung wurden separate Fragebögen erstellt und in einer gemeinsamen Postsendung an die Verbundgruppenführung versandt. Darüber hinaus wurden elektronische Versionen beider Fragebögen erstellt und zur interaktiven Bearbeitung im Internet bereitgestellt. Für die niederländischen Verbundgruppen wurde eine englische Fragebogen-Version erstellt.

Die Rücklaufquote des absatzseitigen Fragebogens belief sich auf 18 Prozent mit einem Online-Anteil von 35 Prozent; knapp 60 Prozent der an der absatzseitigen Befragung teilnehmenden Verbundgruppen konnten bereits internationale Tätigkeiten auf der Absatzseite vorwiesen. Bei dem beschaffungsseitigen Fragebogen konnte eine Rücklaufquote von 11,5 Prozent erzielt werden (Online-Anteil: 22 Prozent). Sowohl auf der Beschaffungs- als auch insbesondere auf der Absatzseite kann von einem zufrieden stellenden Rücklauf gesprochen werden, der eine fundierte Darstellung der Internationalisierungspotenziale von Verbundgruppen zulässt. Tabelle 2 fasst die wesentlichen Rahmendaten der Erhebung zusammen.

Tabelle 2: Rahmendaten der Erhebung

Fragebogen-Rücklauf	Absatz	Beschaffung	Gesamt
Schriftlich	47	36	83
Online	25	10	35
Gesamt	72* (18,0 %)	46 (11,5 %)	118

* davon international tätig: 41

Darüber hinaus beinhaltete die zweite Projektphase die schrittweise, nach Modulen gegliederte Auswertung der Fragebögen, die Erstellung eines Zwischenberichts sowie die Präsentation von Zwischenergebnissen. In einer dritten, abschießenden Phase wurde eine zweite Primärerhebung vorbereitet, durchgeführt und ausgewertet. Diese zweite Befragung, an der 45 Verbundgruppen teilnahmen, richtete sich ausschließlich an international tätige Verbundgruppen. Sie war weitaus weniger umfangreich als die erste Befragung und diente lediglich der Konkretisierung der absatzseitigen Elemente des Moduls C.

Im folgenden Abschnitt werden die an der Untersuchung teilnehmenden Verbundgruppen näher charakterisiert. Diese Ausführungen beziehen sich ausschließlich auf die Teilnehmer der ersten Primärerhebung. Da die Teilnehmerstruktur der zweiten Primärerhebung weitestgehend den international operierenden Teilnehmern der ersten Befragung entspricht, wird auf eine separate Charakterisierung verzichtet.

III. Merkmale der untersuchten Verbundgruppen

1. Absatzseite

a) Branchenaufteilung

In Tabelle 3 wird die Branchenstruktur der Unternehmen, die sich an der Befragung beteiligt haben, dargestellt. Es zeigt sich insgesamt, dass Verbundgruppen aus 27 Branchen (von insgesamt 29 angeschriebenen Branchen) teilgenommen haben, sodass eine breite Branchenabdeckung erzielt werden konnte. Gleichermaßen muss aber auch angemerkt werden, dass die Anzahl der teilnehmenden Unternehmen innerhalb der einzelnen Branchen zu gering ausgefallen ist, um eine branchenspezifische Auswertung vorzunehmen und dementsprechende Aussagen treffen zu können.

Tabelle 3: Respondenten nach Branchen

Branche	Resp.	Branche	Resp.
Kfz-Teile / Kfz-Handel	7	Gesundheitswesen / Drogerie / Pharma	2
Heimtextilien, Betten, Tapeten, Farben	6	Getränke	2
Konsumelektronik/IT	6	Spielwaren	2
Möbel/Küchen	6	Baby-/Kinderausstattung	1
Lebensmittelhandel	5	Dachdecker	1
Baustoff-, Dach-, Holzhandel	4	Elektro- und Fernmeldetechnik	1
Papier, Büro, Schreibwaren	4	Garten / Zoo / Tiernahrung	1
Eisenwaren/Hausrat	3	Hotellerie	1
Schuhe/Lederwaren	3	Sport / Fahrrad / Freizeit	1
Textil	3	Tabak	1
Augenoptik	2	Uhren / Schmuck	1
Bäcker	2	Verpackungsmittel	1
Baumaschinen, Bauhandwerk, Gebäudetechnik	2	Maler	0
Fleischer	2	Parfümerie, Kosmetik, Frisör	0
Foto	2		

Im Detail zeigt sich bei der Branchenaufteilung folgendes Ergebnis: Sieben Verbundgruppen aus der Branche „Kfz-Teile/Kfz-Handel" haben sich an der Befragung beteiligt, sodass diese Branche eine leichte Dominanz im Rahmen der Untersuchung aufweisen kann. Eine vergleichsweise hohe Beteiligung konnte ebenfalls in den Bereichen „Heimtextilien, Betten, Tapeten, Farben", „Konsumelektronik/IT", „Möbel/Küchen" sowie „Lebensmittelhandel" erzielt werden. In den weiteren in Tabelle 3 aufgeführten Branchen haben jeweils weniger als fünf Verbundgruppen an der Untersuchung teilgenommen. Darüber hinaus ist anzumerken, dass insgesamt elf der an der Untersuchung teilnehmenden Verbundgruppen als Mehrbranchenverbünde am Markt operieren, also in mindestens zwei Branchen absatzseitig tätig sind.

Eine weitere Aufteilung der an der Befragung teilnehmenden Unternehmen kann, aufbauend auf der Kategorisierung nach Branchen, in die Bereiche Food vs. Non-Food erfolgen. Auf der Grundlage des LMBG (Lebensmittel- und Bedarfsgegenständegesetz) ergibt sich dabei folgende Aufteilung: Sechs Branchen (Lebensmittelhandel, Bäcker, Fleischer, Getränke, Garten/Zoo/Tiernahrung sowie Tabak) können dem Bereich Food zugeordnet werden, die übrigen 23 Branchen dem Non-Food-Bereich. Bricht man diese Zuteilung auf die Unternehmensebene herunter, so ergibt sich eine Anzahl von 59 teilnehmenden Verbundgruppen aus dem Non-Food- und 13 aus dem Food-Bereich.

b) Länderaufteilung

Neben der bereits erläuterten Systematisierung der Respondenten nach der Branchenzugehörigkeit ist eine länderspezifische Aufteilung der Respondenten vornehmbar (siehe Abbildung 11). Dabei zeigt sich auf Basis der zu Grunde gelegten Stichprobe, die alle Mitglieder, Fördermitglieder und potenziellen Mitglieder sowie ausgewählte ausländische Kontakte des ZGV umfasst, eine starke Dominanz der deutschen Verbundgruppen. So sind 91,6 Prozent der Unternehmen, die an der Erhebung teilgenommen haben, in Deutschland beheimatet. Jeweils 2,8 Prozent der Verbundgruppen haben den Stammsitz ihrer Zentrale in Österreich, der Schweiz oder den Niederlanden.

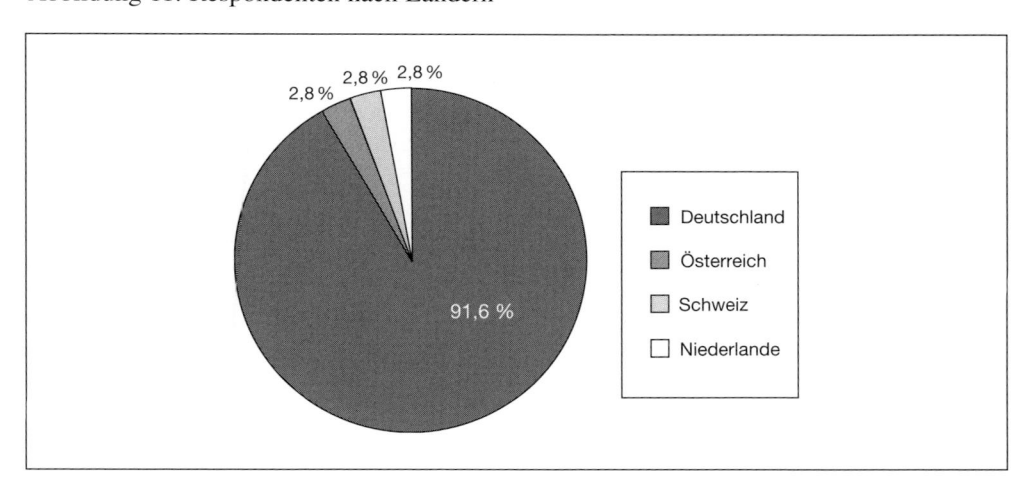

Abbildung 11: Respondenten nach Ländern

c) Art der Geschäftstätigkeit der Mitglieder/Anschlusshäuser

Im Rahmen der empirischen Erhebung stellt der Schwerpunkt der Geschäftstätigkeit der Mitglieder bzw. der Anschlusshäuser von Verbundgruppen ein strukturelles Gliederungskriterium dar. So wurde die Verteilung des Außenumsatzes der Mitglieder auf die Tätigkeitsbereiche Einzelhandel, Großhandel sowie Handwerk/Dienstleistungen erfragt. In ausgewählten Teilbereichen der Untersuchung wurden unter Strukturierungs-, Auswertungs- und Validierungsaspekten die Tätigkeitsbereiche Großhandel und Handwerk/Dienstleistungen zusammengefasst.

Das Inland bzw. Stammland betreffend, haben mehr als die Hälfte der Respondenten (56 Prozent) den Schwerpunkt ihrer Geschäftstätigkeit im Einzelhandel. 26,7 Prozent der Mitglieder bzw. Anschlusshäuser sind schwerpunktmäßig im Großhandel tätig, wohingegen 17,3 Prozent der an der Untersuchung teilnehmenden Unternehmen überwiegend dem Bereich „Handwerk/Dienstleistungen" zuzurechnen sind.

Im Ausland zeigt sich hinsichtlich der Geschäftstätigkeit der Respondenten ein strukturell nahezu identisches Bild. Der überwiegende Teil der Mitglieder der Verbundgruppen (61,2 Prozent) ist hier schwerpunktmäßig im Einzelhandel tätig. 24,1 Prozent der Mitglieder/Anschlusshäuser sind dem Großhandel, 14,7 Prozent dem Bereich Handwerk bzw. Dienstleistungen zuzurechnen.

Abbildung 12: Respondenten nach Art der Geschäftstätigkeit der Mitglieder/Anschlusshäuser

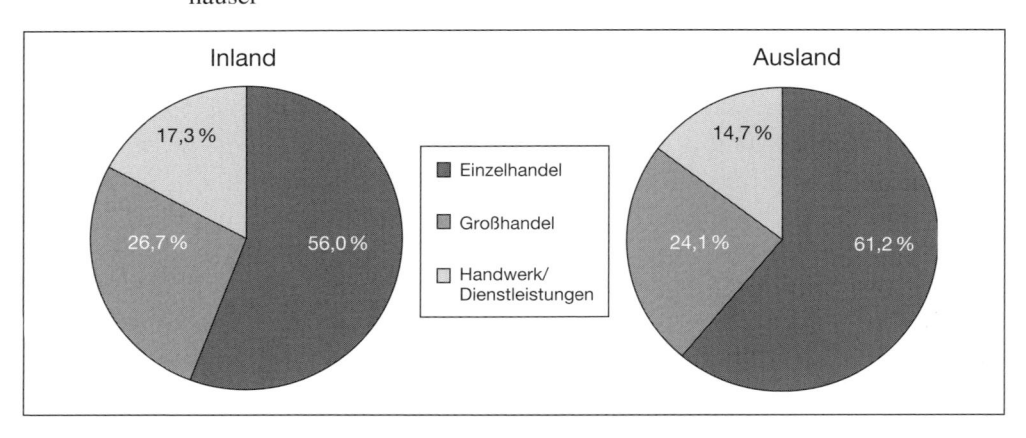

Somit zeigt sich gesamthaft, dass sowohl im Inland als auch im Ausland mehr als die Hälfte der Mitglieder der Verbundgruppen, die sich an der Befragung beteiligt haben, im Einzelhandel tätig ist. Der Bereich „Großhandel" macht rund ein Viertel der Respondenten aus, der Bereich „Handwerk/Dienstleistungen" ist im Inland insgesamt etwas stärker vertreten als im Ausland. Es lässt sich somit festhalten, dass die Verbundgruppen im Rahmen der absatzseitigen Internationalisierung erwartungsgemäß den Schwerpunkt der Geschäftstätigkeit im Ausland tendenziell beibehalten (siehe Abbildung 12).

d) Größe der Verbundgruppen

Zur näheren Charakterisierung der Verbundgruppen wurden in den Fragebogen einige ausgewählte Kenngrößen als Deskriptions- und Klassifikationsvariablen aufgenommen. Abbildung 13 gibt diese zentralen Kenngrößen überblickartig wieder. Dabei wurden unter Strukturierungsgesichtspunkten Größenklassen gebildet und die jeweiligen Unternehmen anhand ihrer Angaben den jeweiligen Klassen zugeordnet.

Eine zentrale Kenngröße stellt dabei die Mitarbeiterzahl in der Verbundgruppenzentrale dar. Diese wurde umgerechnet auf Vollzeitbasis und ohne Auszubildende angegeben. Es zeigt sich, dass ca. zwei Drittel der Verbundgruppen (67,6 Prozent) bis zu 50 Mitarbeiter in der Zentrale beschäftigen. Dabei sind 31 Prozent der Unternehmen der Größenklasse „1–10 Mitarbeiter" und 36,6 Prozent der Größenklasse „11–50 Mitarbeiter" zuzurechnen. Mehr als 250 Mitarbeiter beschäftigen 18,3 Prozent der Verbundgruppen in ihrer jeweiligen Zentrale.

Eine zweite Kennzahl wurde in Form der Anzahl der Mitglieder der Verbundgruppe erhoben. Es zeigt sich dabei eine relativ ausgewogene Verteilung der Mitgliederanzahl über die gebildeten Klassen hinweg. So verfügen 29,2 Prozent über 1 bis 99 Mitglieder, 31,9 Prozent hingegen haben zwischen 100 und 499 Mitglieder. Der Anteil der Klasse „500–999 Mitglieder" fällt mit einem Wert von 12,5 Prozent geringer aus als der Anteil der anderen Klassen. 26,4 Prozent der an der Befragung teilnehmenden Verbundgruppen weisen mehr als 1.000 Mitglieder auf.

Die Anzahl der Verkaufsstellen/Niederlassungen der Mitglieder wurde ebenfalls zur konkreten Charakterisierung der partizipierenden Verbundgruppen im Rahmen der Befragung untersucht. Hierbei zeigt sich ein strukturell nahezu identisches Bild zur Mitgliederanzahl der Verbundgruppen. Während die Größenklasse „500–999 Verkaufsstellen/Niederlassungen" bei lediglich 10,5 Prozent der Verbundgruppen zutreffend ist, sind die übrigen drei Klassen nahezu gleich groß. So verfügen 26,9 Prozent der Verbundgruppen über 1 bis 99 Verkaufsstellen bzw. Niederlassungen, wohingegen jeweils 31,3 Prozent über 100 bis 499 bzw. mehr als 1.000 Verkaufsstellen/Niederlassungen verfügen.

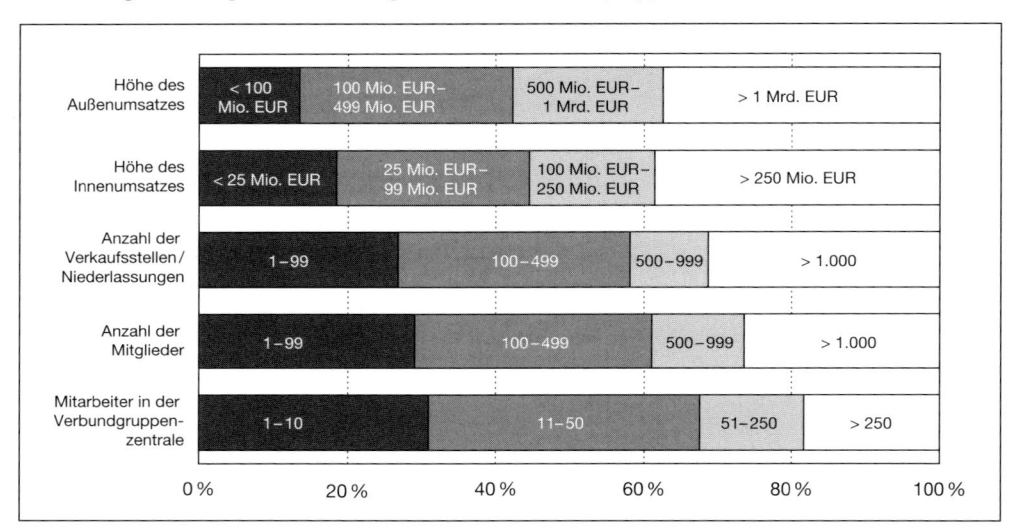

Abbildung 13: Ausgewählte Kenngrößen der Verbundgruppen

Kenngröße	Kategorien
Höhe des Außenumsatzes	< 100 Mio. EUR / 100 Mio. EUR–499 Mio. EUR / 500 Mio. EUR–1 Mrd. EUR / > 1 Mrd. EUR
Höhe des Innenumsatzes	< 25 Mio. EUR / 25 Mio. EUR–99 Mio. EUR / 100 Mio. EUR–250 Mio. EUR / > 250 Mio. EUR
Anzahl der Verkaufsstellen/Niederlassungen	1–99 / 100–499 / 500–999 / > 1.000
Anzahl der Mitglieder	1–99 / 100–499 / 500–999 / > 1.000
Mitarbeiter in der Verbundgruppenzentrale	1–10 / 11–50 / 51–250 / > 250

Als vierte Kenngröße gaben die Unternehmen die Höhe des im Geschäftsjahr 2005 erzielten Innenumsatzes, d. h. des Umsatzes aus Großhandels- sowie Zentralregulierungs-/Vermittlungsgeschäft, an. Die Auswertungsergebnisse zeigen, dass Verbundgruppen, die einen Innenumsatz von mehr als 250 Mio. EUR erzielten, mit einem prozentualen Anteil von 38,5 Prozent die gewichtigste Größenklasse darstellen. Die übrigen Verbundgruppen verteilen sich auf der Basis ihres Innenumsatzes relativ gleichmäßig auf die drei weiteren Größenklassen. So wiesen 26,1 Prozent der Verbundgruppen einen Innenumsatz zwischen 25 und 100 Mio. EUR auf; 16,9 Prozent hatten einen Innenumsatz zwischen 100 und 250 Mio. EUR zu verzeichnen und 18,5 Prozent der Unternehmen generierten einen Innenumsatz von weniger als 25 Mio. EUR.

Die kumulierte Höhe des Außenumsatzes der Verbundgruppenmitglieder im Geschäftsjahr 2005 – der inklusive Mehrwertsteuer angegeben wurde – stellt die fünfte und somit letzte der ausgewählten Kenngrößen zur näheren Charakterisierung der teilnehmenden Verbundgruppen dar. Lediglich 13,6 Prozent der Unternehmen wiesen einen kumulativen Außenumsatz ihrer Mitglieder von weniger als 100 Mio. EUR auf. Dahingegen erzielten 28,8 Prozent der Verbundgruppen einen mitgliederseitigen Außenumsatz in der Größenordnung zwischen 100 und 499 Mio. EUR. Während 20,3 Prozent der teilnehmenden Verbundgruppen durch ihre Mitglieder einen zwischen 500 Mio. EUR und 1 Mrd. EUR liegenden Außenumsatz generierten, erzielte eine relativ große Anzahl der Unternehmen (37,3 Prozent) einen Außenumsatz von mehr als 1 Mrd. EUR.

e) Wachstum der Verbundgruppen

Auf eine fast durchweg positive Entwicklung ihrer jeweiligen Innenumsätze blicken die Verbundgruppen im Zeitraum zwischen den Jahren 2000 und 2005 zurück (siehe Abbildung 14). Rund 60 Prozent der Verbundgruppen bezeichneten das durchschnittliche jährliche Wachstum des Innenumsatzes als wachsend (2 bis 10 Prozent) bzw. stark wachsend (> 10 Prozent). 26,5 Prozent der Verbundgruppen gaben an, dass der Innenumsatz in den Jahren 2000 bis 2005 stagnierte, während 11,8 Prozent der Unternehmen auf einen rückläufigen Innenumsatz (zwischen –2 und –10 Prozent) im Beobachtungszeitraum zurückblicken. Einen Rückgang des Innenumsatzes von mehr als 10 Prozent hatte keine der Verbundgruppen zu verzeichnen.

Abbildung 14: Durchschnittliches jährliches Wachstum des Innenumsatzes (2000 bis 2005)

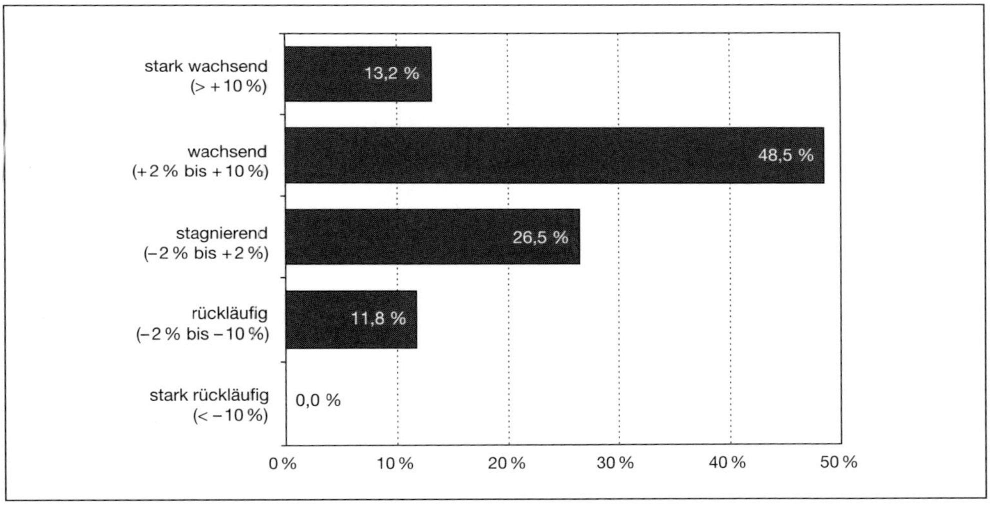

Kategorie	Anteil
stark wachsend (> +10 %)	13,2 %
wachsend (+2 % bis +10 %)	48,5 %
stagnierend (–2 % bis +2 %)	26,5 %
rückläufig (–2 % bis –10 %)	11,8 %
stark rückläufig (< –10 %)	0,0 %

2. Beschaffungsseite

a) Aufteilung nach Warenbereichen

Aus Tabelle 4 wird die Aufteilung der Respondenten auf der Beschaffungsseite nach den angegebenen Warenbereichen deutlich. Auch hier ist – in Analogie zur Absatzseite – ersichtlich, dass sich ein breites Spektrum der in unterschiedlichen Warenbereichen tätigen Verbundgruppen an der Erhebung beteiligt hat. Gemäß dem Design der beschaffungsseitigen Untersuchung hatten Verbundgruppen, die mit mehreren Warenbereichen operieren, die Option, auch eine dementsprechende Anzahl an Fragebögen (einen je Warenbereich) zu beantworten. Diese Option wurde jedoch nur einmal wahrgenommen. Schwerpunktmäßig sind die Warenbereiche „Papier, Büro, Schreibwaren", „Bäcker", „Heimtextilien, Betten, Tapeten, Farben", „Kfz-Teile/Kfz-Handel", „Möbel/Küchen" sowie „Schuhe/Lederwaren" in der Untersuchung vertreten. Aus den weiteren, in Tabelle 4 ersichtlichen Warenbereichen wurden jeweils weniger als drei Fragebögen retourniert. Die insgesamt 24 ausgewiesenen Warenbereiche repräsentieren somit eine breite Abdeckung; eine warenbereichsspezifische Auswertung konnte auf Grund der zu geringen Anzahl von Fragebögen je Bereich jedoch nicht vorgenommen werden.

Tabelle 4: Respondenten nach Warenbereichen

Warenbereich	Resp.	Warenbereich	Resp.
Papier, Büro, Schreibwaren	4	Augenoptik	1
Bäcker	3	Baby-/Kinderausstattung	1
Heimtextilien, Betten, Tapeten, Farben	3	Foto	1
Kfz-Teile/Kfz-Handel	3	Garten/Zoo/Tiernahrung	1
Möbel/Küchen	3	Maler	1
Schuhe/Lederwaren	3	Sport/Fahrräder/Freizeit	1
Baumaschinen, Bauhandwerk, Gebäudetechnik	2	Textil	1
Baustoff-, Dach-, Holzhandel	2	Uhren/Schmuck	1
Eisenwaren/Hausrat	2	Sonstige	1
Fleischer	2	Elektro- und Fernmeldetechnik	0
Gesundheitswesen/Drogerie/Pharma	2	Dachdecker	0
Getränke	2	Hotellerie	0
Konsumelektronik/IT	2	Parfümerie, Kosmetik, Frisör	0
Lebensmittelhandel	2	Tabak	0
Spielwaren	2		

b) Warenbereichsspezifische Angaben

Wie auch auf der Absatzseite wurden aus Validierungszwecken ausgewählte Kenngrößen der Verbundgruppen im Bereich der Beschaffung abgefragt, welche die respondierenden Unternehmen bzw. den Warenbereich näher charakterisieren. Abbildung 15 gibt diese fünf beschaffungsspezifischen Kenngrößen überblickartig wieder. In Analogie zur Absatzseite wurden auch hier unter Strukturierungsgesichtspunkten größen- bzw. wertabhängige Klassen gebildet.

Zunächst wurden die Unternehmen durch das Einkaufsvolumen (bzgl. des Großhandels- sowie des Zentralregulierungs-/Vermittlungsgeschäfts) des jeweiligen Warenbereichs im Jahre 2005 näher beschrieben. So wiesen 12,5 Prozent der Verbundgruppen ein Einkaufsvolumen von weniger als 10 Mio. EUR auf. Nur 10 Prozent der Unternehmen waren dagegen der größten Klasse mit einem Einkaufsvolumen von mehr als 1 Mrd. EUR zuzurechnen. Sehr stark ausgeprägt waren hingegen die beiden Klassen „10 Mio. EUR bis 99 Mio. EUR" und „100 Mio. EUR bis 1 Mrd. EUR", denen insgesamt mehr als 75 Prozent der an der Befragung teilnehmenden Verbundgruppen zugeordnet werden konnten. So ist durch Abbildung 15 ersichtlich, dass 32,5 Prozent der Verbundgruppen ein Einkaufsvolumen zwischen 10 Mio. EUR und 99 Mio. EUR aufwiesen, während 45 Prozent sogar über ein Einkaufsvolumen in der Größenordnung von 100 Mio. EUR bis 1 Mrd. EUR verfügten.

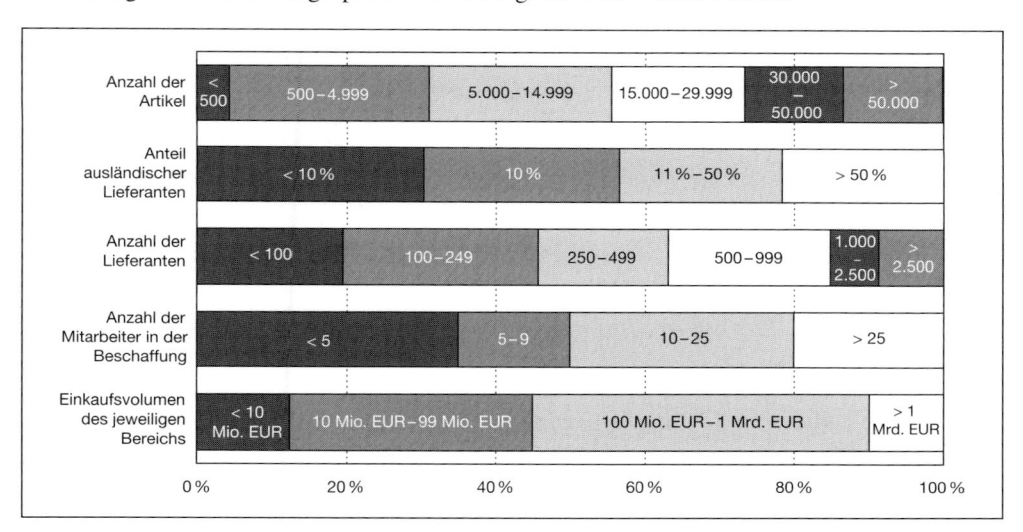

Abbildung 15: Beschaffungsspezifische Kenngrößen der Warenbereiche

Kenngröße	Verteilung
Anzahl der Artikel	< 500 | 500–4.999 | 5.000–14.999 | 15.000–29.999 | 30.000–50.000 | > 50.000
Anteil ausländischer Lieferanten	< 10 % | 10 % | 11 %–50 % | > 50 %
Anzahl der Lieferanten	< 100 | 100–249 | 250–499 | 500–999 | 1.000–2.500 | > 2.500
Anzahl der Mitarbeiter in der Beschaffung	< 5 | 5–9 | 10–25 | > 25
Einkaufsvolumen des jeweiligen Bereichs	< 10 Mio. EUR | 10 Mio. EUR–99 Mio. EUR | 100 Mio. EUR–1 Mrd. EUR | > 1 Mrd. EUR

Korrespondierend zur Bestimmung der gesamten Mitarbeiterzahl in der Verbundgruppenzentrale auf der Absatzseite wurde auf der Beschaffungsseite die Anzahl der in der Beschaffung tätigen Mitarbeiter eruiert. Die Verbundgruppen verteilten sich dabei wie folgt auf die gebildeten Größenklassen: 35 Prozent der Unternehmen beschäftigen weniger als 5 Mitarbeiter in der Beschaffung; 15 Prozent beschäftigen 5 bis 9 Mitarbeiter, 30 Prozent beschäftigen 10 bis 25 Mitarbeiter. Bei 20 Prozent der Verbundgruppen arbeiten mehr als 25 Mitarbeiter in der Beschaffung.

Auch die Anzahl der Lieferanten stellt eine interessante beschaffungsspezifische Kennzahl dar. So zeigt sich, dass der Großteil der Verbundgruppen (ca. 85 Prozent) mit weniger als 1.000 Lieferanten zusammenarbeitet. Innerhalb der Klassen „weniger als 100 Lieferanten", „100 bis 249 Lieferanten", „250 bis 499 Lieferanten" sowie „500 bis 999 Lieferanten" zeigt sich eine gleichmäßige Verteilung von jeweils ca. 20 Prozent der Unternehmen. 6,4 Prozent der Verbundgruppen werden von 1.000 bis 2.500 Lieferanten beliefert, 8,7 Prozent arbeiten mit mehr als 2.500 Lieferanten zusammen.

Bezüglich der Auswertung des Anteils ausländischer Lieferanten, d. h. derjenigen Lieferanten, deren Sitz im Ausland ist, zeigt sich, dass der Anteil ausländischer Lieferanten bei mehr als 50 Prozent der Verbundgruppen bei 10 Prozent oder weniger liegt. Allerdings gibt es auch einen nicht unerheblichen Anteil an Verbundgruppen (21,8 Prozent), bei denen über die Hälfte der Lieferanten ihren Sitz im Ausland hat. Die restlichen 21,7 Prozent verteilen sich auf Anteile ausländischer Lieferanten zwischen 11 und 50 Prozent.

Als fünfte und letzte zentrale Kenngröße zur Charakterisierung des Warenbereichs dient die Anzahl der Artikel. Hierbei wurden im Fragebogen insgesamt sechs Klassen unterschieden, die aus Abbildung 15 hervorgehen. Es zeigt sich, dass – neben 4,4 Prozent der Unternehmen, die weniger als 500 Artikel im Sortiment führen – mehr als 50 Prozent der Unternehmen den Sortimentsklassen „500 bis 4.999 Artikel" bzw. „5.000 bis 14.999 Artikel" zuzurechnen sind. Weitere 17,8 Prozent der Unternehmen sind durch Warenbereiche charakterisiert, deren Sortimente zwischen 15.000 und 29.999 Artikel beinhalten, während den restlichen 26,6 Prozent der Unternehmen Sortimente mit 30.000 Artikeln oder mehr zugeordnet werden können.

Zweites Kapitel:

Absatzseitige Internationalisierung

A. Status quo, Entwicklungstendenzen und Perspektiven
  I. Status quo der Internationalisierung
    1. Auslandsanteile ausgewählter Kenngrößen
    2. Vergleich des Innenumsatzwachstums Inland vs. Ausland
    3. Geografischer Aktionsradius
    4. Derzeitige absatzseitige Tätigkeiten deutscher Verbundgruppen (in Europa)
  II. Entwicklungsprozesse und Perspektiven der Internationalisierung
    1. Vergleichende Beurteilung der derzeitigen Internationalität (Verbundgruppe vs. Branche)
    2. Entwicklung des geografischen Aktionsradius
    3. Prozesse der Internationalisierung
    4. Institutionalisierung von Aufgaben bzw. Prozessen der Internationalisierung
    5. Erleichterung der Internationalisierung durch europäische Rechtsformen
  III. Motive der Internationalisierung
    1. Überblick
    2. Ökonomische Motive vs. nicht-ökonomische Motive
    3. Stammland-orientierte Motive vs. Zielland-orientierte Motive
    4. Defensive vs. offensive Motive
  IV. Voraussetzungen der Internationalisierung und deren Erfüllungsgrad
  V. Barrieren der Internationalisierung

B. Wahl der Absatzmärkte
  I. Länderselektionskriterien
    1. Überblick
    2. Auswertung der Befragungsergebnisse
  II. Marktsegmentierung
    1. Überblick
    2. Auswertung der Befragungsergebnisse

- III. Timing-Strategien
  - 1. Überblick
  - 2. Auswertung der Befragungsergebnisse
- IV. Methoden der Ländermarktanalyse
  - 1. Überblick
  - 2. Auswertung der Befragungsergebnisse
- V. Vorgehensweisen bei der Ländermarktanalyse
  - 1. Überblick
  - 2. Auswertung der Befragungsergebnisse

C. Betätigungsformen und Geschäftsmodelle auf ausländischen Absatzmärkten
- I. Betätigungsformen in Auslandsmärkten
  - 1. Überblick
  - 2. Auswertung der Befragungsergebnisse
- II. Determinanten der Wahl von Betätigungsformen
  - 1. Überblick
  - 2. Auswertung der Befragungsergebnisse
- III. Wechsel der Betätigungsform
  - 1. Überblick
  - 2. Auswertung der Befragungsergebnisse
- IV. Geschäftsmodelle in Auslandsmärkten
  - 1. Überblick
  - 2. Auswertung der Befragungsergebnisse
- V. Determinanten der Geschäftsmodellwahl
  - 1. Übersicht
  - 2. Auswertung der Befragungsergebnisse

A. Status quo, Entwicklungstendenzen und Perspektiven

I. Status quo der Internationalisierung

1. Auslandsanteile ausgewählter Kenngrößen

Im Rahmen der Status-quo-Betrachtung der absatzseitigen Internationalisierung von Verbundgruppen ist zunächst der Auslandsanteil ausgewählter Kenngrößen von Bedeutung. Aufbauend auf die im Ersten Kapitel beschriebenen Kenngrößen wurden die Auslandsanteile der Mitglieder, der Verkaufsstellen/Niederlassungen sowie des Innenumsatzes abgefragt.

Es zeigt sich anhand der drei Kennzahlen, dass die an der Befragung teilnehmenden Verbundgruppen zumeist stärker national geprägt sind. So beträgt der Anteil der Mitglieder, die im Ausland ansässig sind, bisher lediglich 13,5 Prozent. Darüber hinaus befinden sich insgesamt 85 Prozent der Verkaufsstellen/Niederlassungen im Stammland und nur 15 Prozent im Ausland. Lediglich rund 10 Prozent des Innenumsatzes tätigen die Verbundgruppen heute im Ausland. Somit kann festgehalten werden, dass diese drei Kenngrößen aktuell (noch) einen starken Inlandsbezug aufweisen, wodurch die Bedeutung des Inlandsgeschäfts – sowohl in Bezug auf die Mitglieder, Verkaufsstellen/Niederlassungen als auch auf den Innenumsatz – für Verbundgruppen herausgestellt wird.

Abbildung 16: Auslandsanteile der Mitglieder, Verkaufstellen/Niederlassungen und des Innenumsatzes

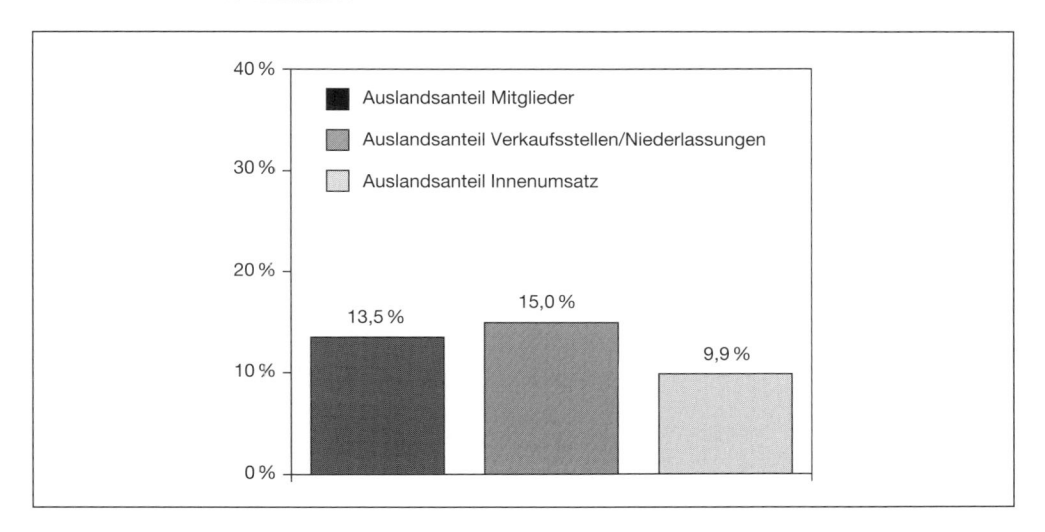

2. Vergleich des Innenumsatzwachstums Inland vs. Ausland

Auch das durchschnittliche jährliche Wachstum des Innenumsatzes in den Jahren 2000 bis 2005 wurde auf Basis der Erhebung in Inlands- vs. Auslandswachstum aufgeteilt. Es zeigt sich hierbei, dass im Ausland in diesem Betrachtungszeitraum deutlich höhere Wachstumsraten erzielt werden konnten. So charakterisierten 41 Prozent das durchschnittliche jährliche Wachstum des Innenumsatzes im Ausland als stark wachsend („größer +10 Prozent") und 33,3 Prozent als wachsend („+2 Prozent bis +10 Prozent"). Bei lediglich rund 5 Prozent der Unternehmen entwickelten sich die Innenumsätze im Ausland rückläufig; stark rückläufige ausländische Innenumsätze (negatives Wachstum von mehr als 10 Prozent) hatte keines der Unternehmen zu verzeichnen.

Auf dem inländischen Markt hingegen charakterisierten nur 10,9 Prozent der teilnehmenden Verbundgruppen – gegenüber 41 Prozent im Ausland – die Entwicklung des Innenumsatzes als stark wachsend. Stagnierende (+2 Prozent bis –2 Prozent Wachstum) oder gar rückläufige (–2 Prozent bis –10 Prozent Wachstum) Entwicklungen kennzeichneten den Innenumsatz im Inland tendenziell stärker als den im Ausland generierten Innenumsatz. Während ca. 47 Prozent der Unternehmen angaben, dass der inländische Innenumsatz in den Jahren 2000 bis 2005 stagnierend oder rückläufig war, belief sich der entsprechende Prozentsatz an Unternehmen, die stagnierende oder rückläufige Innenumsätze im Ausland zu verzeichnen hatten, auf lediglich auf ca. 26 Prozent.

Abbildung 17: Durchschnittliches jährliches Innenumsatzwachstum (Inland vs. Ausland; 2000 bis 2005)

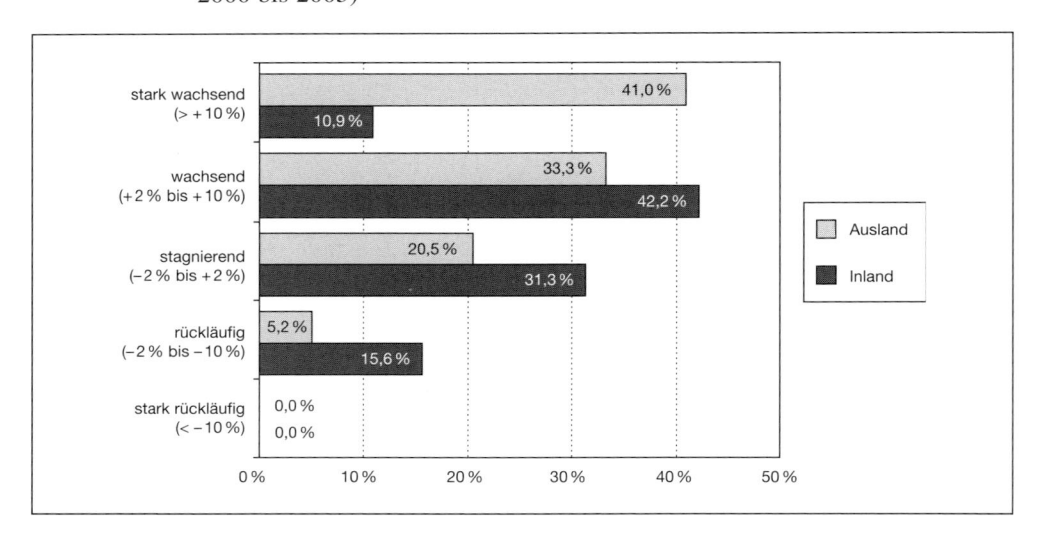

3. Geografischer Aktionsradius

Eine zentrale Fragestellung der Studie zielte auf den absatzseitigen Status quo der Internationalisierung hinsichtlich der geografischen Ausdehnung auf ausländische Ländermärkte ab. Grundlegend zeigt sich dabei, dass sich bei ca. 40 Prozent der an der Befragung teilnehmenden Verbundgruppen der heutige geografische Aktionsradius lediglich auf das Stammland beschränkt, diese Verbundgruppen also absatzseitig (noch) nicht international tätig sind. Die verbleibenden ca. 60 Prozent der Verbundgruppen weisen im Gegensatz dazu bereits internationale Tätigkeiten auf der Absatzseite auf.

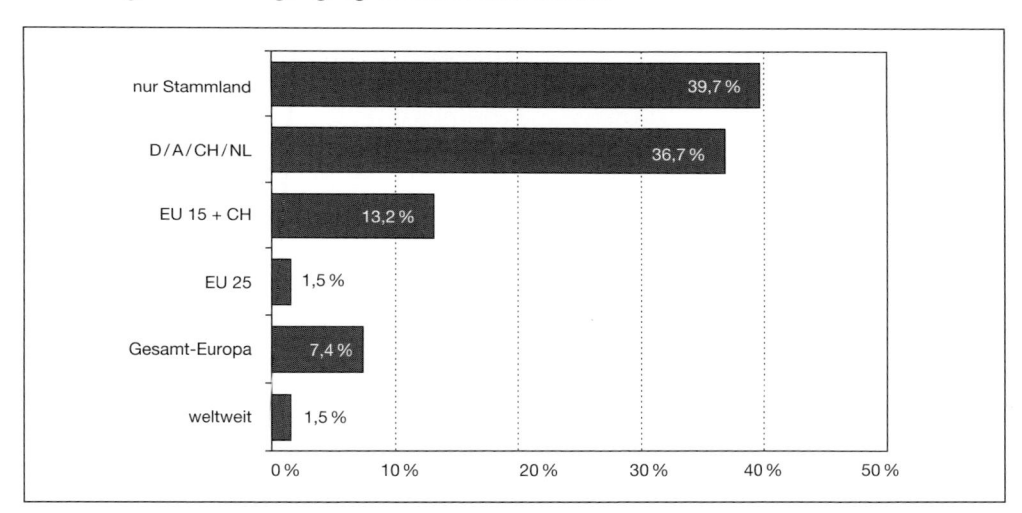

Abbildung 18: Derzeitiger geografischer Aktionsradius

Kategorie	Anteil
nur Stammland	39,7 %
D/A/CH/NL	36,7 %
EU 15 + CH	13,2 %
EU 25	1,5 %
Gesamt-Europa	7,4 %
weltweit	1,5 %

Gemäß der Fragestellung, wie der geografische Aktionsradius am treffendsten zu beschreiben ist, wurde die absatzseitige Tätigkeit der Verbundgruppen detaillierter analysiert. Während 39,7 Prozent der Verbundgruppen lediglich im Stammland tätig sind, sind aktuell 36,7 Prozent der Verbundgruppen in den Ländern Deutschland, Österreich, Schweiz und der Niederlande absatzseitig tätig, d.h. in Ländermärkten, die eine hohe kulturelle, geografische, sprachliche und logistische Nähe zu dem jeweiligen Stammland der an der Befragung teilnehmenden Verbundgruppen aufweisen. Einen größeren absatzseitigen Aktionsradius, der sich auf die EU 15 sowie die Schweiz erstreckt, weisen 13,2 Prozent der Respondenten auf. In der seit der EU-Osterweiterung zum 01. Mai 2004 25 Mitgliedstaaten umfassenden Europäischen Union sind 1,5 Prozent der Verbundgruppen vertreten.[1] Gesamt-Europa als

---
[1] Seit dem 01. Januar 2007 umfasst die EU mit Bulgarien und Rumänien nunmehr 27 Mitgliedstaaten.

treffendste Beschreibung des heutigen geografischen Aktionsradius gaben 7,4 Prozent an, wohingegen 1,5 Prozent der respondierenden Verbundgruppen bereits eine weltweite Präsenz zeigen.

4. Derzeitige absatzseitige Tätigkeiten deutscher Verbundgruppen (in Europa)

Während Abbildung 18 erste Anhaltspunkte über die absatzseitigen Tätigkeiten der untersuchten Verbundgruppen liefert, wurden darüber hinaus auch die Tätigkeiten der Verbundgruppen in den einzelnen europäischen Ländermärkten abgefragt; die Ergebnisse sind auf einer Europakarte grafisch dargestellt (siehe Abbildung 19). Dabei reduziert sich die Darstellung der derzeitigen absatzseitigen Tätigkeiten auf deutsche Verbundgruppen; Respondenten aus Österreich, der Schweiz und den Niederlanden wurden hier bewusst ausgeblendet, um Verzerrungen bzw. Überlappungen hinsichtlich der Zuordnung von Stamm- und Zielländern zu vermeiden. Ebenfalls ausgeblendet wurden die außereuropäischen Tätigkeiten deutscher Verbundgruppen. Diese Vorgehensweise hat zum einen den pragmatischen Hintergrund der besseren Übersichtlichkeit der Darstellung, zum anderen sind die Aktivitäten

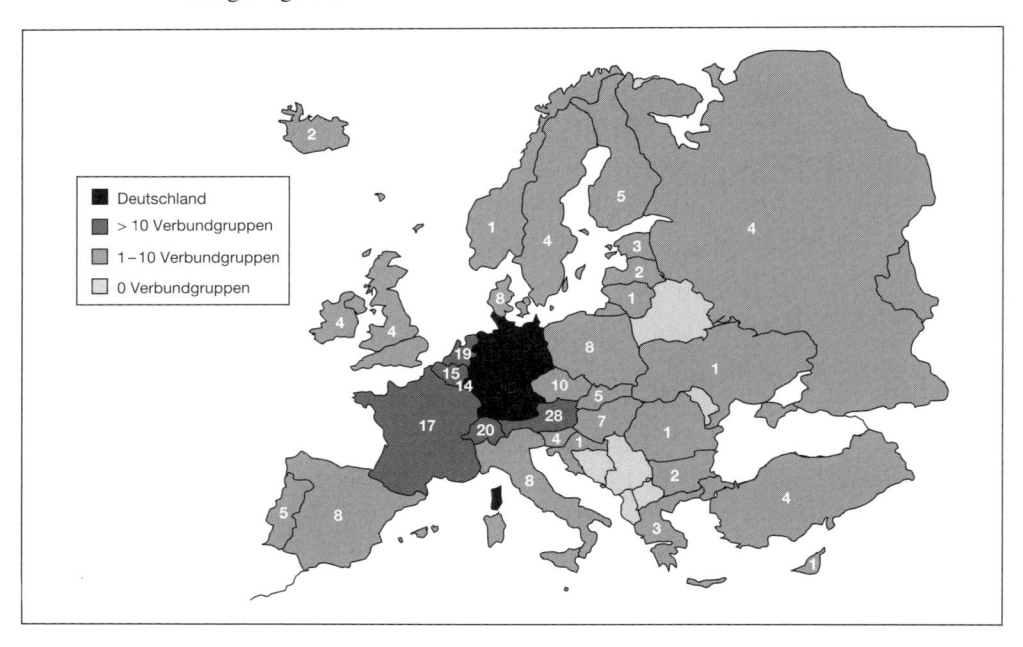

Abbildung 19: Europäische Ländermärkte, in denen deutsche Verbundgruppen derzeit absatzseitig tätig sind

deutscher Verbundgruppen auf außereuropäischen Märkten nicht sonderlich stark ausgeprägt und daher vernachlässigbar, sieht man von den Aktivitäten einiger weniger Verbundgruppen in Nord- und Südamerika, in Australien und Neuseeland sowie in Asien ab.

Die stärkste absatzseitige Präsenz deutscher Verbundgruppen besteht in den unmittelbar an Deutschland angrenzenden Nachbarländern. Die deutschsprachigen Nachbarländer Österreich und Schweiz weisen dabei die höchste Präsenz auf: 28 respektive 20 deutsche Verbundgruppen sind in diesen beiden Ländern (mit unterschiedlichen Betätigungsformen) absatzseitig tätig. In den Benelux-Ländern sind deutsche Verbundgruppen ebenfalls verstärkt tätig, wie der Europakarte zu entnehmen ist. Einen weiteren wichtigen Ländermarkt für deutsche Verbundgruppen stellt darüber hinaus Frankreich dar; hier sind insgesamt 17 Verbundgruppen vertreten. Somit bilden der Reihenfolge nach Österreich, die Schweiz, die Niederlande, Frankreich, Belgien sowie Luxemburg die bislang bedeutendsten Expansionsländer; in all diesen Ländern sind mehr als zehn deutsche Verbundgruppen präsent.

Über die Länder mit sehr hohem Präsenzgrad deutscher Verbundgruppen hinaus sind aus Abbildung 19 auch diejenigen Ländermärkte ersichtlich, auf denen bis zu (und einschließlich) zehn deutsche Verbundgruppen absatzseitig tätig sind. Der bedeutendste Ländermarkt innerhalb dieser Gruppe ist Tschechien; dort sind insgesamt zehn der teilnehmenden Verbundgruppen absatzseitig vertreten. In Bezug auf Osteuropa sind neben Tschechien die Länder Polen und Ungarn mit acht respektive sieben Nennungen verhältnismäßig stark erschlossen. Eine nicht unerhebliche Präsenz deutscher Verbundgruppen ist auch in weiter entfernten Ländern wie Russland und der Türkei festzustellen. Des Weiteren zeigt sich auf Basis der Auswertung, dass deutsche Verbundgruppen auch in den baltischen Staaten aktiv sind. So sind aktuell drei deutsche Verbundgruppen absatzseitig in Estland tätig, zwei in Lettland und eine Verbundgruppe in Litauen. Die Staaten des ehemaligen Jugoslawien (mit Ausnahme von Slowenien und Kroatien) sowie Moldawien und Weißrussland stellen hingegen „weiße Flecken" auf der europäischen Expansionskarte dar.

Betrachtet man die Mitgliedsländer der EU 15 abzüglich der bereits erwähnten Nachbarländer Deutschlands, so zeigen sich unterschiedlich starke Erschließungsgrade. In Spanien, Italien und Dänemark sind deutsche Verbundgruppen mit jeweils acht Nennungen vertreten, wohingegen Schweden, Großbritannien und Irland mit jeweils vier Nennungen schwächer erschlossen sind. Im Nicht-EU-Mitgliedsland Norwegen ist lediglich eine der teilnehmenden Verbundgruppen aktiv.

Gesamthaft zeigt sich, dass die stärkste Präsenz deutscher Verbundgruppen auf der Absatzseite in den unmittelbar an Deutschland angrenzenden Ländern festzustellen ist. Weiterhin lässt sich konstatieren, dass die Präsenz der Respondenten in Westeuropa derzeit stärker ausgeprägt ist als in Osteuropa. Die skandinavischen Länder sind bisher erst ansatzweise von deutschen Verbundgruppen erschlossen worden.

II. Entwicklungsprozesse und Perspektiven der Internationalisierung

1. Vergleichende Beurteilung der derzeitigen Internationalität (Verbundgruppe vs. Branche)

Weiterhin wurde im Rahmen der Untersuchung der Entwicklungsprozesse und Perspektiven der Internationalisierung analysiert, wie die Verbundgruppen ihre Internationalität einschätzen, einerseits im Vergleich zwischen der eigenen Verbundgruppe und der Branche, andererseits aber auch in einer Entwicklungsperspektive, so vor zehn Jahren, heute und in zehn Jahren.

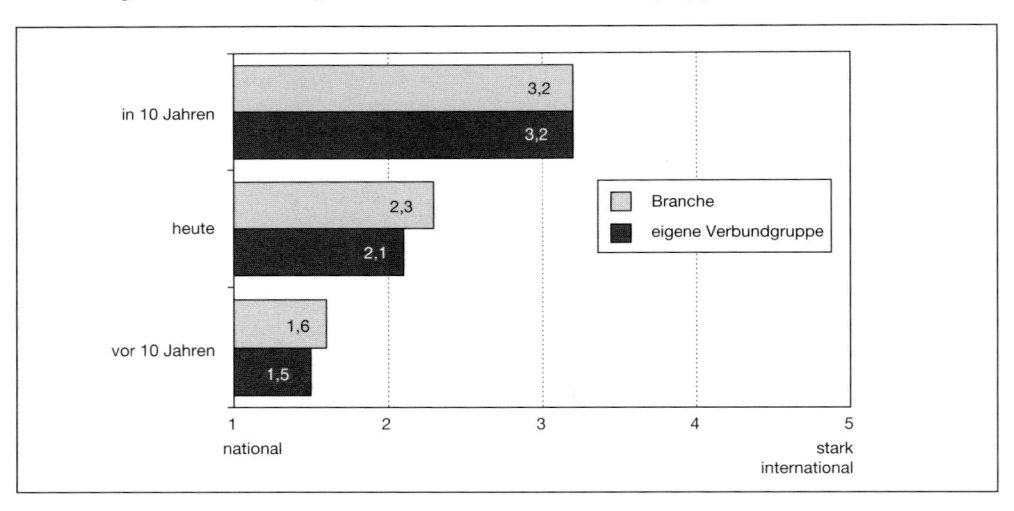

Abbildung 20: Einschätzung der Internationalität (Verbundgruppe vs. Branche)

Grundlegend kann festgehalten werden, dass sowohl die Internationalität der eigenen Verbundgruppe als auch die der Branche im Zeitreihenvergleich als zunehmend eingeschätzt wird. Gleichermaßen ist durch Abbildung 20 ersichtlich, dass die Internationalität der eigenen Verbundgruppe zukünftig als identisch mit der Internationalität der jeweiligen Brache angesehen. Betrachtet man den Unterschied der Mittelwerte (Verbundgruppe vs. Branche) in der Vergangenheit sowie derzeit, so zeigt sich, dass dieser heute aus Sicht der respondierenden Unternehmen größer ist als vor zehn Jahren.

2. Entwicklung des geografischen Aktionsradius

Der heutige geografische Aktionsradius von Verbundgruppen, der einen zentralen Untersuchungsgegenstand der Studie darstellte, wurde bereits ausführlich erläutert. Neben der Status-quo-Analyse wurde aber auch ein Zeitvergleich angestellt, um den Entwicklungsprozess des geografischen Aktionsradius über einen 20-jährigen Zeitraum bestimmen zu können.

Der Entwicklungsprozess verdeutlicht nochmals die Relevanz des Themenkomplexes „Internationalisierung" für Verbundgruppen. Gaben bei der vergangenheitsorientierten Bestimmung 73,1 Prozent der teilnehmenden Verbundgruppen an, dass sich der Aktionsradius vor zehn Jahren lediglich auf das Stammland beschränkt hat, so beträgt dieser Anteil heute nur noch 39,7 Prozent und wird von den Unternehmen zukünftig, d. h. in zehn Jahren, bei 18,8 Prozent gesehen. Eine ebenso dynamische Entwicklung ist hinsichtlich des geografischen Aktionsradius „EU 15 + CH" zu konstatieren, der vor zehn Jahren lediglich für 4,5 Prozent der Verbundgruppen als treffendste Bezeichnung des Aktionsradius galt. Durch diesen Aktionsradius sind heute bereits 13,2 Prozent der Unternehmen gekennzeichnet. Zukünftig wächst diese Kategorie auf 32,8 Prozent an; dies insbesondere vor dem Hintergrund, dass der Aktionsradius „Deutschland, Österreich, Schweiz und Niederlande", der heute für 36,7 Prozent der Unternehmen zutrifft, zukünftig auf 17,2 Prozent schrumpfen wird. Eine dynamische Entwicklung ist auch bezüglich des geografischen Aktionsradius „EU 25" zu beobachten. Während lediglich 1,5 Prozent der Respondenten angaben, dass sich ihre derzeitigen Aktivitäten auf die 25 EU-Mitgliedstaaten erstrecken, so beträgt dieser Wert in zehn Jahren bereits beachtliche 15,6 Prozent.

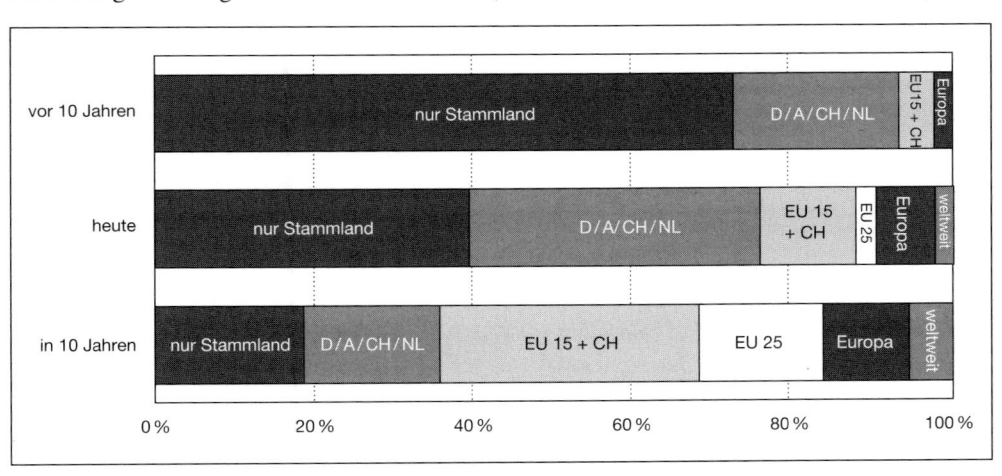

Abbildung 21: Geografischer Aktionsradius (vor 10 Jahren vs. heute vs. in 10 Jahren)

Zweites Kapitel: Absatzseitige Internationalisierung

Insgesamt ist eine deutliche Intensivierung der Internationalisierung von Verbundgruppen erkennbar. Auf der einen Seite haben viele Unternehmen, deren Aktivitäten sich einst auf das Stammland beschränkten, mit der Erschließung internationaler Märkte begonnen und eine Vielzahl derjenigen Unternehmen, die noch heute nur im Stammland aktiv sind, wird diesbezüglich nachziehen. Auf der anderen Seite haben diejenigen Unternehmen, die bereits international tätig sind, ihren geografischen Aktionsradius sukzessive erweitert und werden diese Strategie auch zukünftig beibehalten.

Geplante Markteintritte von Verbundgruppen

Die Grundstruktur von Abbildung 22, welche die geplanten Markteintritte deutscher Verbundgruppen illustriert, weist Parallelen zu Abbildung 19 auf, die den Status quo der europäischen Aktivitäten der deutschen Verbundgruppen darstellt. So zeigt sich hinsichtlich der zukünftig geplanten Markteintritte, dass trotz der bereits hohen Präsenz deutscher Verbundgruppen in den zum Stammland angrenzenden Ländermärkten wie bspw. Belgien, Polen, den Niederlanden oder Österreich weiterhin ein hohes Internationalisierungspotenzial gesehen wird.

Abbildung 22: Europäische Ländermärkte, in die deutsche Verbundgruppen einen zukünftigen Eintritt planen

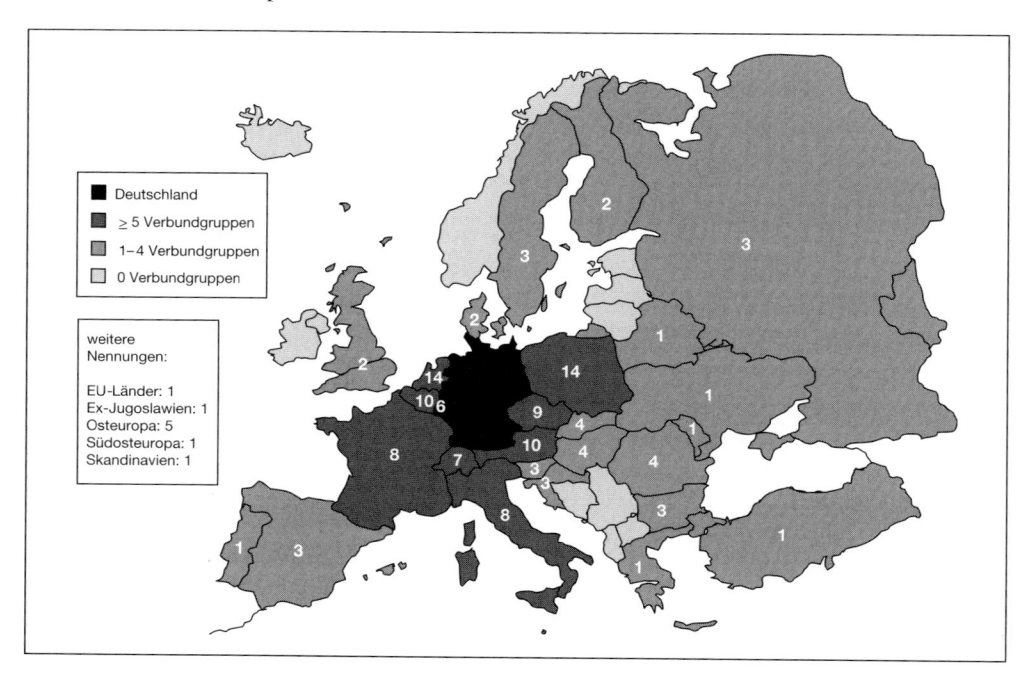

Bei einer Betrachtung der Ländermarkt-Kategorien in Abbildung 22 (insbesondere der Kategorie mit fünf oder mehr geplanten Markteintritten), zeigt sich gesamthaft, dass sowohl Osteuropa als auch Westeuropa durch eine Vielzahl zukünftiger Markteintritte deutscher Verbundgruppen gekennzeichnet sind. Die höchste Attraktivität mit 14 Nennungen geht dabei jeweils von Polen und Belgien aus. Gleichermaßen nimmt die Zahl der geplanten Markteintritte mit wachsender Entfernung zum Stammland Deutschland ab. Während Polen mit 14 und Tschechien mit 9 Nennungen eine hohe Anzahl an geplanten Markteintritten aufweisen, nehmen die Nennungen in den weiteren osteuropäischen Ländermärkten im Verhältnis dazu stark ab. In Westeuropa erscheint Belgien für viele deutsche Verbundgruppen lohnenswert hinsichtlich eines Markteintritts. Gleichermaßen sind Markteintritte in den Niederlanden, Österreich, Italien und Frankreich in vielfältiger Form geplant.

Ländermärkte, aus denen deutsche Verbundgruppen sich zurückgezogen haben

Im Rahmen einer Betrachtung der geografischen Ausdehnung des absatzseitigen Aktionsradius von Verbundgruppen sind als dynamische Veränderungsprozesse neben den realisierten sowie den geplanten Markteintritten gleichermaßen die erfolgten Marktaustritte zu analysieren und zu dokumentieren. Im Hinblick auf Europa sind unter den teilnehmenden Verbundgruppen die meisten Marktaustritte (jeweils drei) aus Polen, Ungarn und Italien erfolgt. Weitere Rückzüge von Verbundgruppen hat es sowohl aus den an Deutschland angrenzenden Ländern Österreich, Schweiz und Niederlande als auch aus Spanien, Schweden, Großbritannien und Island gegeben. Die außereuropäischen Gebiete betreffend, war je ein Austritt aus dem US-amerikanischen sowie aus dem kanadischen Markt zu verzeichnen. Insgesamt standen den über 100 geplanten Markteintritten (siehe Abbildung 22) ca. 20 Marktaustritte gegenüber.

3. Prozesse der Internationalisierung

Im Rahmen der Betrachtung der Entwicklungsprozesse und Perspektiven der Internationalisierung wurde auch der Frage nachgegangen, wo der erste Impuls zur absatzseitigen Internationalisierung der Verbundgruppe herrührte.

Bei zwei Dritteln der Verbundgruppen waren entweder das Management oder ausländische Händler/Unternehmer entscheidende Impulsgeber, wobei das Verbundgruppen-Management den dominierenden Impulsgeber (40 Prozent) darstellt. Bei einer durch das Management initiierten Internationalisierung wird tendenziell auch die weitere Vorgehensweise im Verlauf des Internationalisierungsprozesses in höherem Maße strategisch geplant. Ausländische Händler bzw. Unternehmer beeinflussen die Internationalisierung von Verbundgruppen ebenfalls maßgeblich, sie stellen mit einem 25-prozentigen Anteil die zweitgrößte Gruppe der

Impulsgeber dar. Bei 20 Prozent der Verbundgruppen ging der erste Impuls von den Mitgliedern aus. In diesem Fall ist die Verbundgruppe den Mitgliedern, die bereits absatzseitig in einem (oder mehreren) ausländischen Ländermärkten tätig waren, gefolgt („follow the member"). Jeweils 7,5 Prozent entfielen auf Lieferanten sowie kooperierende Verbundgruppen als erste Impulsgeber der Internationalisierung.

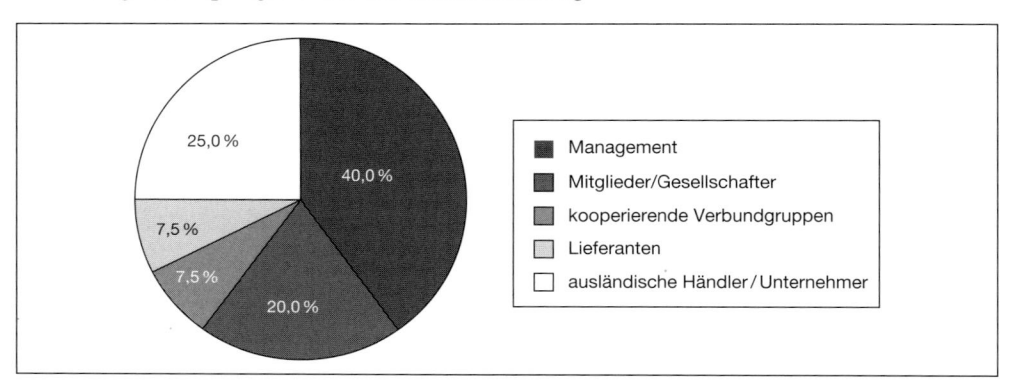

Abbildung 23: Impulsgeber der Internationalisierung

Vergleichende Betrachtung der Geschwindigkeit und des Planungsgrads der Internationalisierung

Geschwindigkeit und Planungsgrad sind im Kontext der Internationalisierung zwei grundlegende Erfolgsfaktoren. Mit einem Mittelwert von 2,1 wird die Geschwindigkeit der Internationalisierung in den letzten zehn Jahren von den an der Befragung teilnehmenden Verbundgruppen als eher langsam charakterisiert. Für die zukünftigen zehn Jahre wird eine deutliche Beschleunigung des Internationalisierungstempos erwartet, jedoch deutet der gemessene Mittelwert von 2,8 darauf hin, dass die Internationalisierung auch zukünftig nicht in einem schnellen oder gar sehr schnellen Tempo forciert werden wird.

Bezüglich des Planungsgrades bei der Internationalisierung von Unternehmen, insbesondere von mittelständischen, ist durch frühere Untersuchungen bekannt, dass die ersten Auslandsengagements eher ungeplant verlaufen (Swoboda/Meyer 1999; Swoboda 2002a). Dies bestätigt sich bei der Internationalisierung von Verbundgruppen innerhalb der vergangenen zehn Jahre, die, wie aus Abbildung 24 hervorgeht, eher wenig geplant verlaufen ist. Dies gaben die Unternehmen durch einen Mittelwert, der sich auf 2,8 beläuft, an. Es ist jedoch deutlich erkennbar, dass sich dies zukünftig zu Gunsten eines höheren Planungsgrades verlagern wird. So zeugt ein Mittelwert von 4,0 von der Absicht der Verbundgruppen, den Internationalisierungsprozess zukünftig stärker strategisch zu planen.

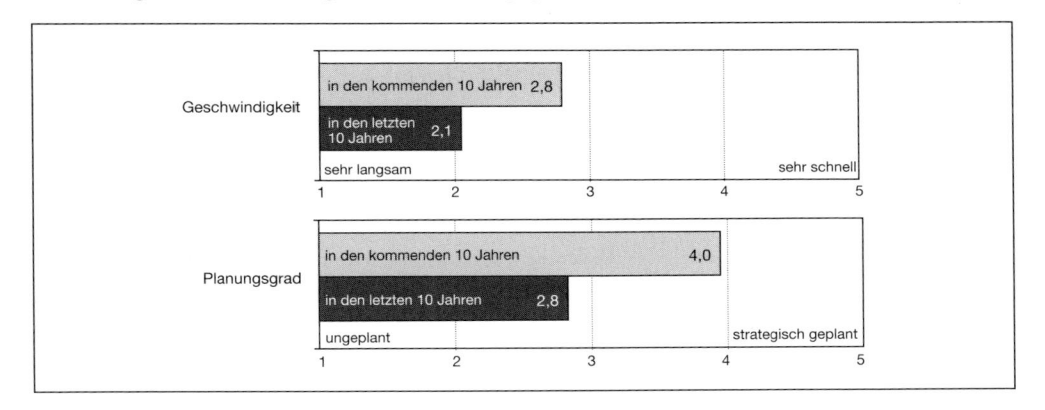

Abbildung 24: Geschwindigkeit und Planungsgrad der Internationalisierung

Geschwindigkeit
- in den kommenden 10 Jahren: 2,8
- in den letzten 10 Jahren: 2,1

(Skala: 1 sehr langsam – 5 sehr schnell)

Planungsgrad
- in den kommenden 10 Jahren: 4,0
- in den letzten 10 Jahren: 2,8

(Skala: 1 ungeplant – 5 strategisch geplant)

Schriftliche Fixierung der Internationalisierungspläne

Zur näheren Untersuchung des Planungsgrads der Internationalisierung wurden das Ausmaß sowie die Art und Weise der schriftlichen Fixierung der Internationalisierungspläne herangezogen. Hierbei zeigte sich, dass bei rund einem Drittel der teilnehmenden und zugleich international tätigen Verbundgruppen keinerlei schriftliche Fixierung derartiger Pläne vorlag. Bei denjenigen Verbundgruppen, die ihre diesbezüglichen Vorhaben niedergeschrieben haben, lagen diese zumeist in Form von Strategiepapieren oder Entscheidungsvorlagen vor. Diese Arten der schriftlichen Fixierung wurden 20- bzw. 17-mal genannt, wobei Mehrfachnennungen möglich waren. Bei neun Verbundgruppen existierten konkrete Business-Pläne bezüglich der Internationalisierungsvorhaben; sonstige Formen der Fixierung spielten nahezu keine Rolle.

Abbildung 25: Eine schriftliche Fixierung der Internationalisierungspläne erfolgte in Form von …

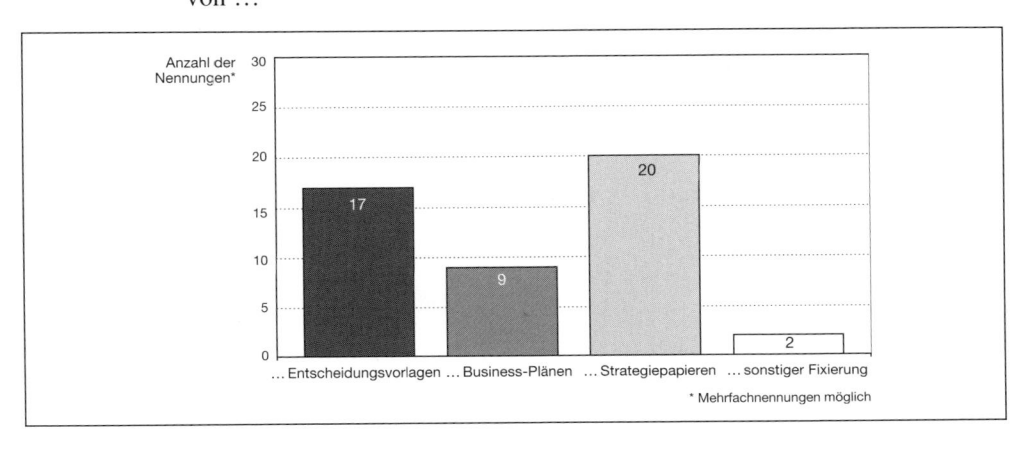

Anzahl der Nennungen*
- … Entscheidungsvorlagen: 17
- … Business-Plänen: 9
- … Strategiepapieren: 20
- … sonstiger Fixierung: 2

* Mehrfachnennungen möglich

Konsequenzen der Internationalisierung für die Strukturen und Geschäftsprozesse von Verbundgruppen

Um herauszufinden, inwieweit die Forcierung der Internationalisierungsbestrebungen der Verbundgruppen innerbetriebliche Veränderungen der Organisationsstrukturen sowie modifizierte Geschäftsprozesse erfordern, wurde auf einer 7-er Skala nach den Konsequenzen der Internationalisierung für ebendiese Strukturen bzw. Prozesse gefragt.

Die in Abbildung 26 veranschaulichten Ergebnisse der Auswertung dieser Frage machen deutlich, dass es diesbezügliche Konsequenzen (in unterschiedlich starker Ausprägung) bei über 90 Prozent der Verbundgruppen gegeben hat. Mehr als 70 Prozent beurteilten die Intensität dieser Konsequenzen als entweder „eher stark", „stark" oder sogar „enorm". Bei lediglich 8,3 Prozent der teilnehmenden Verbundgruppen traten keine durch die internationalen Tätigkeiten hervorgerufenen Konsequenzen für die Geschäftsprozesse bzw. Organisationsstrukturen in Erscheinung. Gesamthaft betrachtet, spiegelt der gemessene Mittelwert von 5,1 den Eintritt relativ starker Konsequenzen wider. Ein Beispiel für mögliche Konsequenzen einer erhöhten Internationalität für die internen Organisationsstrukturen ist die Institutionalisierung bestimmter Aufgaben und Prozesse im internationalen Kontext. Dies wird im nachfolgenden Abschnitt behandelt.

Abbildung 26: Konsequenzen der Internationalisierung für Strukturen/Geschäftsprozesse

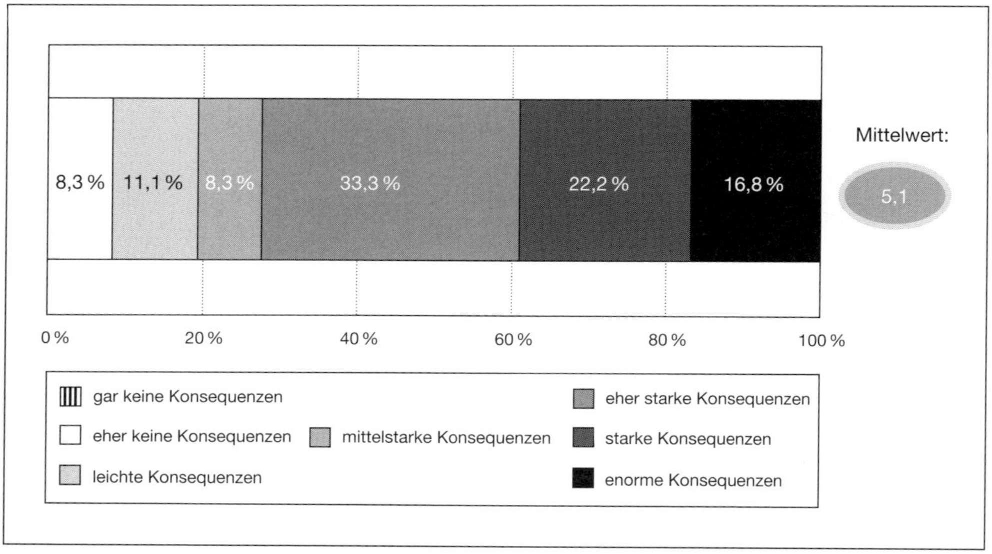

4. Institutionalisierung von Aufgaben bzw. Prozessen der Internationalisierung

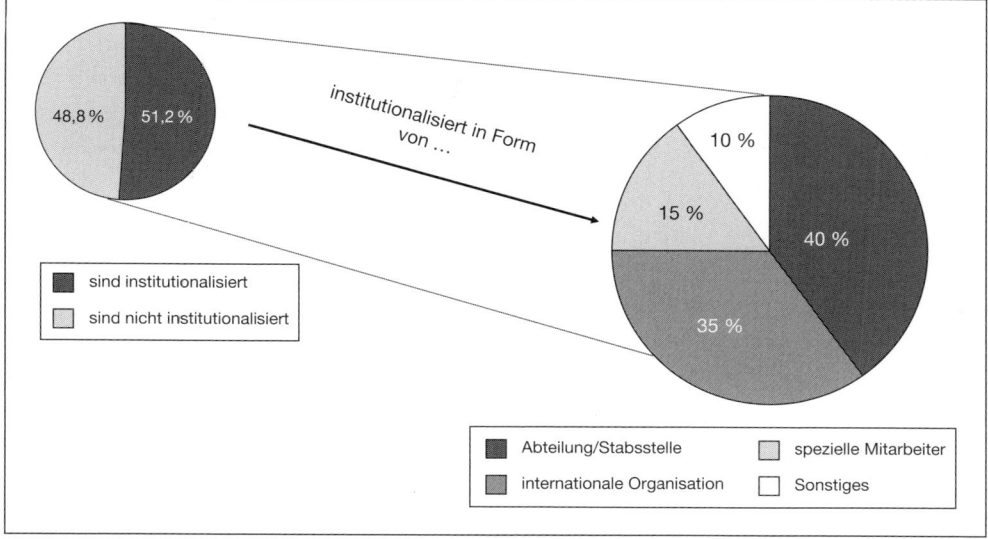

Bei den im Rahmen der Internationalisierung anfallenden internationalen Aufgabenstellungen und Arbeitsprozessen stellt sich die Frage, ob die Zuständigkeit für deren Bewältigung einer speziellen Institution, z. B. einer eigens zu gründenden internationalen Organisation oder einer neu zu errichtenden Abteilung „Internationales", zugeordnet werden soll.

Wie Abbildung 27 zeigt, wurden die internationalen Aufgaben/Prozesse bei etwas mehr als der Hälfte der teilnehmenden Verbundgruppen in einer bestimmten Form institutionalisiert. Drei Viertel der Verbundgruppen, bei denen eine Institutionalisierung vorlag, nahm diese in Form der Übertragung der internationalen Aufgaben/Prozesse an eine eigene Abteilung bzw. Stabsstelle (40 Prozent) oder an eine internationale Organisation (35 Prozent) vor. Bei weiteren 15 Prozent wurden spezielle Mitarbeiter mit diesen Aufgaben/Prozessen betraut. Hierbei kann es sich, wie sich im Rahmen der Vorstudie herausstellte, um bereits in der Verbundgruppe tätige Mitarbeiter oder – auf Grund länderspezifischer Bedürfnisse – auch um neu rekrutierte Mitarbeiter handeln. Vielfach erwächst aus der „kleinen Lösung" der Beauftragung spezieller Mitarbeiter in einem fortgeschrittenen Stadium der Internationalisierung eine eigene Abteilung bzw. Stabsstelle. Die restlichen 10 Prozent der Verbundgruppen brachten sonstige Formen der Institutionalisierung, wie z. B. die Bildung von Projektteams, zum Einsatz.

Abbildung 27: Institutionalisierung von Aufgaben/Prozessen der Internationalisierung

5. Erleichterung der Internationalisierung durch europäische Rechtsformen

Um es Unternehmen, die in der Europäischen Union ansässig sind, zu ermöglichen, grenzüberschreitend in mehreren Mitgliedstaaten tätig sein zu können, hat die EU damit begonnen, hierfür einen rechtlichen Rahmen zu schaffen. Dieser rechtliche Rahmen schließt die bereits existierenden Rechtsformen der Europäischen Aktiengesellschaft und der EWIV sowie die geplanten Rechtsformen der Europäischen Genossenschaft und der Europäischen Privatgesellschaft ein. Diese vier europäischen Rechtsformen werden im Folgenden näher erläutert. Die Erläuterungen basieren im Wesentlichen auf Online-Veröffentlichungen der Europäischen Union (http://europa.eu./index_de.htm).

Das auf Gemeinschaftsrecht basierende Rechtsinstrument der Europäischen Wirtschaftlichen Interessenvereinigung (EWIV), das bereits seit 1989 gewählt werden kann, zielt auf die Erleichterung und Förderung der transnationalen Zusammenarbeit von Gesellschaften ab, die in mehreren Mitgliedstaaten ansässig sind. Diese Gesellschaften können dabei bestimmte gemeinsame Aktivitäten durchführen, ohne fusionieren oder eine gemeinsame Tochtergesellschaft gründen zu müssen. Der für die EWIV geschaffene rechtliche Rahmen gilt unabhängig von den jeweiligen einzelstaatlichen Rechtssystemen. Seit Legitimation der EWIV ist ein steter Anstieg ihrer Praxisrelevanz zu beobachten (Kußmaul/Richter 2005, S. 1114). Laut Statistik des EWIV-Informationszentrums wurden von 1989 bis 2007 (Stichtag 08. Januar) 1.720 EWIV gegründet; 210 wurden im gleichen Zeitraum aufgelöst. Tabelle 5 zeigt, wie sich die Anzahl an Gründungen und Auflösungen von EWIV auf die EU-Mitgliedstaaten verteilt.

Tabelle 5: Gründungen und Auflösungen von EWIV in der EU (Stand: 08. Januar 2007)

Land	Gründungen	Auflösungen	Land	Gründungen	Auflösungen
Belgien	408	71	Litauen	2	0
Dänemark	5	0	Luxemburg	53	6
Deutschland	203	16	Niederlande	187	61
Finnland	2	0	Österreich	28	0
Frankreich	262	20	Polen	1	0
Griechenland	14	1	Portugal	19	0
Großbritannien	187	1	Schweden	27	1
Italien	156	15	Spanien	156	17
Irland	11	1	Tschechische Rep.	1	0
Liechtenstein	1	0			

Quelle: Libertas Institut 2007.

Durch die Verabschiedung des Statuts der Europäischen Gesellschaft (Societas Europaea, SE) im Oktober 2001 soll Gesellschaften, die in unterschiedlichen Mitgliedstaaten gegründet wurden, die Möglichkeit einer Fusion, der Gründung einer Holding sowie der Gründung gemeinsamer Tochtergesellschaften gegeben werden, ohne dabei unterschiedlichen Rechtsordnungen der Mitgliedsländer zu unterliegen. Bei Annahme des Statuts einer SE sollen EU-weit ein einziges Regelwerk, eine vereinheitlichte Verwaltung sowie einheitliche Veröffentlichungsregeln gelten.

Obwohl die Rechtsvorschriften bezüglich der SE im Oktober 2004 in Kraft getreten sind, kam es bei der Durchführung zu einigen Verzögerungen, da nicht alle Mitgliedstaaten die zuvor erforderlichen einzelstaatlichen Regelungen verabschiedet hatten, um auf ihrem Hoheitsgebiet eine SE-Gründung zu ermöglichen. Ein weiteres Problem der SE stellt ihre bis dato geringe Akzeptanz dar; so gibt es kaum namhafte Unternehmen, die angekündigt haben, zukünftig die Rechtsform der SE anzunehmen (Freudenberg 2006). Ausnahmen stellen die Allianz SE, die bereits seit dem 13. Oktober 2006 als SE firmiert, die Fresenius Medical Care AG & Co. KGaA sowie die MAN AG dar. Letztere planen jeweils die Umwandlung in eine SE, wobei die MAN AG die Planung nur vorbehaltlich einer erfolgreichen Fusion mit der Scania AG vornimmt (Hofmann/Fröndhoff 2006). Darüber hinaus wird die SE in Zukunft nicht mehr die einzige Möglichkeit für grenzüberschreitende Zusammenschlüsse und Sitzverlegungen bieten. Die bereits verabschiedete und bis 2007 von den Mitgliedsländern umzusetzende Sitzverlegungsrichtlinie (sog. Verschmelzungsrichtlinie) stellt eine attraktive Alternative dar (Freudenberg 2006; Kahlen 2006). Aktiengesellschaften (und auch GmbHs) werden sich gemäß dieser Richtlinie grenzüberschreitend mit EU-Kapitalgesellschaften zusammenschließen und eine (im Vergleich zur SE) bessere Einschränkung der Mitbestimmung vornehmen können.

Des Weiteren bemüht sich die EU, einen europäischen Rechtsrahmen für Wirtschafts- und Sozialunternehmen wie Genossenschaften, Gegenseitigkeitsgesellschaften, Vereinigungen und Stiftungen zu schaffen, da diese als wichtige Quellen für unternehmerisches Handeln und Arbeitsplatzschaffung in bestimmten Bereichen angesehen werden. In diesem Zusammenhang wurde im Juli 2003 das Statut der Europäischen Genossenschaft (SCE) verabschiedet, dessen Ziel es ist, transnationale Aktivitäten von Genossenschaften zu entwickeln und zu fördern. Deutschland hat dieses Statut durch das „Gesetz zur Einführung der Europäischen Genossenschaft und zur Änderung des Genossenschaftsrechts (EuroGenEinfG) mit Wirkung zum 18. August 2006 in nationales Recht umgesetzt.

Die Europäische Kommission prüft darüber hinaus, ob die Europäische Privatgesellschaft (EPG) als weitere europäische Rechtsform entwickelt werden soll, um Erleichterungen für mittelständische Unternehmen zu schaffen, die in verschiedenen Mitgliedstaaten aktiv sind. In Abgrenzung zur SE soll diese Rechtsform allen nicht-kapitalmarktorientierten Gesellschaften zur Verfügung stehen. Mittelständische Unternehmen müssten dann nicht mehr Tochtergesellschaften nach dem Recht der verschiedenen Mitgliedstaaten gründen, sondern könnten diese nach der europäischen Gesellschaftsform installieren. Die europäische Rechtsprechung ermöglicht zwar heute schon, eine ausländische Gesellschaftsform (z. B. Limited) mit Niederlassungen in verschiedenen Mitgliedstaaten zu führen, jedoch gibt es hierbei noch eine Vielzahl offener Fragen, die nicht abschließend durch die Rechtsprechung geklärt sind. Eine mittelstandsorientierte Gesellschaftsform wie die EPG könnte entscheidend zu einer entsprechenden Rechtssicherheit beitragen.

Im Rahmen der Untersuchung wurde nach dem Grad der Erleichterung grenzüberschreitender Tätigkeiten durch die Annahme einer der vier beschriebenen europäischen Rechtsformen gefragt. Eine detaillierte Auswertung dieser Frage ist jedoch auf Grund des enormen Informationsdefizits hinsichtlich der genanten Rechtsformen nur schwer möglich. Wie Abbildung 28 verdeutlicht, wählten über zwei Drittel der Respondenten bei jeder der Rechtsformen die Antwortoption „kann ich nicht beurteilen".

Abbildung 28: Prozentualer Anteil der Antwortoption „Kann die Erleichterung der Internationalisierung durch folgende europäische Rechtsform nicht beurteilen"

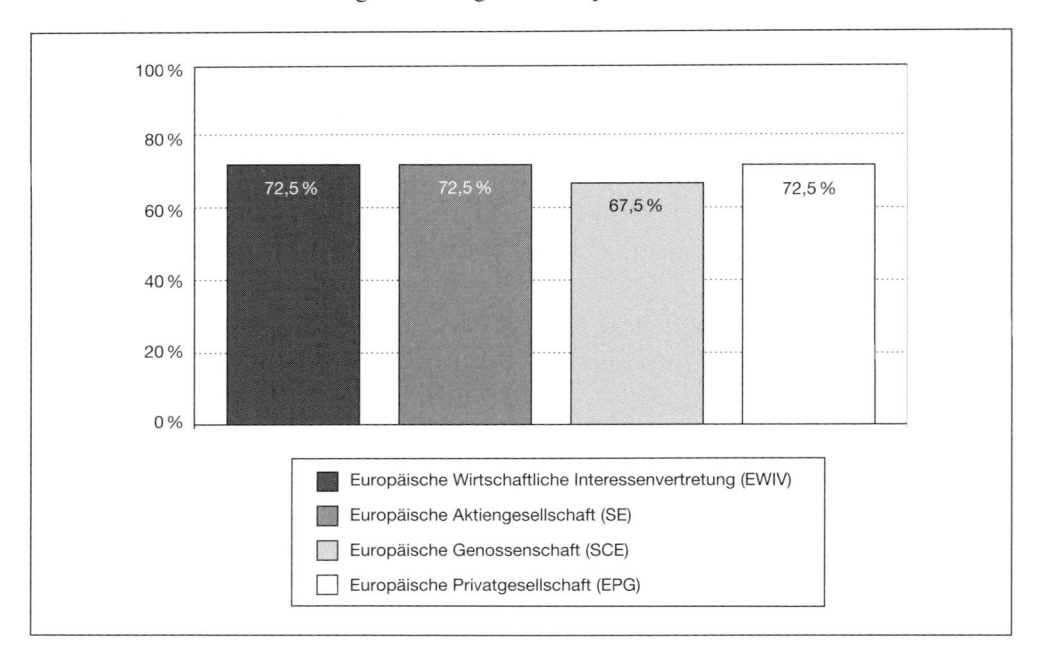

III. Motive der Internationalisierung

1. Überblick

Es sei zunächst darauf hingewiesen, dass die Bezeichnung „Motive der Internationalisierung" im Folgenden synonym mit dem Begriff „Internationalisierungsziele" verwendet wird, da die Literatur zum Themenkomplex des Internationalen Marketing allgemein bzw. der Internationalisierung im Speziellen eine solche Vorgehensweise nahe legt (Berndt/Fantapié Altobelli/ Sander 2005, S. 7). Einen grundlegenden Überblick über Kriterien zur Systematisierung von Motiven der Internationalisierung geben Zentes/Swoboda/Schramm-Klein (2006, S. 46ff.) in Anlehnung an Macharzina/Wolf (2005, S. 927f.) sowie Swoboda/Schwarz (2006, S. 170f.). Zusammenfassend lassen sich drei Kategorien untersuchungsrelevanter Internationalisierungsmotive von Verbundgruppen herausstellen:

- ökonomische Motive vs. nicht-ökonomische Motive
- Stammland-orientierte Motive (Push-Motive) vs. Zielland-orientierte Motive (Pull-Motive)
- defensive Motive vs. offensive Motive

Weitere potenzielle Kategorisierungsarten (z. B. ressourcenorientierte vs. produktionsorientierte vs. absatzorientierte Motive) wurden im Rahmen der vorliegenden Untersuchung aus Gründen der Komplexitätsreduktion nur ansatzweise berücksichtigt. Im Folgenden werden einleitend einige grundlegende Erläuterungen zu den drei maßgeblichen Kategorien gegeben, ehe in einem sich anschließenden zweiten Schritt auf die einzelnen Motive bzw. „Unterziele" im Kontext der Internationalisierung von Verbundgruppen näher eingegangen wird, die in die empirische Untersuchung eingeflossen sind. Dabei ist anzumerken, dass die Kategorien im Grundsatz nicht überschneidungsfrei sind (Berndt/Fantapié Altobelli/Sander 2005, S. 7ff.), es aus Gründen der Strukturierung und besseren Übersicht aber sinnvoll erscheint, eine eindeutige Zuordnung der Motive der Internationalisierung zu den jeweiligen Kategorien vorzunehmen.

2. Ökonomische Motive vs. nicht-ökonomische Motive

Ein charakteristisches ökonomisches Ziel der internationalen Geschäftstätigkeit von Unternehmen ist das Streben nach Gewinnerzielung auf ausländischen Märkten, insbesondere vor dem Hintergrund negativer Entwicklungen auf dem Heimatmarkt. Die aktuellen wirtschaftlichen Rahmenbedingungen in Deutschland – tief greifende strukturelle Probleme, die gerade auf binnenhandelsorientierte Unternehmen wirken (Zentes/Schramm-Klein/Neidhart 2005, S. 18), über die auch die derzeitige konjunkturelle Erholung nicht hinwegtäuschen kann

(BMWi 2006) – führen dazu, dass Unternehmen vermehrt versuchen, Gewinne im Ausland zu realisieren. Zu den ökonomischen Motiven zählen darüber hinaus insbesondere sicherheitsorientierte Motive (Kompensation eines inländischen Marktanteilsverlusts durch Gewinnung von Marktanteilen im Ausland) sowie wachstumsorientierte Motive (zunehmende Umsatzorientierung in Unternehmen).

Nicht-ökonomische (oder „vor-ökonomische") Motive stellen vielfach die Macht- und Einflussbedürfnisse des Managements in den Vordergrund. So ist es in der Außendarstellung eines Unternehmens oftmals vorteilhaft, sich als international tätiges Unternehmen zu positionieren, da von einer internationalen Tätigkeit oftmals eine Art „Vertrauensvorschuss" bei Kunden ausgeht (vgl. bereits Macharzina 1982; Macharzina/Engelhard 1987) und ein gesteigertes Renommee bzw. Prestige damit einher geht. Des Weiteren wird die Internationalisierung durch das Management häufig forciert, weil die Zugehörigkeit zu einem international tätigen Unternehmen auch ein wichtiges Argument im Rahmen der Personalrekrutierung ist – „it sounds impressive" (Czinkota/Ronkainen 2004, S. 227).

Folgende der in dieser Untersuchung relevanten Motive sind den ökonomischen Motiven zuzuordnen:

- Umsatzausweitung
- Erlangung einer kritischen Umsatzmasse
- kurzfristige Gewinnerzielungsmöglichkeiten
- langfristige Gewinnerzielungsmöglichkeiten
- Gewinnerzielung für Mitglieder/Gesellschafter im Stammland.

Das wachstumsorientierte Motiv „Umsatzausweitung" repräsentiert das Streben nach der Erlangung von Größenvorteilen, die sich durch zusätzlichen Umsatz realisieren lassen. Diese Umsatzpotenziale werden vermehrt in ausländischen Ländermärkten statt im heimischen Markt vermutet. Dieses Motiv spiegelt darüber hinaus die oftmals in Handelsunternehmen vorherrschende Umsatzorientierung als zentrale Steuerungsgröße der marktgerichteten Aktivitäten wider (Morschett 2004, S. 79).

An das Motiv der Umsatzausweitung anknüpfend, aber eigenständig zu betrachten, ist das Motiv der „Erlangung einer kritischen Umsatzmasse". Dieses Motiv beruht darauf, dass bestimmte Geschäftstätigkeiten für Unternehmen erst dann ökonomisch sinnvoll durchführbar sind, wenn gewisse kritische Umsatzgrößen erreicht werden (z. B. bei einer Tätigkeit mit hohem Fixkostenanteil).

Die Option einer „kurzfristigen Gewinnerzielung" ist ein mögliches Internationalisierungsmotiv, das z.B. herangezogen wird, wenn es darum geht, Umsatzeinbußen im Stammland zeitnah auszugleichen. Oftmals sind Auslandsengagements, die von einem derartigen Kurzfristgedanken geprägt sind, jedoch wenig Erfolg versprechend, da sie auch keine substanziellen Investitionen beinhalten.

An diese Überlegungen anschließend, stellen „langfristige Gewinnerzielungsmöglichkeiten" ein weiteres Motiv der Internationalisierung dar. Diese implizieren einen langfristigen Planungs- und Investitionshorizont sowie die Duldung einer größeren Zeitspanne bis zur Generierung von Kapitalrückflüssen bzw. bis zur Amortisation der getätigten Investitionen. Es wird oftmals davon ausgegangen, dass ab einem gewissen Stadium der internationalen Tätigkeit eine weiter gehende Internationalisierung durch erzielte Gewinne in bereits erschlossenen ausländischen Ländermärkten finanziert werden kann.

Das Motiv „Gewinnerzielung für Mitglieder/Gesellschafter im Stammland" hat sich im Rahmen der qualitativen Vorstudie in Form von Expertengesprächen als Verbundgruppen-relevantes Motiv herauskristallisiert. Die Aussicht auf Kapitalrückflüsse dient den Gesellschaftern bzw. Mitgliedern einer Verbundgruppe als wichtiger Anreiz, um den im Rahmen der Internationalisierungsbestrebungen des Verbundgruppen-Managements nötigen Investitionen in Auslandsaktivitäten zuzustimmen.

Zusätzlich zu den bereits ausgeführten ökonomischen Motiven wurden die beiden folgenden Motive nicht-ökonomischer Natur in den Fragebogen integriert:

- Erleichterung der Lobbyarbeit (EU)
- Image/Prestige von internationaler Tätigkeit.

Das Motiv „Erleichterung der Lobbyarbeit (EU)" zielt darauf ab, dass in der Europäischen Union ansässige Unternehmen, die zusätzlich zum Stammland in weiteren Ländern der EU absatzseitig tätig sind, ihre unternehmensspezifischen Interessen gewichtiger und wirksamer kommunizieren können, d.h., die Lobbyarbeit im europäischen Raum wird durch die geografische Ausdehnung des Unternehmens erleichtert.

Image und Prestige einer internationalen Tätigkeit im Kontext der nicht-ökonomischen Motive sind verhaltensbedingter Natur und spiegeln oftmals die individuellen Interessen und Ziele des Managements innerhalb eines Unternehmens wider (Sullivan/Bauerschmidt 1990, S. 20f.).

Im Rahmen der empirischen Erhebung hat sich gezeigt, dass die ökonomischen Motive für die Verbundgruppen, die sich an der Befragung beteiligt haben, eine höhere Relevanz aufweisen als die nicht-ökonomischen Motive (siehe Abbildung 29). Als besonders relevant wurden dabei die ökonomischen Motive „Umsatzausweitung", „langfristige Gewinnerzielungsmöglichkeiten" sowie „Gewinnerzielung für Mitglieder/Gesellschafter im Stammland" bewertet. Darüber hinaus ist hervorzuheben, dass langfristige Gewinnerzielungsmöglichkeiten (Mittelwert: 5,1) von den Verbundgruppen als weitaus wichtiger angesehen werden als kurzfristige Gewinnerzielungsmöglichkeiten (Mittelwert: 3,1). Somit kann davon ausgegangen werden, dass den Unternehmen bewusst ist, dass sich ein Pay-off der internationalen Aktivitäten oftmals erst in einem späteren Stadium realisieren lässt und sich das Engagement im Ausland gerade zu Beginn häufig nur als „Zuschussgeschäft" – finanziert durch Erträge, die im Stammland erzielt werden – betreiben lässt. Bezüglich der nicht-ökonomischen Motive zeigen sich ein mittlerer Bedeutungsgrad hinsichtlich des Image/Prestige, das oftmals mit internationalen Tätigkeiten verbunden ist, sowie eine sehr geringe Bedeutung hinsichtlich der Erleichterung der Lobbyarbeit innerhalb der Europäischen Union (Mittelwert: 2,5).

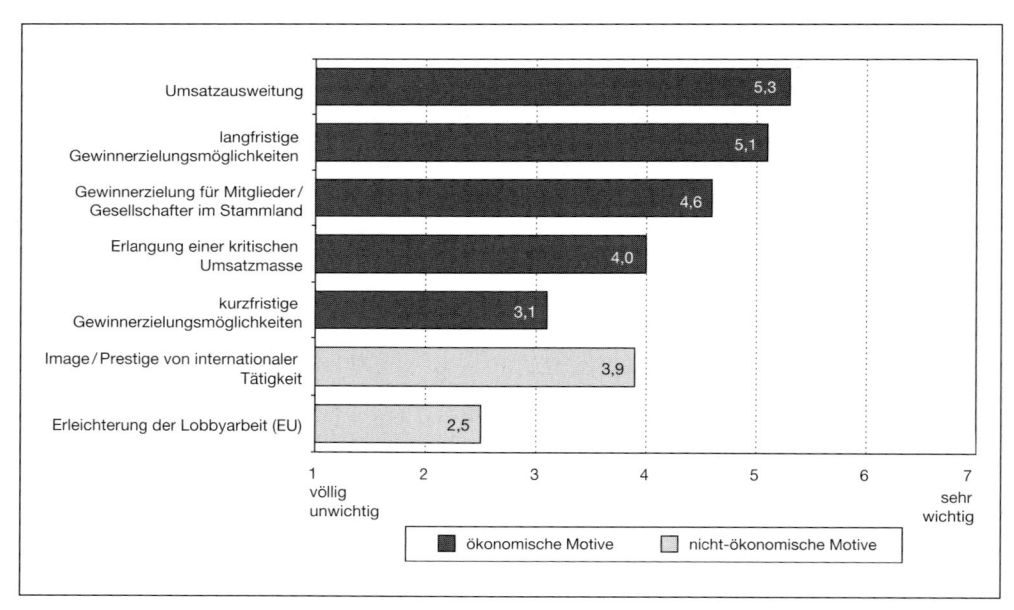

Abbildung 29: Ökonomische vs. nicht-ökonomische Motive der Internationalisierung

Motiv	Mittelwert
Umsatzausweitung	5,3
langfristige Gewinnerzielungsmöglichkeiten	5,1
Gewinnerzielung für Mitglieder/Gesellschafter im Stammland	4,6
Erlangung einer kritischen Umsatzmasse	4,0
kurzfristige Gewinnerzielungsmöglichkeiten	3,1
Image/Prestige von internationaler Tätigkeit	3,9
Erleichterung der Lobbyarbeit (EU)	2,5

Skala: 1 völlig unwichtig – 7 sehr wichtig; ökonomische Motive / nicht-ökonomische Motive

3. Stammland-orientierte Motive vs. Zielland-orientierte Motive

Eine zweite Kategorie im Kontext der Internationalisierungsmotive von Verbundgruppen stellen Stammland-orientierte sowie Zielland-orientierte Motive dar. Stammland-orientierte Motive beziehen sich dabei auf Entwicklungen bzw. Fakten, die das Heimatland eines sich internationalisierenden Unternehmens betreffen und die – insbesondere im Vergleich zu einem potenziellen Zielland – oftmals negativ bewertet werden (Push-Motive). Korrespondierend dazu, aber das Zielland betreffend, sind die Zielland-orientierten Motive der Internationalisierung, die häufig die positiven Faktoren hinsichtlich eines potenziellen Markteintritts in einen ausländischen Ländermarkt herausstellen (Pull-Motive).

Folgende Stammland-orientierte Motive wurden in den Fragebogen integriert:

- stark konzentrierter Heimatmarkt
- gesättigter Heimatmarkt
- Überwindung von Regulierungen/Vorschriften
- schlechte Wachstumsprognosen im Heimatland.

Ein stark konzentrierter Heimatmarkt erschwert Unternehmen eine Umsatzausweitung im Stammland. Oftmals ist der Heimatmarkt auch durch Sättigungserscheinungen und schlechte Wachstumsprognosen gekennzeichnet, wie es aktuell bspw. beim Einzelhandelsumsatz in Deutschland der Fall ist (Eggert 2006, S. 38f.), sodass Unternehmen eine Expansion ins Ausland in Betracht ziehen. Die Attraktivität ausländischer Ländermärkte erhöht sich darüber hinaus mit der steigenden Anzahl an hemmenden Regulierungen und Vorschriften im Heimatmarkt.

Die folgenden Ziele wurden den Zielland-orientierten Motiven der Internationalisierung zugeordnet:

- geografische Nähe des Ziellandes
- kulturelle Nähe des Ziellandes
- gute Kenntnis des Ziellandes (z. B. durch Beschaffungstätigkeit)
- persönlicher Kontakt zu ausländischen Händlern/Unternehmern
- Know-how aus dem Zielland in die Zentrale transferieren
- steuerliche Vorteile.

Unter den ziellandspezifischen Gesichtspunkten sind die geografische und kulturelle Nähe des Ziellandes anzuführen, da geografisch nahe und kulturell ähnlich strukturierte Ländermärkte oftmals unter Ressourcengesichtspunkten effizienter und effektiver erschlossen werden können (Johanson/Vahlne 1977, S. 28; 1990, S. 12). In diesen Ländern ist tendenziell auch eine ausreichende Informationsgrundlage für das Internationalisierungsvorhaben gegeben oder aber die Informationen können durch bestehende persönliche Kontakte zu ausländischen Händlern/Unternehmern leicht erfasst werden. Der Kategorie der Ziellandorientierten Motive ist des Weiteren auch der Transfer von Know-how aus dem Zielland zuzuordnen, was sich, gerade bei einem fortgeschrittenen Internationalisierungsstadium, als wichtiges Motiv herauskristallisiert. Als solches gilt auch – in den letzten Jahren in zunehmender Art und Weise – die Steuerbelastung von Unternehmen. Diesbezüglich ist festzustellen, dass sämtliche Mitgliedsländer der EU – mit Ausnahme von Spanien – die Unternehmensgewinne im Jahre 2005 weniger stark besteuerten als Deutschland (ZEW 2006).

Abbildung 30 visualisiert die vergleichende Auswertung der Push- und Pull-Motive der Internationalisierung von Verbundgruppen. Unter Berücksichtigung sämtlicher Motive beider Kategorien zeigt sich gesamthaft, dass beiden Arten von Motiven eine hohe Bedeutung hinsichtlich der Internationalisierungsbestrebungen beigemessen wird. Über beide Kategorien hinweg betrachtet, weist das Motiv des gesättigten Heimatmarktes, das der Kategorie der Stammland-orientierten Motive zugeordnet werden kann, die höchste Bedeutung für die an der empirischen Erhebung teilnehmenden Verbundgruppen auf. Einen annähernd gleichen Stellenwert nehmen das Push-Motiv „stark konzentrierter Heimatmarkt" sowie das Pull-Motiv „kulturelle Nähe des Ziellandes" mit einem jeweiligen Mittelwert von 4,6 ein.

Abbildung 30: Push- vs. Pull-Motive der Internationalisierung

Motiv	Wert
gesättigter Heimatmarkt	4,7
stark konzentrierter Heimatmarkt	4,6
schlechte Wachstumsprognosen im Heimatland	3,8
Überwindung von Regulierungen/Vorschriften im Heimatland	2,3
kulturelle Nähe des Ziellandes	4,6
persönlicher Kontakt zu ausländischen Händlern/Unternehmern	4,2
geografische Nähe des Ziellandes	4,1
Know-how aus dem Zielland in die Zentrale transferieren	4,1
gute Kenntnis des Ziellandes (z. B. durch Beschaffungstätigkeit)	3,7
steuerliche Vorteile	2,8

Skala: 1 völlig unwichtig – 7 sehr wichtig; Push-Motive / Pull-Motive

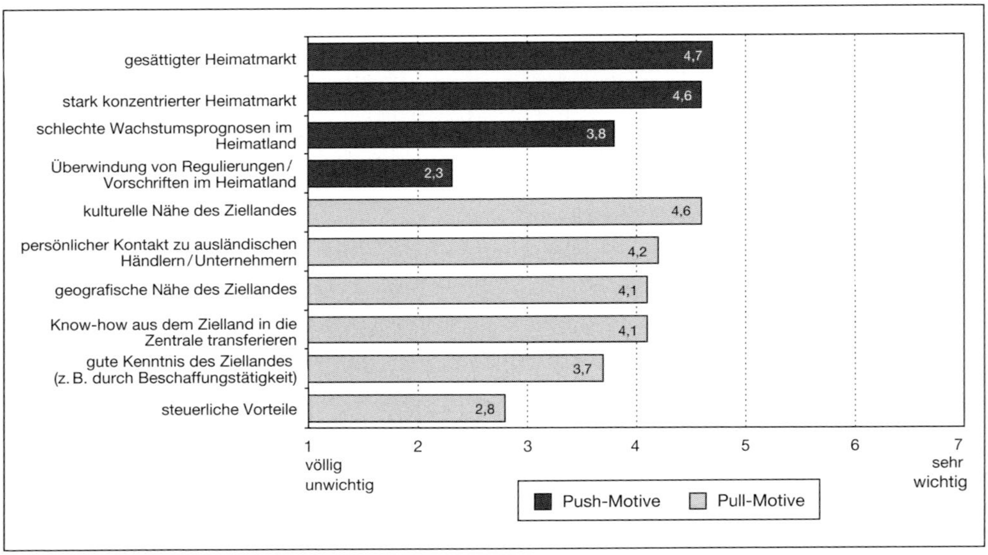

Die hohe Bedeutung der geografischen sowie der kulturellen Nähe des Ziellandes, die bereits in Anbetracht der grafischen Darstellung der absatzseitigen Tätigkeiten deutscher Verbundgruppen (siehe Abbildung 19) zu vermuten war, wird durch die in Abbildung 30 gezeigten Befragungsergebnisse deutlich. Interessant ist dabei, dass die kulturelle Nähe des Ziellandes (Mittelwert: 4,6) von den Verbundgruppen als noch bedeutsamer angesehen wird als dessen geografische Nähe (Mittelwert: 4,1).

Bei den Push-orientierten Motiven wird deutlich, dass Verbundgruppen oftmals sowohl durch die Sättigung des Heimatmarktes und die damit verbundenen schlechten Wachstumsprognosen als auch durch die starke Konzentration des Heimatmarktes quasi zur Internationalisierung „gezwungen" werden. Dies erscheint insbesondere vor dem Hintergrund eines durch den direkten Wettbewerb mit Filial-/Konzernunternehmen hoch kompetitiven Heimatmarktes als durchaus nahe liegend.

Als weniger wichtiges Motiv der Internationalisierung von Verbundgruppen wurden einerseits das Push-orientierte Motiv „Überwindung von Regulierungen/Vorschriften im Heimatland" sowie andererseits das Pull-orientierte Motiv „steuerliche Vorteile" bewertet. Dies ist ein interessantes Ergebnis, da diese beiden Faktoren häufig als Standort- bzw. Wettbewerbsnachteil Deutschlands, welches das Heimatland von über 90 Prozent der an der Befragung teilnehmenden Verbundgruppen darstellt, angeführt werden und somit als Auslöser einer internationalen Expansion besonders in Betracht kommen.

Als weitere wichtige Pull-Motive wurden der Transfer von Know-how aus dem Zielland in die Verbundgruppenzentrale im Heimatland (Mittelwert: 4,1) sowie der persönliche Kontakt zu ausländischen Händlern/Unternehmern (Mittelwert: 4,1) bewertet. Ersteres Motiv trägt der Erkenntnis Rechnung, dass durch Auslandsengagements wichtiges Wissen hinsichtlich der generellen Vorgehensweise bei der Internationalisierung, aber auch hinsichtlich der speziellen Handelsstrukturen sowie Geschäftspraktiken in den jeweiligen Ländern gewonnen werden kann, das u.a. auch der Optimierung von Geschäftsprozessen im Heimatland dienen kann. Die Bedeutung des zweitgenannten Motivs der Internationalisierung wird auch dadurch hervorgehoben, dass ein wichtiger erster Impuls der Internationalisierung oftmals durch die Händler bzw. Unternehmer entsteht (siehe auch Abschnitt A.II.3. dieses Kapitels).

4. Defensive vs. offensive Motive

Eine weitere wichtige Kategorie im Rahmen der Strukturierung der Internationalisierungsmotive stellen die defensiven und offensiven Motive dar. Als offensiv bzw. proaktiv gelten diejenigen Motive, die auf einer Entscheidung des Unternehmens beruhen, sich ganz bewusst zu internationalisieren. Diese interne Motivation beruht v. a. auf der inländischen Wettbewerbsstärke des Unternehmens, die durch den Prozess der Internationalisierung ins Ausland übertragen werden soll (Czinkota/Ronkainen 2004, S. 226; Swoboda/Schwarz 2006, S. 170).

Als defensiv bzw. reaktiv werden diejenigen Motive bezeichnet, die aus einer (häufig verspäteten) Anpassung an veränderte Wettbewerbs- bzw. Rahmenbedingungen resultieren. Der Hintergrund der defensiven bzw. reaktiven Motive ist zumeist externer Art, da Unternehmen oftmals versuchen, das (defizitäre) Inlandsgeschäft durch verstärkte Auslandsaktivitäten zu kompensieren, wodurch ein gewisser Zwang zur Internationalisierung entsteht. Mit zunehmendem Fortschritt der Internationalisierung verlieren reaktive Motive jedoch an Bedeutung (Quinn 1999, S. 112ff.)

Folgende offensive/proaktive Motive wurden in den Fragenkatalog der Untersuchung aufgenommen:

- Erschließung neuer Absatzmärkte
- gemeinsam mit Lieferanten neue Märkte erschließen
- konkurrierenden Verbundgruppen zuvorkommen.

Das Motiv der Erschließung neuer Absatzmärkte fasst eine Vielzahl expansionsgetriebener Sub-Motive zusammen, die im Rahmen der Internationalisierung von Verbundgruppen eine gewichtige Rolle spielen. Offensive Motive der Internationalisierung entstehen bzw. beeinflussen Unternehmen auch durch Aktivitäten der vorgelagerten Wirtschaftsstufe. So werden neue Märkte in Erwartung einer Win-Win-Situation oftmals gemeinsam mit Lieferanten erschlossen. Die Relevanz dieses Motivs konnte durch die Aussagen der befragten Experten bekräftigt werden.

Auch das konkurrenzbezogene Motiv „konkurrierenden Verbundgruppen zuvorkommen" wurde in die Untersuchung integriert. So streben Verbundgruppen durch einen frühzeitigen Markteintritt Vorteile von Pionieren an, die sich bspw. durch die Erreichung einer Marktmacht und den Aufbau von Eintrittsbarrieren für die nachfolgenden Verbundgruppen ergeben können (Parry/Bass 1990, S. 187f.). Aber auch der Zugang zu den landesspezifischen Distributionsstrukturen kann frühzeitig besetzt und somit für „follower" blockiert werden.

Folgende defensive/reaktive Motive wurden in den Fragenkatalog der Untersuchung aufgenommen:

- Lieferanten nachfolgen
- konkurrierenden Verbundgruppen nachfolgen.

Ein der defensiven/reaktiven Kategorie zuzuordnendes Internationalisierungsmotiv besteht darin, seinen Lieferanten in bereits von diesen erschlossene Ländermärkte nachzufolgen. Auf Grund der oftmals bereits stark ausgeprägten internationalen Ausrichtung der Lieferanten können Verbundgruppen so unter Umständen von den lokalen Kontakten bzw. Distributionskanälen der Lieferanten profitieren.

Das Motiv „konkurrierenden Verbundgruppen nachfolgen" weist einen externen Charakter auf. So orientieren sich Unternehmen konsequent an den relevanten Konkurrenten innerhalb einer Branche und versuchen, diesen als „second mover" oder gar „late mover" nachzufolgen (Zentes/Swoboda/Morschett 2004, S. 966ff.).

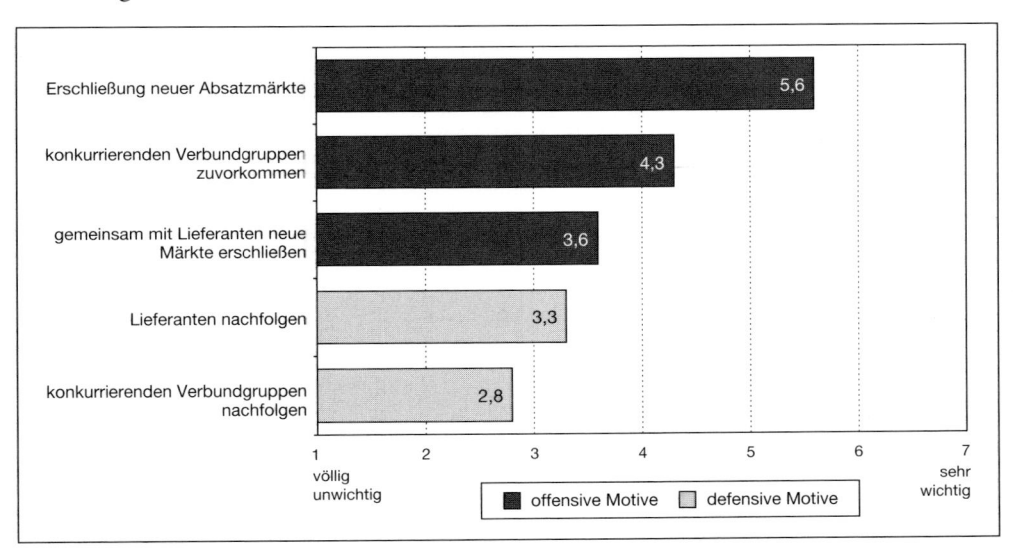

Abbildung 31: Offensive vs. defensive Motive der Internationalisierung

Motiv	Wert	Kategorie
Erschließung neuer Absatzmärkte	5,6	offensive Motive
konkurrierenden Verbundgruppen zuvorkommen	4,3	offensive Motive
gemeinsam mit Lieferanten neue Märkte erschließen	3,6	offensive Motive
Lieferanten nachfolgen	3,3	defensive Motive
konkurrierenden Verbundgruppen nachfolgen	2,8	defensive Motive

(Skala: 1 völlig unwichtig – 7 sehr wichtig)

Auf Grundlage der Auswertung der empirischen Erhebung zeigt sich bei der vergleichenden Analyse der offensiven/proaktiven vs. defensiven/reaktiven Motive ein relativ eindeutiges Ergebnis. So wurden die offensiven/proaktiven Motive als weitaus wichtiger im Vergleich zu den defensiven/reaktiven Motiven bewertet. Dies wird insbesondere dadurch verdeutlicht, dass der höchste Mittelwert der defensiven/reaktiven Motive noch unterhalb des niedrigsten Mittelwertes der offensiven/proaktiven Motive liegt.

Von herausragender Bedeutung stellt sich dabei das Motiv der Erschließung neuer Absatzmärkte dar. Dies gilt sowohl Kategorie-übergreifend über alle im Fragebogen erhobenen Motive als auch insbesondere innerhalb der Kategorie der offensiven/proaktiven Motive. Demgegenüber wurde das Motiv „konkurrierenden Verbundgruppen zuvorkommen" mit einem niedrigeren Mittelwert von 4,3 bewertet. Mit deutlichem Abstand und einem Mittelwert von 3,6 folgt das Motiv „gemeinsam mit Lieferanten neue Märkte erschließen". Eine vergleichsweise niedrige Relevanz weisen die beiden reaktiven Motive „Lieferanten nachfolgen" und „konkurrierenden Verbundgruppen nachfolgen" auf. Somit kann festgehalten werden, dass Verbundgruppen eher auf Grund von offensiven als auf Grund von defensiven Zielsetzungen internationalisieren.

Als weiteres Motiv, das keiner der bisher angeführten Kategorien angehört, wurde die Vergrößerung des Beschaffungsvolumens in den Fragenkatalog aufgenommen. Die Vergrößerung des Beschaffungsvolumens ist ein charakteristisches Ziel im Rahmen ressourcenorientierter Motive. So bringt die Internationalisierung und die damit oftmals korrespondierende Umsatzausweitung eine Vergrößerung des Beschaffungsvolumens mit sich (Sternquist 1997), mit positiven Auswirkungen auf die Einkaufskonditionen und die Verhandlungen mit den Lieferanten.

Ressourcenorientierte Motive der Internationalisierung sind tendenziell der Beschaffungsseite des Unternehmens zuzurechnen. So wird bspw. die Sicherung mit Rohstoffen als ressourcenorientiertes Motiv der Internationalisierung angesehen (Zentes/Swoboda/Schramm-Klein 2006, S. 47). Diesem Motiv wurde im Rahmen der vorliegenden Untersuchung eine durchaus beachtliche Relevanz beigemessen, was sich in einem Mittelwert von 4,6 widerspiegelt.

IV. Voraussetzungen der Internationalisierung und deren Erfüllungsgrad

Um den zahlreichen Anforderungen, die sich im Verlauf der Internationalisierung von Unternehmen ergeben können, gerecht zu werden, ist eine gezielte Schaffung von internen Voraussetzungen notwendig (Bassen/Behnam/Gilbert 2001, S. 423). Die Sicherstellung dieser Voraussetzungen im Rahmen der Internationalisierung wird vielfach als eine der zentralen Herausforderungen angesehen (Lehmann/Schlange 2004, S. 214).

Bezüglich der Voraussetzungen der Internationalisierung wurde im Rahmen der empirischen Untersuchung ein zweigeteiltes Fragedesign vorgenommen. Zum einen sollten die Verbundgruppen die generelle Relevanz der vorgegebenen internen Voraussetzungen bestimmen, ehe sie, in einem sich anschließenden zweiten Schritt, die Erfüllung dieser Voraussetzungen in der eigenen Verbundgruppe evaluierten.

Es wurden im Einzelnen folgende interne Voraussetzungen analysiert:

- langfristiges Internationalisierungskonzept
- klare Entscheidungsstrukturen in der Verbundgruppenführung
- hinreichendes Commitment der Mitglieder
- hinreichende finanzielle Ressourcen
- gute Positionierung/erfolgreiche Operationen im Heimatmarkt
- hinreichendes Internationalisierungs-Know-how
- hinreichendes Know-how über die potenziellen Zielländer
- Institutionalisierung von Aufgaben und Prozessen der Internationalisierung
- Gründung von Tochtergesellschaften im Zielland
- Gründung einer internationalen Dachorganisation
- Aufbau und Kommunikation einer starken Unternehmenskultur
- etablierter Name der Verbundgruppe („Marke")
- länderübergreifend verständlicher Name der Verbundgruppe
- länderübergreifend verständliches Markenlogo
- mehrsprachige/fremdwährungsfähige Zentralregulierungs- bzw. Zentralfakturierungs-Technologie
- international vernetztes Warenwirtschaftssystem
- international vernetzte Logistiksysteme (Zentrale, Mitglieder, Lieferanten, Logistikdienstleister usw.)
- mehrsprachige Marketingunterlagen (Kataloge, Broschüren usw.)
- internationalisierbare Formate/Konzepte
- lokal angepasste Sortimente
- etablierte, internationalisierbare Handelsmarken
- hinreichende Verfügbarkeit von Mitarbeitern im Stammland
- hinreichende Qualifikation der Mitarbeiter im Stammland
- hinreichende Verfügbarkeit von Mitarbeitern im Zielland
- hinreichende Qualifikation der Mitarbeiter im Zielland
- Etablierung einer einheitlichen Unternehmenssprache (z. B. Englisch)
- Voraussetzungen für EU-Förderung schaffen.

Im Hinblick auf ein langfristiges Internationalisierungskonzept hat sich im Rahmen vielfältiger Studien zum Thema der Internationalisierung gezeigt, dass insbesondere KMU hier (noch) Nachteile gegenüber Filialisten aufweisen (KPMG Special Services/EIM Business Policy Research 2004, S. 35f.). Dies erweist sich insbesondere in einem späteren Stadium des Internationalisierungsprozesses als Nachteil, da ein langfristiges Internationalisierungskonzept – verstanden als unternehmensspezifisches Internationalisierungs-Handbuch, das einen „Quasi-Fahrplan" des Internationalisierungsprozesses bildet – oftmals eine unverzichtbare Orientierungs- und Strukturierungshilfe darstellt.

Die interne Voraussetzung „klare Entscheidungsstrukturen in der Verbundgruppenführung" stellt darauf ab, Verantwortlichkeiten und Zuständigkeiten von Tätigkeiten, die mit der Internationalisierung der Verbundgruppe in Zusammenhang stehen, klar und eindeutig zuzuordnen. Die für die Internationalisierung verantwortlichen Manager sind dabei zur Einhaltung und Durchführung der gemeinsam mit Gesellschaftern und Mitgliedern verabschiedeten Entscheidungen angehalten. Gerade eine straffe Bindung an partizipativ getroffene Entscheidungen lässt Kooperationssysteme dauerhaft und erfolgreich auf den Märkten handeln – sowohl national als auch international – und sich somit im zunehmenden Wettbewerb behaupten (IBB/H.I.MA. 2003, S. 69).

Um erfolgreich internationalisieren zu können, bedarf es darüber hinaus des Commitments der Mitglieder, das darin zum Ausdruck kommt, dass sie den Internationalisierungsprozess ihrer Gruppe aktiv unterstützen. Daher sollten die Mitglieder frühzeitig in die Planungen des Managements sowie die Umsetzung einbezogen werden.

Die Bereitstellung hinreichender finanzieller Ressourcen stellt eine weitere Grundvoraussetzung für die Internationalisierung von Verbundgruppen dar. Eine gute Positionierung bzw. erfolgreiche Operationen im Heimatmarkt sind sowohl zu Beginn als auch im weiteren Entwicklungsverlauf der Internationalisierung von großem Vorteil. Einerseits wird vielfach postuliert, dass Unternehmen, die nicht erfolgreich auf dem Heimatmarkt sind, keine gute Ausgangsbasis zur Internationalisierung besitzen (Perlitz 2004, S. 36ff.). Andererseits dürfen die Operationen im Heimatmarkt gerade im Verlauf des Internationalisierungsprozesses nicht unter dem gestiegenen Engagement auf ausländischen Märkten leiden.

Der Aufbau von bzw. der Zugang zu hinreichendem Internationalisierungs-Know-how – so bspw. anhand von Best-Practice-Fällen aus der Branche oder anhand der Internationalisierungserfahrung spezieller Mitarbeiter – ist gerade in frühen Phasen der Internationalisierung eine unerlässliche Voraussetzung (Steinmann/Kumar/Wasner 1981, S. 109). Die Initiierung der Internationalisierung ohne erfahrene Mitarbeiter mit einem ausgewiesenen Know-how ist für viele Unternehmen eine dementsprechend hohe Hürde.

Neben dem (unternehmensinternen) Know-how über die Internationalisierung bzw. den Internationalisierungsprozess stellt das Know-how über die potenziellen Zielländer eine weitere grundlegende Voraussetzung dar. Gerade im Rahmen der in einem (zeitlich) nachgelagerten Schritt zu vollziehenden Marktselektion anhand von Länderkriterien müssen adäquate Informationen bzw. Know-how über die Zielländer vorhanden sein. Dies bezieht sich auf generelle Informationen wie bspw. makroökonomische Kennzahlen (Swoboda/Schwarz 2006, S. 178), aber auch auf branchenspezifische Informationen wie bspw. die Konkurrenz- und Wettbewerbssituation der jeweiligen Branche im Zielland (Zentes/Schramm-Klein 2005; Zentes/Swoboda/Morschett 2004, S. 81), oder aber auch auf Umfeldgegebenheiten wie bspw. Daten über Lieferanten und Abnehmer (Zentes/Swoboda/Schramm-Klein 2006, S. 33ff.).

Vor Beginn bzw. im Verlauf der Internationalisierung stellt die Institutionalisierung von Aufgaben und Prozessen eine grundlegende Voraussetzung dar, die oftmals fundamentale Änderungen hinsichtlich der Organisationsstruktur bedingt (vgl. hierzu auch die detaillierten Ausführungen in Abschnitt A.II. dieses Kapitels). So werden im Rahmen des „Going International" neben einer bereichs- und funktionsübergreifenden Zusammenarbeit innerhalb der Kooperation (Link 1997, S. 191) oftmals auch Zuständigkeiten an neu geschaffene Institutionen – so u.a. Abteilungen, Stabsstellen usw. – übergeben. Eine derartige Institutionalisierung, die auch in der Managementforschung einen hohen Stellenwert besitzt, wird häufig erst ab einer kritischen Bedeutung der Auslandsaktivitäten vorgenommen (Welge/Al-Laham 1995, S. 66ff.).

Auf Basis der durchgeführten Expertengespräche wurde die Voraussetzung „Gründung von Tochtergesellschaften im Zielland" in das Untersuchungsdesign aufgenommen. Vielfach ist die Gründung von Tochtergesellschaften, die eng verbunden ist mit der vollständigen Kontrolle über die Auslandsaktivitäten (Berndt/Fantapié Altobelli/Sander 2005, S. 148), die dominante Betätigungsform im internationalen Kontext (Europäische Kommission 2000, zit. nach Zentes/Swoboda/Schramm-Klein 2006, S. 284). Der grundsätzliche Vorteil von Tochtergesellschaften – in Abgrenzung zu kooperativen Betätigungsformen – liegt primär darin, dass die Durchsetzung von eigenen Qualitäten, Kompetenzen und Know-how sowie die Kontrolle der Marketingaktivitäten dem Unternehmen selbst obliegt, d.h., keine Abstimmung mit externen Partnern notwendig ist und daher auch keine Gefahr des Aufbaus von Konkurrenten besteht (Zentes/Swoboda/Schramm-Klein 2006, S. 282).

Diesbezüglich stellt auch die (potenzielle) Gründung einer internationalen Dachorganisation – oftmals in einem „neutralen" Land wie der Schweiz – eine wichtige Voraussetzung dar, um bspw. direkt aufgenommene Mitglieder sowohl unter Ressourcen- als auch unter Machtaspekten nicht an die Zentrale des Stammlandes anzubinden. Vielfach fällt es potenziellen ausländischen Mitgliedern leichter, einer internationalen Dachorganisation als einer ausländischen Verbundgruppe beizutreten, wie die Expertengespräche gezeigt haben.

Eine starke Unternehmenskultur – hier verstanden als „das implizite Bewusstsein eines Unternehmens, das sich aus dem Verhalten der Organisationsmitglieder ergibt und das umgekehrt die formalen sowie die informalen Verhaltensweisen der Individuen steuert" (Scholz 1987, S. 88) – muss im Rahmen der Internationalisierung nach innen und außen aufgebaut und dementsprechend kommuniziert bzw. (vor-)gelebt werden, so bspw. durch eine ausgeprägte Corporate Identity (Birkigt/Stadler 2000, S. 18). Die Implementierung von Strukturen, Kulturen und Systemen (Konzepten) in Folge einer strategischen Neuorientierung, wie bspw. im Rahmen der Internationalisierung (Anderer 1997, S. 7), gilt dabei als ein entscheidender Erfolgsfaktor (Macharzina/Oesterle 1995, S. 205; Frese/von Werder 1994, S. 4ff.).

Ein länderübergreifend verständlicher (und leicht aussprechbarer) Name der Verbundgruppe sowie ein länderübergreifend verständliches Markenlogo (Berndt/Fantapié Altobelli/Sander 1997, S. 136) sind weitere Voraussetzungen für einen erfolgreichen Internationalisierungsprozess. Name und Logo eines Unternehmens haben vorrangig eine nationale Bedeutung, sodass außerhalb des Stammlandes in der Regel keine Vorstellungsinhalte damit verbunden sind. Im Kontext der Globalisierung und des Einzugs der englischen Sprache in den alltäglichen Sprachgebrauch ist es aber durchaus möglich, dass auch mit einem auf internationale Anforderungen angepassten Firmennamen sowie Logo eine Identifizierung mit dem Unternehmen erreicht werden kann und somit eine effektivere Konsumentenansprache ermöglicht wird. In diesem Zusammenhang ist darauf zu achten, dass der Firmenname länderübergreifend leicht auszusprechen ist und das Logo länderübergreifend gut erkannt werden kann, um positive Assoziationen bei den Konsumenten hervorzurufen (Berndt/Fantapié Altobelli/Sander 1997, S. 286).

Ein wesentliches Erlösmodell für Verbundgruppen stellt die Durchführung der Zentralregulierung dar. Die Zentralregulierung wird dabei als Abrechnungssystem verstanden, das sich auf den Zahlungsverkehr zwischen Lieferanten (in der Regel Herstellern) und Mitgliedern („Anschlusshäusern") bzw. Gesellschaftern einer Verbundgruppe (Kooperationsgruppe oder Einkaufsgemeinschaft) bezieht (Saquet 1993, S. 30; Zentes 2001, S. 5). Hierbei bearbeitet und reguliert die Verbundgruppe (oder ein externer Dienstleister, an den diese Tätigkeit outgesourct werden kann) als zentrale Stelle die Rechnungen der Lieferanten an die Mitglieder.

Dies umfasst die Bündelung sämtlicher Forderungen der Lieferanten aus Kaufverträgen mit den Mitgliedern zu einer Sammelabrechnung. Zum Zeitpunkt der Fälligkeit erfolgt dann die Zahlung an die jeweiligen Lieferanten und die Belastung der Mitglieder (Mühlhaus 2006). ZR-Systeme bilden darüber hinaus die Grundlage für ein Finanzcontrolling, bei dem durch Bonitätsprüfung und Bonitätsüberwachung eventuell vorhandene Liquiditätsprobleme im Sinne eines Frühwarnsystems erkannt werden können (Dannenmaier/Lindebner 2001, S. 171).

In den letzten Jahren ist die Bedeutung des länderüberschreitenden Zentralregulierungsgeschäftes stark gestiegen (Arend-Fuchs/Kabuth/Bayer 2001, S. 27). Verbundgruppen, die bestrebt sind, diese Erlösmodelle international einzusetzen, sollten daher die Mehrsprachigkeit sowie die Fremdwährungsfähigkeit ihrer Zentralregulierungs-Technologie sicherstellen, um so internationale Mitglieder oder Kooperationspartner auch systemtechnisch abbilden zu können. Die nationale Zentralregulierung entwickelt sich somit zu einer europäischen bzw. internationalen Zentralregulierung (Taubald 2001, S. 286). Die beschriebenen Entwicklungstendenzen lassen sich gleichermaßen bei der Zentralfakturierung, bei der die Verbundgruppe anstelle der Mitglieder als Rechnungsempfänger fungiert, feststellen.

Vernetzte Warenwirtschaftssysteme zur mengen- und wertmäßigen Steuerung des Güter- und Warenflusses im Rahmen der Supply-Chain (Hertel/Zentes/Schramm-Klein 2005, S. 219) sowie international vernetzte bzw. integrierte Logistikstrukturen – so u.a. zwischen der Zentrale, in- und ausländischen Mitgliedern, Lieferanten oder aber auch Logistik-Dienstleistern – gewinnen zunehmend an Bedeutung, um den reibungslosen Fluss von Informationen in der Supply-Chain optimal sicherzustellen. Eine Hauptvoraussetzung stellt in diesem Kontext auch die Kompatibilität unterschiedlich eingesetzter Systeme dar (Schramm-Klein 2004, S. 52ff.).

Marktseitig sollte im Rahmen der Internationalisierung auch die Mehrsprachigkeit der Marketingunterlagen, so u.a. Produktkataloge, Broschüren usw., sichergestellt sein. Die Marktakzeptanz – und damit der Erfolg – einer sich internationalisierenden Verbundgruppe durch neue Mitglieder bzw. ausländische Verbundgruppen wird oftmals durch diese Voraussetzung begründet, spiegelt sie doch wider, wie stark sich eine Verbundgruppe auf die lokalen/landesspezifischen Gegebenheiten anpassen kann. Dies gilt auch – und in den letzten Jahren in einem zunehmenden Maße – für die im Ausland angebotenen Sortimente, die vielfach auf das jeweilige Land angepasst werden müssen, sei es auf Grund von Kundenbedürfnissen (bspw. unterschiedliche Nachfragepräferenzen) oder aber auf Grund technischer Vorgaben (bspw. technische Normen im Handwerk). Die Anpassung der Sortimente betrifft bspw. im Groß- und Einzelhandel insbesondere die Faktoren Breite, Tiefe, Qualität und Markenstruktur (Liebmann/Zentes 2001, S. 330). Die Markenstruktur, d.h. der Anteil der Handelsmarken am Gesamtsortiment, wird durch die zunehmende Bedeutung der Handelsmarken in Europa (Bruhn 2006, S. 633) zu einem wichtigen Faktor im Kontext der Internationalisierungsentscheidungen.

Als grundlegende Basis für die Aufnahme internationaler Tätigkeiten wird darüber hinaus von vielen Handelsunternehmen die Entwicklung internationalisierbarer Konzepte bzw. Formate angesehen. Mit internationalisierbaren Formaten sind hierbei Betriebstypen gemeint, die sich einerseits im Heimatmarkt behauptet haben und sich andererseits auf Grund spezieller Eigenschaften gleichermaßen für ausländische Märkte eignen bzw. bei denen eine solche Eignung auf Grund von Marktanalysen vermutet werden kann. Mit internationalisierbaren Konzepten sind in diesem Zusammenhang in erster Linie Shop-Konzepte bzw. Flächenbewirtschaftungskonzepte gemeint, die in ähnlicher Weise auf ausländische Märkte transferierbar sind. Im Rahmen dieser Konzepte werden z. B. konkrete Planungen hinsichtlich der Sortimente, des Ladenbaus oder der Nachschubversorgung vorgenommen.

Weitere Voraussetzungen beziehen sich auf das Vorhandensein qualifizierter Mitarbeiter, die sowohl im Stammland (in der Zentrale) als auch im Ausland (in den Anschlusshäusern bzw. Niederlassungen sowie ggf. in den dortigen Landesgesellschaften) verfügbar sein müssen. Somit nehmen das Personal sowie das Personalmanagement im Rahmen der Internationalisierung eine wichtige Rolle ein (Festing 1999, S. 8; Wunderer 1993, S. 21).

Dies korrespondiert eng mit der Schaffung und Etablierung einer einheitlichen Unternehmenssprache, welche die Kommunikation zwischen Stammland und Zielland ermöglicht bzw. erleichtert, sofern die jeweilige Sprache des Ziellandes nicht durch einen Mitarbeiter der Zentrale im Stammland abgebildet werden kann. Hierfür bietet sich die englische Sprache an, die den Status als „business language" erlangt hat und daher oftmals (bei Konzernunternehmen) als einheitliche Sprache gewählt wird.

Im Rahmen vielfältiger Projekte unterstützt die EU die grenzüberschreitende Tätigkeit mittelständischer Unternehmen (KPMG Special Services/EIM Business Policy Research 2004, S. 5). Insbesondere durch Strukturfonds versucht die Europäische Union in den letzten Jahren, die regionale Strukturförderung für mittelständische Unternehmen als attraktives Instrument zu positionieren. Bei der Verteilung des Mitteleinsatzes werden dabei zum einen Regionen mit Entwicklungsrückstand, d. h. Regionen, in denen das BIP pro Kopf bis zu 70 Prozent des EU-Durchschnitts beträgt, berücksichtigt, zum anderen aber auch Regionen, die wirtschaftliche und strukturelle Probleme aufweisen. Des Weiteren werden die Gelder der Strukturfonds auch für generelle Anpassungen und Modernisierungen der Bildungs-, Ausbildungs- und Beschäftigungspolitik verwendet.

Darüber hinaus können mithilfe der Strukturfonds auch nationale Programme der EU-Länder gefördert werden. Auf Grundlage der von den Mitgliedstaaten vorgelegten nationalen Förderprogramme für bestimmte Regionen und unter Berücksichtigung der generellen Zielsetzungen der EU kann ein Unternehmen eine staatliche Förderung im Rahmen des Markteintritts bzw. der Marktbearbeitung erlangen. In den neuen Beitrittsländern der Europäischen Union werden dabei Zuschussförderungen oder zinssubventionierte Kredite für Investitionen in neue Maschinen oder Anlagen gewährt, die in der Regel für kleinere und mittlere Unternehmen mit Sitz bzw. Registrierung im jeweiligen Land vorgesehen sind.

Die Auswahl der geeigneten Fördermaßnahme für den Investor wird dabei anhand des konkreten Projektes in Zusammenarbeit mit einer inländischen Institution – in der Regel einer Förderagentur – vorgenommen. Die Prüfung der Förderungswürdigkeit sowie die Vorbereitung und Erstellung der im Anschluss (sofern die Förderungswürdigkeit gegeben ist) einzureichenden Dokumente sind als sehr ressourcenintensiv zu bewerten. Vor diesem Hintergrund stellt sich unter Kosten/Nutzen-Gesichtspunkten für viele kleine und mittelgroße Verbundgruppen die Frage, ob der hiermit verbundene Aufwand lohnenswert ist, zumal für die Durchführung einer konkreten Maßnahme nicht mit einer 100-prozentigen Förderung zu rechnen ist, sondern es immer einen nicht unerheblichen Eigenbeitrag geben muss. Es ist jedoch gemäß den EU-Förderregularien nicht gestattet, mit der Durchführung einer Maßnahme (unter Verwendung des Eigenanteils) zu beginnen, ehe diese Fördermaßnahme nicht bewilligt wurde.

Wie im vorherigen Abschnitt angedeutet, wurden im Rahmen der Untersuchung sowohl die Relevanz der nunmehr erläuterten Voraussetzungen erfasst als auch eine Einschätzung des Erfüllungsgrads innerhalb des eigenen Unternehmens, also quasi die „gefühlte Erfüllung" der genannten Voraussetzungen. Wie auf Basis der Abbildung 32 ersichtlich ist, konnten über die Vielzahl der unterschiedlichen Voraussetzungen drei Cluster gebildet werden. Dabei sind die jeweiligen Cluster hinsichtlich der Relevanz und des Erfüllungsgrads der in ihnen enthaltenen Beobachtungen dadurch charakterisiert, dass zwischen ihnen eine relativ hohe Heterogenität (Inter-Heterogenität), innerhalb der jeweiligen Cluster aber eine relativ hohe Homogenität (Intra-Homogenität) besteht.

Das erste Cluster ist durch eine vergleichsweise hohe Relevanz (Mittelwerte zwischen 3,7 und 4,3) sowie einen relativ hohen Erfüllungsgrad (Mittelwerte zwischen 3,0 und 4,0) gekennzeichnet. Sämtliche Mittelwerte der in Cluster 1 enthaltenen Voraussetzungen übersteigen damit die kritische Marke von 3,0, die erfüllte und nicht erfüllte Voraussetzungen voneinander trennt.

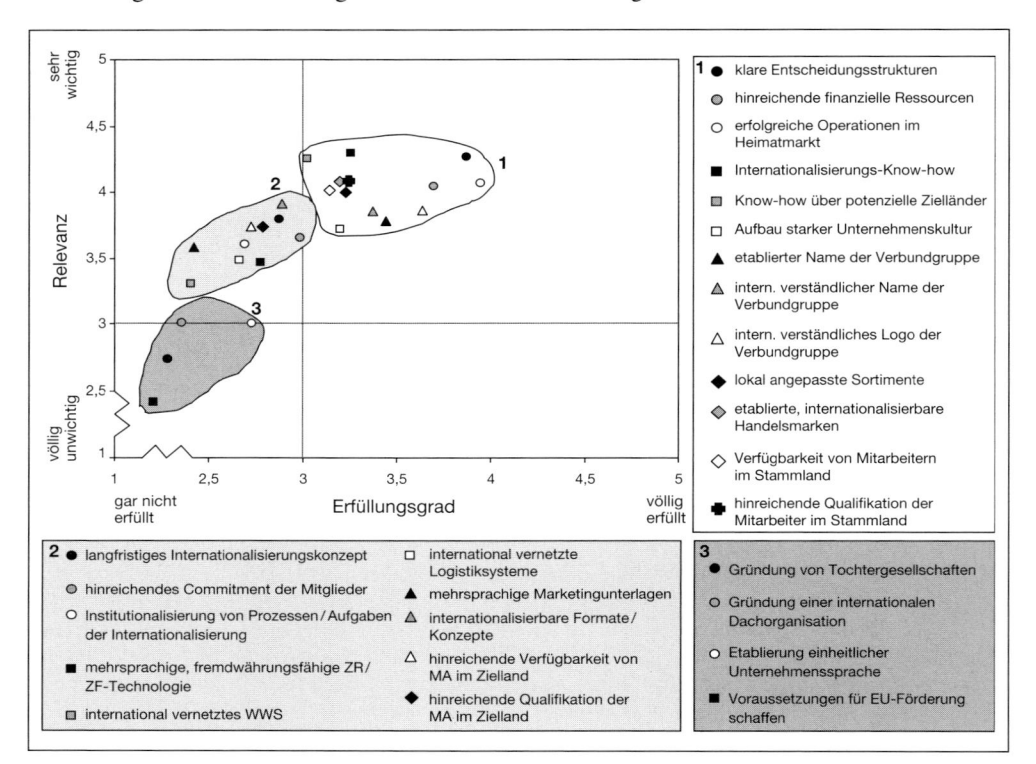

Abbildung 32: Voraussetzungen der Internationalisierung

Bei der Betrachtung der zu diesem Cluster gehörigen Voraussetzungen zeigt sich, dass erfolgreiche Operationen im Heimatmarkt sowie klare Entscheidungsstrukturen in der Verbundgruppenführung unabdingbare Basiskriterien darstellen, welche die international tätigen Verbundgruppen laut eigener Einschätzung auch gut erfüllen. Der Aufbau einer starken Unternehmenskultur ist mit einem Mittelwert von 3,7 eine durchaus relevante Voraussetzung für die Aufnahme internationaler Tätigkeiten und wird mit einem Mittelwert von 3,2 auch als eher erfüllt angesehen, wobei beide Mittelwerte (also sowohl der für die Relevanz als auch der für den Erfüllungsgrad) unterhalb der Mittelwerte der sich im selben Cluster befindlichen Voraussetzungen „erfolgreiche Operationen im Heimatmarkt" sowie „klare Entscheidungsstrukturen in der Verbundgruppenführung" liegen. Das Know-how über potenzielle Zielländer wird, da es mit einem Mittelwert von 3,0 so gerade erfüllt ist, ebenfalls Cluster 1 zugerechnet, stellt aber einen Grenzfall dar. Diese Voraussetzung sollte auf Grund ihrer hohen Relevanz (Mittelwert: 4,0) zukünftig stärker beachtet werden. Die Beurteilungen der übrigen Voraussetzungen aus Cluster 1 bzgl. Relevanz und Erfüllungsgrad können Abbildung 32 entnommen werden.

Das zweite Cluster ist durch eine relativ hohe Relevanz im Kontext der Internationalisierung von Verbundgruppen gekennzeichnet (Mittelwerte zwischen 3,3 und 3,9), gleichzeitig weist es einen – im Vergleich zur Relevanz und im Vergleich zu Cluster 1 – deutlich niedrigeren Erfüllungsgrad (Mittelwerte zwischen 2,4 und 3,0) auf. Das zweite Cluster enthält daher diejenigen Voraussetzungen, in die noch verstärkt investiert werden muss, um einen höheren Erfüllungsgrad zu erreichen.

Eine detailliertere Betrachtung der in Cluster 2 zusammengefassten Voraussetzungen offenbart, dass zukünftig insbesondere auf die Langfristigkeit des Internationalisierungskonzeptes sowie auf die Internationalisierbarkeit der Formate/Konzepte geachtet werden sollte. Diese beiden Voraussetzungen werden mit Mittelwerten von 3,8 bzw. 3,9 als sehr relevant eingestuft, weisen aber einen im Verhältnis zur Relevanz eher niedrigen Erfüllungsgrad auf (Mittelwerte von jeweils 2,9).

Des Weiteren bestehen Nachholbedarfe bezüglich des (Auslands-)Commitments der Mitglieder sowie bezüglich der Verfügbarkeit und der Qualifikation der Mitarbeiter im Zielland, die es zwecks Vorbereitung bzw. Intensivierung internationaler Tätigkeiten aufzuarbeiten gilt. Auch in tendenziell eher marktabgewandten Bereichen, wie z. B. der internationalen Vernetzung von Logistiksystemen allgemein sowie von Warenwirtschaftssystemen im Speziellen, gibt es noch Optimierungspotenzial.

Unter Plausibilitätsgesichtspunkten sei an dieser Stelle auch auf die Voraussetzung „Institutionalisierung von Prozessen/Aufgaben der Internationalisierung" hingewiesen. Der eher geringe Erfüllungsgrad dieser Voraussetzung wird durch die in Abschnitt A.II.4. aufgezeigten Ergebnisse der Erhebung dahingehend bestätigt, dass etwas weniger als die Hälfte der Verbundgruppen (noch) keine Institutionalisierung der Prozesse und Aufgaben vorgenommen hat. Allerdings handelt es sich hierbei um eine Voraussetzung, die für die an der Befragung teilnehmenden Verbundgruppen durchaus von Relevanz ist.

Darüber hinaus existiert eine Vielzahl weiterer Voraussetzungen, an deren Erfüllung die teilnehmenden Verbundgruppen noch arbeiten müssen, wie z. B. die mehrsprachige Ausrichtung von Marketingunterlagen sowie von Zentralregulierungs- und Zentralfakturierungstechnologien, deren genaue Bewertung anhand der Positionierung in der Relevanz-Erfüllungsgrad-Matrix (Abbildung 32) nachvollzogen werden kann.

Das dritte Cluster ist durch eine vergleichsweise geringe Relevanz (Mittelwerte von 2,1 bis 3,0) sowie einen relativ geringen Erfüllungsgrad (Mittelwerte von 1,8 bis 2,7) gekennzeichnet. Diesem Cluster zuzuordnen sind die Voraussetzungen „Etablierung einer einheitlichen

Unternehmenssprache", „Gründung von Tochtergesellschaften", „Gründung einer internationalen Dachorganisationen" sowie „Voraussetzungen für EU-Förderung schaffen".

Die Etablierung einer einheitlichen Unternehmenssprache ist ein Prozess, dem oftmals erst in einer fortgeschrittenen Phase der Internationalisierung eine höhere Bedeutung zugesprochen wird. Die von Verbundgruppen aktuell bereits stärker erschlossenen Ländermärkte können unter sprachlichen Gesichtspunkten auch ohne die Etablierung einer einheitlichen Unternehmenssprache (wie z. B. Englisch) bearbeitet werden.

Die Voraussetzungen hinsichtlich der Betätigungsformen weisen ebenfalls eine niedrige Relevanz auf. Verbundgruppen können mit unterschiedlichen Betätigungsformen auf ausländischen Märkten aktiv sein, ohne sich im Vorfeld auf die Gründung von Tochtergesellschaften oder die Gründung einer internationalen Dachorganisation festlegen zu müssen, sodass die Wahl einer ganz bestimmten Betätigungsform keine grundlegende Voraussetzung der Internationalisierung darstellt. Die Gründung von Tochtergesellschaften wird oftmals erst zu einer späteren Phase der Bearbeitung eines Ländermarktes vorgenommen, wenn bereits eine relativ große Anzahl an Mitgliedern bzw. Verkaufsstellen/Niederlassungen besteht. Die Gründung einer internationalen Dachorganisation wird häufig erst ab einer fortgeschrittenen Anzahl von erschlossenen Ländermärkten vorgenommen, um unterschiedlichen, länderspezifischen Ansprüchen besser gerecht werden zu können. Dies erklärt, warum das Gros der Verbundgruppen die Etablierung dieser beiden Arten von Gesellschaften/Organisationen nicht als Grundvoraussetzungen der Internationalisierung ansieht.

Eine sehr geringe Bedeutung messen die Verbundgruppen potenziellen EU-Fördermaßnahmen bei. Da das Schaffen der notwendigen Voraussetzungen, um für die Förderung in Frage zu kommen, d. h. als förderwürdig eingestuft zu werden, als sehr ressourcenintensiv zu bewerten ist, setzen Verbundgruppen ihre Ressourcen vorzugsweise anderweitig ein, wie der ebenfalls sehr geringe Erfüllungsgrad dieser Voraussetzung verdeutlicht.

V. Barrieren der Internationalisierung

Barrieren existieren in vielfachen Ausprägungsformen und halten Unternehmen oftmals davon ab, sich zu internationalisieren (Gable u. a. 1995, S. 211ff.). Im Verständnis der vorliegenden Studie werden somit unter Barrieren der Internationalisierung diejenigen Gründe und Hemmnisse verstanden, die Unternehmen die Initiierung bzw. die Fortsetzung des Internationalisierungsprozesses erschweren. Im Einzelnen wurden folgende Barrieren im Rahmen der empirischen Untersuchung berücksichtigt:

- hohe Kostenintensität, z. B. Markterschließungskosten
- hohe Zeitintensität der Einbindung der Mitglieder im In- und Ausland
- fehlende Auslandserfahrung der Verbundgruppe
- mangelndes kulturelles Wissen
- Branchenkonsolidierung im Heimatland noch nicht abgeschlossen
- zunehmende Komplexität der Internationalisierungsaufgaben
- hoher Koordinationsaufwand des Ländermanagements
- schwierige Balance zwischen zentraler und dezentraler Steuerung
- Rechtsform ungeeignet für Internationalisierung
- Risikoaversion/Widerstand der Verbundgruppen-Mitglieder
- Risikoaversion/Widerstand des Verbundgruppen-Managements
- ungeeignete Unternehmenskultur (z. B. stark national geprägt)
- Mangel an kooperationswilligen Lieferanten
- Mangel an geeigneten Unternehmern/Händlern im Zielland
- fehlende Vertrauensbasis mit Unternehmern/Händlern im Zielland.

Potenzielle Barrieren der Internationalisierung bestehen in der hierfür erforderlichen hohen Kostenintensität, die sich z. B. in Markterschließungskosten widerspiegelt. Oftmals erforderliche Anschubinvestitionen erschweren Unternehmen eine positive Entscheidung hinsichtlich der Internationalisierung. Darüber hinaus entstehen häufig auch höhere Kosten bei der Rekrutierung, Auswahl und Beschäftigung von Mitarbeitern, welche die nötigen Fähigkeiten besitzen, um im internationalen Kontext zu operieren (KPMG Special Services/EIM Business Policy Research 2004, S. 37).

Neben den finanziellen Aufwendungen im Rahmen der Internationalisierung stellen auch zeitliche Aspekte des Mitgliedermanagements eine mögliche Hürde dar. So ist die Einbindung der Mitglieder im Ausland vielfach zeitintensiv (Dautzenberg 1997, S. 92f.).

Jegliche Internationalisierungsaktivitäten, die erstmals unternommen werden, gelten als besonders problembehaftet, da keine Erfahrungswerte vorliegen, auf deren Basis Entscheidungen getroffen werden könnten. Dieses Problem der fehlenden Auslandserfahrung verliert in einem fortgeschrittenen Stadium der Internationalisierung jedoch sukzessive an Bedeutung (Bäurle 1996, S. 74ff.). Eine weitere Barriere der Internationalisierung, die oftmals mit fehlender Auslandserfahrung einher geht, ist der Mangel an kulturellem Wissen in Bezug auf die Zielländer bzw. -regionen (Burt/Dawson/Sparks 2003, S. 362). Diese kulturelle Problematik schwächt sich jedoch nicht mit zunehmender Internationalisierung ab, sondern muss bei jedem weiteren Markteintritt neu und individuell bewältigt werden.

Eine zusätzliche Barriere stellt eine noch nicht abgeschlossene Branchenkonsolidierung im Inland dar, weil dies eine zwanghafte Fokussierung auf den inländischen Markt bedeuten könnte (Palmer/Quinn 2005, S. 33f.). Die für die Internationalisierung erforderlichen Ressourcen wären in diesem Fall im Heimatmarkt gebunden. Eine noch nicht vollzogene Branchenkonsolidierung erschwert demnach die Freisetzung dieser Ressourcen und birgt die Gefahr, dass sich Unternehmen zu wenig mit dem Auslandsgeschäft auseinandersetzen.

Eine fortschreitende Internationalisierung und damit verbundene Erschließung zusätzlicher, ggf. auch weiter entfernter Ländermärkte und -kulturen bringt eine gesteigerte Komplexität der international abzustimmenden und zu bewältigenden Aufgaben und Prozesse mit sich. Um dieser zunehmenden Komplexität gerecht zu werden, müssen oftmals Restrukturierungsprozesse durchgeführt werden, die eine Verlangsamung der Internationalisierungsaktivitäten zur Folge haben können (Reynolds 1999, S. 36).

In engem Zusammenhang mit der Komplexitätsdimension steht der hohe Koordinationsaufwand des Ländermanagements, der sich aus den Interdependenzen der Ländermärkte ergibt und dementsprechende Koordinationsmaßnahmen beinhaltet. So müssen bspw. Marketing-Mix-Elemente wie Sortiment, Preis, Kommunikation usw. international aufeinander abgestimmt, harmonisiert und koordiniert werden. Dies kann einerseits zentral durch die jeweilige Verbundgruppenzentrale im Stammland vorgenommen werden, andererseits aber – unter den bereits erwähnten Differenzierungsgesichtspunkten – durch die jeweiligen Länderverantwortlichen. Die dementsprechend fallweise zu treffende Entscheidung erhöht so zum einen den Koordinationsaufwand des Ländermanagements und verdeutlicht zum anderen, wie schwierig die Balance zwischen zentraler und dezentraler Steuerung sein kann.

Die gewählte Rechtsform kann eine Internationalisierungsbarriere darstellen, sofern sie die absatzseitige Geschäftstätigkeit auf das Stammland beschränkt. Diese Tatsache kann eine grenzüberschreitende Tätigkeit gänzlich verhindern oder aber einen Wechsel der Rechtsform auslösen – im europäischen Kontext z. B. hin zu einer EWIV (Kluge 1992, S. 38; Kussmaul/Richter 2005, S. 1113; vgl. hierzu auch die Ausführungen in Abschnitt A.II.5. dieses Kapitels).

Weitere mögliche interne Barrieren im Kontext der Internationalisierungsentscheidung von Verbundgruppen stellen die Risikoaversion bzw. Widerstände der Verbundgruppen-Mitglieder oder aber auch des Verbundgruppen-Managements dar. So müssen die Mitglieder häufig von der Internationalisierung und den daraus für sie resultierenden Vorteilen überzeugt werden, ehe der Widerstand überwunden bzw. das Risiko angesichts der aufgezeigten Vorteile als niedriger bewertet wird.

Andererseits kann auch das Verbundgruppen-Management Internationalisierungsbestrebungen auf Grund des damit verbundenen erhöhten Risikos, sowohl für die Verbundgruppe und deren Mitglieder als auch für die persönliche Karriere, entgegen wirken. Diese Widerstände entstehen insbesondere durch eine Unternehmenskultur, die sehr stark national geprägt bzw. ausgerichtet ist und dazu führt, dass etwaigen Veränderungen der tradierten Geschäftspraktiken, wie sie eine internationale Tätigkeit unweigerlich mit sich bringen würde, mit Skepsis begegnet wird (Alexander 2000, S. 347).

Neben diesen tendenziell intern-orientierten Barrieren existieren auch Hürden im Kontext der absatzseitigen Internationalisierung, die eher externen Charakter aufweisen. So wurde im Rahmen der empirischen Untersuchung die Barriere „Mangel an kooperationswilligen Lieferanten" integriert. Da Lieferanten im nationalen wie im internationalen Kontext oftmals über langjährige und somit etablierte Absatz- und Distributionskanäle verfügen, kann es sein, dass eine neu in einen Markt eintretende Verbundgruppe nicht als Geschäftspartner akzeptiert und die Warenbelieferung verweigert wird.

Auch der Mangel an bzw. die fehlende Vertrauensbasis zu Unternehmern/Händlern im Zielland kann eine Barriere darstellen. Zum einen kann ein Ländermarkt – bspw. auf Grund makroökonomischer Kennzahlen (Swoboda 2004, S. 14) – attraktiv erscheinen, andererseits aber auch durch einen Mangel an geeigneten Unternehmern/Händlern charakterisiert sein. Dies ist oftmals in „emerging markets" der Fall, in denen die Wirtschaft zwar prosperiert, eine Branche aber durch einen Mangel an mittelständischen, selbstständigen Unternehmern/Händlern gekennzeichnet ist. Gleichermaßen kann in diesem Kontext die fehlende, für eine Zusammenarbeit aber dringend erforderliche Vertrauensbasis zu den existierenden Unternehmern/Händlern als Hemmnis wirken.

Als vorrangiges Hemmnis bezüglich internationaler Tätigkeiten auf der Absatzseite stellt sich als Ergebnis der Untersuchung die zunehmende Komplexität der mit einer Internationalisierung verbundenen Aufgabenstellungen dar (siehe Abbildung 33). Diese Komplexität entsteht durch das Zusammenwirken vielfältiger Einflussfaktoren, die aus einer Ausdehnung des Aktionsradius resultieren, wie z. B. größere räumliche Distanzen, gestiegene Mitarbeiteranforderungen, verschiedenartige neue Kulturen, diverse neue Sprachen, Neuordnung von Organisationsstrukturen usw.

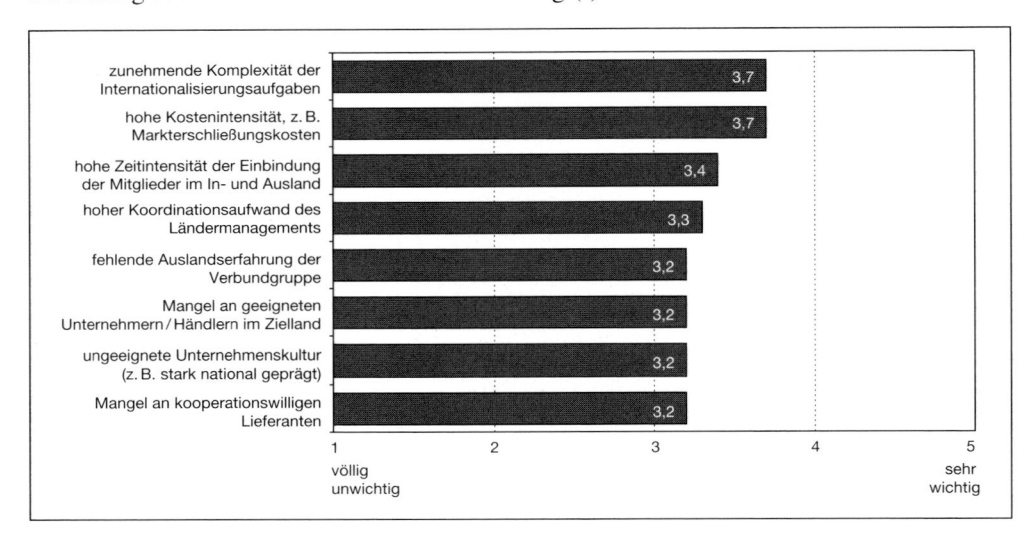

Abbildung 33: Barrieren der Internationalisierung (I)

Barriere	Mittelwert
zunehmende Komplexität der Internationalisierungsaufgaben	3,7
hohe Kostenintensität, z. B. Markterschließungskosten	3,7
hohe Zeitintensität der Einbindung der Mitglieder im In- und Ausland	3,4
hoher Koordinationsaufwand des Ländermanagements	3,3
fehlende Auslandserfahrung der Verbundgruppe	3,2
Mangel an geeigneten Unternehmern / Händlern im Zielland	3,2
ungeeignete Unternehmenskultur (z. B. stark national geprägt)	3,2
Mangel an kooperationswilligen Lieferanten	3,2

Skala: 1 völlig unwichtig – 5 sehr wichtig

Eine weitere Barriere wird von den Verbundgruppen in der hohen Kostenintensität gesehen. Zieht man zur Auswertung auch nochmals die im vorangegangenen Abschnitt beschriebenen Voraussetzungen der Internationalisierung in Betracht, so wird deutlich, dass diese Barriere tendenziell eher in einem früheren Stadium des Prozesses auftritt, bei dem substanzielle Kosten für die Markterschließung anfallen. Darüber hinaus stellen sich im Verlaufe des Prozesses der Internationalisierung auch Lernkurveneffekte ein, wodurch sich das Auslandsgeschäft nach einer bestimmten Zeit selbst tragen und zur Profitabilität der gesamten Verbundgruppe beitragen kann.

Des Weiteren stellt mit einem Mittelwert von 3,4 die hohe Zeitintensität der Einbindung der Mitglieder im In- und Ausland eine wichtige Barriere dar. Diese Barriere kann dabei nochmals in Verbindung mit dem daraus resultierenden hohen Koordinationsaufwand des Ländermanagements gesehen werden, den die Verbundgruppen mit einem Mittelwert von 3,3 bewertet haben.

Interessant sind die Ergebnisse sowie der Vergleich der Barrieren „Risikoaversion/Widerstand der Verbundgruppen-Mitglieder" (Mittelwert: 2,9) und „Risikoaversion/Widerstand des Verbundgruppen-Managements" (Mittelwert: 2,5). Zum einen werden diese gruppeninternen Widerstände als nicht überaus wichtige Barrieren erachtet, zum anderen weist die Differenz der Mittelwerte darauf hin, dass die Gefahr der „Gefolgsverweigerung" der Mitglieder als höhere Barriere einzustufen ist. Hieraus resultiert ein erhöhter Erklärungsbedarf von Sinn und Zweck der Internationalisierungsbestrebungen seitens des Verbundgruppen-Managements, um die Zustimmung und das Commitment der Mitglieder sicherzustellen.

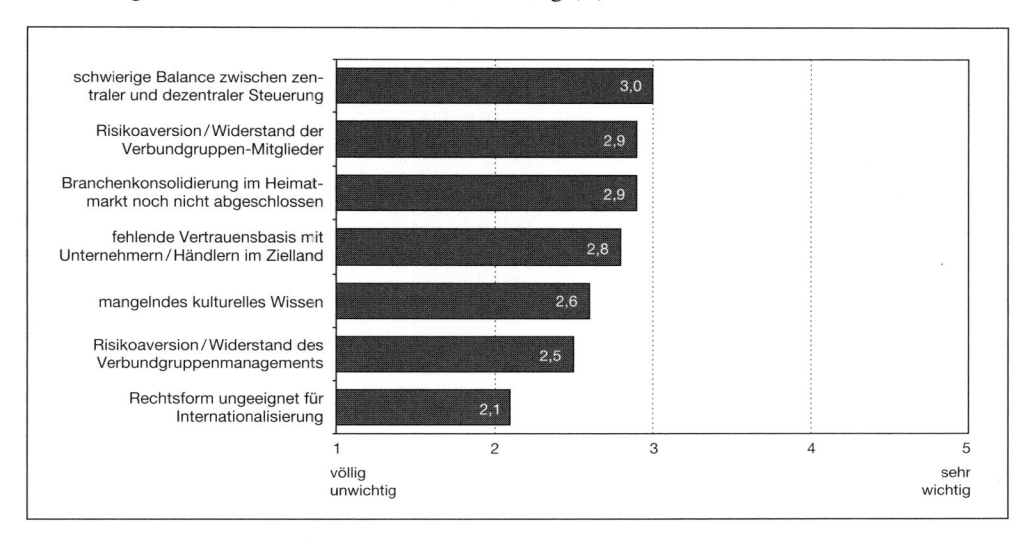

Abbildung 34: Barrieren der Internationalisierung (II)

Barriere	Mittelwert
schwierige Balance zwischen zentraler und dezentraler Steuerung	3,0
Risikoaversion / Widerstand der Verbundgruppen-Mitglieder	2,9
Branchenkonsolidierung im Heimatmarkt noch nicht abgeschlossen	2,9
fehlende Vertrauensbasis mit Unternehmern / Händlern im Zielland	2,8
mangelndes kulturelles Wissen	2,6
Risikoaversion / Widerstand des Verbundgruppenmanagements	2,5
Rechtsform ungeeignet für Internationalisierung	2,1

(Skala: 1 = völlig unwichtig, 5 = sehr wichtig)

Aus Plausibilitätsgründen wird an dieser Stelle auf zwei weitere Barrieren vertiefend eingegangen. Zum einen ist durch Abbildung 34 ersichtlich, dass die Barriere „mangelndes kulturelles Wissen" einen vergleichsweise niedrigen Mittelwert von 2,6 aufweist. Dies ist unter anderem auch dadurch zu erklären, dass die derzeitigen internationalen Tätigkeiten der Verbundgruppen tendenziell auf eher kulturell nahe Länder fokussiert sind (vgl. auch die bedeutende Rolle der kulturellen Nähe des Ziellandes als Push-orientiertes Motiv der Internationalisierung in Abschnitt A.III.3. dieses Kapitels). Mit zunehmender Internationalisierung in kulturell andersartige Länder ist daher von einem Bedeutungsanstieg dieser Barriere auszugehen.

Des Weiteren besteht ein auffälliges Ergebnis hinsichtlich der Bewertung der Relevanz von Internationalisierungsbarrieren darin, dass die Rechtsform hierbei eine zu vernachlässigende Größe darstellt. Vor diesem Hintergrund erscheint auch das Informationsdefizit des Großteils der Verbundgruppen hinsichtlich der europäischen Rechtsformen als wenig verwunderlich.

B. Wahl der Absatzmärkte

I. Länderselektionskriterien

1. Überblick

Unternehmen, die aus der Vielzahl potenzieller Ländermärkte – bspw. auf Grund begrenzter Ressourcen – eine interne Priorisierung vornehmen müssen, führen oftmals eine Marktauswahl anhand von Selektionskriterien durch. Vielfach werden die Kriterien, die im Folgenden grundlegend erläutert werden, in unterschiedlichen Verfahren (vgl. hierzu insbesondere Abschnitt B.IV. dieses Kapitels) eingesetzt. In der Literatur zum Internationalen Marketing werden die Kriterien dabei häufig mit Rahmenbedingungen der Internationalisierung gleichgesetzt (Berndt/Fantapié Altobelli/Sander 1997, S. 24), andererseits aber auch als Kriterien im Rahmen der Verfahren der Ländersegmentierung angesehen (Zentes/Swoboda/Morschett 2004, S. 619; Zentes/Swoboda/Schramm-Klein 2006, S. 157ff.). Die Vielzahl der Länderselektionskriterien kann in Anlehnung an Berndt/Fantapié Altobelli/Sander (1997, S. 24; 2005, S. 15) in drei grundlegende Kategorien eingeteilt werden, die im Folgenden näher beschrieben werden:

- generelle Kriterien[1]
- Branche und Wettbewerb betreffende Kriterien
- unternehmensspezifische Kriterien.

Generelle Kriterien

Die generellen Kriterien, die im Kontext der Länderselektion herangezogen werden, beschreiben branchenunabhängig die allgemeine Situation eines Landes bzw. einer Volkswirtschaft. Vielfach wird diesen Kriterien ein vorgelagerter Charakter im Sinne von „KO-Kriterien" zugesprochen. Erfüllt ein potenzieller Ländermarkt diese KO-Kriterien nicht, so wird dieser Ländermarkt oftmals keiner weiter gehenden Analyse unterzogen. Die generellen Kriterien lassen sich gesamthaft wiederum in

- ökonomische,
- politisch-rechtliche,
- soziokulturelle und
- geografische

Faktoren untergliedern (Cateora/Graham 2005, S. 56ff.; Czinkota/Ronkainen 2004, S. 56ff.).

---

[1] Da die von Berndt/Fantapié/Altobelli (1997; 2005) gewählte Bezeichnung „globale Kriterien" im Kontext der Internationalisierung missverständlich ist, weil sie hier nicht im Sinne von „weltumspannend", sondern im Sinne von „allgemein, umfassend" zu verstehen ist, wird sie durch die Bezeichnung „generelle Kriterien" ersetzt.

Ökonomische Faktoren werden im Rahmen der Länderselektion oftmals zur Erfassung bzw. Bewertung der Größe und grundlegenden Eigenschaften eines ausländischen Marktes herangezogen. So wurden bei der empirischen Erhebung zunächst makroökonomische Faktoren wie das „Marktvolumen", die „Höhe des BIP bzw. des Pro-Kopf-Einkommens", der „Bevölkerungsreichtum" und die „Inflationsrate" integriert, um erste grundlegende Charakteristika eines Auslandsmarktes hinsichtlich seiner Absatzchancen zu ermitteln. Zusätzlich zu diesen Kenngrößen ist es in diesem Zusammenhang auch sinnvoll, Entwicklungsverläufe wie bspw. das „Marktwachstum" zur Bewertung heranzuziehen. Darüber hinaus sind im Rahmen der ökonomischen Kriterien die Charakteristika des Arbeitsmarktes, so die „Flexibilität des Arbeitsmarktes", das „Angebot an qualifizierten Arbeitskräften" sowie die „Arbeitskosten" (inklusive der Lohnnebenkosten) und das „Lohnniveau", von Relevanz.

Eine zweite Kategorie innerhalb der generellen Kriterien stellen die politisch-rechtlichen Faktoren dar. Politische Faktoren basieren auf der Grundlage der politischen Situation eines Landes und geben insbesondere Auskunft über die aktuelle politische Stabilität (Czinkota/Ronkainen 2004, S. 130ff.). Zum einen wurde als grundlegender Faktor dieser Kategorie explizit die „politische Stabilität" berücksichtigt, zum anderen wurde aber auch die „Stabilität der Gesellschaftsstruktur", die in der Regel eng mit der politischen Stabilität zusammenhängt (Kumar/Stam/Joachimsthaler 1994), integriert. Eine stabile Gesellschaftsstruktur, basierend auf einem Minimum an Unruhen, Bürgerkriegen oder Aufständen, schafft ein stabiles Wirtschaftsklima, das zur Attraktivität eines Ziellandes beiträgt und das Auslandsrisiko für internationalisierende Unternehmen verringert. Eng verbunden mit diesen Fragestellungen ist auch das „Ausmaß an Korruption", das durch die politische und wirtschaftliche Stabilität oftmals stark beeinflusst bzw. bestimmt wird. Die „Höhe der Tarife, Zölle und Steuern" sowie die „Höhe der Subventionen" spielen im Rahmen von protektionistischen Maßnahmen eine gewichtige Rolle. Trotz der im Kontext der Globalisierung vielfach zu beobachtenden Liberalisierungs- und Deregulierungsbestrebungen (Haertsch 2000, S. 129) bestehen bspw. bei der Einkommens- und Körperschaftsteuer große Unterschiede im internationalen Vergleich (Statistisches Bundesamt 2005, S. 172ff.). Auch die länderspezifische Gewährung bzw. Erteilung von Subventionen ist international nur geringfügig harmonisiert, sodass sich auch im Kontext dieses Kriteriums noch starke Unterschiede zwischen verschiedenen Ländermärkten aufzeigen lassen.

Rechtliche Kriterien bzw. Rahmenbedingungen umfassen sowohl das Recht im Stamm- als auch im Zielland und darüber hinaus noch auf supranationaler Ebene. So wurde explizit das Kriterium der „Stabilität der Rechtsordnung" – auf allen der drei bereits erwähnten Ebenen – integriert, was der in der unternehmerischen Praxis vielfach postulierten Rechtssicherheit vorgelagert ist. Auch die Rechtsdurchsetzbarkeit, die im internationalen Kontext stark unterschiedlich ausgeprägt ist, wurde exemplarisch durch das Kriterium der „Durchsetzbarkeit von Verträgen" aufgenommen.

Der „Schutz von Urheberrechten und Markenzeichen" stellt ein weiteres Kriterium der rechtlichen Rahmenbedingungen der internationalen Marktselektion dar. Diesbezügliche Fragestellungen tangieren das Wettbewerbsrecht und sind oftmals im internationalen Recht, so durch supranationale Instanzen, geregelt. Somit muss ein internationalisierendes Unternehmen analysieren, ob potenzielle Zielländer diese Regelungen und Abkommen respektieren (Meffert/ Bolz 1998, S. 48f.).

Des Weiteren kann die „Möglichkeit der Durchführung von Zentralregulierung/Zentralfakturierung/Vermittlungsgeschäft" als Verbundgruppen-spezifisches Kriterium im Kontext der Länderselektion angeführt werden. So unterliegt die Durchführung der Zentralregulierung bzw. Zentralfakturierung sowie des Vermittlungsgeschäfts vielfachen rechtlichen Bestimmungen und Gesetzen, so u. a. dem Kartellrecht (vgl. hierzu auch ausführlich Schulte 2001, S. 56ff. sowie Geiger 2001).

Gleichermaßen spielen in diesem Kontext auch Fragestellungen hinsichtlich der „Sicherungsmöglichkeiten für Forderungen" eine Rolle und wurden dementsprechend in der Untersuchung berücksichtigt. Eine Möglichkeit zur Absicherung von Forderungen bietet bspw. die Veräußerung unter Eigentumsvorbehalt, bei der die Ware zwar an den Erwerber übergeben wird, die Übertragung des Eigentums aber unter der aufschiebenden Bedingung vollständiger Bezahlung des Kaufpreises erfolgt. Alternativ können Forderungen in einigen Ländern durch den Eintrag von Lieferungen in ein Pfandregister gesichert werden (Creditreform International 2006).

Die dritte Kategorie im Rahmen der generellen Kriterien stellen die soziokulturellen Faktoren dar, die sowohl soziale als auch Kultur-geprägte Faktoren beinhalten. Als konkrete Kriterien dieser Kategorie wurden die „kulturell-psychische Distanz", die „Kenntnisse der englischen Sprache" sowie die „Kenntnisse der Sprache des Stammlandes" erfasst. Das Kriterium der kulturell-psychischen Distanz, das eine Vielzahl weiterer Kriterien wie Werte und Normen, Religion, lokale Gepflogenheiten usw. subsumiert, geht auf Johanson/Vahlne (1977, 1990) zurück, die, wie später auch weitere Autoren (Vahlne/Nordström 1992; Rhee/Cheng 2002; Fenwick/ Edwards/Buckley 2003), aufgezeigt haben, dass soziale, sprachliche oder aber auch kulturelle Differenzen durch Entscheider subjektiv unterschiedlich wahrgenommen werden und sich Unternehmungen bei der Ausweitung ihrer internationalen Aktivitäten entsprechend konzentrischer Kreise internationalisieren, d. h., dass sich Unternehmen im Verlaufe des Internationalisierungsprozesses sowohl unter kulturellen als auch unter geografischen Gesichtspunkten immer weiter vom Stammland entfernen (Dichtl/Koeglmayer/Mueller 1990; Kutschker/Bäurle 1997; Johanson/Vahlne 2006). Dementsprechend müssen auch die Kenntnisse der englischen Sprache als oftmals dominierende Kommunikationssprache zwischen Stammland und Zielland weiterentwickelt werden oder aber die Mitarbeiter im Zielland müssen zwecks innerbetrieblicher Abstimmung die Sprache des Stammlandes beherrschen.

Schließlich werden zu den generellen Kriterien auch geografische sowie an die Geografie gekoppelte logistische Faktoren hinzugezählt, die in der vorliegenden Untersuchung unter dem Begriff „geografisch-logistische Faktoren" subsumiert werden. Geografische Faktoren, wie z.B. die „geografische Distanz", weisen oftmals in unmittelbarer Nähe zum Stammland eine hohe Homogenität auf, werden jedoch in der Tendenz umso heterogener, desto weiter sich ein Unternehmen im Verlaufe des Internationalisierungsprozesses vom Stammland entfernt (Kutschker/Schmid 2006, S. 319ff.). Zu den weiteren Faktoren, die der geografisch-logistischen Kategorie zugeordnet werden können, zählt die „Verkehrsinfrastruktur", die in direkter Abhängigkeit zur Topografie eines Landes steht und oftmals einen entscheidenden Faktor bei der Wahl der Distributionsstrategie, aber auch bei der Planung von Lagerkapazitäten, darstellt. Die Verkehrsinfrastruktur und die geografische Distanz sind wichtige Determinanten der „Transportkosten" (Pfohl 2004), die als eigenständiges Kriterium berücksichtigt wurden. Des Weiteren wurde die „Kommunikationsinfrastruktur" integriert, die anhand der Verfügbarkeit von leistungsfähigen Kabelnetzen zur Datenübertragung und Kommunikation in Hochgeschwindigkeit, vor allem für Mobilfunk und Internet, bewertet werden kann (Scheer/Hofer/Adam 2005). Darüber hinaus stellt die „Eignung eines Ländermarktes als Sprungbrett bzw. Brückenkopf" für eine weiter gehende Internationalisierung bzw. für die sukzessive Erschließung einer Zielregion ein weiteres Kriterium dar (Peisert 2004). Für Verbundgruppen ist dieses Kriterium bei der Bewertung osteuropäischer Ländermärkte von Relevanz, wie die durchgeführten Expertengespräche gezeigt haben.

Branche und Wettbewerb betreffende Kriterien

Branchen- und Wettbewerbsfaktoren sind auf einer feineren Granularitätsstufe nur für diejenigen Unternehmen relevant, die in der spezifischen Branche auch schwerpunktmäßig tätig sind. Somit spiegeln diese Kriterien die grundsätzlichen Charakteristika der Branche wider (Porter 2004, S. 201ff.).

Die Branchenstruktur beschreibt allgemeine Charakteristika der Branche und bestimmt in hohem Maße die Konkurrenz- und Wettbewerbsintensität. Diese wird maßgeblich durch die „Kapitalerfordernisse des Markteinstiegs", die bspw. auch die „Grundstückspreise" beinhalten, beeinflusst. Die „Verfügbarkeit guter Standorte" dient als Indikator des Konzentrationsgrads der Branche (Kutschker/Schmid 2006, S. 434ff.). Darüber hinaus sind auch Fragestellungen hinsichtlich des technischen Wandels, bspw. die „Verfügbarkeit von technologischem Knowhow" in einem potenziellen Zielland, bei der branchen- und wettbewerbsgetriebenen Ländermarktselektion zu betrachten (Becker/Winkelmann 2004). Für viele Verbundgruppen – dies wurde insbesondere in den durchgeführten Expertengesprächen angeführt – stellen das „Vorhandensein mittelständisch geprägter Handels-/Handwerksstrukturen" sowie die „Bekanntheit der Geschäftsmodelle von Verbundgruppen" grundlegende Kriterien der Länderselektion dar. Werden diese Kriterien erfüllt, so erleichtert sich die Aufnahme der Geschäftstätigkeit erheblich, da die mittelständischen Strukturen nicht erst geschaffen und die Geschäftsmodelle von Verbundgruppen nicht umfänglich erläutert werden müssen.

Wettbewerbsorientierte Kriterien hinsichtlich eines potenziellen Ländermarktes wurden ebenfalls in die Untersuchung aufgenommen. Hier wurde als übergeordnetes Kriterium die „Wettbewerbsintensität" angeführt (vgl. zu diesem Kriterium Matzler/Renzl/Hinterhuber 2004), die u. a. durch die Konkurrenz auf Verbundgruppenebene sowie durch die Konkurrenz von Filialisten beeinflusst wird. Dementsprechend wurden die Kriterien „Anzahl etablierter Verbundgruppen" und „Anzahl etablierter Filialisten" berücksichtigt. In die branchen- und wettbewerbsbezogene Analyse wurde mit der „Verfügbarkeit kooperationswilliger Lieferanten" auch ein lieferantenbezogenes Kriterium, das insbesondere durch die Markt- und Verhandlungsmacht der Lieferanten bestimmt wird (Porter 2000, S. 34, S. 235f.), einbezogen. Wie bereits in Abschnitt A.V. (Barrieren der Internationalisierung) erwähnt, verfügen Lieferanten im internationalen Kontext oftmals über langjährige und somit etablierte Absatz- und Distributionskanäle, sodass entweder generell oder aber länderspezifisch die Zusammenarbeit mit einer neu in einem Markt auftretenden Verbundgruppe verweigert werden kann.

Unternehmensspezifische Kriterien

Während bei den generellen Kriterien wie auch bei den Wettbewerb und Branche betreffenden Kriterien das Unternehmensumfeld im Vordergrund der Länderselektion steht, dienen die unternehmensspezifischen Kriterien der Evaluation der eigenen Stärken und Schwächen hinsichtlich eines bestimmten Ländermarktes (Sander 1998, S. 59ff.).

Unter Ressourcengesichtspunkten sind unternehmensspezifische finanzielle Kriterien in die empirische Erhebung eingeflossen. Diesbezüglich sind Kosten, die mit der Initiierung bzw. der fortschreitenden Internationalisierung in Verbindung stehen, ebenso wie Kosten, die im Zusammenhang mit Marktaustrittsprozessen stehen, im Rahmen der Ländermarktselektion zu beachten. Neben der Komplexität, die vielfach mit einem Marktaustritt verbunden ist, werden zum Zeitpunkt des Markteintritts oftmals auch die mit einem potenziellen Marktaustritt verbundenen Kosten unterschätzt bzw. nur unzureichend berücksichtigt. Laut Zentes/Swoboda/Schramm-Klein (2006, S. 325) können Marktaustrittskosten auch als Marktaustrittsbarrieren wirken, sodass Unternehmen in einem Markt verbleiben, obwohl ein Rückzug bevorzugt würde.

Sortiments- und Preis-Merkmale sind Kriterien der Länderselektion, die von Unternehmen zu Unternehmen unterschiedlich stark ausgeprägt sein können. So werden in diesem Kontext auch Entscheidungen hinsichtlich der Standardisierung und Differenzierung beeinflusst. Konkret wurde in den Fragebogen der Anpassungsbedarf des Leistungsangebots an das Zielland aufgenommen, d.h., inwieweit man ein Produkt (oder auch eine Dienstleistung) landesspezifisch modifizieren muss, damit man erfolgreich im Zielland operieren kann. Vielfach bleibt den Unternehmen auf den internationalen Märkten auf Grund länderspezifischer Wettbewerberstrukturen sowie Nachfrage- und Kostenbedingungen keine andere Wahl, als eine Differenzierung der Produkte/Sortimente (Cundiff/Hilger 1988, S. 302; Sommer 1994, S. 160ff.) bzw. der Preise (Simon/Wiese 1992, S. 246f., 1995, S. 225f.) vorzunehmen. Den letztgenannten Fragestellungen wird durch die Berücksichtigung des Kriteriums „Preisniveau der für die Verbundgruppe relevanten Produkte" Rechnung getragen. Abbildung 35 gibt einen Überblick über die vorgenommene Kategorisierung der Länderselektionskriterien.

Abbildung 35: Kategorisierung der Länderselektionskriterien

	Generelle Kriterien
ökonomisch	Höhe des BIP/Pro-Kopf-Einkommens Bevölkerungsreichtum Inflationsrate Marktvolumen Marktwachstum Arbeitskosten/Lohnniveau Flexibilität des Arbeitsmarktes Angebot an qualifizierten Arbeitskräften
politisch-rechtlich	politische Stabilität Stabilität der Rechtsordnung Stabilität der Gesellschaftsstruktur Durchsetzbarkeit von Verträgen Ausmaß an Korruption Schutz von Urheberrechten, Markenzeichen Höhe der Subventionen Möglichkeit der Durchführung von Zentralregulierung/-fakturierung/Vermittlungsgeschäft Höhe der Tarife, Zölle und Steuern Sicherungsmöglichkeit für Forderungen (z.B. durch Eigentumsvorbehalt)
soziokulturell	kulturell-psychische Distanz Kenntnisse der englischen Sprache Kenntnisse der Sprache des Stammlandes

Abbildung 35: Kategorisierung der Länderselektionskriterien (Fortsetzung)

Generelle Kriterien	
geografisch-logistisch	geografische Distanz Kommunikationsinfrastruktur Verkehrsinfrastruktur Transportkosten Eignung des Ländermarkts als Brückenkopf

Branche/Wettbewerb betreffende Kriterien	
Branchenstruktur	Kapitalerfordernisse beim Markteinstieg Grundstückspreise Verfügbarkeit guter Standorte Verfügbarkeit von technologischem Know-how Vorhandensein mittelständisch geprägter Handels-/Handwerksstrukturen Bekanntheit der Geschäftsmodelle von Verbundgruppen
Wettbewerber	Anzahl etablierter Verbundgruppen Anzahl etablierter Filialisten Wettbewerbsintensität Zugang zu Vertriebskanälen Verfügbarkeit kooperationswilliger Lieferanten

Unternehmensspezifische Kriterien	
Marktaustritt	Höhe der Marktaustrittskosten Komplexität des Marktaustrittsprozesses
Produkt-/Leistungsspektrum	Anpassungsbedarf des Leistungsangebots Preisniveau der für die Verbundgruppe relevanten Produkte

2. Auswertung der Befragungsergebnisse

Bei der Analyse der generellen Länderselektionskriterien zeigt sich zunächst, dass den Angaben der teilnehmenden Verbundgruppen zufolge jede der Subkategorien relevante Kriterien enthält, wobei die beiden größten Subkategorien (ökonomische sowie politisch-rechtliche Kriterien) in einem Subkategorien-übergreifenden Vergleich diejenigen Kriterien mit der höchsten Relevanz beinhalten (siehe Abbildungen 36 und 37).

Das Marktvolumen sowie das Marktwachstum eines Ländermarktes können als wichtigste Kriterien der Länderselektion identifiziert werden; sie sind die einzigen Kriterien, die auf der vorgegebenen 5-er Skala Mittelwerte von 4,0 und mehr erreichen (4,2 bzw. 4,0). Hierdurch wird deutlich, dass insbesondere die Aussicht auf Wachstum und das generelle Streben nach Größe bei der Auswahl von Ländermärkten bei Verbundgruppen im Vordergrund stehen. In diesen Kontext fügt sich auch das drittwichtigste Kriterium im Rahmen der ökonomischen Kriterien, der Bevölkerungsreichtum, mit einem Mittelwert von 3,1 ein. Während die arbeitsmarktbezogenen Kriterien „Angebot an qualifizierten Arbeitskräften" sowie „Arbeitskosten/ Lohnniveau" jeweils Mittelwerte von 3,0 erreichten, waren die weiteren makroökonomischen Kriterien innerhalb der Subkategorie der ökonomischen Kriterien allesamt von geringerer Relevanz (Mittelwerte < 3,0).

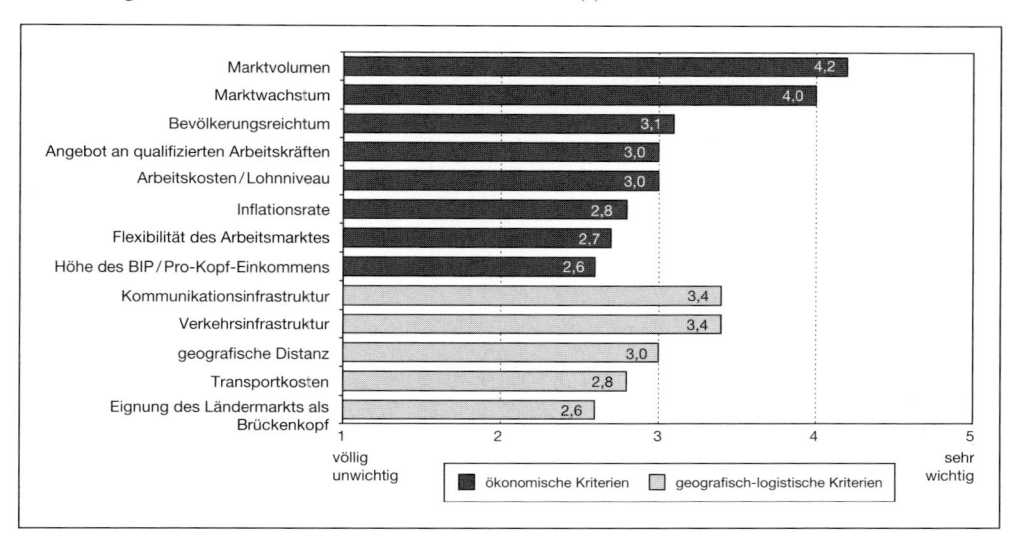

Abbildung 36: Generelle Länderselektionskriterien (I)

Kriterium	Mittelwert	Kategorie
Marktvolumen	4,2	ökonomisch
Marktwachstum	4,0	ökonomisch
Bevölkerungsreichtum	3,1	ökonomisch
Angebot an qualifizierten Arbeitskräften	3,0	ökonomisch
Arbeitskosten / Lohnniveau	3,0	ökonomisch
Inflationsrate	2,8	ökonomisch
Flexibilität des Arbeitsmarktes	2,7	ökonomisch
Höhe des BIP / Pro-Kopf-Einkommens	2,6	ökonomisch
Kommunikationsinfrastruktur	3,4	geografisch-logistisch
Verkehrsinfrastruktur	3,4	geografisch-logistisch
geografische Distanz	3,0	geografisch-logistisch
Transportkosten	2,8	geografisch-logistisch
Eignung des Ländermarkts als Brückenkopf	2,6	geografisch-logistisch

(Skala: 1 = völlig unwichtig, 5 = sehr wichtig)

Im Rahmen der geografisch-logistischen Kriterien stellt sich heraus, dass vor allem die Kommunikations- sowie die Verkehrsinfrastruktur bei der Bewertung von Ländermärkten durch Verbundgruppen eine wichtige Rolle spielt. Die Eignung eines Ländermarktes als Brückenkopf wurde im Gegensatz zu den Erkenntnissen der Vorstudie als weniger wichtig beurteilt (Mittelwert: 2,6).

Hinsichtlich der politisch-rechtlichen Länderselektionskriterien ist auffällig, dass eine Vielzahl der in dieser Kategorie enthaltenen Kriterien als wichtig eingestuft wurde. Besonders hervorzuheben ist das Kriterium der Sicherungsmöglichkeit für Forderungen, das mit einem Mittelwert von 3,9 bewertet wurde. Als weiteres Schlüsselkriterium im Rahmen der Länderselektion ist die Möglichkeit der Durchführung von Zentralregulierung/-fakturierung bzw. von Vermittlungsgeschäften anzusehen, da dies zu den Kerngeschäftsfeldern von Verbundgruppen zählt. Neben diesem Verbundgruppen-spezifischen Kriterium wird der allgemeinen politischen sowie der gesellschaftsrechtlichen Stabilität eine hohe Relevanz seitens der Verbundgruppen beigemessen. So erreicht das Kriterium „politische Stabilität" einen Mittelwert von 3,4, während die Kriterien „Stabilität der Gesellschaftsstruktur", „Stabilität der Rechtsordnung" und „Durchsetzbarkeit von Verträgen" jeweils Mittelwerte von 3,8 erzielen. Nahezu unbedeutend scheint hingegen die Höhe der zu erlangenden Bezuschussung in Form von Subventionen bei der Länderauswahl von Verbundgruppen zu sein, worauf der geringe Mittelwert von 1,7 schließen lässt.

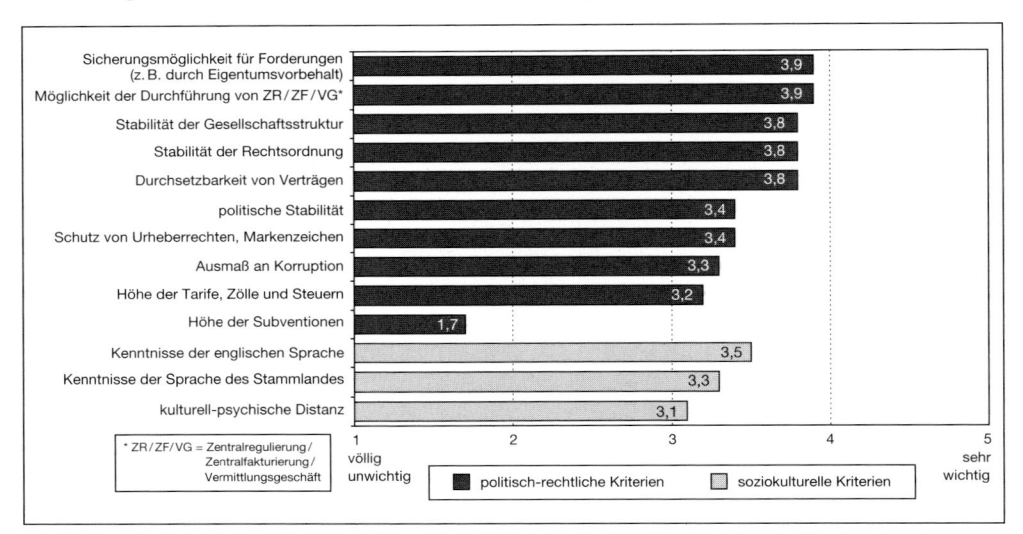

Abbildung 37: Generelle Länderselektionskriterien (II)

Kriterium	Wert
Sicherungsmöglichkeit für Forderungen (z. B. durch Eigentumsvorbehalt)	3,9
Möglichkeit der Durchführung von ZR/ZF/VG*	3,9
Stabilität der Gesellschaftsstruktur	3,8
Stabilität der Rechtsordnung	3,8
Durchsetzbarkeit von Verträgen	3,8
politische Stabilität	3,4
Schutz von Urheberrechten, Markenzeichen	3,4
Ausmaß an Korruption	3,3
Höhe der Tarife, Zölle und Steuern	3,2
Höhe der Subventionen	1,7
Kenntnisse der englischen Sprache	3,5
Kenntnisse der Sprache des Stammlandes	3,3
kulturell-psychische Distanz	3,1

* ZR/ZF/VG = Zentralregulierung/Zentralfakturierung/Vermittlungsgeschäft

Skala: 1 völlig unwichtig – 5 sehr wichtig; politisch-rechtliche Kriterien, soziokulturelle Kriterien

Auch die soziokulturellen Kriterien wurden von den Verbundgruppen als durchaus wichtig bewertet. So gilt es als vorteilhaft, wenn in dem zur Auswahl stehenden Ländermarkt verstärkt Englisch gesprochen wird. Als ebenfalls vorteilhaft, aber etwas weniger wichtig, wurde es bewertet, wenn im Zielland die Sprache des Stammlandes, also im vorliegenden Fall in der Regel Deutsch, gesprochen wird. Die übrigen Bewertungen der generellen Länderselektionskriterien, sortiert nach Subkategorie sowie (innerhalb der Kategorie) nach Relevanz können den Abbildungen 36 bzw. 37 entnommen werden.

Das wichtigste Länderselektionskriterium für Verbundgruppen stellt das „Vorhandensein mittelständisch geprägter Handels- bzw. Handwerksstrukturen" in der jeweiligen Branche dar. Hierdurch wird deutlich, dass Verbundgruppen es als entscheidend erachten, bei der Bearbeitung ausländischer Märkte auf derartigen Strukturen, die im Heimatmarkt existieren, aufbauen zu können. In diesem Kontext ist auch das als wichtig beurteilte Kriterium der Bekanntheit der Geschäftsmodelle von Verbundgruppen zu nennen. Da mittelständische Strukturen maßgeblich von Verbundgruppen geprägt werden, kann es daher mitunter von Vorteil sein, wenn bereits Verbundgruppen in dem anvisierten Ländermarkt tätig sind. Andererseits erhöht dies die Konkurrenz für Verbundgruppen, die planen, in einen Markt einzutreten, da sie im geringeren Maße Pioniervorteile nutzen können. Die wettbewerbsspezifischen Kriterien „Anzahl der bereits im ausländischen Markt operierenden Verbundgruppen" wie auch die „Anzahl der dort tätigen Filialisten" wurden jedoch als weniger wichtige Kriterien eingestuft. Die generelle Wettbewerbsintensität sowie die Verfügbarkeit kooperationswilliger Lieferanten – beide ebenfalls den Wettbewerb betreffende Kriterien – wurden hingegen mit Mittelwerten zwischen 3,5 und 3,6 als wichtig im Rahmen der Länderselektion erachtet.

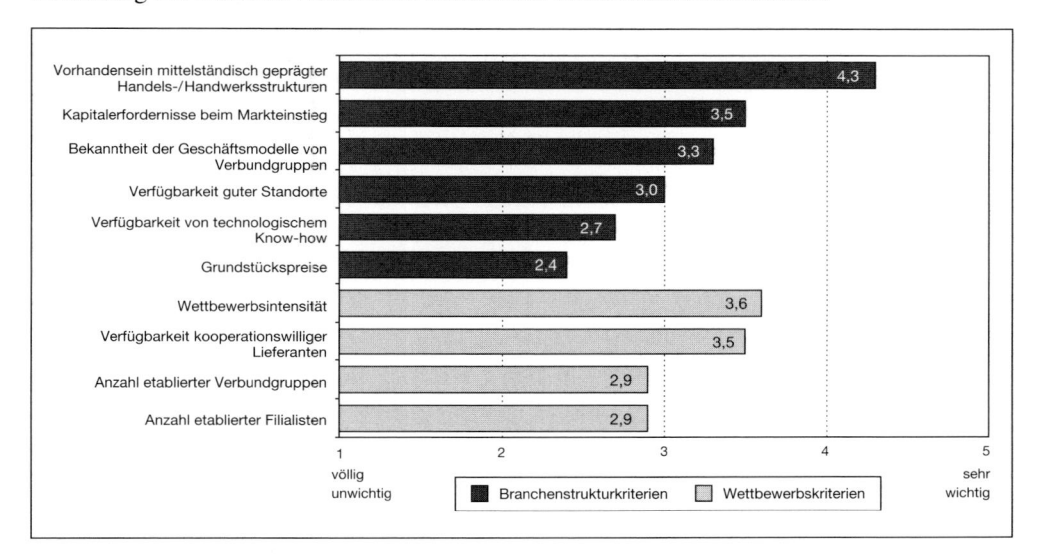

Abbildung 38: Branche/Wettbewerb betreffende Länderselektionskriterien

Kriterium	Wert
Vorhandensein mittelständisch geprägter Handels-/Handwerksstrukturen	4,3
Kapitalerfordernisse beim Markteinstieg	3,5
Bekanntheit der Geschäftsmodelle von Verbundgruppen	3,3
Verfügbarkeit guter Standorte	3,0
Verfügbarkeit von technologischem Know-how	2,7
Grundstückspreise	2,4
Wettbewerbsintensität	3,6
Verfügbarkeit kooperationswilliger Lieferanten	3,5
Anzahl etablierter Verbundgruppen	2,9
Anzahl etablierter Filialisten	2,9

Skala: 1 völlig unwichtig – 5 sehr wichtig; Branchenstrukturkriterien / Wettbewerbskriterien

Ein weiteres Kriterium, das als relevant bewertet wurde (Mittelwert: 3,5), betrifft die Kapitalerfordernisse beim Markteinstieg. Gerade für kleinere Verbundgruppen ist dies eine entscheidende Fragestellung, da diese über weitaus weniger Möglichkeiten der Kapitalbeschaffung verfügen als die konkurrierenden Konzern-/Filialunternehmen, die hierbei leichter auf die Kapitalmärkte zurückgreifen können. Das klassische Instrument der Finanzierung mithilfe von Bankkrediten ist vor dem Hintergrund von Basel II für kleinere Verbundgruppen schwieriger einsetzbar geworden.[1] Wenngleich alternative Finanzierungsmöglichkeiten für diese Verbundgruppen am Markt angeboten werden, bleibt die Höhe des für einen Markteintritt erforderlichen Kapitals ein Schlüsselkriterium. Mezzanine-Kapital bspw., um eine alternative Finanzierungsform herauszugreifen, bietet zwar einige Vorteile wie z.B. die Möglichkeit der Qualifizierung als Eigenkapital, jedoch weist sie den Nachteil höherer Zinskosten auf.

---

[1] Für eine Diskussion der Finanzierungsbedingungen der Mitgliedsunternehmen von Verbundgruppen vgl. CAWM/ZGV 2004.

Im Rahmen der unternehmensspezifischen Länderselektionskriterien wurden die das Produkt- bzw. Leistungsspektrum betreffenden Kriterien wie der Anpassungsbedarf des Leistungsangebots im Allgemeinen sowie das Preisniveau der jeweiligen Produkte im Speziellen mit Mittelwerten von 3,6 bzw. 3,4 als relevant bewertet, wohingegen die mit einem Marktaustritt verbundenen Kriterien, so die Komplexität des Marktaustrittsprozesses und die Höhe der Marktaustrittskosten, als weniger wichtig eingestuft wurden. Dies spiegelt die zuvor erwähnte Tatsache wider, dass Aspekte des Marktaustritts bei der Länderauswahl tendenziell unterschätzt bzw. unzureichend berücksichtigt werden.

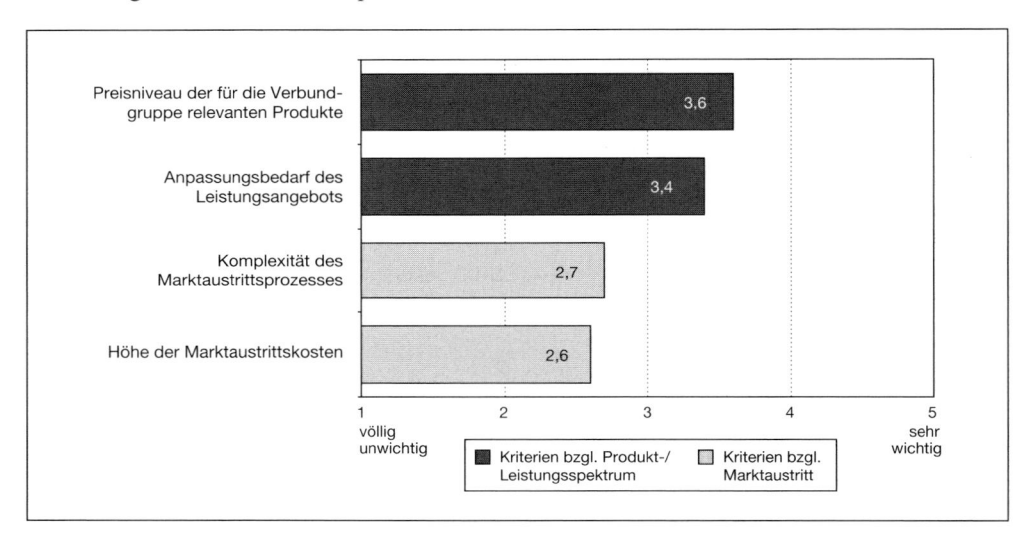

Abbildung 39: Unternehmensspezifische Länderselektionskriterien

II. Marktsegmentierung

1. Überblick

Im Zusammenhang mit der Durchführung der Ländermarktauswahl stellt sich im Kontext des Internationalisierungsprozesses von Unternehmen die Aufgabe, innerhalb der potenziellen Ländermärkte attraktive Marktsegmente zu identifizieren, diese auszuwählen und die unternehmerischen Entscheidungen möglichst optimal an den Bedürfnissen und Ansprüchen dieser Segmente auszurichten (Zentes/Swoboda 2001, S. 372). Die identifizierten und ausgewählten Marktsegmente sollten dabei möglichst homogen sein, gleichzeitig aber auch von anderen Marktsegmenten deutlich unterscheidbar sein (Kutschker/Schmid 2006, S. 951). Im internationalen Kontext existieren dabei in der Literatur zwei zentrale Marktsegmentierungsverfahren (Kutschker/Schmid 2006, S. 953; Zentes/Swoboda/Morschett 2004, S. 616ff.; Berndt/Fantapié Altobelli/Sander 2005, S. 120ff.; Carpano/Chrisman/Roth 1994, S. 641f.): Zum einen die internationale Marktsegmentierung, innerhalb derer wiederum die internationale Marktsegmentierung im engeren Sinne (i.e.S.) und die intranationale Marktsegmentierung unterschieden werden kann, und zum anderen die integrale Marktsegmentierung. Beide Ansätze werden im Folgenden jeweils überblickartig dargestellt und erläutert.

Abbildung 40: Zusammenhang zwischen den Formen der Marktsegmentierung

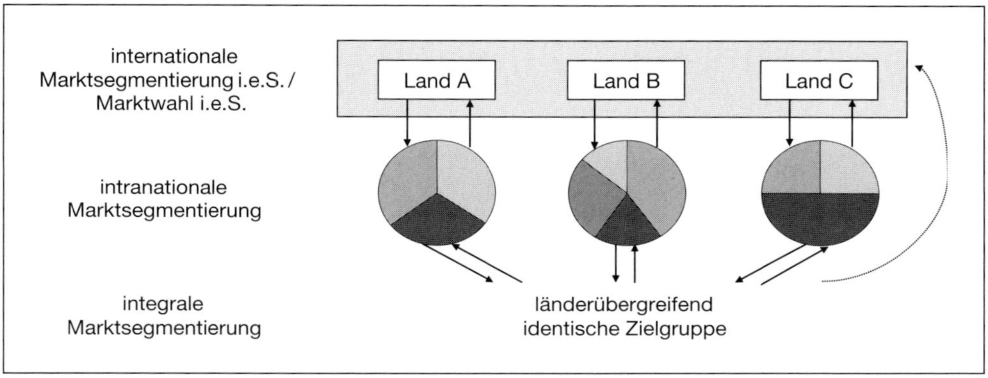

Quelle: in Anlehnung an Kutschker/Schmid 2006, S. 953; Zentes/Swoboda/Morschett 2004, S. 616ff.; Swoboda/Schwarz 2004, S. 258.

Die internationale Marktsegmentierung erfolgt im Grundsatz in zwei Schritten. In einem ersten Schritt wird eine Bildung von Länderclustern angestrebt, wobei die potenziellen Ländermärkte den jeweiligen Clustern zugeordnet werden, um somit den Marktauswahlprozess zu erleichtern. Dabei werden vielfach Merkmale, die im Rahmen der Länderselektionskriterien ausgeführt wurden (vgl. Abschnitt B.I.1.), eingesetzt. Oftmals werden diese Cluster anhand von soziodemografischen, psychologischen oder aber auch Kauf-, Verhaltens- und Kommunikationsmerkmalen gebildet (Keegan/Schlegelmilch 2001, S. 212ff.; Stegmüller 1995b, S. 164; Freter 1983, S. 46). In diesem Kontext wird von der internationalen Marktsegmentierung im engeren Sinne gesprochen (Meffert/Bolz 1998, S. 108ff.; Zentes/Swoboda/Morschett 2004, S. 617). Nach der Auswahl der unternehmensspezifischen Kriterien erfolgt die Analyse der Merkmalsausprägungen, aus der wiederum letztlich die Gruppenbildung resultiert. Anzumerken ist hierbei, dass sich die Vergleichbarkeit der festgelegten Kriterien in unterschiedlichen Ländern oftmals als problematisch erweist. Die länderübergreifende Standardisierung des Marketing-Programms setzt jedoch eine Vergleichbarkeit der in den verschiedenen Ländern definierten Zielgruppen voraus (Stegmüller 1995a, S. 377ff.).

In einem sich anschließenden zweiten Schritt werden die Konsumenten anhand von Kriterien, die durchaus auch im Stammland zur Identifikation angewandt werden, in den jeweiligen Ländern in Abnehmergruppen aufgeteilt, was in der Literatur vielfach als „Abnehmersegmentierung" bezeichnet wird (Zentes/Swoboda/Morschett 2004, S. 617). Eine zweite Bezeichnung dieser Vorgehensweise, die im Regelfall in der vorliegenden Studie verwendet wird, lautet „intranationale Marktsegmentierung".

Die Vorgehensweise im Rahmen der integralen Marktsegmentierung, die oftmals auch als „Cross-Country-Segmentierung" bezeichnet wird, basiert auf der Idee, über Landesgrenzen hinweg Konsumenten-, Händler- oder Handwerksstrukturen mit tendenziell ähnlich gelagerten Ansprüchen und Bedürfnissen zu identifizieren (Swoboda/Schwarz 2004, S. 258). Häufig haben Abnehmergruppen international gleichartig strukturierte Ansprüche (bspw. in einer Business-to-Business-Betrachtung Lieferrhythmen, Sortimentszusammensetzung, in einer Business-to-Consumer-Betrachtung Kaufgewohnheiten, Einstellungen, Werte usw.), sodass zwischen Kunden aus unterschiedlichen Ländern vielfach kein gravierender Unterschied hinsichtlich der Merkmalsausprägungen festgestellt werden kann. Folglich intendieren Unternehmen, die eine integrale Marktselektion durchführen, zu einer standardisierten Bearbeitung der Ländermärkte. Die Marktsegmente können dabei prinzipiell auf zwei Arten gebildet werden. Zum einen kann man die im Rahmen der intranationalen Marktsegmentierung identifizierten Gruppen hinsichtlich ihrer Ähnlichkeit bzw. ihrer Gemeinsamkeiten miteinander vergleichen. Zum anderen kann man auf die intranationale Marktsegmentierung aber auch verzichten, indem man in einer in allen relevanten Ländermärkten durchzuführenden Analyse versucht, die entsprechenden Abnehmergruppen zu identifizieren. In diesem Kontext kommt der Identifikation und Strukturierung der abnehmerseitigen Ansprüche eine fundamentale Bedeutung zu, da sie die Grundlage für die Identifikation der länderübergreifenden Abnehmergruppen darstellt (Zentes/Swoboda 2001, S. 373).

Darüber hinaus hat sich auf Basis der geführten Expertengespräche gezeigt, dass einige Verbundgruppen – so zumeist in einem frühen Stadium des Internationalisierungsprozesses – mehrere Länder zu internationalen Länderclustern zusammenfassen und versuchen, diese unter Ressourcen-Gesichtspunkten möglichst standardisiert zu bearbeiten. Häufig erfolgt diese Gruppierung anhand von geografischen und kulturellen Faktoren. So können bspw. die an Österreich unmittelbar angrenzenden Ländermärkte Kroatien und Ungarn zu einem Österreich einschließenden Ländercluster gruppiert werden. Dies kann in Analogie auch in Bezug auf Deutschland, Österreich und die Schweiz auf Grund der kulturellen Nähe dieser drei Ländermärkte erfolgen.

2. Auswertung der Befragungsergebnisse

Im Rahmen der Studie war von Interesse, auf welche Art und Weise Verbundgruppen bei der Segmentierung von Ländermärkten vorgehen und ob sich diesbezüglich Regelmäßigkeiten bzw. Charakteristika ableiten lassen. Dabei wurden drei praxisrelevante Verfahren, die im Rahmen der qualitativen Vorstudie in Form von Expertengesprächen explorativ erhoben wurden, als Antwortoptionen vorgegeben und konnten von den Respondenten auf einer 7-er Skala bewertet werden.

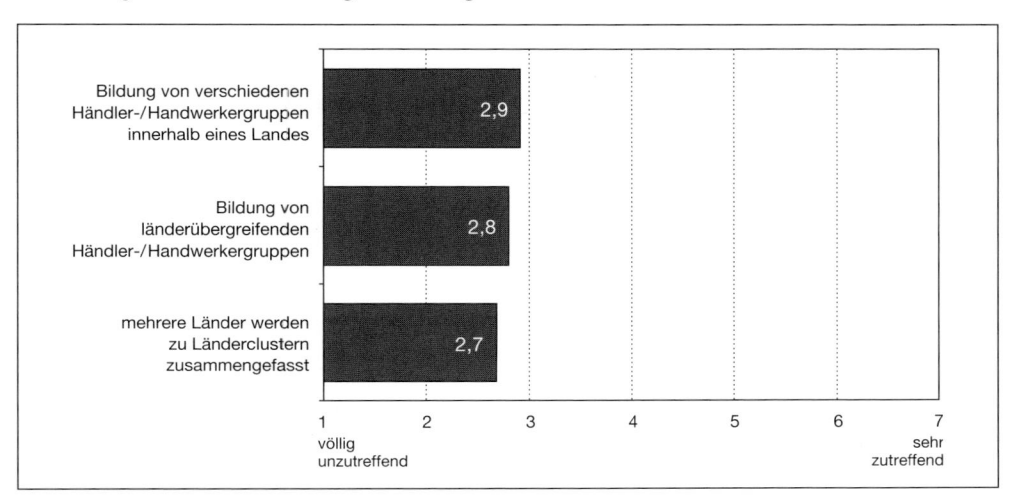

Abbildung 41: Ländermarktsegmentierung

Kriterium	Wert
Bildung von verschiedenen Händler-/Handwerkergruppen innerhalb eines Landes	2,9
Bildung von länderübergreifenden Händler-/Handwerkergruppen	2,8
mehrere Länder werden zu Länderclustern zusammengefasst	2,7

Skala: 1 völlig unzutreffend – 7 sehr zutreffend

Aus Abbildung 41 ist ersichtlich, dass im Grundsatz keine der drei Antwortoptionen – „Bildung von länderübergreifenden Händler-/Handwerkergruppen", „Bildung von verschiedenen Händler-/Handwerkergruppen innerhalb eines Landes" sowie „mehrere Länder werden zu Länderclustern zusammengefasst" – eine überdurchschnittliche Zustimmung erlangen konnte. Sämtliche Mittelwerte, die allesamt noch unter 3,0 liegen, deuten darauf hin, dass Verbundgruppen der Ländermarktsegmentierung in der Regel eine untergeordnete Bedeutung beimessen. Auf Basis des gegenwärtigen Aktionsradius von Verbundgruppen, der sich größtenteils auf geografisch nahe und kulturell ähnlich strukturierte Ländermärkte beschränkt, ist davon auszugehen, dass im Kontext der Internationalisierung vorrangig Fragestellungen behandelt werden, die ein spezifisches Land betreffen. Eine abnehmerorientierte Segmentierung – sowohl länderübergreifend als auch innerhalb eines Landes – wird (noch) ebenso wenig durchgeführt wie eine Clusterbildung von Ländern, woraus potenzielle Synergieeffekte zwischen Ländermärkten abgeleitet werden könnten. Die geringe

Bedeutung der Segmentierung ist auch darauf zurückzuführen, dass Verbundgruppen bei der Erschließung von Ländermärkten eher sukzessiv vorgehen, wie im nachfolgenden Abschnitt erläutert wird. Eine solche Vorgehensweise ist im Gegensatz zur simultanen Vorgehensweise durch ein tendenziell geringeres Erfordernis der Ländermarktsegmentierung gekennzeichnet.

III. Timing-Strategien

1. Überblick

Die zeitliche Abfolge der Erschließung von Ländermärkten nimmt im Kontext der Internationalisierung eine Entscheidung mit fundamentalem Charakter ein (Zentes/Swoboda/Morschett 2004, S. 5ff.). So stellt sich im Anschluss an die Marktauswahl die zentrale Frage, zu welchem Zeitpunkt („Timing") die ausgewählten Märkte erschlossen werden sollen (Backhaus/Büschken/Voeth 2003, S. 164). Grundsätzlich lassen sich im Rahmen der länderübergreifenden Timing-Strategien räumliche und produktbezogene Überlegungen in den Vordergrund stellen (Zentes/Swoboda/Schramm-Klein 2006, S. 133). Bei den weiteren Ausführungen soll dabei der räumliche Charakter der Timing-Strategien zu Grunde gelegt werden.

Grundsätzlich lassen sich nach Zentes/Swoboda/Schramm-Klein (2006, S. 133ff.) drei Basisformen der länderübergreifenden Timing-Strategien unterscheiden:

- sukzessive Strategie
- simultane Strategie
- selektive Strategie.

Die sukzessive Strategie – in der Literatur oftmals auch als „Wasserfall-Strategie" bezeichnet (Quack 1995, S. 81) – ist dadurch charakterisiert, dass neue Auslandsmärkte nacheinander, d.h. nach und nach, erschlossen werden (Ohmae 1985, S. 33ff.). Oftmals werden die Länder erst nach einer ausgiebigen und vertieften Entscheidungsfindung auf Basis vielfältiger Untersuchungen erschlossen. Im Rahmen der sukzessiven Strategie bearbeitet ein Unternehmen zunächst nur einen Ländermarkt neben dem Stammland, tritt dann anschließend in einen zusätzlichen ausländischen Markt ein und erhöht im weiteren Internationalisierungsverlauf die Zahl der Ländermärkte kontinuierlich (Kutschker/Schmid 2006, S. 963). Die sukzessive Ausweitung der grenzüberschreitenden Marktbearbeitung erfolgt oftmals auf Grund begrenzter Ressourcen innerhalb des Unternehmens und schließt in einem ersten

Schritt vielfach geografisch nahe oder kulturell ähnliche Länder (im Vergleich zum Stammland) ein (Kreutzer 1990, S. 238). Mit jeder weiteren Stufe der selektiven Strategie steigt somit das Ausmaß der Heterogenität der gesamthaft erschlossenen Ländermärkte im Vergleich zum Heimatmarkt (Backhaus/Büschken/Voeth 2003, S. 165; Zentes/Swoboda/ Schramm-Klein 2006, S. 133). Dabei muss die Reihenfolge der zu erschließenden Länder nicht zwangsweise vor dem ersten Auslandsengagement für alle Ländermärkte festgelegt werden; sie kann dynamischen Entwicklungen Rechnung tragend auf Grund von internen Faktoren (bspw. sich verändernde Ressourcen oder bereits gesammelte Erfahrungen im Rahmen der Internationalisierung) oder externen Faktoren (verändertes Konkurrenzumfeld oder sich verändernde Rahmenbedingungen) kontinuierlich angepasst werden (Kutschker/ Schmid 2006, S. 964).

Im Rahmen der simultanen Strategie werden möglichst viele Ländermärkte mit einem vorgegebenen Budget nicht sukzessive, sondern – innerhalb einer relativ kurzen Zeitspanne – gleichzeitig erschlossen (Berndt/Fantapié Altobelli/Sander 2005, S. 154). Die vorgegebene Zeitspanne kann jedoch auf Grund unterschiedlicher Bestimmungsfaktoren – Unternehmensgröße, Branche, zu erschließende Ländermärkte usw. – in der Praxis sehr stark variieren. Durch die immer kürzer werdenden Produkt- und Technologiezyklen ist dabei in den letzten Jahren eine sukzessive Verkürzung der Zeitspanne zu beobachten (Berndt/Fantapié Altobelli/Sander 2005, S. 155). Die Internationalisierung durch einen simultanen Eintritt – der so genannten „Sprinkler-Strategie" – ist dabei oftmals weniger auf den Weltmarkt als vielmehr auf ausgewählte Länder bzw. Regionen zu beziehen (Zentes/Swoboda/Schramm-Klein 2006, S. 134).

Neben der sukzessiven und simultanen Strategie lässt sich auch eine kombinierte Vorgehensweise – die selektive Strategie – anwenden, die in der unternehmerischen Praxis häufig zu beobachten ist (Wißmeier 1992; Swoboda/Morschett 2002a, 2002b). Dabei bringen Unternehmen ausgewählte Elemente der Wasserfall-Strategie mit Elementen der Sprinkler-Strategie zusammen. Beispielsweise kommt es oftmals vor, dass Unternehmen zunächst eine „wasserfallartige" Strategie einsetzen, die ab einem gewissen Internationalisierungsgrad durch eine „sprinklerartige" Strategie abgelöst wird, bevor im Anschluss dann wieder zu einer „wasserfallartigen" Strategie zurückgekehrt wird. Häufig werden dabei Unternehmensressourcen auf die Erschließung und intensive Bearbeitung einzelner ausländischer Märkte konzentriert, während weiter gehende Ländermärkte durchaus simultan erschlossen und weniger intensiv bearbeitet werden. Die Unternehmen konzentrieren folglich ihre Ressourcen auf ausgewählte Märkte, die dann entsprechend tief bearbeitet werden.

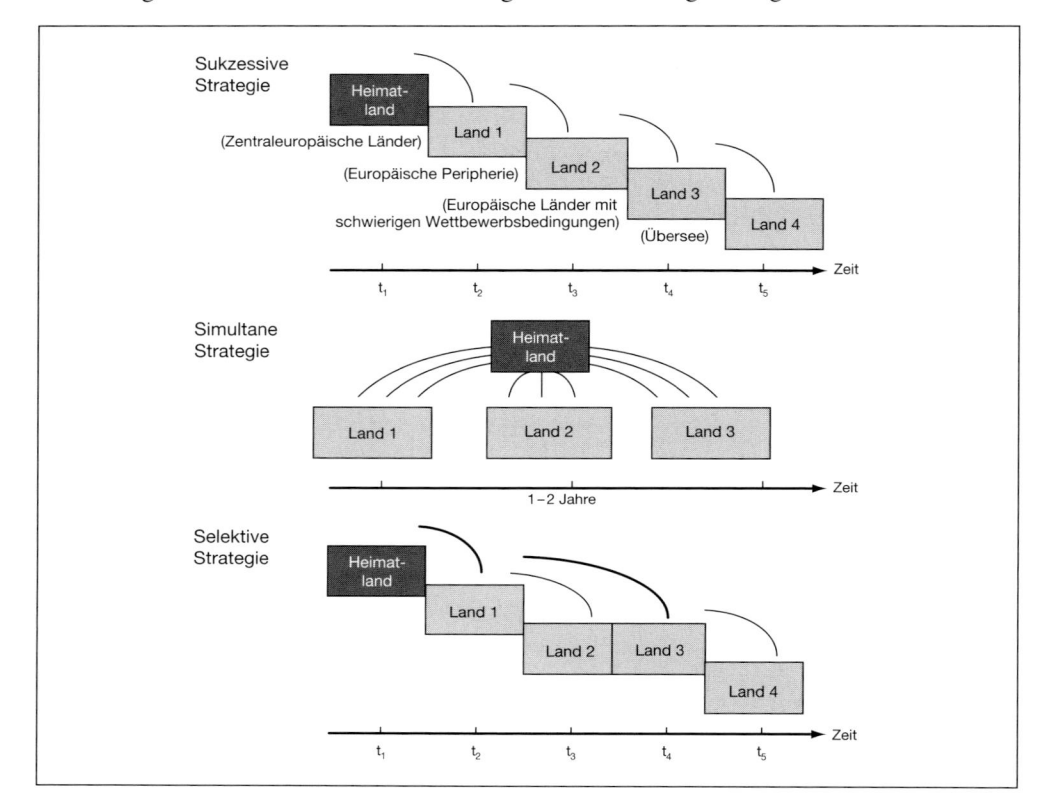

Abbildung 42: Basisformen der länderübergreifenden Timing-Strategie

Quelle: in Anlehnung an Swoboda/Meyer 1999; Swoboda 2002b, S. 95.

Ein zentraler Vorteil der sukzessiven Strategie begründet sich im „Hineintasten" in das Auslandsgeschäft. Indem erst am Ende des Internationalisierungsprozesses die Gesamtzahl der potenziellen Ländermärkte bearbeitet wird, wird der Tatsache Rechnung getragen, dass Unternehmen zu Beginn des Internationalisierungsprozesses oftmals nur über begrenzte Ressourcen – sowohl finanzieller, zeitlicher als auch personeller Art – verfügen. Darüber hinaus können die aufgeführten Ressourcen so mit der zunehmenden Bedeutung des Auslandsgeschäfts sukzessive (mit-)wachsen und dementsprechend angepasst werden.

Auch unter risikopolitischen Gesichtspunkten bietet die Wasserfall-Strategie erhebliche Vorteile, werden die mit der Internationalisierung verbundenen potenziellen Risiken doch weit gehend eingeschränkt (Kreutzer 1990). Sollte sich im Verlauf des Internationalisierungsprozesses auf einer Stufe nicht der erwünschte Erfolg einstellen, so ist ein Abbruch des Engagements möglich. Auch Koordinationsgesichtspunkte lassen die Wasserfall-Strategie vielfach attraktiv erscheinen. So eröffnet ein sukzessives Erschließen – und ein damit verbundener längerer Erschließungszeitraum – die Möglichkeit zur Anpassung an die länderspezifischen Marktgegebenheiten und somit auch an die tatsächlich stattfindenden Austauschprozesse (Backhaus/Büschken/Voeth 2003, S. 168).

Darüber hinaus kann die sukzessive Erschließung von Ländermärkten sogar zu einem „Muss" werden, sofern nachfragerseitige Rückkoppelungen dazu führen, dass gewissen Ländermärkten eine Referenzfunktion für Nachfrager anderer ausländischer Märkte zukommt. Somit sehen sich Unternehmen unter Umständen sogar „gezwungen", den als Referenzmarkt fungierenden ausländischen Ländermarkt vor anderen Ländern zu erschließen (Gröppel-Klein 2004).

Neben den aufgeführten Vorteilen der sukzessiven Strategie können hiermit aber auch Nachteile verbunden sein, bspw. wenn sich auf einer ersten Internationalisierungsstufe – also bei einem Aktionsradius, der sich auf wenige Ländermärkte beschränkt – der gewünschte Erfolg nicht einstellt und ein Unternehmen in Folge dessen von einer weiter gehenden Internationalisierung absieht, obwohl sich in diesen potenziellen Ländermärkten unter Umständen eine positive Entwicklung realisieren lassen würde (Kutschker/Schmid 2006, S. 466).

Darüber hinaus erlaubt die sukzessive Strategie eine vergleichsweise einfache Nachahmung durch Konkurrenzunternehmen. So läuft ein Unternehmen Gefahr, dass innerhalb der Zeitspanne, in der man sich allein auf den Heimatmarkt oder auf einige, wenige Auslandsmärkte konzentriert, Konkurrenten auf den Ländermärkten aktiv werden, die nach der Wasserfall-Strategie erst auf späteren Stufen bearbeitet werden sollen (Zentes/Swoboda/Schramm-Klein 2006).

Als ein Vorteil der Sprinkler-Strategie gilt u. a. der frühzeitige Markteintritt in einzelne Märkte, der gerade bei Produkten/Geschäftsmodellen mit kurzer Verweildauer für den Erfolg entscheidend sein kann, da ein Unternehmen als „first mover" Markteintrittsbarrieren aufbauen kann, die später eintretende Wettbewerber aufhalten (Meffert/Pues 2002, S. 407). Einen weiteren Vorteil liefert der sich durch die Sprinkler-Strategie ergebende Überraschungseffekt, der Konsumenten und Wettbewerber im Zielland gleichermaßen betreffen kann. Eine nicht erfolgte Antizipation des Markteintritts vorausgesetzt, kann das Unternehmen die Schwäche der Konkurrenz so ausnutzen (Kutschker/Schmid 2006, S. 967). Darüber hinaus sind mit der simultanen Strategie in der Regel auch die schnelle Amortisation von Fixkosten (Kutschker/ Schmid 2006, S. 967) und die Realisierung von Economies of Scale verbunden (Zentes/Swoboda/Schramm-Klein 2006, S. 140).

Die Nachteile der Sprinkler-Strategie ergeben sich vielfach aus den Vorteilen der Wasserfall-Strategie. So erfordert die simultane Strategie auf Grund des parallelen Eintritts in mehrere Ländermärkte zum gleichen Zeitpunkt umfangreiche Ressourcen (Kreutzer 1990, S. 245ff.), so Kapital- und/oder Management-Ressourcen, die insbesondere kleinere Unternehmen (hier bezogen auf kleinere Verbundgruppen) oftmals nicht oder nur schwerlich aufbringen können (Swoboda/Meyer 1999; Bradley 2002; Attiye/Wenner 1981; Zentes/Swoboda 1999). Eine weitere Schwierigkeit hinsichtlich der Ressourcen ergibt sich im Rahmen der simultanen Strategie bei der Zuteilung knapper Unternehmensressourcen auf die jeweiligen Ländermärkte. Des Weiteren ist die Sprinkler-Strategie mit einem Flop-Risiko verbunden, da zum einen die Möglichkeit des Lernens im Rahmen des Internationalisierungsprozesses nicht genutzt wird, und zum anderen ein standardisiertes Auftreten in den einzelnen Ländermärkten auf Grund einer hohen Markteintrittsgeschwindigkeit erforderlich ist.

Die selektive Strategie weist die Vor- und Nachteile der sukzessiven und simultanen Strategie durch den kombinativen Einsatz in abgeschwächter Form auf (Hünerberg 1994, S. 133).

2. Auswertung der Befragungsergebnisse

Bei der Fragestellung hinsichtlich der zeitlichen Abfolge der Erschließung von Ländermärkten (Timing-Strategien) zeigt sich ein interessantes Bild. Im Grundsatz erschließen rund 45 Prozent der an der Befragung teilnehmenden Verbundgruppen einen Ländermarkt nach dem anderen, d. h., sie internationalisieren auf sukzessive Art und Weise. Diese sukzessive Vorgehensweise der Verbundgruppen ist vor dem Hintergrund der bisherigen Ausführungen auch nachvollziehbar. So weisen die Verbundgruppen einen (noch) eingeschränkten geografischen Aktionsradius auf, der sich größtenteils auf die an das Stammland angrenzenden Ländermärkte erstreckt. Diese sukzessive Vorgehensweise – gerade zu Beginn des Internationalisierungsprozesses – ist oftmals Ausdruck eines „Hineintastens" in die Internationalisierung.

Lediglich 17,5 Prozent der Verbundgruppen gaben bei der Befragung an, dass ihrem Internationalisierungsprozess die simultane Strategie zu Grunde liegt, d. h., dass die Ländermärkte, in denen die Verbundgruppen bereits absatzseitig aktiv sind, gleichzeitig erschlossen worden sind. 37,5 Prozent der antwortenden Verbundgruppen gaben an, dass die zeitliche Abfolge der Erschließung von Ländermärkten keiner Regelmäßigkeit unterlag.

Gesamthaft zeigt sich somit, dass der größte Teil der Verbundgruppen bisher zumeist eine sukzessive Strategie verfolgt hat. Auf Grund der zukünftig intendierten Ausweitung des geografischen Aktionsradius auf weiter entfernte und kulturell unterschiedliche Ländermärkte ist eine Einschätzung der in der Zukunft von Verbundgruppen zu Grunde gelegten Strategie schwierig. Einerseits haben die Verbundgruppen bereits vielfältige Internationalisierungserfahrungen gesammelt und oftmals auch dementsprechend ihre Strukturen angepasst, sodass einige Verbundgruppen eher die simultane Strategie bevorzugen könnten. Andererseits binden kulturell unterschiedliche und geografisch weiter entfernte Ländermärkte vielfach auch zusätzliche Ressourcen und erfordern eine differenzierte Bearbeitung, sodass wiederum andere Verbundgruppen weiterhin die sukzessive Strategie verfolgen werden.

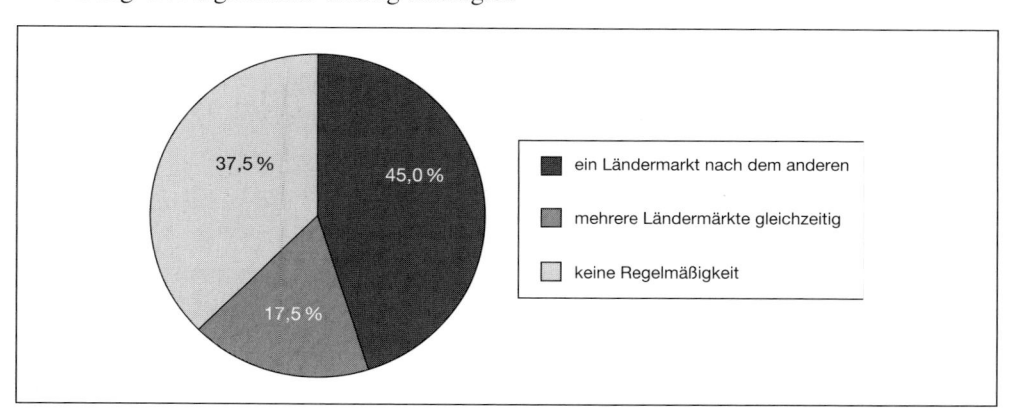

Abbildung 43: Angewandte Timing-Strategien

Pie chart: 45,0 % ein Ländermarkt nach dem anderen; 17,5 % mehrere Ländermärkte gleichzeitig; 37,5 % keine Regelmäßigkeit

IV. Methoden der Ländermarktanalyse

1. Überblick

Methoden zur Analyse von Ländermärkten dienen dazu, aus der Vielzahl der Ländermärkte den oder die Ländermärkte (in Abhängigkeit davon, ob man sich auf eine sukzessive, simultane oder selektive Strategie festgelegt hat) auszuwählen, in die eingetreten werden soll bzw. deren Bearbeitung angestrebt wird. Grundsätzlich lassen sich die Analysemethoden von Ländermärkten in zwei Kategorien einteilen (Kutschker/Schmid 2006, S. 935; Papadopoulus/Chen/Thomas 2002, S. 166ff.):

- einstufige Verfahren
- mehrstufige (sequenzielle) Verfahren.

Im Folgenden werden die durch die Expertengespräche im Rahmen des Forschungsprojektes als für Verbundgruppen relevante Verfahren bestätigte und somit für die Untersuchung relevante Verfahren jeweils kurz erläutert. Darüber hinaus existiert in der internationalen Marketing-Literatur eine Vielzahl weiterer Verfahren, auf die an dieser Stelle nicht näher eingegangen werden soll. Einen Überblick diesbezüglich liefern u. a. Zentes/Swoboda/ Schramm-Klein (2006), Backhaus/Büschken/Voeth (2003) und Berndt/Fantapié Altobelli/ Sander (2005). Zu den einstufigen Verfahren zur Analyse von Ländermärkten zählen u. a.:

- Portfolioanalysen
- Scoring-Modelle
- Business-Pläne, Investitionsrechnungsverfahren und Feasibility Studies.

Portfolioanalysen stellen ein grundlegendes Verfahren im Rahmen der Methoden zur Analyse bzw. Bewertung von Ländermärkten dar. Grundsätzlich werden dabei alle zu betrachtenden Ländermärkte anhand von mindestens zwei Dimensionen miteinander verglichen. In der unternehmerischen Praxis werden zumeist Portfolios mit den Dimensionen Marktattraktivität und Marktbarrieren bzw. Chancen und Risiken betrachtet. Die Begriffspaare Chancen/Risiken und Attraktivität/Barrieren sind dabei insofern ähnlich, als dass die Märkte, die der Planung zufolge gute Erfolgschancen bieten, für die Unternehmen attraktiv sind und die damit verbundenen Risiken bei der Länderbearbeitung oftmals wie Marktbarrieren wirken. Da sich andererseits nicht jede Marktbarriere auf Risikoüberlegungen zurückführen lässt und die Marktattraktivität über die Analyse von Erfolgspotenzialen hinausgeht, stellt die Begrifflichkeit Marktattraktivität/Marktbarrieren den gesamthaft umfassenderen Ansatz dar (Backhaus/Büschken/ Voeth 2003, S. 124; Zentes/Swoboda/Schramm-Klein 2006, S. 163).

Dieses Verständnis zu Grunde legend, bezeichnet die Attraktivität eines Marktes im Grundsatz die auf diesem Markt zu realisierenden ökonomischen Ertragschancen, wohingegen die Marktbarrieren die Gesamtheit der Bedingungen, die zum Eintritt in einen Ländermarkt und der bedarfsgerechten Marktbearbeitung erforderlich sind (Backhaus/Büschken/Voeth 2003, S. 129), bezeichnen. Unter Verwendung dieser beiden Dimensionen lässt sich ein Portfolio erstellen, mit dessen Hilfe eine Systematisierung der potenziellen Ländermärkte vorgenommen werden kann (siehe Abbildung 44).

Die Systematisierung mündet in die Identifikation von Ländermärkten, die generell (Kernmärkte), zukünftig (Hoffnungsmärkte), gelegentlich (Gelegenheitsmärkte) oder aber nicht (Abstinenzmärkte) bearbeitet werden sollen (Zentes/Swoboda/Schramm-Klein 2006, S. 163). Problematisch gestaltet sich bei der Anwendung der Portfolioanalyse oftmals die Auswahl der unternehmensspezifischen Kriterien im Rahmen der Attraktivität und Barrieren (Wood/ Robertson 2000, S. 35). Darüber hinaus erfordert die Internationalisierung in einer dynamischen Prozessbetrachtung die kontinuierliche und differenzierte Anpassung der Portfoliodarstellung nach Ländermarkteintritten bzw. auf Grund von Rückkoppelungen im Rahmen der Ländermarktbewertung.

Abbildung 44: Marktattraktivität-Marktbarrieren-Ländermarkttypologie

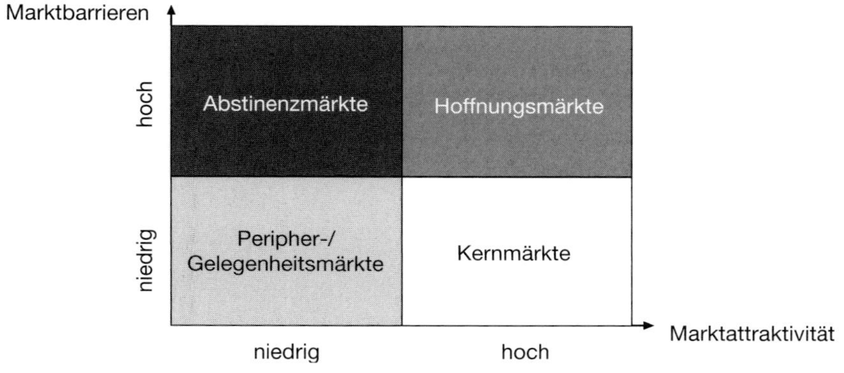

	Marktattraktivität	
	niedrig	hoch
Marktbarrieren hoch	Abstinenzmärkte	Hoffnungsmärkte
Marktbarrieren niedrig	Peripher-/ Gelegenheitsmärkte	Kernmärkte

Quelle: Zentes/Swoboda/Schramm-Klein 2006, S. 163.

Dabei ist zu beachten, dass Portfolios streng genommen kein eigenständiges Verfahren zur Analyse von Ländermärkten darstellen, sondern vielmehr eine Visualisierung, die auf vorgeschalteten Verfahren beruht (Kutschker/Schmid 2006, S. 940).

Eine weitere Möglichkeit zur Bewertung von Ländermärkten im Rahmen der einstufigen Verfahren stellen Scoring-Modelle (Punktbewertungsverfahren) dar. Dabei kann diesen Verfahren ein so genanntes Checklistenverfahren vorgeschaltet werden (Kutschker/Schmid 2006). So wird in einem ersten Schritt eine Checkliste erstellt, die möglichst umfassend die internen und externen Faktoren enthält, die aus der spezifischen Unternehmenssicht im Rahmen des Marktselektionsprozesses entscheidungsrelevant sind. In die Checkliste fließen dann – neben den zu bewertenden Ländern – die Ausprägungen der einzelnen Faktoren ein sowie der Vermerk, ob der Faktor tendenziell eher positiv oder eher negativ in einem Land angesehen wird. Von dieser Bewertungsbasis ausgehend, werden die potenziellen Ländermärkte dann qualitativ miteinander verglichen. Dabei ist zu beachten, dass die Bewertung des gewählten Ländermarktes bzw. der gewählten Ländermärkte ohne Anwendung eines formalen Verfahrens vorgenommen wird. In der Praxis gestaltet sich die gesamthafte Bewertung eines Ländermarktes oftmals problematisch, da Vorteile eines Ländermarktes mit den sich aus anderen Faktoren ergebenden Nachteilen abgewogen werden müssen. Verdichtet werden die qualitativen Informationen mithilfe von Bewertungszeichen (bspw. von „+ + +" für sehr gut, über „0" für neutral bis hin zu „– – –" für sehr schlecht).

Bei Scoring-Modellen werden die aus Unternehmenssicht entscheidungsrelevanten internen und externen Bewertungsfaktoren eines Ländermarktes zunächst identifiziert – häufig aufbauend auf dem Checklistenverfahren – und dann gewichtet. Basis der Gewichtung ist dabei in der Praxis oftmals die von einer Unternehmung in einer spezifischen Markteintrittssituation beigemessene Bedeutung (Stahr 1980). Letztendlich wird derjenige Ländermarkt ausgewählt, der die höchste oder niedrigste (je nach Art der Bewertung) Gesamtpunktzahl erhält. Anzumerken ist dabei, dass tendenziell schlechtere Werte bei einem Faktor durch bessere Werte bei einem anderen Faktor – je nach unternehmensindividueller Gewichtung der Faktoren – ausgeglichen werden können (Schneider/Müller 1989).

Weiterhin wurden im Rahmen der Untersuchung auch Business-Pläne, Feasibility Studies und Investitionsrechnungen als in der Praxis angewandte einstufige Verfahren berücksichtigt.

Feasibility Studies – im Folgenden wird hierfür auch der Begriff „Machbarkeitsstudien" verwendet – werden in der Praxis oftmals in einem straff gegliederten Prozess durchgeführt, in dem die Kriterien sehr detailliert bzw. spezifiziert angewandt werden. Vielfach münden die Ergebnisse der Feasibility Studies dann in Business-Pläne.

Im Gegensatz zu den noch zu erläuternden Methoden der mehrstufigen Auswahlverfahren werden Feasibility Studies oftmals erst nach der grundsätzlichen Eintrittsentscheidung durchgeführt, um festzulegen, ob das jeweilige Land auch wirklich – auf Grund der gegebenen internen Ressourcen – erschlossen werden kann. Somit stellen Machbarkeitsstudien eine sehr detaillierte Untersuchung eines Ländermarktes dar. Da Unternehmen im Rahmen der Timing-Strategien dem Internationalisierungsprozess häufig eine Langfristplanung zu Grunde legen, können Feasibility Studies darüber hinaus der Überprüfung bzw. Aktualisierung der ursprünglich durchgeführten Bewertungen vor dem Hintergrund sich ändernder interner und externer Rahmenbedingungen des Markteintritts dienen.

Vielfach werden zu Beginn der Machbarkeitsstudien die makroökonomischen und wettbewerbsrelevanten Daten des jeweiligen Landes nochmals einer eingehenden, spezifischen Analyse unterzogen. Dabei werden die entsprechenden Daten in der Regel sehr individuell und detailliert aufbereitet und auf die potenzielle Eintrittssituation des Unternehmens angepasst. Oftmals wird diese Phase auch als „Desk-Research-Phase" bezeichnet, da das Gros der Aufgaben in der Unternehmenszentrale der Verbundgruppe durchgeführt werden kann. Hieraus resultieren dementsprechend detaillierte und aktuell aufbereitete interne und externe Faktoren der Eintrittssituation des Unternehmens. Hierauf aufbauend erfolgt dann in der Regel ein Besuch des jeweiligen Landes. Dabei werden die in der Zentrale aufbereiteten Daten vor Ort verifiziert. Dass die Verbundgruppen vielfach bereits Kontakte zu Lieferanten oder Unternehmern vor Ort aufweisen, kann den Datenabgleich bzw. die Verifizierung der Angaben erheblich erleichtern. Gleichermaßen können sich die Vertreter aus der Verbundgruppenzentrale auch ein persönliches Bild von den Händler/Unternehmern vor Ort machen, die ggf. im Rahmen des Markteintritts an die Verbundgruppenzentrale angeschlossen werden sollen.

Falls der persönliche Besuch vor Ort zu einem positiven Ergebnis führt, kann die Verbundgruppe daraufhin in die detaillierte Aufarbeitung des Markteintritts einsteigen. Hierbei werden die durch die Zentrale erhobenen und vor Ort abgeglichenen Daten verdichtet, gegenübergestellt und unter Investitionsgesichtspunkten mit Zahlungsströmen bewertet. Vielfach mündet das hieraus resultierende Ergebnis dann in einen Business-Plan, der somit eine Art „Handbuch" des Markteintritts darstellt und als finale Entscheidungsvorlage bzw. als „Fahrplan" hinsichtlich des Markteintritts dient.

Die grundlegende Idee des Investitionsrechnungsverfahrens besteht darin, dass angestrebt wird, die gesamten Vor- und Nachteile, die der potenzielle Markteintritt in einen bestimmten Ländermarkt beinhalten kann, in quantifizierbare Zahlungsströme zu transferieren (Kutschker/Schmid 2006, S. 940). So müssen Ein- und Auszahlungsströme über einen vorgegebenen Planungszeitraum prognostiziert und mit einem festzulegenden Kalkulationszinsfuß abdiskontiert werden. Diese Rechnung resultiert dann bspw. im Kapitalwert der Investitionen für einen potenziell zu bearbeitenden Ländermarkt. Das beschriebene Verfahren der Investitionsrechnung muss dann sukzessive für alternative Ländermärkte durchgeführt werden, die letztendlich anhand der Ergebnisse miteinander verglichen werden können. Zum Teil werden statt der Ein- und Auszahlungen auch Ertrags- und Aufwandsströme – so bspw. im Rahmen von Break-Even-Analysen – in die Berechnung einbezogen. Kritisch anzumerken im Rahmen der Investitionsrechnung ist u. a., dass zukünftige Ein- und Auszahlungen zum heutigen Zeitpunkt bewertet werden müssen, wobei keine vollständige Information vorliegt (Wöhe 2005, S. 636), die Entscheidung also unter Risiko stattfindet und darüber hinaus die Festlegung eines Kalkulationszinsfußes oftmals problematisch ist. Entscheidet sich ein Unternehmen für einen Eintritt, so muss die fortlaufende Kontrolle der Investitionsentscheidung gegeben sein, damit Fehleinschätzungen bzw. -kalkulationen im Rahmen der weiter gehenden Internationalisierung abgestellt werden können.

Bei den mehrstufigen Verfahren/Methoden zur Analyse von Ländermärkten werden vielfach mehrere einstufige Verfahren kombiniert bzw. integriert. Das gängigste Verfahren in diesem Kontext stellt das Filter-/Trichterverfahren – häufig auch als Grob- und Feinselektion bezeichnet – dar. Hierbei wird in einem ersten Schritt die Gesamtheit aller potenziell zu bearbeitenden Ländermärkte um solche Länder „verkürzt", die einige oder sogar mehrere Grundsatzkriterien – so genannte „KO-Kriterien/Muss-Kriterien" – nicht erfüllen (Schneider/Müller 1989, S. 17). In einem zweiten Schritt – der Grobselektionsphase – bilden dann oftmals allgemein zugängliche Kriterien wie bspw. auch Länderrankings die Grundlage der Elimination von weiteren Ländermärkten. Dabei finden im Rahmen dieser Zwischenauswahlphase vielfach einstufige Verfahren der Länderbewertung Anwendung (Kutschker/Schmid 2006, S. 945). Die dritte und (oftmals) letzte Phase – die Feinselektionsphase – komplettiert den Bewertungsprozess auf Basis individuell entwickelter Beurteilungshilfen und Informationsquellen (Zentes/Swoboda/Schramm-Klein 2006, S. 185). Hier werden in der Regel nochmals Marktattraktivitäts- und Marktbarrieren-Überlegungen auf einer feineren Granularitätsstufe angestellt, sodass für die verbleibenden Ländermärkte eine vertiefende Analyse durchgeführt werden kann. Der Hauptkritikpunkt an den sequenziellen Verfahren begründet sich in der Tatsache, dass in früheren Auswahlstufen bereits potenzielle Ländermärkte eliminiert werden können, die durchaus Chancen und Vorteile bieten, welche die KO-Kriterien (über-) kompensieren könnten (Henzler 1979, S. 122).

2. Auswertung der Befragungsergebnisse

Aus Abbildung 45 wird die Anwendung der beschriebenen Verfahren in der unternehmerischen Praxis der Verbundgruppen ersichtlich. Mit einem Mittelwert von 4,5 wurde dabei die Antwortoption „Business-Pläne, Feasibility Studies, Investitionsrechnungen usw." von den teilnehmenden Verbundgruppen als wichtigste Methode im Rahmen der Ländermarktanalyse bewertet. An zweiter Stelle folgt dann die Methode der Portfolioanalysen, die bspw. Marktattraktivitäts-/Marktbarrieren-Portfolios beinhaltet, mit einem Mittelwert von 3,6.

Die beiden weiteren Methoden – mehrstufige Auswahlverfahren wie bspw. Filter-/Trichterverfahren bzw. Grob-/Feinselektion sowie Scoring-Modelle (z.B. Punktbewertungsmodelle) weisen auf Basis der Auswertung einen jeweiligen Mittelwert < 3,0 auf und sind somit für Verbundgruppen von untergeordneter Relevanz hinsichtlich der Bewertung von Ländermärkten.

Gesamthaft muss das aufgezeigte Ergebnis vor dem Hintergrund des bisherigen Internationalisierungsverlaufs und dem daraus resultierenden Status quo des Aktionsradius der Verbundgruppen gesehen werden. So gaben 36,7 Prozent der Verbundgruppen an, dass sich ihr Aktionsradius am treffendsten durch die Antwortoption „Deutschland, Österreich, Schweiz und Niederlande" beschreiben lässt. Durch die geografische, logistische, sprachliche und kulturelle Nähe zum jeweiligen Heimatland kann in diesen Ländern tendenziell auf tief greifende Ländermarktanalysen verzichtet werden, was die relativ niedrigen Mittelwerte der weiteren Verfahren erklärt. Gleichermaßen kann auch der Impulsgeber für die Internationalisierung als Erklärungsansatz herangezogen werden (vgl. Abschnitt A.II.3. dieses Kapitels). Wird ein Ländermarkt von lokalen Händlern bzw. Unternehmern[1] empfohlen, so bedarf es aus Sicht der Verbundgruppen vielfach keiner detaillierten Länderbewertung mehr, sondern es wird primär die Machbarkeit des Eintritts in das betreffende Land anhand von Feasibility Studies analysiert.

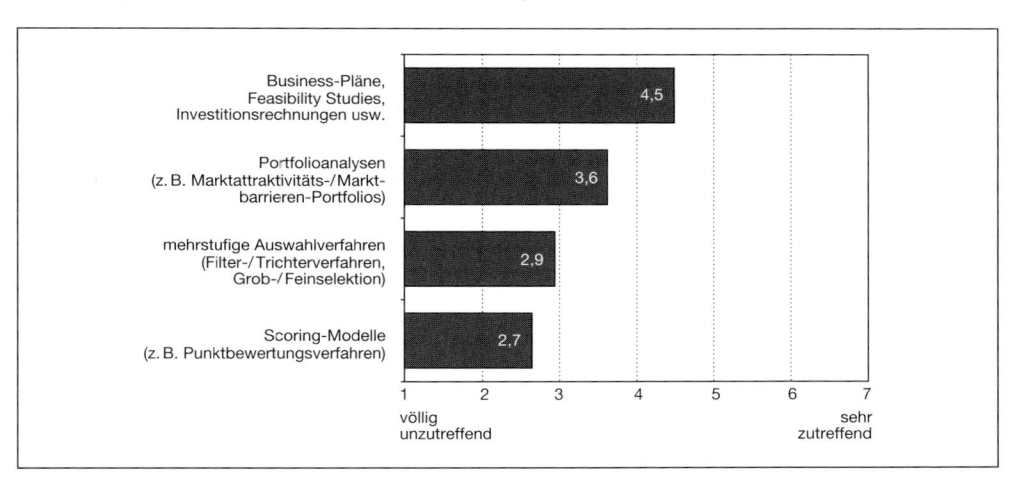

Abbildung 45: Methoden der Ländermarktanalyse

V. Vorgehensweisen bei der Ländermarktanalyse

1. Überblick

Die Analyse von Ländermärkten kann einerseits rein unternehmensintern erfolgen, oftmals werden jedoch auch externe Organisationen, bspw. Unternehmensberatungen, wissenschaftliche Institute, Banken, Kammern und Verbände oder auch andere Verbundgruppen, einbezogen. Auf Basis der geführten Expertengespräche im Rahmen der qualitativen Vorstudie wurden dabei die für Verbundgruppen wichtigsten Informationsquellen berücksichtigt.

---

[1] Diese haben sich neben dem Verbundgruppen-Management als wichtige Impulsgeber herausgestellt.

Zunächst ist anzumerken, dass die Analyse von Auslandsmärkten vielfach unter den Begrifflichkeiten „Internationale Marktforschung" bzw. „Auslandsmarktforschung" subsumiert wird (Tietz 1989, Sp. 1453ff.; Craig/Douglas 2000). Die Vorgehensweise der Analyse von Ländermärkten muss dabei auch immer vor dem Hintergrund des bisherigen Ausmaßes der Internationalisierung sowie der anvisierten bzw. realisierten Strategie des Markteintritts gesehen werden (Simmet-Blomberg 1995, Sp. 109; Wood/Robertson 2000, S. 36ff.). Insbesondere das bisherige Ausmaß der Internationalisierung ist dabei von grundlegender Bedeutung. Eine Unternehmung, die vor der Initiierung der Internationalisierung steht, hat keinerlei Erfahrungswerte und tut sich oftmals dementsprechend schwer bei der Informationsbeschaffung. In einem fortgeschrittenen Stadium des Internationalisierungsprozesses hingegen liegt der Fokus auf dem Vergleich bzw. der Aktualisierung der jeweiligen Daten. Erfahrungs- und Referenzwerte liegen innerhalb des Unternehmens vor, sodass dementsprechend vorgegangen werden kann.

Im Vergleich zur rein nationalen Marktforschung weist die internationale Marktforschung einige wichtige Besonderheiten auf (Czinkota/Ronkainen 2004, S. 188f.). Aus der internationalen Betätigung des Unternehmens kommen zu der Vielzahl von Faktoren, die auch bei einem rein nationalen Aktionsradius vorhanden sind, auf der einen Seite noch weitere Faktoren hinzu – so bspw. Zölle, Handelshemmnisse usw. –, auf der anderen Seite divergieren viele Faktoren von Land zu Land – so bspw. Rechtsordnung, politische Systeme usw. – und unterscheiden sich zum Teil fundamental von den nationalen Gegebenheiten im Stammland. Darüber hinaus entsteht durch die Internationalisierung zwangsläufig eine breitere Definition des Wettbewerbs, sodass die Abgrenzung des für das Unternehmen relevanten Marktes von Land zu Land unterschiedlich sein kann. Gleichermaßen stellen sich bezüglich der Daten, die für eine internationale Marktforschung benötigt werden, auch Fragestellungen hinsichtlich der Validität, Aktualität, Vergleichbarkeit, Entscheidungsrelevanz und Wirtschaftlichkeit (Bauer 1995, S. 27).

2. Auswertung der Befragungsergebnisse

Auf Basis der Auswertung der empirischen Erhebung zeigt sich eindeutig, dass die Analyse von Ländermärkten schwerpunktmäßig in der Verbundgruppenzentrale vollzogen wird. Der Mittelwert in Höhe von 6,0 ist Ausdruck dieser Aussage. Da davon auszugehen ist, dass innerhalb der Zentrale die jeweiligen Mitarbeiter bzw. die jeweilige Abteilung oder Stabsstelle „Internationales" (sofern vorhanden) für derartige Analysen bzw. die Datengenerierung verantwortlich sind, zeigt sich, welch herausragende Bedeutung derartige Strukturen im Rahmen des Internationalisierungsprozesses von Verbundgruppen einnehmen.

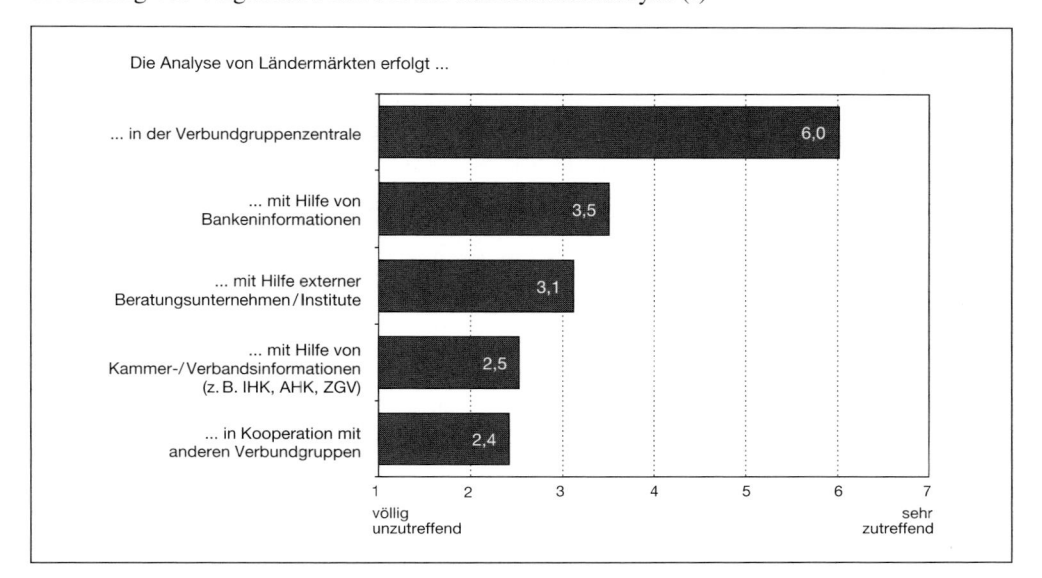

Abbildung 46: Vorgehensweise bei der Ländermarktanalyse (I)

Die Analyse von Ländermärkten erfolgt ...

... in der Verbundgruppenzentrale	6,0
... mit Hilfe von Bankeninformationen	3,5
... mit Hilfe externer Beratungsunternehmen / Institute	3,1
... mit Hilfe von Kammer-/ Verbandsinformationen (z. B. IHK, AHK, ZGV)	2,5
... in Kooperation mit anderen Verbundgruppen	2,4

Skala: 1 völlig unzutreffend – 7 sehr zutreffend

Von eher geringer Bedeutung für die Verbundgruppen sind in diesem Kontext die externen Institutionen. Die Informationsversorgung durch Banken sowie die Hilfestellung durch Beratungsunternehmen und (wissenschaftliche) Institute werden dabei mit Mittelwerten von 3,5 bzw. 3,1 von den Verbundgruppen als bedeutsamer eingeschätzt als die Hilfestellung durch Kammern bzw. Verbände (Mittelwert: 2,5) sowie Kooperationen mit anderen Verbundgruppen (Mittelwert: 2,4). Gesamthaft betrachtet, kommen bei Verbundgruppen dennoch verschiedene Informationsquellen – sowohl interner als auch externer Art – kombinativ zwecks Analyse von Ländermärkten zum Einsatz.

Neben der Fragestellung hinsichtlich einer eher intern geprägten oder einer eher durch externe Unterstützung gekennzeichneten Vorgehensweise bei der Ländermarktanalyse wurde untersucht, wie umfangreich sich die Verbundgruppen über die jeweiligen Ländermärkte informieren. Zu diesem Zweck wurde nach Reisen ins Zielland, Interviews mit Händlern und Lieferanten sowie Besuchen diverser Veranstaltungen mit internationalem Charakter gefragt. Abbildung 47 visualisiert die Auswertung der diesbezüglichen Befragungsergebnisse.

Es ist offensichtlich, dass sämtliche Antwortoptionen über einen hohen bis sehr hohen Mittelwert verfügen, sodass zunächst festgehalten werden kann, dass sämtliche Vorgehensweisen von hoher Relevanz für Verbundgruppen im Rahmen des Internationalisierungsprozesses sind.

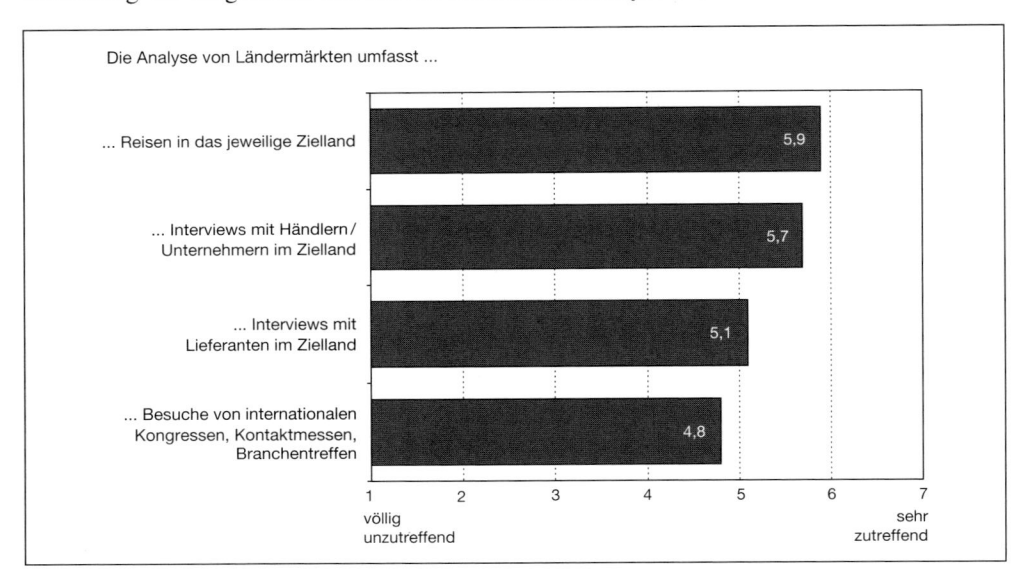

Abbildung 47: Vorgehensweise bei der Ländermarktanalyse (II)

Die Analyse von Ländermärkten umfasst ...

- ... Reisen in das jeweilige Zielland: 5,9
- ... Interviews mit Händlern / Unternehmern im Zielland: 5,7
- ... Interviews mit Lieferanten im Zielland: 5,1
- ... Besuche von internationalen Kongressen, Kontaktmessen, Branchentreffen: 4,8

(Skala: 1 völlig unzutreffend – 7 sehr zutreffend)

Der Mittelwert von 5,9 zeigt, welch herausragende Bedeutung die Reisen in das jeweilige Zielland für die Verbundgruppen einnehmen. Dies ist insbesondere im Zusammenhang mit der Bedeutung der Feasibility Studies sowie der Dominanz der Direktaufnahme ausländischer Mitglieder als dominante Betätigungsform im internationalen Kontext (vgl. Abschnitt C.I. dieses Kapitels) zu sehen, die im Vorfeld vielfach eine temporäre Präsenz vor Ort erfordern. Interviews mit Händlern/Unternehmern im Zielland (Mittelwert: 5,7) und Lieferanten im Zielland (Mittelwert: 5,1) werden oftmals zur Validierung der Daten in einer zweiten Phase der Feasibility Studies durchgeführt. Auch der Besuch von internationalen Kongressen, Kontaktmessen und Branchentreffen nimmt eine wichtige Funktion (Mittelwert: 4,8) im Rahmen der Analyse von Ländermärkten ein.

Gesamthaft zeigt sich somit, dass Verbundgruppen eine Vielzahl von Reisen, Interviews sowie Veranstaltungsbesuchen vornehmen, um detaillierte Informationen über die lokalen Gegebenheiten in einem Land zu erlangen. Dies geht einher mit einer dementsprechend hohen Bedeutung des persönlichen Kontaktes vor Ort zu den jeweiligen Händlern/Unternehmern sowie Lieferanten.

C. Betätigungsformen und Geschäftsmodelle auf ausländischen Absatzmärkten

I. Betätigungsformen in Auslandsmärkten

1. Überblick

Nachdem im vorangegangenen Abschnitt der Frage des „Wo?" im Rahmen der Internationalisierung von Verbundgruppen nachgegangen wurde, wird in diesem Abschnitt die Frage des „Wie?" erörtert. Unter dem Begriff „Betätigungsformen" wird in diesem Zusammenhang das breite Spektrum von Formen des Marktengagements – von der direkten Aufnahme ausländischer Mitglieder bis zur Akquisition ausländischer Verbundgruppen – verstanden, das Verbundgruppen bei der Internationalisierung zur Verfügung steht.

Die grenzüberschreitende Mitgliederakquisition, bei der die „übliche" Aufnahmepolitik über die nationale Grenze hinweg betrieben wird, stellt laut Olesch (1998) die älteste Form der Internationalisierung von Verbundgruppen dar. Diese Betätigungsform, deren Vorzüge in ihrer einfachen Handhabung und einem relativ geringen Risiko liegen, wurde zunächst insbesondere bei der Erschließung des deutschsprachigen Raumes angewendet und später auf den osteuropäischen Raum ausgedehnt (Olesch 1998, S. 297).

Hat eine Verbundgruppe im Laufe der Zeit eine größere Zahl an Mitgliedsunternehmen im Ausland aufgenommen, so führt dies häufig zur Gründung einer organisatorischen Einheit in dem betreffenden Land, z. B. in Form einer Tochtergesellschaft. Die Vorteile der Gründung von Tochtergesellschaften im Zielland liegen in der hohen Durchsetzungskraft der eigenen Strategien und der zahlreichen Einfluss- und Kontrollmöglichkeiten. Außerdem können nationale Besonderheiten besser berücksichtigt werden. Allerdings ist diese Betätigungsform als sehr ressourcenintensiv und damit risikoreich zu bewerten (Zentes/Swoboda/Schramm-Klein 2006, S. 282).

Eine weitere kostenintensive Betätigungsform stellt die Akquisition von ausländischen Verbundgruppen dar. Mithilfe dieser Form kann der unter Umständen langwierige Prozess der Einzelaufnahme von Mitgliedern umgangen werden. Gleichzeitig erwirbt eine Verbundgruppe auf diese Weise das Know-how über den ausländischen Markt, das sie sich bei der Direktaufnahme bspw. mühsam aneignen muss.

Die Formen kooperativer Zusammenarbeit von Verbundgruppen haben ebenso wie die Direktaufnahme ausländischer Mitglieder eine lange Tradition. So fand bereits seit der Gründung der Internationalen Vereinigung von Textileinkaufsverbänden (IVT) im Jahre 1951 eine enge Zusammenarbeit zwischen niederländischen und deutschen Verbundgruppen der Textilbranche statt (Olesch 1998, S. 298). Auch heute bildet die mehr oder minder lose Kooperation mit ausländischen Verbundgruppen eine relevante Betätigungsform. Die Form der Zusammenarbeit kann dabei von einem reinen Erfahrungsaustausch bis hin zu gemeinsamen Warengeschäften (z. B. gemeinsame Musterungen oder Warenbörsen) reichen. Auch eine ähnlich geartete Kooperation mit Partnern andersartiger Vertriebsformen, wie z. B. Filialisten, ist für Verbundgruppen möglich.

Im Rahmen kooperativer Engagements auf ausländischen Märkten kann darüber hinaus der Export gruppeneigener Marketingkonzepte mittels Franchising oder Lizenzierung betrieben werden. Eine Variante dieser Betätigungsform wird gegenwärtig auf internationaler Ebene bspw. von der Garant-Möbel-Gruppe angewandt.

Eine weitere mögliche Betätigungsform besteht in der Gründung von bzw. dem Beitritt zu internationalen Dachorganisationen. Die Etablierung dieser häufig auch als „supranationale Kooperation" bezeichneten Betätigungsform wurde durch die Schaffung der EWIV in den neunziger Jahren begünstigt (vgl. hierzu die Ausführungen in Abschnitt A.II.5. dieses Kapitels). Die Tätigkeitsbereiche von internationalen Dachorganisationen können bspw. die Konzeption, die Produktion (in der Regel durch Dritte) sowie die Distribution von Handelsmarken zur Abrundung der nationalen Sortimentspolitik, die Einführung gemeinsamer Logistikkonzepte, den Aufbau von Informationssystemen sowie die Einführung einer europaweiten Zentralregulierung umfassen (Olesch 1994, S. 20). Für diese Betätigungsform spricht, dass eine internationale Organisation in einem als „neutral" angesehenen Land (z. B. in der Schweiz) angesiedelt werden kann, wodurch potenzielle Hemmnisse hinsichtlich des Beitritts einer ausländischen Verbundgruppe überwunden werden können.

Denkbar ist auch eine weitere Betätigungsform, bei der Verbundgruppen in einem ausländischen Ländermarkt bei der Gründung einer Verbundgruppe behilflich sind – dies kann den Transfer von Kapital sowie von Know-how beinhalten –, sich nach Ablauf eines überschaubaren zeitlichen Horizonts aber wieder weitestgehend zurückziehen. Diese Betätigungsform wird im Rahmen dieser Studie als „Initiierung ausländischer Verbundgruppen" bezeichnet.

2. Auswertung der Befragungsergebnisse

Abbildung 48 gibt einen Überblick über die Bedeutung der genannten Betätigungsformen. Es sind zum einen die prozentualen Häufigkeiten angegeben, mit denen eine bestimmte Betätigungsform von Verbundgruppen angewandt wird, zum anderen wird die auf einer 5-er Skala gemessene Einschätzung der generellen Relevanz der Betätigungsformen anhand von Mittelwerten dargestellt.

Zunächst ist festzuhalten, dass sämtliche der zuvor beschriebenen, potenziellen Betätigungsformen auch tatsächlich bei Verbundgruppen zum Einsatz kommen. Beim Vergleich der Betätigungsformen fällt auf, dass die traditionellen Betätigungsformen – die Direktaufnahme ausländischer Mitglieder (79,5 Prozent), die Kooperation mit ausländischen Verbundgruppen (50,0 Prozent) sowie die Gründung von Tochtergesellschaften (45,5 Prozent) – (nach wie vor) die deutlich wichtigsten Betätigungsformen darstellen. Dies kommt auch durch die gemessenen Mittelwerte (jeweils > 3,0) zum Ausdruck, wobei die Direktaufnahme ausländischer Mitglieder mit 3,6 den höchsten Mittelwert erzielt. Die Dominanz dieser Betätigungsform drückt sich insbesondere auch dadurch aus, dass sie von knapp vier Fünftel der (international tätigen) Verbundgruppen angewandt wird.

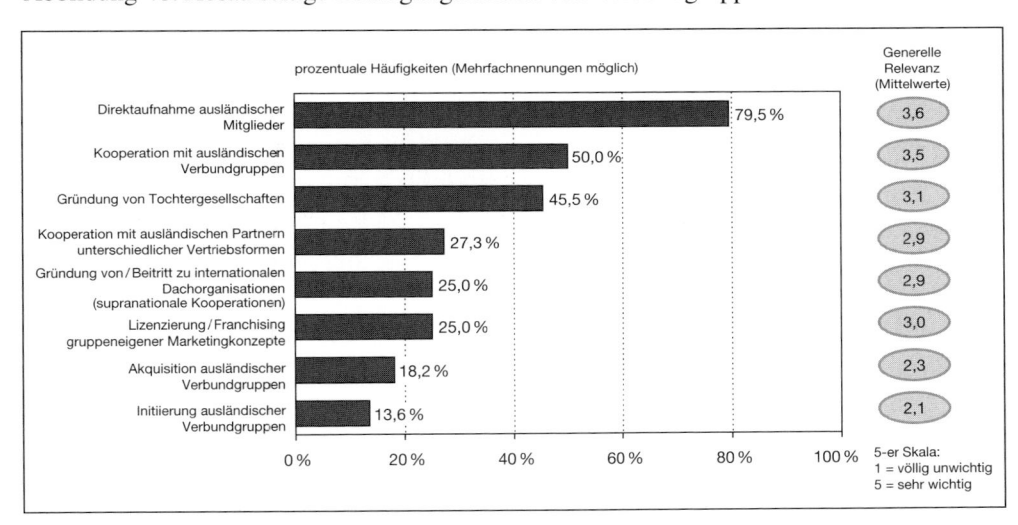

Abbildung 48: Absatzseitige Betätigungsformen von Verbundgruppen

Betätigungsform	prozentuale Häufigkeiten (Mehrfachnennungen möglich)	Generelle Relevanz (Mittelwerte)
Direktaufnahme ausländischer Mitglieder	79,5 %	3,6
Kooperation mit ausländischen Verbundgruppen	50,0 %	3,5
Gründung von Tochtergesellschaften	45,5 %	3,1
Kooperation mit ausländischen Partnern unterschiedlicher Vertriebsformen	27,3 %	2,9
Gründung von / Beitritt zu internationalen Dachorganisationen (supranationale Kooperationen)	25,0 %	2,9
Lizenzierung / Franchising gruppeneigener Marketingkonzepte	25,0 %	3,0
Akquisition ausländischer Verbundgruppen	18,2 %	2,3
Initiierung ausländischer Verbundgruppen	13,6 %	2,1

5-er Skala: 1 = völlig unwichtig, 5 = sehr wichtig

Mit deutlichem Abstand folgen drei weitere Betätigungsformen, die dennoch als relativ bedeutsam eingestuft werden können, nämlich die Kooperation mit ausländischen Partnern unterschiedlicher Vertriebsformen, die Gründung von bzw. der Beitritt zu internationalen Dachorganisationen sowie Lizenzierung/Franchising gruppeneigener Marketingkonzepte. Auch bezüglich der Bewertung der generellen Relevanz liegen diese drei Betätigungsformen mit Mittelwerten von 2,9 bis 3,0 in etwa gleichauf. Die Akquisition sowie die Initiierung ausländischer Verbundgruppen, die von 18,2 Prozent bzw. 13,6 Prozent der international tätigen Verbundgruppen vorgenommen werden, stellen sich als seltener gewählte Betätigungsformen heraus und spielen daher bei der Internationalisierung von Verbundgruppen eine eher untergeordnete Rolle, wie die Mittelwerte von 2,3 bzw. 2,1 bestätigen.

Neben dieser generellen Betrachtung wurde zusätzlich untersucht, welche Betätigungsformen Verbundgruppen in ihren drei wichtigsten ausländischen Ländermärkten (in Bezug auf das Absatzpotenzial dieser Länder) einsetzen. Wie Abbildung 49 verdeutlicht, nimmt die Direktaufnahme ausländischer Mitglieder eine dominierende Stellung ein. Im Gegensatz zur generellen Bewertung der Betätigungsformen (siehe Abbildung 48) sind die kooperativen Betätigungsformen (Kooperation mit ausländischen Verbundgruppen, Kooperation mit ausländischen Partnern unterschiedlicher Vertriebsformen) in diesem Zusammenhang nahezu bedeutungslos.

Abbildung 49: Absatzseitige Betätigungsformen von Verbundgruppen in den drei wichtigsten Absatzmärkten

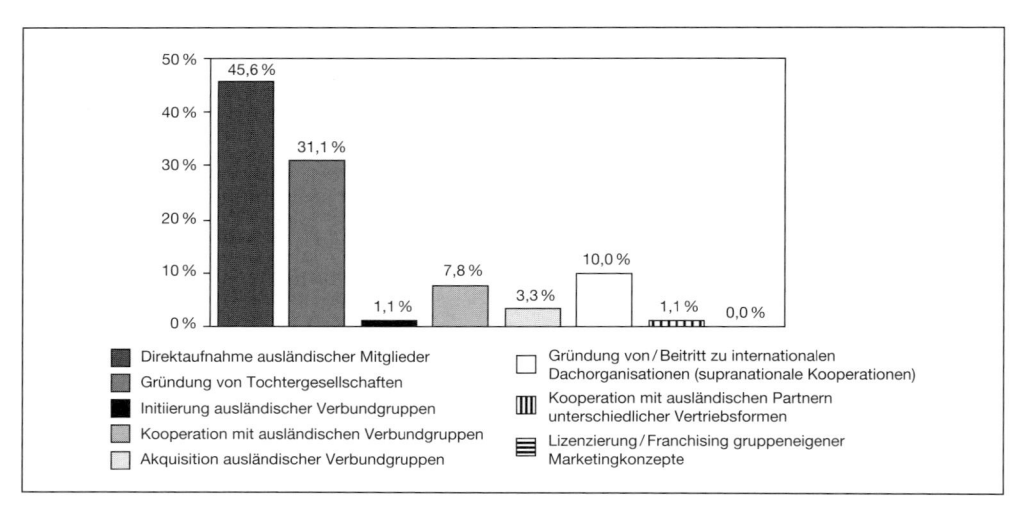

Die Gründung von Tochtergesellschaften, die in der Gesamtbetrachtung als drittwichtigste Betätigungsform bewertet wurde, wird in den wichtigsten Auslandsmärkten hingegen am zweithäufigsten eingesetzt. Da als wichtigste Auslandsmärkte fast ausnahmslos westeuropäische Länder (v.a. Österreich, Schweiz, Frankreich und die Niederlande) angegeben wurden, ist davon auszugehen, dass die Gründung von Tochtergesellschaften in westeuropäischen Ländern häufiger eingesetzt wird und daher relevanter ist als in osteuropäischen Ländern, wo eher mit ausländischen Verbundgruppen oder mit ausländischen Partnern unterschiedlicher Vertriebsformen kooperiert wird.

Länderspezifische Konkretisierung der Betätigungsformen am Beispiel Österreichs

Wie in Abschnitt A.I. dieses Kapitels aufgezeigt, ist rund ein Drittel der an der Untersuchung teilnehmenden deutschen Verbundgruppen absatzseitig in Österreich tätig; weitere zehn Verbundgruppen planen, in diesen Ländermarkt einzutreten. Somit kommt dem österreichischen Markt eine besondere Bedeutung hinsichtlich grenzüberschreitender Aktivitäten deutscher Verbundgruppen zu. Eine ähnlich hohe Bedeutung kann diesem Markt gleichermaßen aus der Sicht der benachbarten Schweizer Verbundgruppen beigemessen werden.

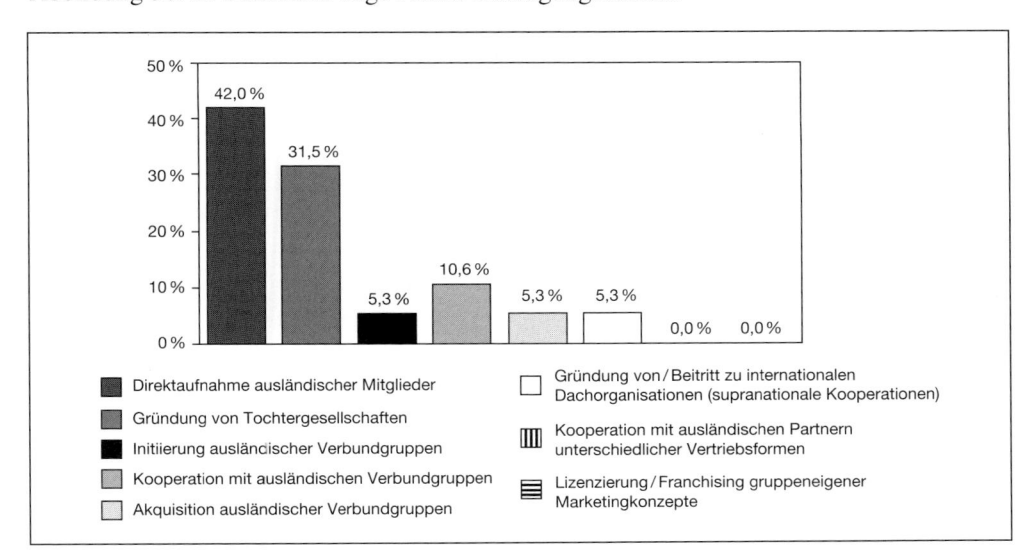

Abbildung 50: In Österreich angewandte Betätigungsformen

Wie aus Abbildung 50 hervorgeht, spiegelt die Verteilung der unterschiedlichen Betätigungsformen, mit denen die teilnehmenden Verbundgruppen in Österreich operieren, die in Abbildung 49 gezeigte Verteilung wider. So kommen in Österreich bei rund drei Viertel der Verbundgruppen die Direktaufnahme österreichischer Mitglieder (42 Prozent) oder die Gründung von Tochtergesellschaften (31,5 Prozent) als Betätigungsform zum Einsatz. Rund 11 Prozent der Verbundgruppen kooperieren beim Markteintritt in Österreich mit dortigen Verbundgruppen. Die Initiierung sowie die Akquisition von österreichischen Verbundgruppen finden auch Anwendung, jedoch in einem weitaus geringeren Maße. Die übrigen Betätigungsformen hingegen – Kooperation mit ausländischen Partnern unterschiedlicher Vertriebsformen sowie Lizenzierung/Franchising gruppeneigener Marketingkonzepte – spielen im Hinblick auf den österreichischen Markt keine Rolle.

II. Determinanten der Wahl von Betätigungsformen

1. Überblick

Um die in den Abbildungen 48 bis 50 gezeigten Häufigkeitsverteilungen der bei Verbundgruppen auftretenden Betätigungsformen detaillierter analysieren und die Präferenz bestimmter Formen erklären zu können, wurde darüber hinaus untersucht, nach welchen Gesichtspunkten Verbundgruppen die Wahl der Betätigungsform treffen. Hierzu wurde die Ausprägung einer Auswahl an potenziellen Einflussfaktoren, die im Folgenden vorgestellt werden, ermittelt.

Zunächst werden der Systematisierung von Betätigungsformen nach Bradley (2002, S. 254f.) folgend die Faktoren Risiko, Steuerbarkeit (der ausländischen Operationen) sowie Ressourceneinsatz bzw. Ressourcenintensität betrachtet. Bei der mit der Betätigungsform verbundenen Ressourcenintensität geht es um das Ausmaß der im Heimat- sowie im Gastland benötigten Ressourcen, wobei diese sowohl den Kapital- als auch den Personalbedarf beinhalten. Da die Beanspruchung von Ressourcen unmittelbar mit den Kostenpositionen eines Unternehmens zusammenhängt, wird dieser erste Einflussfaktor zusammenfassend als Ressourcen- bzw. Kostenintensität bezeichnet.

Die Steuerungs- bzw. Kontrollmöglichkeiten des Auslandsgeschäfts beziehen sich auf den Grad des Einflusses, den ein Unternehmen auf die Art und Weise der Durchführung von Aktivitäten hat (Kutschker/Schmid 2006, S. 824). Nach Anderson/Gatignon (1986) ergeben sich bei bestimmten Betätigungsformen, den sog. „high control modes" (wie z. B. Tochtergesellschaften), bessere Kontrollmöglichkeiten als bei anderen. Darüber hinaus lassen sich Betätigungsformen identifizieren, die durch mittlere sowie geringe Kontrollmöglichkeiten („medium bzw. low control modes") gekennzeichnet sind.

Der mit der Betätigungsform verbundene Risikograd des Auslandsengagements setzt sich – je nach Betätigungsform – aus vielfältigen Risikoarten zusammen. Diejenigen Betätigungsformen, die den Transfer von Kapital beinhalten, sind im Grundsatz als risikoreicher einzustufen als diejenigen ohne Kapitaltransfer (vgl. Zentes/Swoboda/Schramm-Klein 2006, S. 253). Zu den konkreten Risiken, die bei Betätigungsformen mit Kapitaltransfer auftreten können, zählen bspw. das Risiko der Verstaatlichung sowie das Risiko von Kapitalverkehrskontrollen bei Tochtergesellschaften, die in politisch instabilen Ländern operieren (Kutschker/Schmid 2006, S. 881).

Neben Ressourcen-, Kontroll- und Risiko-Aspekten ist auch die Geschwindigkeit des Markteintritts mittels einer bestimmten Betätigungsform als potenzieller Einflussfaktor zu betrachten, um zu ermitteln, wie schnell die erwünschten Ziele im Gastland erreicht werden können (Kutschker/Schmid 2006, S. 824). So sind die Akquisition ausländischer Verbundgruppen sowie die Direktaufnahme ausländischer Mitglieder tendenziell durch eine relativ hohe Geschwindigkeit charakterisiert, während die Gründung einer Tochtergesellschaft oder die Initiierung einer ausländischen Verbundgruppe nur einen vergleichsweise langsamen Markteintritt zulassen.

Weiterhin stellt sich die Frage, ob die gewählte Betätigungsform die Erlangung von spezifischem Ländermarkt-Know-how ermöglicht, das eine wichtige Basis für spätere Marktbearbeitungsstrategien darstellen kann. Dies ist bei integrativen Betätigungsformen in der Regel eher gegeben als bei kooperativen Betätigungsformen.

Auf der anderen Seite kann die Weitergabe von sensiblem Know-how die Wahl der Betätigungsform beeinflussen. Insbesondere bei den kooperativen Betätigungsformen (wie z.B. Lizenzierung) ist die Gefahr des Know-how-Abflusses gegeben. Als negative Folge droht dem Lizenzgeber, dass sein Lizenznehmer zu einem Konkurrenten heranwächst und dieser ihn durch „Weiterlizenzierung" schädigt. Diese Gefahr ist vor allem in solchen Ländern gegeben, in denen geistiges Eigentum nur unzureichend gesetzlich geschützt ist (Kutschker/ Schmid 2006, S. 845).

Auch die mit einer bestimmten Betätigungsform einer gehende Komplexität des Auslandsgeschäfts kann die Wahl der Betätigungsform beeinflussen. So ist die Direktaufnahme ausländischer Mitglieder bspw. durch eine eher geringe Komplexität gekennzeichnet, da diese Tätigkeit, wenngleich sie grenzüberschreitend durchgeführt wird, eine Analogie zur nationalen Vorgehensweise von Verbundgruppen aufweist. Die nach der Akquisition einer ausländischen Verbundgruppe erforderliche Integration ist im Gegensatz dazu als sehr komplex einzustufen.

In engem Zusammenhang mit der Komplexität des Auslandsgeschäfts steht der Koordinationsbedarf. Die Direktaufnahme ausländischer Mitglieder bspw. kann bei einer Vielzahl an Mitgliedern einerseits einen erhöhten Koordinationsbedarf auslösen, andererseits wird durch die direkte Anbindung an die Verbundgruppenzentrale das Etablieren einer zusätzlichen Ebene (z.B. in Form einer Tochtergesellschaft) im Kooperationsgeflecht vermieden, wodurch der Koordinationsbedarf reduziert wird. Durch die Gründung von oder den Beitritt zu einer internationalen Dachorganisation würde hingegen eine zusätzliche Ebene entstehen.

Bei der Wahl der Betätigungsform ist darüber hinaus die Möglichkeit des Ausnutzens von Synergieeffekten zu berücksichtigen, wobei die Erzielung von Synergieeffekten auch als generelles Motiv der Aufnahme internationaler Tätigkeiten durch Verbundgruppen (unabhängig von der Betätigungsform) angeführt werden kann. Synergieeffekte durch die Erhöhung kritischer Massen oder durch das Zusammenführen spezifischer Fähigkeiten können sowohl über die Direktaufnahme ausländischer Mitglieder als auch über Akquisitionen und/oder Kooperationen erlangt werden. Bei Akquisitionen können diese im Gegensatz zu den übrigen Betätigungsformen besonders schnell realisiert werden.

Da die genannten Betätigungsformen eine unterschiedliche Eignung zur Überwindung von Eintrittsbarrieren aufweisen, wird auch dieser Einflussfaktor in die Betrachtung einbezogen. So lassen sich Eintrittsbarrieren mithilfe von Akquisitionen oftmals besser überwinden als dies bei der Neugründung von Tochtergesellschaften der Fall ist, da die akquirierende Verbundgruppe somit einen unmittelbaren Zugang zu den Mitgliedern und Lieferanten der akquirierten ausländischen Verbundgruppe findet. Existieren in einem Zielland jedoch Barrieren, die insbesondere auf integrative Betätigungsformen abzielen, so lässt sich ein Markteintritt vielfach nur durch kooperative Betätigungsformen realisieren.

Besonders hemmend können rechtliche Bestimmungen bei einem Markteintritt von Verbundgruppen wirken, weshalb sie als separater Einflussfaktor betrachtet werden. Diese können sich bspw. in Form von bürokratischen Hürden bei der Gründung von Tochtergesellschaften oder in dem Schutz von potenziellen Akquisitionsobjekten durch hohe Auflagen bzw. Vorschriften manifestieren.

Einen weiteren Einflussfaktor hinsichtlich der Wahl der Betätigungsform stellt das mit einer bestimmten Betätigungsform verbundene Gewinnpotenzial im Zielland dar. So lassen sich bei den kooperativen Betätigungsformen des Franchising sowie der Lizenzierung durch die einmaligen Abschluss- bzw. Eintrittsgebühren sowie durch die laufenden Gebühren relativ schnell Gewinnpotenziale realisieren. Die integrativen Betätigungsformen erfordern im Gegensatz hierzu hohe anfängliche Investitionen, wobei es bei einer Akquisition in Vergleich zur Gründung einer Tochtergesellschaft zu einer schnelleren Rückzahlung der vorgenommenen Investitionen kommt, da bei einer Akquisition vom ersten Tag an Cash Flows generiert werden können (Kutschker/Schmid 2006, S. 891).

2. Auswertung der Befragungsergebnisse

Die in Abbildung 51 dargestellten Untersuchungsergebnisse beinhalten eine Vielzahl sehr einflussreicher Determinanten hinsichtlich der Wahl von Betätigungsformen. Die Ausnutzung von Synergieeffekten stellt sich hierbei als einflussreichste Determinante dar. Wie bereits zuvor ausgeführt, lassen sich Synergiepotenziale bspw. gut bei der Direktaufnahme von ausländischen Mitgliedern realisieren, die dementsprechend auch am häufigsten als Betätigungsform von Verbundgruppen eingesetzt wird. Die Ressourcen-/Kostenintensität sowie die Komplexität des Auslandsgeschäfts, zwei Determinanten, die mit Mittelwerten von 4,9 bzw. 4,5 als einflussreich bewertet wurden, sprechen auch für diese Betätigungsform. Die ebenfalls häufig vorgenommene Gründung von Tochtergesellschaften lässt sich u.a. auf das zweit einflussreichste Kriterium, die Steuerungs- bzw. Kontrollmöglichkeiten des Auslandsgeschäfts (Mittelwert: 5,0), aber auch auf die angestrebte Erlangung von Ländermarkt-Know-how (Mittelwert: 4,8), zurückführen.

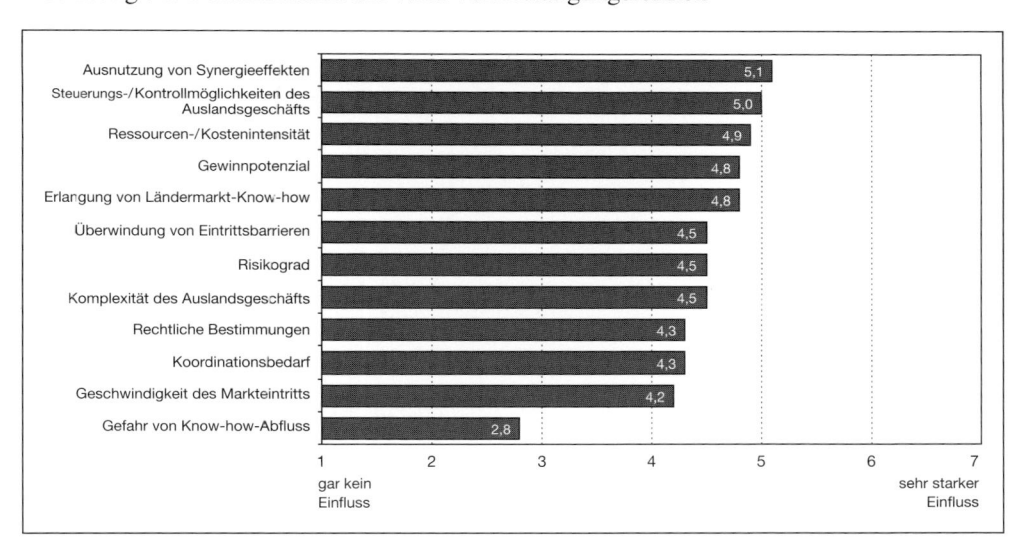

Abbildung 51: Determinanten der Wahl von Betätigungsformen

Determinante	Mittelwert
Ausnutzung von Synergieeffekten	5,1
Steuerungs-/Kontrollmöglichkeiten des Auslandsgeschäfts	5,0
Ressourcen-/Kostenintensität	4,9
Gewinnpotenzial	4,8
Erlangung von Ländermarkt-Know-how	4,8
Überwindung von Eintrittsbarrieren	4,5
Risikograd	4,5
Komplexität des Auslandsgeschäfts	4,5
Rechtliche Bestimmungen	4,3
Koordinationsbedarf	4,3
Geschwindigkeit des Markteintritts	4,2
Gefahr von Know-how-Abfluss	2,8

Skala: 1 = gar kein Einfluss, 7 = sehr starker Einfluss

Eine weitere einflussreiche Determinante stellt das Gewinnpotenzial dar, das bei den beiden bereits genannten Betätigungsformen oftmals höher eingestuft wird als bei kooperativen Vorgehensweisen. Letztere können eher mit den ebenfalls relevanten Einflussfaktoren Überwindung von Eintrittsbarrieren, Risikograd sowie rechtliche Bestimmungen in Verbindung gebracht werden, da die kooperativen Vorgehensweisen oftmals durch einen leichteren Markteintritt mit geringerem Risiko unter Einhaltung rechtlicher Bestimmungen charakterisiert sind. Bei einer gesamthaften Betrachtung der Einflussfaktoren stellt sich heraus, dass neben der Vielzahl einflussreicher Faktoren lediglich die Gefahr des Know-how-Abflusses einen geringen Einfluss auf die Wahl der Betätigungsform ausübt. Vor einer Vernachlässigung dieses Einflussfaktors muss jedoch gewarnt werden, da eine zu leichtfertige Weitergabe von Know-how entscheidend zur Entstehung und zum Wachstum potenzieller zukünftiger Konkurrenzunternehmen sowie zur Erschwerung der eigenen Operationen in ausländischen Ländermärkten beitragen kann.

III. Wechsel der Betätigungsform

1. Überblick

Hinsichtlich der Wahl der Betätigungsform soll im Folgenden eine dynamische Perspektive eingenommen werden, bei der zwischen Erst- und Folgeentscheidungen unterschieden wird. Während die Erstentscheidung die Wahl der geeigneten Betätigungsform beim Markteintritt („Going International") betrifft, kann es im Laufe des „Being International" zu Folgeentscheidungen in Form der graduellen Anpassung, der Umgestaltung bzw. des Wechsels der Betätigungsform kommen (Zentes/Swoboda/Schramm-Klein 2006, S. 302). Dies führt entweder zu einer Vertiefung (z. B. Wechsel von Lizenzen zu Tochtergesellschaften) oder einer Verringerung (z. B. Wechsel von Tochtergesellschaften zu Lizenzen) des Markt-Commitments.

Die Gründe für den Wechsel der Betätigungsform können nach Calof/Beamish (1995) den Kategorien „Einstellung", „unternehmensinterne Faktoren", „unternehmensexterne Faktoren" und „Erfolg" zugeordnet werden. Sämtliche dieser Kategorien von Wechselgründen wurden bei der Befragung berücksichtigt. Während die Kategorien Einstellung und Erfolg durch je eine Frage operationalisiert wurden, wurde ein besonderer Fokus auf die unternehmensinternen bzw. -externen Faktoren gelegt.

Bei den unternehmensinternen Faktoren wurde dabei insbesondere betrachtet, ob es sich um eine strategische Entscheidung handelte, den Markt anders zu bearbeiten und/oder ob es sich um eine ressourcenbasierte Entscheidung handelte, bei der im Vordergrund stand, mehr bzw. weniger Ressourcen für einen bestimmten Ländermarkt aufzuwenden.

Im Rahmen der unternehmensexternen Faktoren wurde untersucht, ob die Wechselentscheidung auf Grund einer sich gebotenen Gelegenheit getroffen wurde und/oder ob Umweltentwicklungen zu dieser Entscheidung geführt haben. Die Änderung der Situation im Zielland, die Intensivierung des Wettbewerbs und das Ablaufen von vertraglichen Bindungen stellen Umweltentwicklungen dar, die in diesem Kontext relevant sein können.

2. Auswertung der Befragungsergebnisse

Bei einer dynamischen Betrachtung der von Verbundgruppen in Auslandsmärkten angewandten Betätigungsformen zeigt sich, dass bis zum heutigen Zeitpunkt nur sehr wenige Verbundgruppen einen Wechsel der Betätigungsform vollzogen haben. Dies liegt sicherlich z.T. in dem eher frühen Stadium der Internationalisierung begründet, in dem sich die Mehrzahl der Verbundgruppen (noch) befindet.

Bei den wenigen Verbundgruppen, die bereits eine Änderung der Betätigungsform in einem Auslandsmarkt vorgenommen haben, handelt es sich um große (umsatz- und mitgliederstarke) Verbundgruppen, die schon seit geraumer Zeit ausländische Märkte bearbeiten. Ein Großteil dieser Verbundgruppen gab darüber hinaus an, schon mehrmals die Betätigungsform geändert zu haben.

Die Direktaufnahme von ausländischen Mitgliedern sowie die Gründung von Tochtergesellschaften stellen die bei den vollzogenen Änderungen am häufigsten involvierten Betätigungsformen dar. Die dominante Wechselrichtung ist dabei diejenige, bei der für die Betreuung der zunächst direkt angebundenen ausländischen Mitglieder eine Tochtergesellschaft gegründet wird, wobei durchaus auch Fälle auftraten, bei denen in umgekehrter Richtung verfahren wurde, d.h., eine bestehende Tochtergesellschaft aufgelöst wurde und die zuvor von der Tochtergesellschaft betreuten Mitglieder direkt an die Verbundgruppenzentrale im Stammland angebunden wurden.

IV. Geschäftsmodelle in Auslandsmärkten

1. Überblick

Bei der Analyse der Geschäftsmodelle wird zunächst ein Überblick über die verschiedenen, von Verbundgruppen potenziell einsetzbaren Geschäftsmodelle gegeben, um anschließend die in Auslandsmärkten vorherrschenden Geschäftsmodelle zu identifizieren. Darüber hinaus werden die Gründe der Wahl eines bestimmten Geschäftsmodells eruiert. Hierbei wird auch untersucht, ob sich die in westeuropäischen Ländern verfolgten Geschäftsmodelle von denen in osteuropäischen Ländern unterscheiden. Außerdem wird die Bedeutung der im Heimatland praktizierten Geschäftsmodelle für die im Ausland angewandten Geschäftsmodelle analysiert.

Die Zentralregulierung stellt ein klassisches Geschäftsmodell von Verbundgruppen dar, das zu Beginn des 20. Jahrhunderts von Kooperationen selbstständiger Handelsunternehmen ins

Leben gerufen wurde (Mühlhaus 2006, S. 114). Wie bereits in Abschnitt A.IV. dieses Kapitels ausführlich beschrieben, ist unter Zentralregulierung ein Abrechnungssystem zu verstehen, das als Dienstleistung den Zahlungsverkehr zwischen den Lieferanten und den Anschlusshäusern der Verbundgruppe regelt. Dabei ergeben sich für beide Seiten bedeutende Rationalisierungseffekte: Lieferanten erhalten die Möglichkeit einer konzentrierten Kontenführung und einer vereinfachten Zahlungseingangserfassung. Für die Anschlusshäuser bedeutet die Teilnahme an der Zentralregulierung eine wesentliche Entlastung im Bereich der Verwaltung durch die Möglichkeit des elektronischen Datenaustauschs sowie eine Vereinfachung der Kontoführung, da ein Sammelkonto bei der Zentrale eine Vielzahl von Lieferantenkonten ersetzt (Olesch 1980, S. 21). Die Zentralregulierung ist in der Regel mit einer (meist 100-prozentigen) Übernahme der Ausfallbürgschaft (sog. Delkredere) verbunden (Dannenmaier/Lindebner 2001, S. 171). Hierbei bürgt der Zentralregulierer gegenüber den Lieferanten dafür, dass die Anschlusshäuser der Verbundgruppe die Kaufpreisforderung der Lieferanten erfüllen werden.

Ein weiteres zentrales Aufgabenfeld betrifft das Eigengeschäft von Verbundgruppen, bei dem diese als Großhändler auftreten und Waren im eigenen Namen und auf eigene Rechnung an ihre Mitglieder absetzen. Dies kann entweder als Lager- oder als Streckengeschäft erfolgen: Während die Verbundzentrale beim Lagergeschäft die erworbene Ware auf ein eigenes Lager nimmt und sie von dort an die Mitglieder verteilt, wird die erworbene Ware beim Streckengeschäft direkt vom Hersteller bzw. Lieferanten an die Mitglieder geliefert (Olesch 1980, S. 18).

Über die Funktion des Zentralregulierers und des Großhändlers hinausgehend, zählen weitere Dienstleistungsangebote zum Geschäftsmodell-Portfolio vieler Verbundgruppen. So treten sie auch als Marketing-, Logistik- oder Full-Service-Provider am Markt auf. Zu den vielfältigen Marketing-Dienstleistungen zählen bspw. Standortprüfung, Werbekonzepte, Betriebstypenkonzepte und Ladenbaukonzepte. Im Bereich der Logistik können Supply-Chain-Prozesse wie bspw. Nachschubversorgung und Retourenabwicklung sowie die Koordination/Steuerung und Auditierung von Logistikdienstleistern als Dienstleistungen angeboten werden. Neben der Bereitstellung der klassischen betriebswirtschaftlich orientierten Dienstleistungen von Verbundgruppen (Betriebsvergleich, Kosten- und Rentabilitätsüberwachung, Unterstützung des Rechnungswesens) bieten Verbundgruppen, die als Full-Service-Provider auftreten, zusätzliche Dienstleistungen wie Aus- und Weiterbildungskonzepte, Nachfolgeberatungen sowie Standortsicherungsmaßnahmen an (Olesch 1980, S. 27ff.) und entwickeln und optimieren im Sinne eines System- bzw. Konzeptverbundes gemeinsam mit Lieferanten eigenständige Handelsformate bzw. -module, die durch selbstständige Händler geführt werden (vgl. Barrenstein/Kliger 2003, S. 13).

Wie in vielen Branchen zu beobachten ist, können Verbundgruppen neben dem Kooperationsgeschäft auch eine eigene Absatzschiene etablieren (Zentes/Morschett 2003). Diese wirtschaftlich und kapitalmäßig von der Kooperationszentrale abhängigen, sog. „Regiebetriebe" (Müller-Hagedorn 2005, S. 1211) stellen nach Mattmüller (1997, S. 389) eine Abkehr von kooperativen Elementen und die Übernahme zentralistisch-hierarchischer Merkmale dar. Während sie ursprünglich zur Sicherung von Standorten entstanden sind, werden sie heute zur Erzielung von Größenvorteilen oder zum Betrieb bestimmter Betriebstypen, die sich weniger gut für selbstständige Unternehmer vor Ort eignen, eingesetzt.

Ein weiteres Geschäftsmodell, das Verbundgruppen in Auslandsmärkten einsetzen können, stellt Franchising dar. Franchisesysteme stellen ebenso wie Verbundgruppenorganisationen kooperative Systeme dar, die sich aber durch eine straffere Führung, stringentere Systeme und einen höheren Grad an Verbindlichkeit auszeichnen. Darüber hinaus können Verbundgruppen durch die Etablierung von Franchise- oder Franchise-ähnlichen Strukturen einen konsistenteren Marktauftritt und einen höheren Standardisierungsgrad erreichen (vgl. Wellenbeck 2001; Markmann/Olesch 2001; Markmann 2002; Veltmann 2003; Zentes/Morschett 2003; Siebert 2006). Darüber hinaus lassen sich Kooperationskonzepte von Verbundgruppen auch mittels Lizenzierung auf Auslandsmärkte transferieren.

2. Auswertung der Befragungsergebnisse

Basierend auf Erkenntnissen aus der qualitativen Vorstudie wurde für die Analyse der angewandten Geschäftsmodelle eine Unterscheidung zwischen West- und Osteuropa vorgenommen, da diese beiden Regionen durch eine unterschiedlich starke Ausprägung von Handelsstrukturen gekennzeichnet sind. Die Verbundgruppen wurden im Rahmen der Befragung angehalten, Aussagen für ihren jeweils wichtigsten westeuropäischen sowie osteuropäischen Ländermarkt zu tätigen, wobei die Wichtigkeit an dem höchsten zukünftigen Absatzpotenzial festgemacht werden sollte.

Wie Abbildung 52 verdeutlicht, liegt der Schwerpunkt der in westeuropäischen Märkten angewandten Geschäftsmodelle auf den traditionellen Geschäftsmodellen von Verbundgruppen. Hierzu zählen vor allem die Zentralregulierung und der Großhandel (Eigenhandel), aber auch das Erbringen verschiedener Dienstleistungen (vor allem Marketing- und Logistik-Dienstleistungen) sowie die Bündelung zahlreicher Dienstleistungen im Rahmen eines Full-Service-Verbundes. In geringerem Maße treten Verbundgruppen darüber hinaus auch als Kontraktgeber und/oder als Einzelhändler auf.

Zweites Kapitel: Absatzseitige Internationalisierung

In osteuropäischen Märkten operieren Verbundgruppen hauptsächlich als Großhändler sowie als Dienstleister, wobei das Anbieten von Marketing-Dienstleistungen gegenüber Logistik-Dienstleistungen im Vordergrund steht. Lediglich ein knappes Drittel der in Osteuropa aktiven Verbundgruppen wendet das Geschäftsmodell der Zentralregulierung an. Von geringerer Bedeutung im Vergleich zu den übrigen Geschäftsmodellen sind die Kontraktvergabe sowie das Führen von Regiebetrieben.

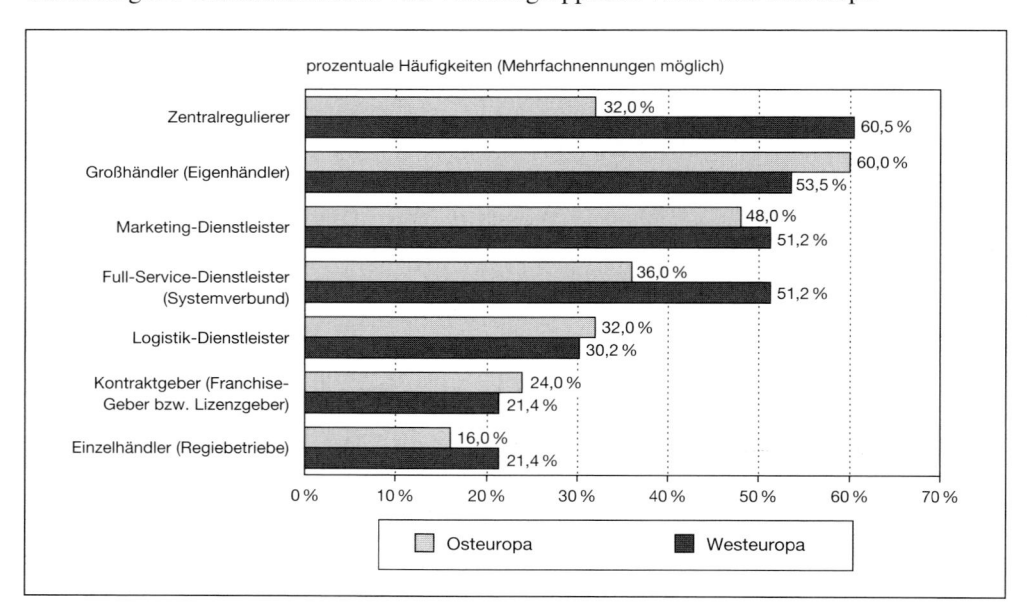

Abbildung 52: Geschäftsmodelle von Verbundgruppen in West- und Osteuropa

prozentuale Häufigkeiten (Mehrfachnennungen möglich)

Geschäftsmodell	Osteuropa	Westeuropa
Zentralregulierer	32,0 %	60,5 %
Großhändler (Eigenhändler)	60,0 %	53,5 %
Marketing-Dienstleister	48,0 %	51,2 %
Full-Service-Dienstleister (Systemverbund)	36,0 %	51,2 %
Logistik-Dienstleister	32,0 %	30,2 %
Kontraktgeber (Franchise-Geber bzw. Lizenzgeber)	24,0 %	21,4 %
Einzelhändler (Regiebetriebe)	16,0 %	21,4 %

Betrachtet man zunächst die Gemeinsamkeiten bei der Wahl von Geschäftsmodellen in West- und Osteuropa, so lässt sich herausstellen, dass der Anteil der Verbundgruppen, die Marketing-Dienstleistungen anbieten (Westeuropa: 51,2 Prozent, Osteuropa: 48,0 Prozent) sowie der Anteil der Verbundgruppen, die Logistik-Dienstleistungen anbieten (Westeuropa: 30,2 Prozent, Osteuropa: 32,0 Prozent), in West- und Osteuropa in der gleichen Größenordnung liegen. In beiden geografischen Regionen führen darüber hinaus mehr als die Hälfte der Verbundgruppen Großhandelstätigkeiten durch.

Bezüglich der Unterschiede bei der Wahl von Geschäftsmodellen in West- und Osteuropa fällt zunächst auf, dass nur 32,0 Prozent der Verbundgruppen als Zentralregulierer in osteuropäischen Ländern tätig sind, während dieses Geschäftsmodell in westeuropäischen Ländern von 60,5 Prozent der Verbundgruppen angewandt wird. Die Begründung hierfür kann zum einen darin liegen, dass die Verbundgruppen noch nicht die notwendigen Voraussetzungen für einen Einsatz in Osteuropa hinsichtlich der Mehrsprachigkeit und der Fremdwährungsfähigkeit ihrer Abrechnungssysteme geschaffen haben. Zum anderen – und dies ist der vorrangige Erklärungsansatz – können Zielland-spezifische Probleme die Anwendung der Zentralregulierung erschweren bzw. verhindern. Als solche sind rechtliche Bestimmungen sowie die Unbekanntheit der Funktionsweise bzw. der operativ-technischen Abwicklung der Zentralregulierung zu nennen.

Die Dominanz der Großhandelstätigkeit in den osteuropäischen Ländern ist, wie sich im Rahmen der Studie zeigte, vor allem darauf zurückzuführen, dass sich eine derartige Positionierung als Lieferant in osteuropäischen Ländern im Vergleich zu komplexeren Geschäftsmodellen leichter einnehmen lässt.

Zwar besitzen die Vergabe von Franchise- bzw. Lizenzkontrakten sowie das Führen von Regiebetrieben in beiden geografischen Regionen einen relativ niedrigen Stellenwert, jedoch zeigt sich eine unterschiedliche Gewichtung dieser beiden Geschäftsmodelle: Während in Westeuropa eine Gleichgewichtung festzustellen ist, stellt es sich in Osteuropa so dar, dass der Anteil der Verbundgruppen, die Kontrakte vergeben (24 Prozent), deutlich den Anteil der Verbundgruppen, die Regiebetriebe führen (16 Prozent), übersteigt. Eine mögliche Erklärung für die Präferenz von Franchise- bzw. Lizenzkontrakten ist, dass sich die Gründung und Aufrechterhaltung eigener Betriebe in Osteuropa oftmals als risikoreicher erweist als in Westeuropa. Dies ist u.a. auf die bürokratischen Erfordernisse und Unwägbarkeiten beim Immobilienerwerb zurückzuführen. So beurteilten Unternehmen im Rahmen einer Studie über Auslandsengagements in Polen, der Slowakei, Ungarn und der Tschechischen Republik den Umgang mit Gerichten, Steuerbehörden und Verwaltungen in diesen Ländern als zeitaufwändiger und unberechenbarer als in Deutschland (FfH/ifo Institut 2004).

Es zeigt sich weiterhin, dass das Entwickeln und Optimieren von Handelskonzepten unter Einbindung von Lieferanten im Sinne eines Systemverbundes in Westeuropa, wo die Intensität der Kooperation zwischen Verbundgruppen und ihren Lieferanten über einen längeren Zeitraum kontinuierlich gesteigert wurde, eine höhere Bedeutung für Verbundgruppen hat als in Osteuropa. Darüber hinaus konnte das Dienstleistungs-Portfolio, das in der Regel sukzessive aufgebaut wird, in den meisten osteuropäischen Ländern, die tendenziell erst später erschlossen wurden als die westeuropäischen Länder, noch nicht in dem Maße vervollständigt werden, als dass ein Full-Service-Verbund hätte etabliert werden können. Auf nähere Begründungen bzgl. der Wahl von Geschäftsmodellen wird im folgenden Abschnitt eingegangen.

V. Determinanten der Geschäftsmodellwahl

1. Übersicht

Um die Präferenz der Verbundgruppen für bestimmte Geschäftsmodelle im internationalen Kontext verstehen zu können, wurden die Gründe der Geschäftsmodellwahl analysiert. So kann die Wahl des Geschäftsmodells bspw. darin begründet sein, dass es bereits im Stammland der Verbundgruppe über einen gewissen Zeitraum praktiziert wurde, die Verbundgruppe also Erfahrung in der Anwendung des Geschäftsmodells besitzt. Eine zweite, wenngleich eng mit dem ersten Aspekt verbundene Begründung kann in dem Erfolg liegen, mit dem das Geschäftsmodell im Stammland angewandt wird. Hier mag für viele Verbundgruppen der Versuch nahe liegend erscheinen, ihre im Heimatland bewährten Geschäftsmodelle ins Ausland zu transferieren.

Als weitere Aspekte, die bei der Wahl des Geschäftsmodells relevant sein können, lassen sich Zielland-spezifische Faktoren anführen. Hierzu zählen das Vorhandensein mittelständischer Strukturen und attraktiver Standorte sowie das Vorhandensein von Händlern bzw. Unternehmern, mit denen die Verbundgruppe kooperieren könnte. Was das Geschäftsmodell als solches betrifft, so stellen dessen Bekanntheit bzw. Akzeptanz im Zielland sowie dessen rechtliche Zulässigkeit und Durchsetzbarkeit mögliche Kriterien dar, die von Verbundgruppen herangezogen werden können. Darüber hinaus haben das Umsatzpotenzial sowie die am Gewinnpotenzial gemessenen finanziellen Erfolgsaussichten einen möglichen Einfluss auf die Wahl des im Ausland angestrebten Geschäftsmodells.

2. Auswertung der Befragungsergebnisse

Bei einer gesamthaften Betrachtung der Gründe, die Verbundgruppen für die Wahl ihrer in Auslandsmärkten eingesetzten Geschäftsmodelle angeben, zeigt sich, dass die Mehrzahl der in Abbildung 53 dargestellten Determinanten als (eher) wichtig eingestuft wurde. Da im Rahmen der Befragung von den Verbundgruppen keine relevanten sonstigen Gründe hinzugefügt wurden, kann festgehalten werden, dass die bedeutsamsten Determinanten der Geschäftsmodellwahl von Verbundgruppen erfasst wurden.

Betrachtet man die Bewertungen der einzelnen Determinanten, so ist auffällig, dass der Erfolg des Geschäftsmodells im Heimatland sowie die Erfahrung mit dem Geschäftsmodell im Heimatland die wichtigsten Determinanten darstellen. Wenngleich erfolgreiche Operationen sowie langjährige Geschäftserfahrung im Heimatland als wichtige Voraussetzungen der Internationalisierung eingeordnet werden können, so gilt dies nicht gleichermaßen für das angewandte Geschäftsmodell. Hier sollten Verbundgruppen erkennen, dass sich in Auslandsmärkten andere Geschäftsmodelle als die bisher im Heimatland praktizierten als erfolgreich erweisen können. Während es sich für Verbundgruppen im Heimatmarkt aus Konkurrenzgründen im Hinblick auf die eigenen Mitglieder oftmals schwierig gestaltet, eigene Franchisekonzepte oder eigene Regiebetriebe zu etablieren, ist die Wahl des Geschäftsmodells in Auslandsmärkten weniger stark eingeschränkt als im Heimatmarkt, sodass genau diese durch Straffheit und Stringenz gekennzeichneten Konzepte eingesetzt werden könnten. Die Bewertungen der übrigen Determinanten können Abbildung 53 entnommen werden.

Abbildung 53: Determinanten der Wahl von Geschäftsmodellen

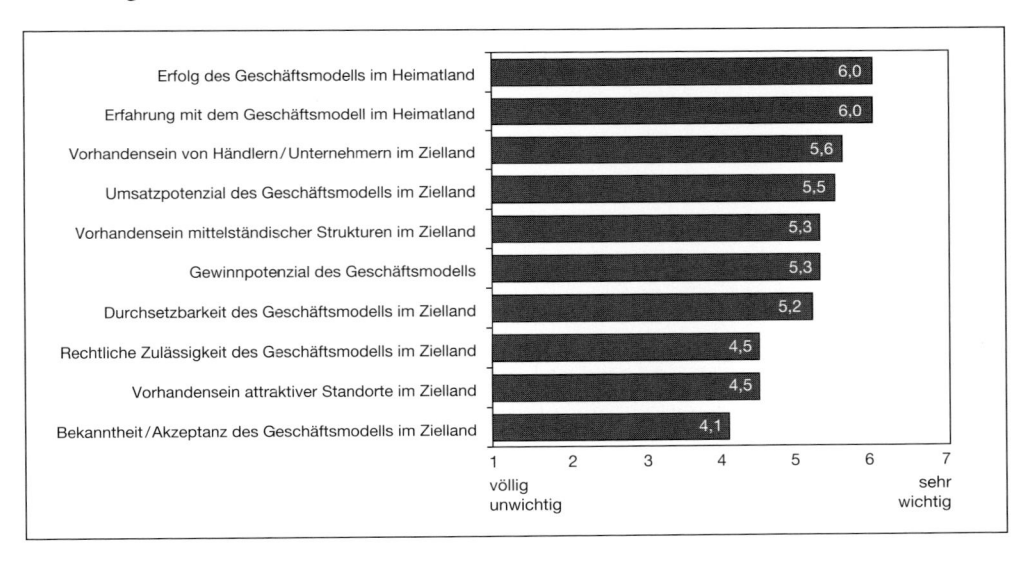

Determinante	Bewertung
Erfolg des Geschäftsmodells im Heimatland	6,0
Erfahrung mit dem Geschäftsmodell im Heimatland	6,0
Vorhandensein von Händlern / Unternehmern im Zielland	5,6
Umsatzpotenzial des Geschäftsmodells im Zielland	5,5
Vorhandensein mittelständischer Strukturen im Zielland	5,3
Gewinnpotenzial des Geschäftsmodells	5,3
Durchsetzbarkeit des Geschäftsmodells im Zielland	5,2
Rechtliche Zulässigkeit des Geschäftsmodells im Zielland	4,5
Vorhandensein attraktiver Standorte im Zielland	4,5
Bekanntheit / Akzeptanz des Geschäftsmodells im Zielland	4,1

Skala: 1 = völlig unwichtig, 7 = sehr wichtig

Drittes Kapitel:

Beschaffungsseitige Internationalisierung

A. Status quo, Entwicklungstendenzen und Perspektiven der internationalen Beschaffung
    I.   Anteil des ausländischen Einkaufsvolumens
        1. Analyse aller Verbundgruppen
        2. Vergleich Einzelhandel vs. Großhandel/Handwerk/Dienstleistungen
    II. Internationale Beschaffung in Abhängigkeit der Charakteristika des Warenbereichs
    III. Vergleich der internationalen Beschaffung von Markenartikeln, Handelsmarken und Commodity-Artikeln
    IV. Verteilung des internationalen Einkaufsvolumens auf Produktionsländer und zukünftige Bedeutung der Produktionsländer

B. Wahl der Beschaffungsmärkte
    I.   Kriterien zur Beurteilung von Produktionsländern
        1. Überblick
        2. Auswertung der Befragungsergebnisse
    II. Beurteilung ausländischer Produktionsländer gegenüber dem heimischen Produktionsmarkt

C. Beschaffungskanäle
    I.   Kriterien der Beschaffungskanalwahl
        1. Überblick
        2. Auswertung der Befragungsergebnisse
    II. Analyse heutiger und zukünftiger internationaler Beschaffungskanäle
        1. Überblick
        2. Auswertung der Befragungsergebnisse

A. Status quo, Entwicklungstendenzen und Perspektiven der internationalen Beschaffung

I. Anteil des ausländischen Einkaufsvolumens

1. Analyse aller Verbundgruppen

Generell lässt sich zunächst festhalten, dass nach einer aktuellen H.I.MA.-Studie (vgl. hierzu Zentes/Hilt/Domma 2006) der prozentuale Anteil des gesamten Einkaufsvolumens des deutschsprachigen Einzelhandels, das im Ausland beschafft wird, zukünftig deutlich steigen wird. Werden heute von den in der vorliegenden Studie analysierten Verbundgruppen im Durchschnitt ca. 16,7 Prozent des Einkaufsvolumens direkt im Ausland beschafft, so wächst dieser Anteil zukünftig (bezogen auf den Perspektivzeitraum 2012) auf ca. 26 Prozent an.[1] Dies spiegelt somit die steigende Bedeutung des Global Sourcing für Verbundgruppen wider.

Im Rahmen der Interpretation der Ergebnisse wurden zur besseren Strukturierung der Angaben der Respondenten Klassen gebildet, die aus Abbildung 54 hervorgehen. Die Bezeichnung der jeweiligen Klasse gibt dabei an, wie viel Prozent des gesamten Einkaufsvolumens im Ausland beschafft werden. Wie hoch der (prozentuale) Anteil der Verbundgruppen in den jeweiligen Klassen ist, kann auf der x-Achse und somit gleichermaßen an der Breite der einzelnen Klassen abgelesen werden.

Abbildung 54: Direkte Beschaffung im Ausland (in Prozent des gesamten Einkaufsvolumens)

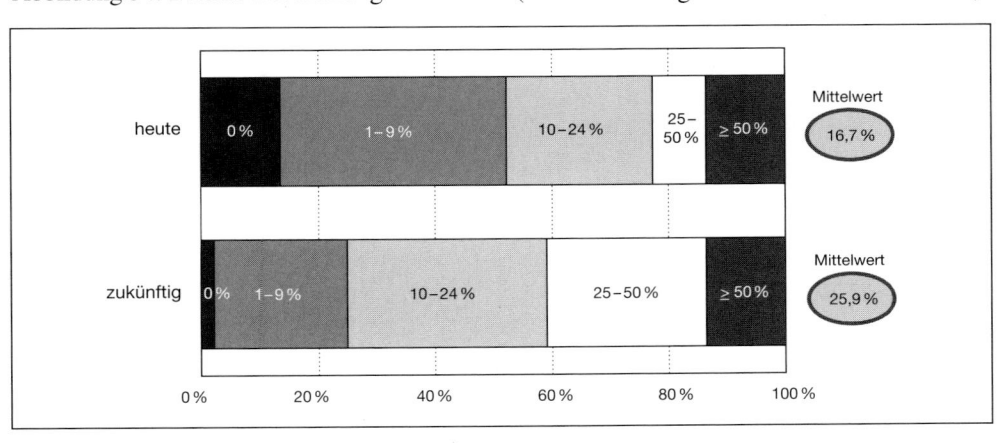

---

[1] Anzumerken ist in diesem Zusammenhang, dass es sich bei der im Inland beschafften Ware größtenteils um ausländische Ware handelt (vgl. hierzu auch Zentes/Hilt/Domma 2006).

Es zeigt sich im Vergleich, dass 13,6 Prozent der Verbundgruppen derzeit gar nicht direkt im Ausland beschaffen. Zukünftig wird der prozentuale Anteil derjenigen Verbundgruppen, die ihr gesamtes Einkaufsvolumen aus dem Inland beziehen, stark rückläufig sein; er wird sich auf nur noch 2,3 Prozent belaufen. Ebenfalls geringer werden wird der Anteil der Verbundgruppen, die weniger als 10 Prozent (aber mehr als 0 Prozent) im Ausland beschaffen. Es ist davon auszugehen, dass dieser von 38,7 Prozent auf zukünftig 22,7 Prozent zurückgehen wird.

Im Gegensatz dazu werden die Anteile der Klasse der 10- bis 24-prozentigen und insbesondere der Klasse der 25- bis 50-prozentigen Auslandsbeschaffer stark zunehmen. So steigt der Anteil der erstgenannten Klasse im Perspektivzeitraum bis zum Jahr 2012 von 25,0 Prozent auf 34,1 Prozent an, während die zweit genannte Klasse sich im gleichen Zeitraum nach Einschätzung der Verbundgruppen von 9,1 Prozent auf 27,3 Prozent verdreifachen wird. Die Klasse der mehr als 50 Prozent des gesamten Beschaffungsvolumens im Ausland beziehenden Verbundgruppen – dies sind heute 13,6 Prozent – wird zukünftig in etwa gleich bleiben. Hierbei sei jedoch darauf hingewiesen, dass sich der durchschnittliche Anteil der Auslandsbeschaffung der sich in dieser Klasse befindlichen Verbundgruppen von heute 67,5 Prozent auf zukünftig 83,3 Prozent erhöhen wird.

2. Vergleich Einzelhandel vs. Großhandel/Handwerk/Dienstleistungen

Um tiefer gehende Erkenntnisse hinsichtlich der Intensität der Auslandsbeschaffung zu erlangen, wurde der Anteil der Auslandsbeschaffung isoliert für die primär einzelhandelsorientierten Verbundgruppen sowie für die restlichen Verbundgruppen, d. h. diejenigen, deren Mitglieder vorrangig den Bereichen Großhandel, Handwerk oder Dienstleistungen zuzuordnen sind, ermittelt. Einige wenige Verbundgruppen ließen sich auf Grund fehlender Angaben im Fragebogen nicht in die hier analysierten Geschäftsbereiche einteilen. Ihre Angaben sind folglich zwar in der zuvor erfolgten Gesamtauswertung (siehe Abbildung 54) enthalten, nicht aber in den Teilauswertungen (siehe Abbildungen 55 und 56).

Hierbei zeigt sich, dass der durchschnittliche prozentuale Anteil des gesamten Beschaffungsvolumens bei einzelhandelsorientierten Verbundgruppen heute bei rd. 20 Prozent und damit höher als in der Gesamtbetrachtung (16,7 Prozent) liegt. Auch bei der zukünftigen Einschätzung ergibt sich ein höherer Mittelwert (29,8 Prozent im Vergleich zu 25,9 Prozent). Hervorzuheben im Rahmen der Beschaffung des Einzelhandels ist dabei, dass sämtliche Respondenten zukünftig einen Teil ihres Einkaufsvolumens im Ausland beschaffen wollen; die Klasse der ausschließlich nationalen Beschaffer wird es nicht mehr geben. Darüber hinaus ist bemer-

A. Status quo, Entwicklungstendenzen und Perspektiven der internationalen Beschaffung

kenswert, dass sich der Anteil derjenigen Verbundgruppen, die zwischen 25 und 50 Prozent im Ausland beschaffen, in etwa verdreifachen wird.

Abbildung 55: Direkte Beschaffung im Ausland – Einzelhandel (in Prozent des gesamten Einkaufsvolumens)

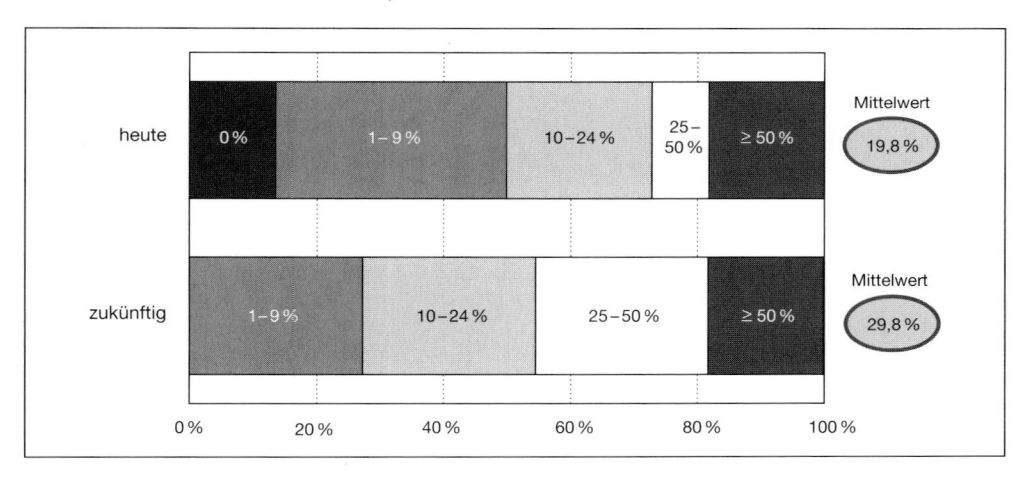

Bei der Analyse des aggregierten Bereiches Großhandel/Handwerk/Dienstleistungen zeigen sich – sowohl heute als auch zukünftig – niedrigere Mittelwerte im Vergleich zur Auslandsbeschaffung im Einzelhandel sowie im Vergleich zur gesamthaften Betrachtung der Beschaffung im Ausland (siehe Abbildung 56). Der heutige durchschnittliche prozentuale Anteil des gesamten internationalen Beschaffungsvolumens liegt bei lediglich 11,8 Prozent, zukünftig wird er sich jedoch auf 19,6 Prozent belaufen.

Analog zur Entwicklung bei den einzelhandelsorientierten Verbundgruppen wird der Anteil der reinen Inlandsbeschaffer auf 0 Prozent zurückgehen; derzeit liegt er bei 11,8 Prozent.[1] Im Vergleich der heutigen und zukünftigen Anteile der Auslandsbeschaffung bei der Betrachtung der Bereiche Großhandel/Handwerk/Dienstleistungen ist weiterhin auffällig, dass Verschiebungen zu Gunsten der Größenklasse „10–24 Prozent" (Zunahme von 29,4 Prozent auf 47,1 Prozent) sowie der Größenklasse „25–50 Prozent" (Anstieg von 5,9 Prozent auf 23,5 Prozent) erwartet werden.

---

[1] Es sei an dieser Stelle darauf hingewiesen, dass diese Klasse in der Zukunftsbetrachtung, obwohl sie in den beiden Teilauswertungen auf jeweils 0 Prozent zurückgeht, in der Gesamtbetrachtung immer noch 2,3 Prozent aufweist. Diese scheinbare Inkonsistenz ist durch die nicht in die angegebenen Geschäftsbereiche einteilbaren Verbundgruppen zu erklären, denn deren Angaben bezüglich des Anteils der Auslandsbeschaffung konnten nur in der Gesamtauswertung, nicht aber in den Teilauswertungen berücksichtigt werden (vgl. hierzu den ersten Absatz dieses Abschnitts).

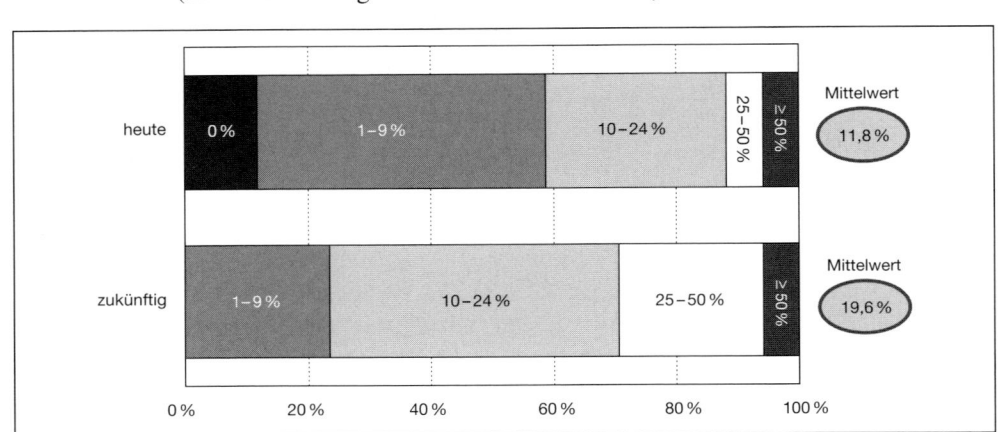

Abbildung 56: Direkte Beschaffung im Ausland – Großhandel/Handwerk/Dienstleistungen
(in Prozent vom gesamten Einkaufsvolumen)

	heute	zukünftig
0%	0%	–
1–9%	1–9%	1–9%
10–24%	10–24%	10–24%
25–50%	25–50%	25–50%
≥50%	≥50%	≥50%
Mittelwert	11,8%	19,6%

Gesamthaft zeigt sich somit, dass der Beschaffung im Ausland zukünftig eine wesentlich stärkere Bedeutung zukommen wird – dies gilt sowohl für diejenigen Verbundgruppen, deren Mitglieder primär dem Einzelhandel zuzuordnen sind, als auch für diejenigen, deren Mitglieder vorrangig in den Bereichen Großhandel/Handwerk/Dienstleistungen tätig sind. Bei einer isolierten Betrachtung der Teilbereiche zeigt sich, dass einzelhandelsorientierte Verbundgruppen bereits heute in einem Maße im Ausland beschaffen wie es die übrigen Verbundgruppen erst für das Jahr 2012 beabsichtigen. Da der zukünftige Anteil der direkten Auslandsbeschaffung bei den einzelhandelsorientierten Verbundgruppen steigen wird, wird sich die Diskrepanz zwischen den Auslandsanteilen der beiden Gruppen aber nicht verringern; sie wird sich im Gegenteil eher noch vergrößern.

II. Internationale Beschaffung in Abhängigkeit der Charakteristika des Warenbereichs

Um die Hintergründe des Status quo und der zukünftigen Entwicklung der internationalen Beschaffung zu eruieren, wurde zunächst nach der Ausprägung spezieller Charakteristika des jeweiligen Warenbereichs gefragt. Im Anschluss wurde eruiert, inwiefern diese Charakteristika einen Einfluss auf das Ausmaß der internationalen Beschaffungstätigkeit haben. Die diesbezüglichen Ergebnisse wurden in eine Matrixdarstellung überführt, wobei auf der vertikalen Achse die Ausprägung der Charakteristika des Warenbereichs abgetragen wurde, die von den Respondenten auf einer Skala von 1 (sehr geringe Ausprägung) bis 5 (sehr starke Ausprägung) angegeben werden konnte. Auf der horizontalen Achse wurde der Einfluss auf

A. Status quo, Entwicklungstendenzen und Perspektiven der internationalen Beschaffung

das Ausmaß der internationalen Beschaffung abgetragen. Entsprechend der vorgegebenen Skala waren hierbei Bewertungen von 1 (sehr stark hemmend) bis 7 (sehr stark fördernd) möglich. Auf Grundlage der empirischen Erhebung wurden die jeweiligen Mittelwerte in die Matrix eingeordnet. Aus Gründen der Strukturierung und Visualisierung wurden die Darstellung der Charakteristika des Warenbereichs und deren Einfluss auf die internationale Beschaffung auf zwei Abbildungen aufgeteilt (siehe Abbildungen 57 und 58).

Bei der Auswertung der Ergebnisse wird im Folgenden verstärkt auf diejenigen Charakteristika eingegangen, welche die jeweiligen Warenbereiche besonders prägen. Demzufolge sind jeweils die oberen beiden Quadranten der Vier-Felder-Matrizen von besonderem Interesse. Während der linke obere Quadrant diejenigen (für den Warenbereich relevanten) Charakteristika enthält, die sich eher hemmend auf das Ausmaß der internationalen Beschaffung auswirken, finden sich im rechten oberen Quadranten diejenigen Charakteristika, die eine verstärkte internationale Beschaffung tendenziell fördern.

Konkret konnte das Charakteristikum „Vielzahl rechtlicher Beschränkungen" als Hemmnis für die internationale Beschaffung identifiziert werden. Darüber hinaus stellen die „zahlreichen Umweltbestimmungen" ein etwas weniger stark ausgeprägtes (und daher nicht in den oberen Quadranten einzuordnendes), aber als noch stärker hemmend einzustufendes Charakteristikum dar (siehe Abbildung 57).

Abbildung 57: Charakterisierung des Warenbereichs und Einfluss auf internationale Beschaffung (I)

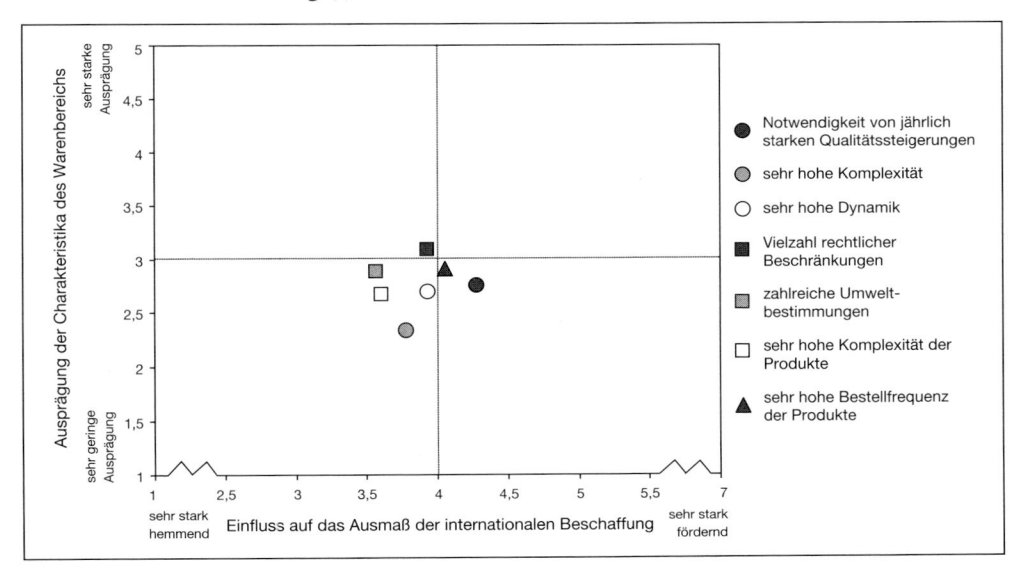

139

Drittes Kapitel: Beschaffungsseitige Internationalisierung

Die Charakteristika „Notwendigkeit starker Kostensenkungen", „lange Dauer der Beziehungen mit inländischen Lieferanten", „hohe Abhängigkeit von inländischen Lieferanten" sowie „sehr hoher Innovationsdruck" konnten dem rechten oberen Quadranten und somit als förderlich für die internationale Beschaffung zugeordnet werden, wobei die beiden letztgenannten Charakteristika Grenzfälle darstellen (siehe Abbildung 58).

Abbildung 58: Charakterisierung des Warenbereichs und Einfluss auf internationale Beschaffung (II)

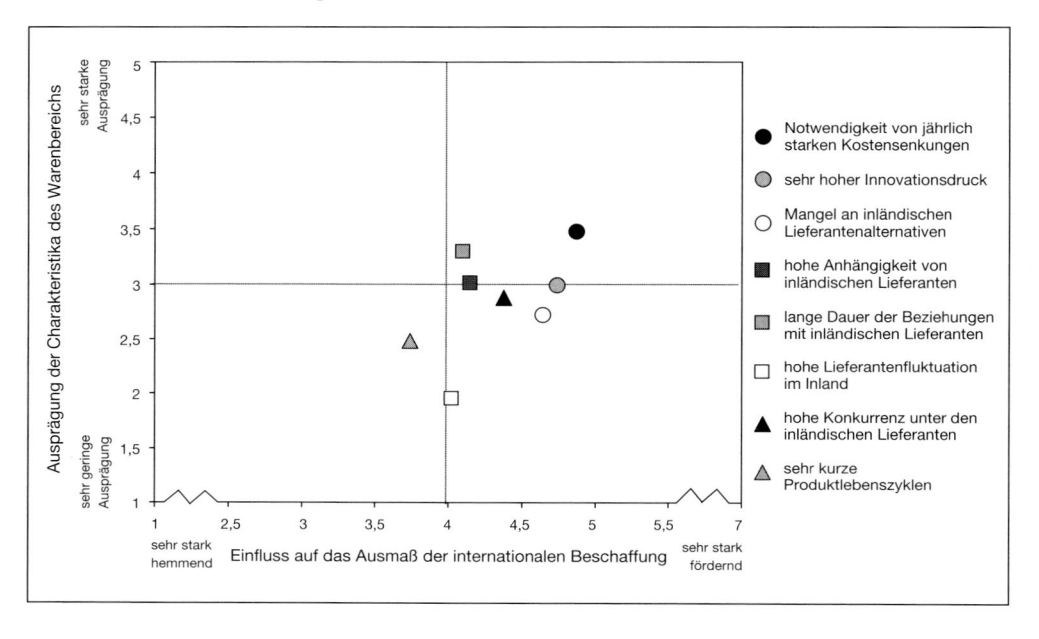

Somit kann festgehalten werden, dass die Mehrzahl der Warenbereiche durch einen starken Kostensenkungs- sowie Innovationsdruck gekennzeichnet ist. Das Potenzial, um Kosten einzusparen und gleichzeitig in potenzielle Innovationen investieren zu können, sehen die Unternehmen dabei in der Intensivierung der Auslandsbeschaffung.

Auf Grund der langen Beziehungsdauer mit inländischen Lieferanten sowie der hohen Abhängigkeit von diesen Lieferanten, durch die viele Warenbereiche charakterisiert sind, sind die Verbundgruppen verstärkt daran interessiert, Beziehungen mit ausländischen Lieferanten einzugehen. Um der hohen Abhängigkeit und der damit oftmals korrespondierenden Verhandlungsmacht der inländischen Lieferanten entgegenzuwirken, suchen diese Verbundgruppen vielfach nach Alternativen im Ausland.

Die weiteren Charakteristika, die als nicht sehr ausgeprägt bewertet wurden, aber dennoch Tendenzen hinsichtlich eines eher förderlichen oder eher hemmenden Einflusses auf die internationale Beschaffung aufweisen, können anhand der Abbildungen 57 und 58 nachvollzogen werden.

III. Vergleich der internationalen Beschaffung von Markenartikeln, Handelsmarken und Commodity-Artikeln

Neben einer eher generellen Betrachtung der ausländischen Beschaffung wurde im Rahmen der empirischen Erhebung auch nach dem Status quo sowie den Entwicklungstendenzen bei der Beschaffung von Markenartikeln, Handelsmarken und Commodity-Artikeln gefragt. Bei der Status-quo-Betrachtung zeigt sich, dass Handelsmarken heute im Vergleich am stärksten international beschafft werden, gefolgt von Commodity-Artikeln und – mit einigem Abstand – Markenartikeln,[1] die heute tendenziell eher national beschafft werden.

Abbildung 59: Internationale Beschaffung von Markenartikeln, Handelsmarken und Commodity-Artikeln

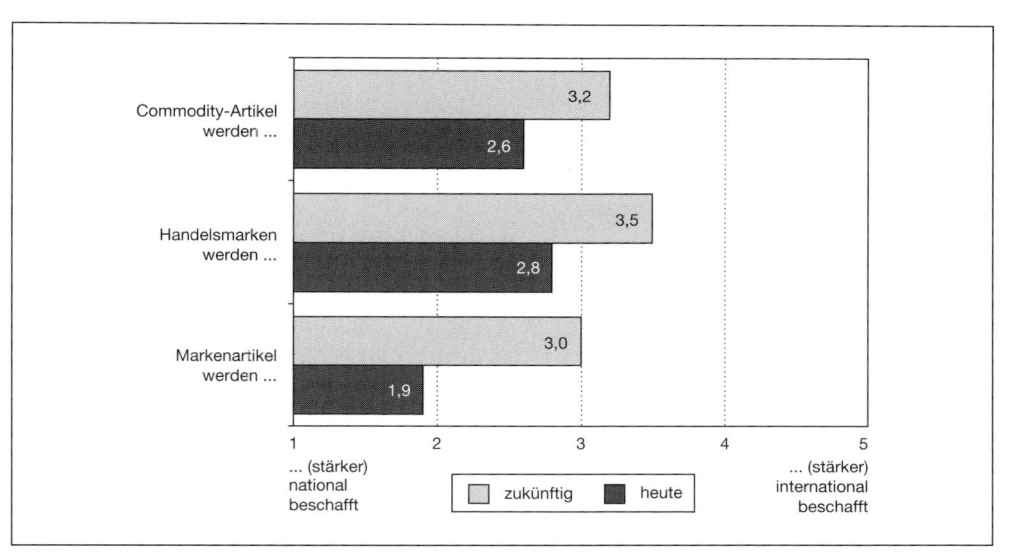

	heute	zukünftig
Commodity-Artikel werden ...	2,6	3,2
Handelsmarken werden ...	2,8	3,5
Markenartikel werden ...	1,9	3,0

Skala: 1 = ... (stärker) national beschafft; 5 = ... (stärker) international beschafft

Gesamthaft zeigt sich, dass in allen drei genannten Bereichen der internationalen Beschaffung zukünftig eine stärkere Bedeutung zukommen wird. So steigen die Mittelwerte sowohl bei

---

[1] Dies gilt sowohl für inländische als auch für ausländische Markenartikel.

Handelsmarken als auch bei Commodity- und Markenartikeln stark an. Insbesondere bei Markenartikeln ist ein verstärkter Anstieg zu beobachten, sodass davon ausgegangen werden kann, dass diese von Verbundgruppen zukünftig sehr viel stärker international beschafft werden.

IV. Verteilung des internationalen Einkaufsvolumens auf Produktionsländer und zukünftige Bedeutung der Produktionsländer

Im Fokus der Untersuchung standen ebenfalls das heutige Einkaufsvolumen sowie die zukünftige Bedeutung von Produktionsländern bzw. Quellländern. Im Rahmen der empirischen Erhebung wurde dabei analysiert, wie sich das internationale Beschaffungsvolumen heute prozentual auf verschiedene Produktionsländer, d. h. diejenigen Länder, in denen die im Ausland beschaffte Ware produziert wird, aufteilt.

Rund ein Drittel des internationalen Einkaufsvolumens von Verbundgruppen konzentriert sich gegenwärtig auf China und verdeutlicht, welch herausragende Bedeutung dieses Land in der internationalen Beschaffung von Verbundgruppen einnimmt. Neben China erstrecken sich die internationalen Beschaffungsaktivitäten von Verbundgruppen aber auch auf europäische Länder. Rund 40 Prozent des heutigen Einkaufsvolumens entfallen auf Italien, Frankreich, Polen und die Türkei. Die weiteren, in Abbildung 60 aufgeführten Produktionsländer haben einen jeweiligen Anteil von weniger als 5 Prozent am heutigen Einkaufsvolumen der Verbundgruppen.

Neben der heutigen Verteilung des internationalen Einkaufsvolumens von Verbundgruppen wurde auch die zukünftige Bedeutung dieser Länder bzw. das damit verbundene zukünftige Wachstum analysiert. Hier zeigt sich zunächst eine dominierende Stellung des asiatischen Kontinents. So wurden China mit 2,0 und Indien mit 1,3 (auf einer Skala von –3 bis +3) als am stärksten wachsende Ländermärkte der internationalen Beschaffung von Verbundgruppen charakterisiert. Aber auch europäischen Ländern kommt in der Zukunft weiterhin eine wichtige Funktion im Rahmen der internationalen Beschaffung von Verbundgruppen zu. So zeigt sich, dass insbesondere Russland, das aktuell als Beschaffungsland noch eine relativ geringe Bedeutung hat, einen größeren Anteil am Einkaufsvolumen von Verbundgruppen aufweisen wird. Dies gilt ebenfalls – wenn auch in einem verminderten Ausmaß – für Polen und die Türkei. Tendenziell rückläufig bewerten die Verbundgruppen das Einkaufsvolumen, das zukünftig auf Spanien, Italien und Indonesien entfallen wird.

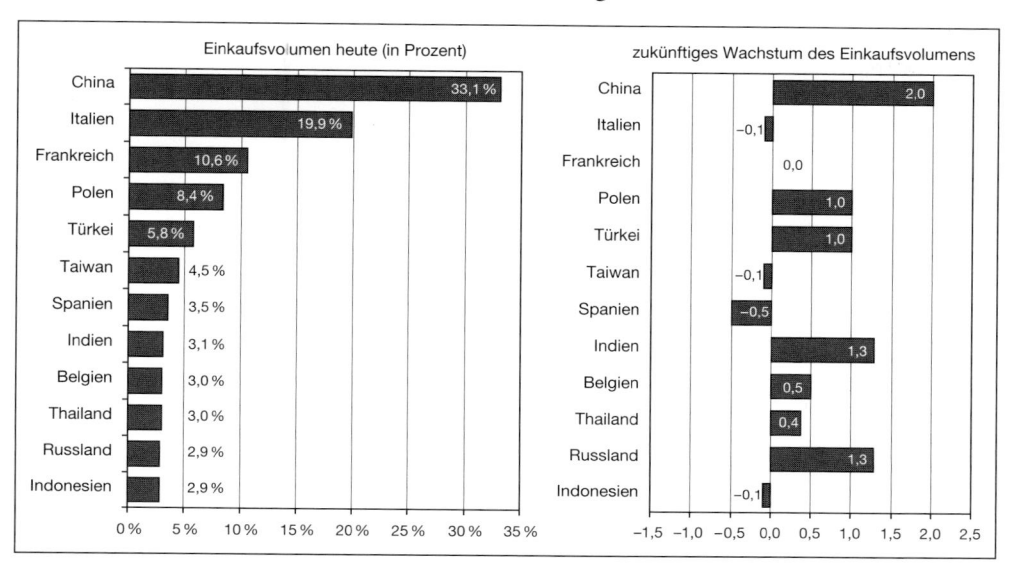

Abbildung 60: Heutiges Einkaufsvolumen und zukünftiges Wachstum von Produktionsländern

Einkaufsvolumen heute (in Prozent)		zukünftiges Wachstum des Einkaufsvolumens	
China	33,1 %	China	2,0
Italien	19,9 %	Italien	−0,1
Frankreich	10,6 %	Frankreich	0,0
Polen	8,4 %	Polen	1,0
Türkei	5,8 %	Türkei	1,0
Taiwan	4,5 %	Taiwan	−0,1
Spanien	3,5 %	Spanien	−0,5
Indien	3,1 %	Indien	1,3
Belgien	3,0 %	Belgien	0,5
Thailand	3,0 %	Thailand	0,4
Russland	2,9 %	Russland	1,3
Indonesien	2,9 %	Indonesien	−0,1

B. Wahl der Beschaffungsmärkte
I. Kriterien zur Beurteilung von Produktionsländern
1. Überblick

In Analogie zu den Länderselektionskriterien auf der Absatzseite (vgl. Abschnitt B.I. des Zweiten Kapitels) wurden auf der Beschaffungsseite spezifische Kriterien bzw. Determinanten betrachtet, die von Verbundgruppen zur Beurteilung von Produktionsländern bzw. Quellländern herangezogen werden. Dabei werden im Verständnis der Studie diejenigen Länder als Produktionsländer bezeichnet, in denen die von den Verbundgruppen beschaffte Ware produziert wurde.

Anhand der Determinanten lassen sich einerseits potenzielle ausländische Produktionsländer bewerten, andererseits können die Kriterien aber auch auf das Heimatland der Verbundgruppe angewendet werden. Mithilfe der Kriterien kann somit ein Vergleich des Heimatmarktes mit den ausländischen Ländermärkten vorgenommen werden. Im Folgenden werden zunächst die in die Untersuchung integrierten Determinanten erläutert, sofern sie nicht schon ausführlich auf der Absatzseite im Rahmen der Länderselektionskriterien dargestellt wurden.

Folgende Determinanten wurden innerhalb der Untersuchung berücksichtigt und den Verbundgruppen zur Evaluierung vorgelegt:

- politische Situation
- ökonomische Situation
- Infrastruktur
- Stückkosten
- Logistikkosten
- Rohmaterialkosten (Gesamtkosten bis zur Produktionsstätte)
- kulturelle Nähe
- geografische Nähe
- ethische und soziale Gesichtspunkte
- Zahlungsrisiken und Währungsrisiken
- tarifäre Handelshemmnisse (Einfuhrquoten usw.)
- politisch-rechtlich bedingte, nicht-tarifäre Restriktionen (Zertifizierungs-, Umwelt-, Verbrauchervorschriften)
- Ressourcenverfügbarkeit
- Gefahr von Naturkatastrophen.

Die politische Situation sowie die ökonomische Situation als Beurteilungskriterien eines Produktionslandes wurden bereits ausführlich auf der Absatzseite beschrieben. Da sich die Verbundgruppen den Einflüssen der ausländischen Märkte durch die internationale Beschaffungstätigkeit aussetzen, gelten eben diese Kriterien auch auf der Beschaffungsseite (Haan 1984, S. 34). Sowohl die politische als auch die wirtschaftliche Situation innerhalb eines Produktionslandes kann im Rahmen der internationalen Beschaffungstätigkeit zu einem Risiko werden und zu plötzlichen Lieferengpässen bzw. -ausfällen führen. Somit zählen diese beiden Kriterien zu den zentralen Einflussgrößen der internationalen Beschaffung (Koppelmann 1982, S. 173f.). Sie werden bei der Bewertung eines Produktionslandes bzw. eines Beschaffungsmarktes häufig im Rahmen einer beschaffungsseitigen Makroauswahl herangezogen (Koppelmann 2000, S. 216), um tendenziell unsichere Ländermärkte schnell zu eliminieren.

Der Entwicklungsstand der Infrastruktur eines Landes gibt oftmals Hinweise darüber, ob ein Land generell in der Lage ist, ein spezifisches Produkt überhaupt herstellen zu können und somit die Produktion in diesem Land möglich ist. Dazu gehören insbesondere die Kommunikations-, Energie- und Verkehrsinfrastruktur. Je komplexer und spezifischer die Produkteigenschaften sind, umso stärker kann oftmals die Liste potenzieller Produktionsländer verkürzt werden.

Weiterhin wurden drei kostenorientierte Determinanten in der Untersuchung berücksichtigt. Die Internationalisierung der Beschaffung bringt für viele Unternehmen eine Komplexitäts- und Risikoausweitung mit sich, die nur dann gerechtfertigt ist, wenn die ausländischen Märkte konkrete Vorteile für die Wettbewerbsfähigkeit des Abnehmers bieten (Menze 1992, S. 75). Diese Vorteile werden – insbesondere im Einzelhandel – von vielen Unternehmen primär unter Kostengesichtspunkten gesehen (Fritz 1995, S. 75; Monczka/Giunipero 1984, S. 2ff.). Unter Berücksichtigung dieser Entwicklungen wurden die drei Determinanten „Stückkosten", „Logistikkosten" und „Rohmaterialkosten" erfasst. Dabei orientieren sich die Stückkosten an dem zu beschaffenden Produkt und repräsentieren die durchschnittlich mit einer Mengeneinheit verbundenen Kosten. Die Logistikkosten hingegen sind stark von der geografischen Distanz des jeweiligen Landes bzw. von der Lagerstruktur im Heimatland abhängig (Müller-Hagedorn 1998, S. 511ff.). So hängen die Logistikosten – insbesondere im internationalen Kontext – stark von den Transportkosten ab (Hertel/Zentes/Schramm-Klein 2005, S. 119), die einen wesentlichen Kostenfaktor darstellen. Gleichermaßen wurden unter kostenorientierten Gesichtspunkten auch die Rohmaterialkosten betrachtet.

Die kulturelle und geografische Nähe des Produktionslandes wurden – in Analogie zur Absatzseite der Studie – als Determinanten der Beschaffung eines Produktionslandes integriert. So münden die Treiber des Global Sourcing wie bspw. Liberalisierung und Deregulierung und die damit verbundene Entstehung neuer Wirtschaftsräume (Liebmann/Zentes 2001, S. 93ff.), aber auch neue Informations- und Kommunikationstechnologien (Bogaschewsky/Kracke 1999, S. 17; Foscht/Jungwirth/Schnedlitz 2000, S. 24f.) sowie insbesondere Machtverlagerungen in der Industrie (Kumar 1997, S. 93ff.; Rosenbloom 2003, S. 23f.; Bell/Davies/Howard 1997, S. 853ff.) in Beschaffungsaktivitäten von Verbundgruppen, die sich in den letzten Jahren zunehmend in geografisch und kulturell weiter entfernte Ländermärkte ausgedehnt haben.

Ethische und soziale Gesichtspunkte sind weitere Determinanten eines Produktionslandes, die in die Untersuchung eingeflossen sind. So manifestiert sich die Bedeutung sozialer bzw. ethischer Gesichtspunkte oftmals nicht nur in „Code of Conducts", sondern bei vielen Unternehmen auch in der Überprüfung von Standards durch fremde oder eigene Auditoren, so bspw. hinsichtlich Kinderarbeit u. Ä. In jüngster Vergangenheit haben diese Determinanten vielfach einen zunehmenden Stellenwert erlangt (Zentes 2006, S. 19; Scholz/Zentes 2006, S. 288).

Währungs- und Zahlungsrisiken ergeben sich nicht nur mit wirtschaftlich weniger entwickelten Staaten, sondern, wenn man sich insbesondere die Entwicklung des Dollarkurses in den letzten Jahren verdeutlicht, auch im Kontext der Beschaffung aus hoch entwickelten Industrienationen. Im Rahmen des Beschaffungsmanagements müssen deshalb entsprechende Währungsschwankungen durch die Beschaffungsstrategie berücksichtigt werden, indem bspw. das Mengen-Timing im Rahmen der Bestellpolitik an den aktuellen Stand des Wechselkurses gekoppelt wird, was aber wiederum voraussetzt, dass auch Lieferanten in anderen ausländischen Ländern existieren bzw. auf Grund von Lagerhaltungen Bestellungen verzögert oder vorgezogen werden können (Carter/Vickery 1989, S. 19).

Weiterhin wurden tarifäre Handelshemmnisse, so bspw. Einfuhrquoten und Zölle, als Determinanten zur Beurteilung von Produktionsländern berücksichtigt. Tarifäre Handelshemmnisse lassen sich exemplarisch in der Textilbranche aufzeigen, die durch eine Vielzahl von Zöllen sowie Import- bzw. Exportquoten gekennzeichnet ist. Diese Regelungen haben dabei in der jüngsten Vergangenheit insbesondere asiatische Länder betroffen. So haben sich die asiatischen Unternehmen in den vergangenen Jahren auf Grund steigender Arbeitskosten in Europa und des kontinuierlich zunehmenden Preisdrucks immer stärker als günstige Textillieferanten etabliert. Dies trifft insbesondere auf China zu, dem größten Gewinner der Quotenliberalisierung im Textilhandel (Jungbauer 2004, S. 12). Die Textil- und Bekleidungsexporte Chinas wurden auf Grund von Export- bzw. Importbestimmungen bis in die jüngste Vergangenheit hinein künstlich klein gehalten (Heymann 2005, S. 1). Die weit verbreitete Furcht in der europäischen Textil- und Bekleidungsindustrie vor einer Textilflut aus China nach der Quotenliberalisierung führte dazu, dass die EU-Kommission unmittelbar vor dem Auslaufen des „Agreement on Textiles and Clothing" (ATC) einen Maßnahmenkatalog für den reibungslosen Übergang zu einem System ohne Quoten erstellte. Ein Monitoringsystem überwachte die chinesischen Importe in die EU, um Marktstörungen frühzeitig erkennen zu können (Dessewffy 2005, S. 4; Bartholomew 2004, S. 44).

Hintergrund dieser Maßnahme zwischen der EU und China war die WTO-Mitgliedschaft Chinas seit 2001. Eine Beitrittsbedingung bestand darin, dass die übrigen Mitglieder bis Ende 2013 gewisse Schutzmaßnahmen ergreifen können, wenn die Textil- und Bekleidungsindustrie der betreffenden Länder durch chinesische Waren bedroht ist. Hierbei können gegenüber Waren aus China, deren Einfuhr eine Marktstörung verursacht, spezielle Zölle oder Quoten erlassen werden. Davon machten bspw. die USA Gebrauch, die für mehrere Produktkategorien neue Quoten eingeführt haben (Die Welt 2005). Des Weiteren besteht eine textile Schutzklausel bis 2008, die im Falle einer durch chinesische Textileinfuhren verursachten Marktzerrüttung die Importe der betreffenden Waren durch Quoten beschränkt (UNCTAD 2004, S. 10; AVE 2003).

Seit dem 10. Juni 2005 besteht zwischen der EU und China ein bilaterales Abkommen bezüglich einer Begrenzung der Importe bestimmter chinesischer Kategorien in die EU bis zum Jahr 2008 (Handelskammer Hamburg 2005; BAFA 2005). Dieses als „Memorandum of Understanding" (MoU) bezeichnete Abkommen ist seit dem 12. Juli 2005 in Kraft. Alle Waren der betroffenen Produktkategorien, die seit dem 11. Juni 2005 in die EU importiert wurden, waren auf die im Abkommen ausgehandelten Höchstmengen anzurechnen (Südwesttextil 2005). Die neuen Quoten des MoU waren schnell ausgeschöpft und führten zu einem Importstopp bestellter chinesischer Waren, die insbesondere die Importeure chinesischer Waren betraf. Letztendlich waren auch die nachfolgenden Stufen, d. h. der europäische Groß- bzw. Einzelhandel, Träger der Konsequenzen des Abkommens zwischen China und der EU (Reinhold 2005, S. 24; o.V. 2005, S. 22).

Die im Zoll festliegende Ware wurde infolge der am 05. September 2005 erfolgten Einigung der EU mit China wieder freigegeben. Die Hälfte der Mengen, deren Quoten für das Jahr 2005 ausgeschöpft waren, wurde auf die Höchstmengen der folgenden Jahre oder auf noch nicht genutzte Höchstmengen im Jahre 2005 angerechnet. Zudem entstanden gesonderte Mengen für den Passiven Veredelungsverkehr mit China, die so genannten „PV-Quoten" (Jungbauer 2005).

Diese exemplarische Darstellung der tarifären Handelshemmnisse in der Textilbranche verdeutlicht nochmals die Relevanz dieser Determinanten in der Praxis. Auch in vielen anderen Branchen nimmt die Anzahl der Handelsabkommen stark zu (Berndt/Fantapié Altobelli/Sander 2005, S. 24f.), was auf die steigende Relevanz dieser Determinanten zur Beurteilung der Produktionsländer hinweist.

Weiterhin wurden auch politisch-rechtlich bedingte, nicht-tarifäre Restriktionen im Rahmen der Untersuchung berücksichtigt. Hierunter werden u. a. Zertifizierungs-, Umwelt- und Verbrauchervorschriften, aber auch Subventionen oder Mindestpreisfestsetzungen subsumiert (Cateora/Graham 2005, S. 165f.). Vielfach sind auch Local-Content-Restriktionen im Rahmen der internationalen Beschaffung zu beachten (Barberis 1990, S. 4). Diese ergeben sich für die beschaffenden Unternehmen oftmals aus den Konsumhaltungen der (inländischen) Verbraucher, die Produkte aus gewissen Ländern – bspw. auf Grund der politisch-rechtlichen Situation – meiden bzw. teilweise sogar boykottieren können.

Als weiteres Kriterium zur Beurteilung eines Produktionslandes kann die Ressourcenverfügbarkeit herangezogen werden. Hierunter können einerseits natürliche Ressourcen wie Rohstoffe oder auch Energie verstanden werden, andererseits aber auch Humanressourcen wie die Verfügbarkeit bzw. Qualifikation der Mitarbeiter im Produktionsland.

Darüber hinaus wurde unter beschaffungsspezifischen Aspekten auch die Gefahr von Naturkatastrophen als relevante Determinante berücksichtigt. Unter Naturkatastrophen werden schwerwiegende Gefahren, die sich aus natürlichen Umständen ergeben und eine Bedrohung darstellen, verstanden. Gewöhnlich handelt es sich dabei um Risiken, die durch geologische oder klimatische Bedingungen entstehen (Plapp 2003, S. 3). Insbesondere in Asien sind in den letzten Jahrzehnten vermehrt Naturkatastrophen aufgetreten (Burmeister 2005, S. 3), sodass man tendenziell mit Lieferengpässen bzw. -ausfällen aus dieser Region rechnen muss.

2. Auswertung der Befragungsergebnisse

Im Rahmen der Auswertung der empirischen Erhebung zeigt sich eine herausragende Dominanz der kostenorientierten Determinanten (siehe Abbildung 61). So wurden die beiden Kriterien „Stückkosten" (Mittelwert: 8,2) und „Logistikkosten" (Mittelwert: 8,1) als wichtigste Determinanten von den Respondenten beurteilt. Die „Rohmaterialkosten", d. h., die Gesamtkosten bis zur Produktionsstätte, weisen einen Mittelwert von 6,9 auf. Das Ergebnis der Auswertung ist in sofern nachvollziehbar, als dass Unternehmen die Internationalisierung der Beschaffung vor allem auf Grund sich bietender Kostensenkungspotenziale vorantreiben (Arnold 1998, S. 240ff.), um somit Waren im Inland preisgünstiger anbieten zu können (Lumbe/Beßlich 1997, S. 59; Hurth 1998, S. 277). Mit einem Mittelwert von 6,9 folgen die Determinanten „tarifäre Handelshemmnisse" sowie „Zahlungs- und Währungsrisiken". Dies verdeutlicht, dass Verbundgruppen auch diese beiden Determinanten zur Beurteilung von Produktionsländern bzw. zur internationalen Beschaffung heranziehen und ihnen eine gewichtige Bedeutung beimessen.

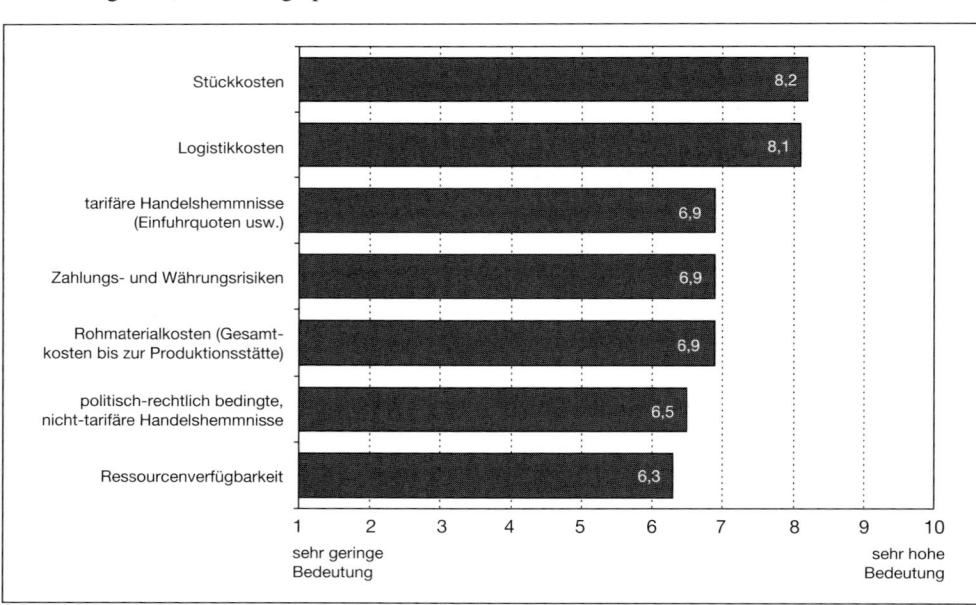

Abbildung 61: Beurteilung spezifischer Determinanten von Produktionsländern (I)

Determinante	Mittelwert
Stückkosten	8,2
Logistikkosten	8,1
tarifäre Handelshemmnisse (Einfuhrquoten usw.)	6,9
Zahlungs- und Währungsrisiken	6,9
Rohmaterialkosten (Gesamtkosten bis zur Produktionsstätte)	6,9
politisch-rechtlich bedingte, nicht-tarifäre Handelshemmnisse	6,5
Ressourcenverfügbarkeit	6,3

Skala: 1 = sehr geringe Bedeutung, 10 = sehr hohe Bedeutung

Unter beschaffungsrelevanten Gesichtspunkten weisen auch die beiden Determinanten „politisch-rechtlich bedingte, nicht-tarifäre Handelshemmnisse" sowie „Ressourcenverfügbarkeit" einen relativ hohen Mittelwert auf. Interessant ist darüber hinaus, dass für die Beurteilung von Produktionsländern die „geografische Nähe" (Mittelwert: 4,6) sowie die „kulturelle Nähe" (Mittelwert: 3,7) vernachlässigbar erscheinen (siehe Abbildung 62). Auf der Absatzseite wurde diesen Kriterien hingegen eine höhere Relevanz zugeordnet (siehe Abbildungen 36 und 37). Dies lässt sich gleichermaßen bezüglich der generellen Determinante „politische Situation" festhalten. Weiterhin ist hervorzuheben, dass die „Gefahr von Naturkatastrophen" bei der Beurteilung eines Produktionslandes aus Sicht der Verbundgruppen als tendenziell weniger wichtiges Kriterium angesehen wird.

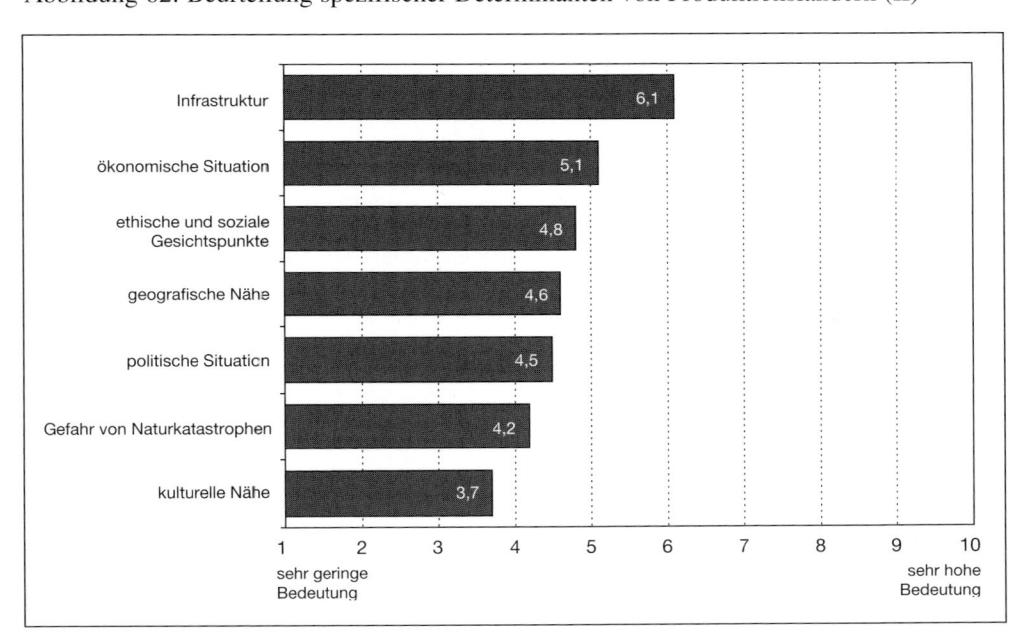

Abbildung 62: Beurteilung spezifischer Determinanten von Produktionsländern (II)

Kriterium	Mittelwert
Infrastruktur	6,1
ökonomische Situation	5,1
ethische und soziale Gesichtspunkte	4,8
geografische Nähe	4,6
politische Situation	4,5
Gefahr von Naturkatastrophen	4,2
kulturelle Nähe	3,7

Skala: 1 (sehr geringe Bedeutung) – 10 (sehr hohe Bedeutung)

II. Beurteilung ausländischer Produktionsländer gegenüber dem heimischen Produktionsmarkt

Nachdem die spezifischen Determinanten von Produktionsländern vorangehend generell vorgestellt sowie hinsichtlich ihrer Relevanz analysiert wurden, werden diese Determinanten nun dazu verwendet, den Heimatmarkt gegenüber den ausländischen Produktionsländern zu beurteilen. Abbildung 63 visualisiert die zentralen Unterschiede, die zwischen dem heimischen und den ausländischen Produktionsländern bestehen, sowie deren Ausmaß. Es zeigt sich dabei, dass der Heimatmarkt gesamthaft betrachtet deutlich besser beurteilt wird als die ausländischen Produktionsländer. Es kann jedoch festgehalten werden, dass die mit der Auslandsbeschaffung einhergehenden höheren Logistikkosten hemmend wirken, wohingegen die hohen Stückkosten sowie die hohen Rohmaterialkosten im Heimatland als Push-Faktoren der zunehmenden Internationalisierung der Beschaffung wirken. Den drei genannten Faktoren wird zugleich eine hohe Bedeutung für die Beurteilung von Produktionsländern beigemessen. Die im Heimatmarkt positiv bewerteten Faktoren wie bspw. eine intakte Infrastruktur, eine stabile politische Situation sowie die geografische und kulturelle Nähe können die als schlecht bewerteten Kriterien Stückkosten sowie Rohmaterialkosten nicht aufwiegen und haben daher oftmals lediglich die Bedeutung von „Hygienefaktoren".

Weiterhin besteht eine große Diskrepanz zwischen der Attraktivität des heimatlichen Produktionsmarktes und ausländischen Produktionsländern hinsichtlich ethischer und sozialer Gesichtspunkte, da diese im Heimatland als deutlich besser eingestuft wurden. Bezüglich der ausländischen Produktionsländer haben die teilnehmenden Verbundgruppen die Determinanten „kulturelle Nähe" und „geografische Nähe" (nahe liegender Weise) am schlechtesten bewertet. Zugleich wurde diesen Faktoren aber auch eine nachrangige Bedeutung zugesprochen. Dies gilt im Rahmen der internationalen Beschaffung gleichermaßen für die Gefahr von Naturkatastrophen.

Abbildung 63: Beurteilung ausländischer Produktionsländer gegenüber dem heimischen Produktionsmarkt

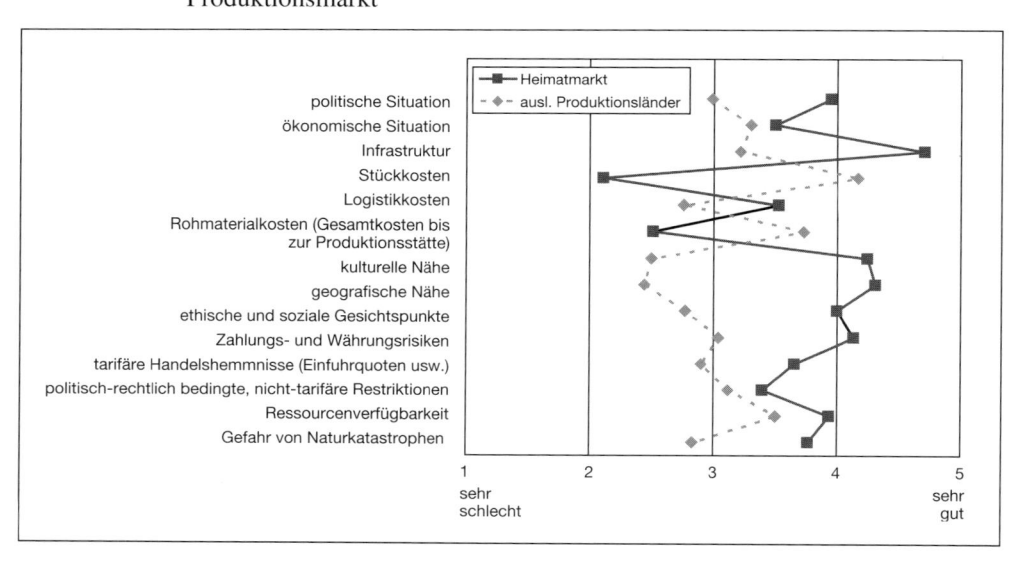

C. Beschaffungskanäle

I. Kriterien der Beschaffungskanalwahl

1. Überblick

Der Wahl des passenden Beschaffungskanals – oder auch der entsprechenden Kanäle im Rahmen eines Multi-Channel-Sourcing-Ansatzes – kommt in den letzten Jahren eine zunehmende Bedeutung zu (Loos-Neidhart 2005, S. 5ff.). Im Folgenden werden zunächst die Kriterien, die Verbundgruppen bei der Auswahl der internationalen Beschaffungskanäle zu Grunde legen, erläutert. Folgende Kriterien der internationalen Beschaffungskanalwahl wurden von den Verbundgruppen im Rahmen der Studie evaluiert:

- Möglichkeit der Differenzierung im Warenangebot
- Möglichkeit der direkten Einflussnahme, bspw. auf die Qualität
- Möglichkeit der Kontrolle der Wertschöpfungskette
- Kostenreduzierung
- Erreichen von kritischen Größen
- höhere Flexibilität
- Aufbau von eigenem Know-how und Marktkenntnissen
- Reduzierung von Risiken, bspw. Bestandsrisiken
- bessere Transparenz, bspw. bei der Kostenstruktur.

Beschaffungskanäle sind durch unterschiedlich stark ausgeprägte „Möglichkeiten der Differenzierung im Warenangebot" gekennzeichnet. Eine solche Differenzierung gegenüber dem Wettbewerb setzt ein exklusives Warenangebot voraus, das oftmals nur über einen exklusiven bzw. bevorzugten Beschaffungskanal zugänglich und daher häufig den Qualitäts- bzw. Leistungsführern innerhalb einer Branche vorbehalten ist (Liebmann/Zentes 2001, S. 175).

Weiterhin stellt die „Möglichkeit der direkten Einflussnahme, so bspw. auf die Qualität", ein Kriterium bei der Wahl des internationalen Beschaffungskanals dar. In Abhängigkeit von der gewählten Beschaffungsform – direkte oder indirekte Beschaffung – kann die Einflussnahme und somit die Bindung an den jeweiligen Beschaffungskanal stärker (direkte Beschaffung) oder schwächer (indirekte Beschaffung) ausgeprägt sein (Eggert 2000, S. 119ff.). Vielfach hängt die Möglichkeit zur direkten Einflussnahme aber auch mit der Länge der Beziehung zu einem Lieferanten zusammen (Beutin 2000, S. 76f.).

Das Kriterium der Möglichkeit der direkten Einflussnahme hängt eng mit dem Kriterium der „Möglichkeit der Kontrolle der Wertschöpfungskette" zusammen. Der Trend zu einer erhöhten Kontrolle, der u. a. bei den großen Filialisten des Textilhandels wie bspw. ZARA oder auch H&M zu beobachten ist (Faust 2005, S. 22), erstreckt sich sowohl auf die Absatzseite als auch auf die Beschaffungsseite. Die Ausweitung der Kontrolle der Wertschöpfungskette auf den Sourcing-Bereich vollzieht sich teilweise durch die Errichtung eigener Produktionsstätten, teilweise aber auch durch die Gründung eigener Einkaufsbüros vor Ort im jeweiligen Beschaffungs- bzw. Produktionsland (Wortmann 2005, S. 11). Die Wahrscheinlichkeit, dass der up-stream-gerichtete Teil der Wertschöpfungskette von einem Unternehmen stark kontrolliert wird, steigt, je spezifischer die Produkt- und Produktionsvorgaben sind und je größer das Ausfallrisiko im Falle des Versagens eines Lieferanten ist (Humphrey/Schmitz 2000; Gereffi u. a. 2001).

Generell kann man von einem wichtigen Einfluss der Beschaffung bzw. der Beschaffungsmethoden auf die Kostenpositionen eines Unternehmens ausgehen (Bartsch 2005, S. 146). So sehen viele Unternehmen in der Internationalisierung der Beschaffung eine Möglichkeit, „Kostenreduzierungen" zu realisieren (Hurth 1998, S. 277) bzw. bessere Konditionen bei der Industrie zu erlangen (Meffert 1999, S. 412). Dies gilt für Verbundgruppen insbesondere dann, wenn kooperativ beschafft wird und somit „kritische Größen" – ein weiteres Kriterium, das berücksichtigt wurde – gemeinsam erreicht werden können. Eine Vielzahl an Unternehmen hat in der Vergangenheit die von ausländischen Anbietern geforderten Mindestmengen nicht erreichen können und somit auf entsprechende Einfuhren verzichten müssen (Olesch 1998, S. 284).

Oftmals ist mit der Nutzung internationaler Beschaffungsquellen auch eine erhöhte Beschaffungsflexibilität verbunden (Wills 1993, S. 93). Hiermit wird das anpassungsfähige Auftreten eines Lieferanten am Markt gegenüber einem Kunden bezeichnet (Homburg 2000, S. 105). Vor dem Hintergrund des anhaltend hohen Wettbewerbsdrucks auf vielen Märkten und der Vielfalt der angebotenen Produkte und Dienstleistungen, ist der Flexibilitätsbedarf vieler Unternehmen in den letzten Jahren stark angestiegen (Burmann/Meffert 2004, S. 43). Im Hinblick auf die hohe Anzahl an potenziellen Beschaffungsquellen bzw. -kanälen, aus denen eine Unternehmung wählen kann, wird die „Flexibilität" insbesondere durch den Einsatz paralleler Beschaffungskanäle bzw. mehrerer Lieferanten erhöht (Loos-Neidhart 2005, S. 62).

Des Weiteren wurde das Kriterium „Aufbau von eigenem Know-how und Marktkenntnissen" aufgenommen, das in einem engen Zusammenhang zu der bereits angeführten „Kontrolle der Wertschöpfungskette" steht. So erscheint es aus Sicht vieler Unternehmen auf Grund gesättigter Märkte und eines immer stärker werdenden Verdrängungswettbewerbs zwar plausibel, dass der primäre Fokus auf die Kosten gelegt wird, jedoch entsteht gleichzeitig eine Notwendigkeit, durch den Aufbau von eigenem Know-how und Marktkenntnissen Wettbewerbsvorteile im Rahmen der Beschaffung zu erlangen (Stölzle 1999, S. 2f.; Janz 2004, S. 121).

Die Beschaffung betreffende „Risiken" können im internationalen Kontext in vielfältiger Art und Weise auftreten (Herbig/O'Hara 1996, S. 42). So lassen sich insbesondere wirtschaftliche Risiken, Kommunikationsrisiken, soziokulturelle Risiken sowie politisch-rechtliche Risiken unterscheiden (Kaufmann 2001, S. 45). Die in der empirischen Analyse explizit einbezogenen Bestandsrisiken treten im Kontext der Lagerhaltung auf und können durch eine Reduzierung des Lagerbestands, der als Puffer zwischen Input- und Output-Strömen der Güter dient (Hertel/Zentes/Schramm-Klein 2005, S. 131), abgeschwächt werden.

Letztlich kann auch das Kriterium der „besseren Transparenz zur Auswahl eines internationalen Beschaffungskanals herangezogen werden. So können sowohl durch direkte als auch durch indirekte Formen der Beschaffung Märkte, Prozesse, Lieferanten usw. transparenter gemacht werden, um somit Effizienz- und Effektivitätssteigerungspotenziale realisieren zu können.

2. Auswertung der Befragungsergebnisse

Bei der Auswertung der empirischen Erhebung, deren Ergebnisse in Abbildung 64 dargestellt sind, zeigt sich zunächst, dass sämtliche Kriterien mit Ausnahme des Kriteriums „Reduzierung von Risiken, bspw. Bestandsrisiken" einen 3,0 übersteigenden Mittelwert auf der 5-er Skala aufweisen. Die Mittelwerte dieser Kriterien bewegen sich dabei in einem Intervall von 3,1 bis 3,6. Somit lässt sich feststellen, dass zur Wahl des internationalen Beschaffungskanals sämtliche dieser Kriterien herangezogen werden.[1]

Verbundgruppen legen bei der Beschaffungskanalwahl einen primären Fokus auf die Möglichkeit der Differenzierung im Warenangebot (Mittelwert: 3,6) sowie auf Aspekte der Kostenreduzierung (Mittelwert: 3,6). Kostengesichtspunkte stellten auch bei der Bewertung von Produktionsländern wichtige Kriterien dar, wie die Analyse in Abschnitt B. dieses Kapitels gezeigt hat. Gleichermaßen sind bei der Auswahl des Beschaffungskanals aber auch Aspekte der Transparenz, der direkten Einflussnahme, der Flexibilität, des Ausbaus von Knowhow und Marktkenntnissen, des Erreichens von kritischen Größen sowie der Kontrolle der Wertschöpfungskette zu berücksichtigen (siehe Abbildung 64).

---

[1] Anzumerken ist an dieser Stelle, dass die Verbundgruppen im Rahmen der Befragung die bei der Wahl ihres wichtigsten Beschaffungskanals angewandten Kriterien angegeben haben. Somit wurden Aspekte des Multi-Channel-Sourcing im Rahmen der empirischen Erhebung ausgeblendet.

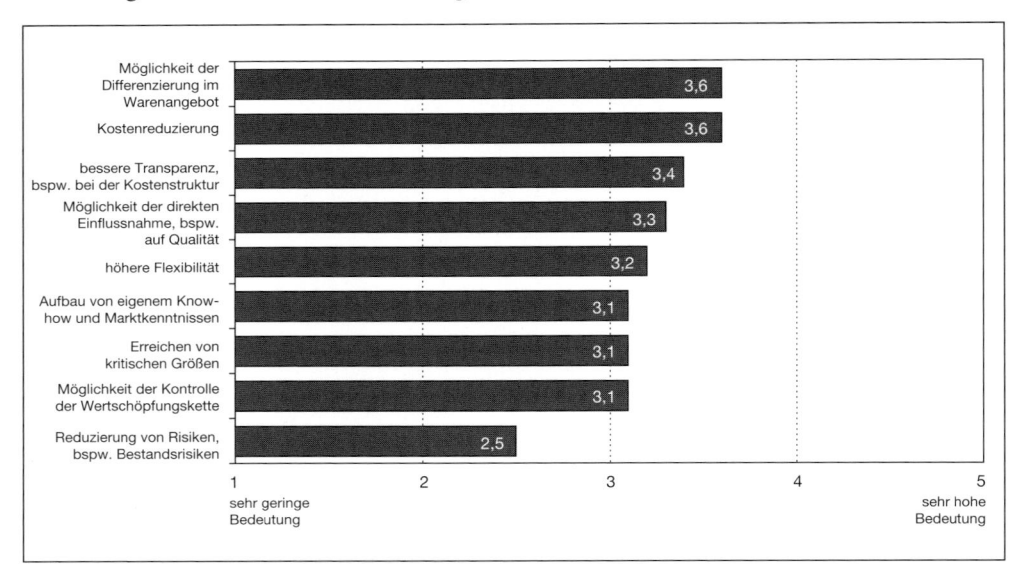

Abbildung 64: Kriterien der Beschaffungskanalwahl

Kriterium	Wert
Möglichkeit der Differenzierung im Warenangebot	3,6
Kostenreduzierung	3,6
bessere Transparenz, bspw. bei der Kostenstruktur	3,4
Möglichkeit der direkten Einflussnahme, bspw. auf Qualität	3,3
höhere Flexibilität	3,2
Aufbau von eigenem Know-how und Marktkenntnissen	3,1
Erreichen von kritischen Größen	3,1
Möglichkeit der Kontrolle der Wertschöpfungskette	3,1
Reduzierung von Risiken, bspw. Bestandsrisiken	2,5

Skala: 1 = sehr geringe Bedeutung, 5 = sehr hohe Bedeutung

II. Analyse heutiger und zukünftiger internationaler Beschaffungskanäle

1. Überblick

Das Beschaffungsvolumen der Verbundgruppen kann über eine Vielzahl von unterschiedlichen Kanälen bezogen werden. Entscheidungen hinsichtlich der Wahl eines internationalen Beschaffungskanals müssen auf Grund der sich stetig ändernden Rahmenbedingungen kontinuierlich überprüft und unter besonderer Berücksichtigung der spezifischen Unternehmens-, Wettbewerbs- sowie Produktsituation getroffen werden (Treis/Lademann 1981; Olesch 1998; Mandewirth 1997).

Dabei lassen sich die internationalen Beschaffungskanäle in direkte und indirekte Kanäle einteilen. Mit indirekten Beschaffungskanälen sind in diesem Kontext solche Kanäle gemeint, über die Ware im Inland beschafft wird.[1] Im Rahmen der vorliegenden Studie wurden jedoch ausschließlich unterschiedliche Formen von direkten Beschaffungskanälen betrachtet, die dadurch gekennzeichnet sind, dass die Beschaffung der Ware im Ausland geschieht.

---

[1] Bei der im Inland beschafften Ware kann es sich um inländische oder um ausländische Ware handeln.

In diesem Kontext sind Formen des „direct sourcing" relevant, bei dem angestrebt wird, möglichst nah bzw. aus der Quelle im ausländischen Produktionsland einzukaufen (Zentes/Hilt/Domma 2007). Die Formen des „direct sourcing" können sowohl durch

- Markenhersteller im Ausland,
- Hersteller von Eigenmarken im Ausland sowie
- Hersteller von Commodity-Artikeln im Ausland als auch durch
- eigene Produktionsstätten im Ausland

zum Ausdruck kommen. Des Weiteren können auch

- eigene und/oder kooperativ betriebene Einkaufsbüros im Ausland

den Formen des „direct sourcing" zugeordnet werden, da ein Großteil der über diese Kanäle georderten Volumina direkt vom Hersteller bezogen wird (vgl. Zentes/Hilt/Domma 2007). Darüber hinaus können Zwischenstufen bzw. Intermediäre bei der internationalen Beschaffung genutzt werden, dies geschieht vielfach über

- Einkaufsagenten/Handelsmittler im Ausland und/oder
- Exporteure im Ausland.

Im Rahmen der internationalen Beschaffung können außerdem

- internationale E-Beschaffungsplattformen,
- temporäre/fallweise Kooperationen mit anderen Händlern/Kooperationen (bspw. bei spezifischen Waren bzw. Produkten) und/oder
- sonstige Beschaffungskanäle

eingesetzt werden.

Beim Direktbezug vom Hersteller werden die jeweiligen Waren ohne Einschaltung einer Zwischenstufe bzw. Intermediären im Ausland bezogen. Oftmals wird diese Funktion von der Einkaufsabteilung des Unternehmens übernommen, bei der der Einkäufer auch selbst Aufgaben der Marktforschung, Lieferantenanalyse usw. übernimmt (Zentes/Wittig 2004, S. 705). Dieser Direktbezug kann einerseits bei dem Markenhersteller im Ausland geschehen, um den – insbesondere Markenartikel betreffenden – höheren konsumentenseitigen Ansprüchen an das Sortiment des Handels bzw. der Industrie gerecht zu werden (Zentes/Janz/Morschett 2000, S. 157). Andererseits können von den Herstellern im Ausland aber auch Eigenmarken – oftmals auch als Handelsmarken bezeichnet (Liebmann/Zentes 2001,

S. 495) – bezogen werden, die es Unternehmen gestatten, die Marke mit einem Waren- oder Firmenzeichen zu versehen bzw. versehen zu lassen, wodurch das Unternehmen als Eigner oder Dispositionsträger der Marke auftreten und sich vom Wettbewerb differenzieren kann (Bruhn 2001, S. 10). Gleichermaßen erlauben Eigenmarken unter gewissen Voraussetzungen, dass ein Unternehmen selbst zur Marke avancieren kann (Morschett 2002, S. 286). Weiterhin ist der Direktbezug von Commodity-Artikeln von Herstellern im Ausland möglich. Bei Commodity-Artikeln handelt es sich um nicht-markierte Standard-Massenware mit niedriger Profilierungsrelevanz, die oftmals das Nebensortiment bzw. C-Artikel eines Unternehmens betreffen (Hertel/Zentes/Schramm-Klein 2005, S. 36).

Als weitere Ausprägungsform des „direct sourcing" werden auch eigene Produktionsstätten im Ausland verstanden. Dabei entsteht im Rahmen der Versorgung durch Eigenfertigung im Ausland eine Verknüpfung des Global Manufacturing mit dem Global Sourcing, da es zu einer Direktinvestition zur Erschließung ausländischer Beschaffungsmärkte kommt (Arnolds/ Heege/Tussing 2001, S. 278ff.; Carduck 2000, S. 27).

Eigene Einkaufsbüros im Ausland, die in der Literatur auch synonym als Einkaufsniederlassungen bezeichnet werden, werden oftmals zur Erschließung strategisch wichtiger Beschaffungsmärkte als Beschaffungskanäle gewählt (Zentes/Wittig 2004, S. 707). Gleichermaßen ist dies auch bei preissensitiven Artikeln – insbesondere im Einzelhandel – der Fall (Eggert 2004, S. 806). Unter Kostengesichtspunkten können Einkaufsbüros mehrerer Unternehmen in einem Beschaffungsland auch zusammengelegt werden, um ein gemeinsames Einkaufsbüro – „International Purchasing Office" (IPO) – zu betreiben (Carduck 2000, S. 53; Eßig/Batran 2004, S. 738). Diese IPOs sind dadurch gekennzeichnet, dass sie direkten Einfluss auf das Sourcing vor Ort haben und große Warenvolumina besser und kostengünstiger abwickeln können (Eggert 2004, S. 808). Insbesondere unter Kostengesichtspunkten entschließen sich Verbundgruppen dazu, ihre bisher eigenen Einkaufsbüros im Ausland kooperativ mit anderen Verbundgruppen oder sonstigen Organisationen – so bspw. Franchise-Organisationen – zu betreiben. Dies ist oftmals der Fall, wenn eine ökonomisch sinnvolle Masse beim Einkaufsvolumen alleine nicht erreicht werden kann oder aber die finanzielle Stärke des Unternehmens nicht ausreicht (Arnold/Eßig 1997, S. 65; Krokowski 2003, S. 3; Gruschewitz 1993, S. 161).

Verbundgruppen können bei der Warenbeschaffung im Ausland auch Zwischenstufen bzw. Intermediäre einschalten. Hierbei besteht der Vorteil, dass ebendiese häufig über einen guten lokalen Marktüberblick verfügen und sich ein Unternehmen somit die oftmals beschwerliche Informationssuche erleichtern bzw. ersparen kann (Kaufmann 2001, S. 45ff.). Nachteile entstehen durch den sich ergebenden Verlust des direkten Kontaktes zum eigentlichen Hersteller (Janz 2004, S. 192). Dies schränkt die Möglichkeiten der Einflussnahme auf den Lieferanten erheblich ein. Gleichermaßen ist eine Flexibilitätsreduktion festzustellen, da die Auswahl und Beurteilung der zur Auswahl stehenden Hersteller nicht autonom getroffen werden kann (Hansen 1990, S. 488).

Einkaufsagenten bzw. Handelsmittler im Ausland stellen potenzielle Zwischenstufen im internationalen Beschaffungskontext dar. Handelsmittler werden oftmals zur Beschaffung in ausländischen Märkten eingesetzt, da sie eine stärkere Bindung als bspw. Außenhändler an ihre Auftraggeber haben (Zentes/Wittig 2004, S. 711). Dabei werden Handelsmittler – mit Ausnahme des (Außenhandels-)Kommissionärs – auf fremden Namen und auf fremde Rechnung tätig. Sie können insbesondere für Unternehmen mit einer breiten Produktpalette die günstigsten Beschaffungsquellen erschließen (Altmann 2001, S. 32f.; Jahrmann 2004, S. 78ff.). Darüber hinaus können Exporteure im Ausland als Zwischenhändler in den internationalen Beschaffungsprozess von Verbundgruppen einbezogen werden.

Die elektronische Beschaffung – d.h. die betriebliche Beschaffung von Gütern und Dienstleistungen über das Internet (Hummel 2002, S. 32) – bietet erweiterte und vereinfachte Möglichkeiten der internationalen Beschaffung (Dolski/Hermanns/Mayer 2004, S. 747). Häufig wird hierfür auch der Begriff „Electronic Procurement" verwendet (Eßig 2006, S. 737). Zu den Vorteilen des Einsatzes von E-Procurement zählen Prozesskosteneinsparungen durch die Reduktion operativer Tätigkeiten (Brenner/Zarnekow 2001, S. 491) sowie Produktkosteneinsparungen (Nekolar 2003, S. 13ff.; Dolmetsch 2000). E-Procurement trägt insgesamt zu einer fundamentalen Ausweitung des Beschaffungsmarktes bei und findet auch bei Verbundgruppen vermehrt Anwendung (Vogel/Grote 2002, S. 427). Dabei führt die Option der virtuellen Beschaffung in den letzten Jahren zum Markteintritt neuer Akteure (Zentes 2002, S. 18).

2. Auswertung der Befragungsergebnisse

Die heutige Bedeutung der unterschiedlichen Beschaffungskanäle aller an der Befragung teilnehmenden Verbundgruppen – durch das internationale Beschaffungsvolumen des jeweiligen Kanals repräsentiert – wird durch Abbildung 65 veranschaulicht.

Gesamthaft zeigt sich bei der Status-quo-Betrachtung, dass Verbundgruppen verstärkt anstreben, möglichst nah bzw. aus der Quelle im ausländischen Produktionsland einzukaufen. Eine detaillierte Betrachtung der einzelnen internationalen Beschaffungskanäle offenbart, dass 31 Prozent des gesamten internationalen Beschaffungsvolumens der an der Befragung teilnehmenden Verbundgruppen direkt beim Hersteller von Eigenmarken im Ausland bezogen werden. Hierdurch wird die hohe Bedeutung dieses Beschaffungskanals im internationalen Sourcing-Kontext der Verbundgruppen deutlich. Mit 21 Prozent des gesamten internationalen Beschaffungsvolumens der respondierenden Verbundgruppen nimmt der Beschaffungskanal „Direktbezug vom Markenhersteller im Ausland" den zweiten Rang ein. Kombiniert man die beiden volumenmäßig größten Beschaffungskanäle mit dem Volumen des Kanals „Direktbezug vom Hersteller von Commodity-Artikeln im Ausland", so ergeben sich knapp 65 Prozent des gesamten internationalen Beschaffungsvolumens der teilnehmenden Verbundgruppen. Die hohe Bedeutung des Direktbezugs weist darauf hin, dass Verbundgruppen starken Einfluss auf vorgelagerte Stufen in der Wertschöpfungskette ausüben und ihr Beschaffungs-Know-how ausweiten.

Des Weiteren entfallen rund 20 Prozent des internationalen Beschaffungsvolumens auf Kanäle, bei denen Zwischenstufen bzw. Intermediäre eingesetzt werden. Hierbei spielt insbesondere der Beschaffungskanal „Einkaufsagenten/Handelsmittler im Ausland (Tätigkeit im fremden Namen)" mit einem Anteil von 14,5 Prozent am gesamten internationalen Beschaffungsvolumen der Verbundgruppen eine wichtige Rolle. Alle weiteren Beschaffungskanäle im internationalen Kontext sind hingegen von relativ geringer Bedeutung und weisen einen Anteil am gesamten internationalen Beschaffungsvolumen von jeweils weniger als 10 Prozent auf.

Abbildung 65: Beschaffungskanäle gesamt – heutiges Volumen und zukünftige Bedeutung

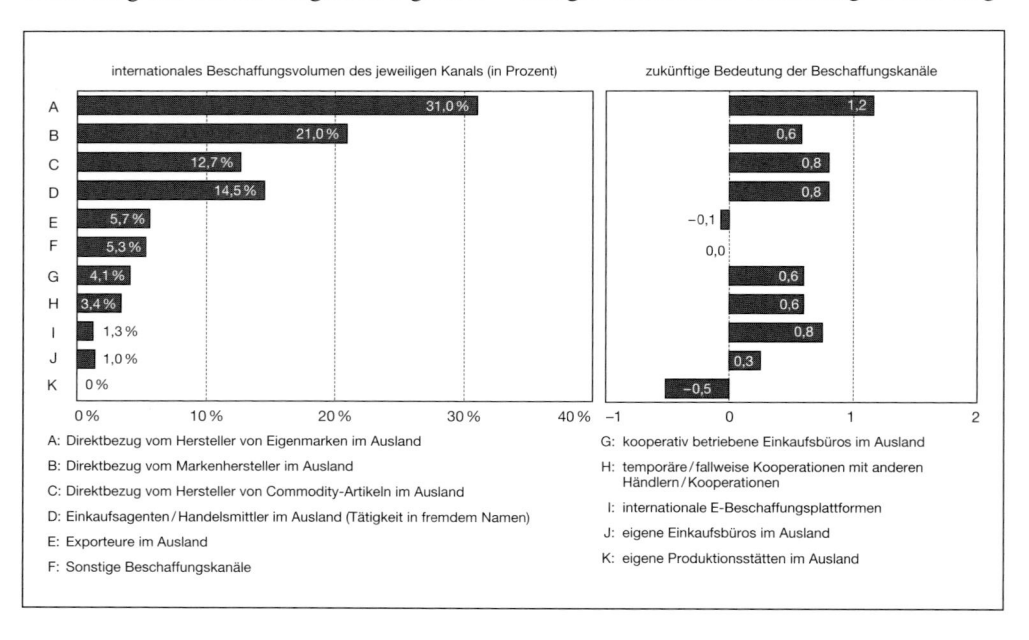

	internationales Beschaffungsvolumen des jeweiligen Kanals (in Prozent)	zukünftige Bedeutung der Beschaffungskanäle
A	31,0 %	1,2
B	21,0 %	0,6
C	12,7 %	0,8
D	14,5 %	0,8
E	5,7 %	-0,1
F	5,3 %	0,0
G	4,1 %	0,6
H	3,4 %	0,6
I	1,3 %	0,8
J	1,0 %	0,3
K	0 %	-0,5

A: Direktbezug vom Hersteller von Eigenmarken im Ausland
B: Direktbezug vom Markenhersteller im Ausland
C: Direktbezug vom Hersteller von Commodity-Artikeln im Ausland
D: Einkaufsagenten/Handelsmittler im Ausland (Tätigkeit in fremdem Namen)
E: Exporteure im Ausland
F: Sonstige Beschaffungskanäle
G: kooperativ betriebene Einkaufsbüros im Ausland
H: temporäre/fallweise Kooperationen mit anderen Händlern/Kooperationen
I: internationale E-Beschaffungsplattformen
J: eigene Einkaufsbüros im Ausland
K: eigene Produktionsstätten im Ausland

C. Beschaffungskanäle

Gleichermaßen ist aus Abbildung 65 auch die zukünftige Bedeutung der einzelnen Beschaffungskanäle ersichtlich, die auf einer 7-er Skala von –3 (wird sehr stark schrumpfen) bis +3 (wird sehr stark wachsen) angegeben wurde. Insgesamt zeigt sich über alle Kanäle, dass die Bedeutung des volumenmäßig größten internationalen Beschaffungskanals, dem Direktbezug vom Hersteller von Eigenmarken im Ausland, aus Sicht der teilnehmenden Verbundgruppen zukünftig am stärksten steigen wird (Mittelwert: 1,2). Mit deutlichem Abstand folgen die weiteren Beschaffungskanäle, wobei lediglich für die Kanäle „Exporteure im Ausland" und „eigene Produktionsstätten im Ausland" ein zukünftiger Bedeutungsrückgang prognostiziert wird. Weiterhin ist aus Abbildung 65 ersichtlich, dass von den Beschaffungskanälen, die heute lediglich einen geringen Anteil am gesamten internationalen Beschaffungsvolumen ausmachen, insbesondere den internationalen E-Beschaffungsplattformen zukünftig eine stärkere Bedeutung zukommen wird (Mittelwert: 0,8).

Des Weiteren wurde auf Basis der Erhebung eine detaillierte Auswertung vorgenommen, bei der das internationale Beschaffungsvolumen der Kanäle sowie deren zukünftige Bedeutung getrennt nach Einzelhandel sowie Großhandel/Handwerk/Dienstleistungen (GH/HW/DL) betrachtet wurden. So zeigt sich bei den primär einzelhandelsorientierten Verbundgruppen, dass auch hier der Direktbezug vom Hersteller von Eigenmarken im Ausland der volumenmäßig größte Beschaffungskanal ist (siehe Abbildung 66). Über 38 Prozent des internationalen

Abbildung 66: Beschaffungskanäle Einzelhandel – heutiges Volumen und zukünftige Bedeutung

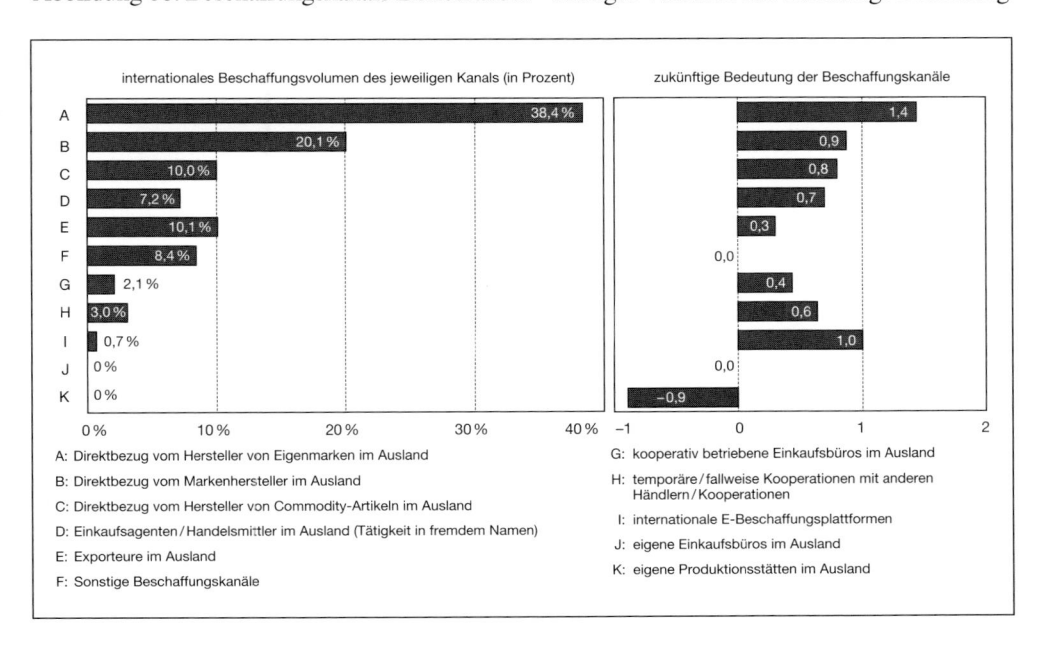

	internationales Beschaffungsvolumen des jeweiligen Kanals (in Prozent)	zukünftige Bedeutung der Beschaffungskanäle
A	38,4 %	1,4
B	20,1 %	0,9
C	10,0 %	0,8
D	7,2 %	0,7
E	10,1 %	0,3
F	8,4 %	0,0
G	2,1 %	0,4
H	3,0 %	0,6
I	0,7 %	1,0
J	0 %	0,0
K	0 %	–0,9

A: Direktbezug vom Hersteller von Eigenmarken im Ausland
B: Direktbezug vom Markenhersteller im Ausland
C: Direktbezug vom Hersteller von Commodity-Artikeln im Ausland
D: Einkaufsagenten/Handelsmittler im Ausland (Tätigkeit in fremdem Namen)
E: Exporteure im Ausland
F: Sonstige Beschaffungskanäle
G: kooperativ betriebene Einkaufsbüros im Ausland
H: temporäre/fallweise Kooperationen mit anderen Händlern/Kooperationen
I: internationale E-Beschaffungsplattformen
J: eigene Einkaufsbüros im Ausland
K: eigene Produktionsstätten im Ausland

Beschaffungsvolumens der Verbundgruppen des Einzelhandels werden über diesen Kanal bezogen, rund 20 Prozent des Volumens werden direkt beim Markenhersteller im Ausland beschafft und 10 Prozent entfallen auf den Direktbezug vom Hersteller von Commodity-Artikeln im Ausland. Auf alle weiteren Kanäle – mit Ausnahme der Exporteure im Ausland – entfallen jeweils weniger als 10 Prozent des gesamten internationalen Beschaffungsvolumens.

Die Auswertung bzgl. der zukünftigen Bedeutung der Beschaffungskanäle zeigt ein interessantes Bild. So ist bspw. ersichtlich, dass bis auf die Beschaffungskanäle „eigene Produktionsstätten im Ausland" (abnehmende Bedeutung), „eigene Einkaufsbüros in Ausland" sowie „sonstige Beschaffungskanäle" (jeweils gleich bleibende Bedeutung) alle weiteren Kanäle einen Bedeutungszuwachs erlangen. Die stärksten Zuwächse werden den teilnehmenden Verbundgruppen zufolge die Kanäle „Direktbezug vom Hersteller von Eigenmarken im Ausland" (Mittelwert: 1,4) sowie „internationale E-Beschaffungsplattformen" (Mittelwert 1,0) verzeichnen können.

Ein andersartig strukturiertes Bild zeigt sich bei den Verbundgruppen aus den fusionierten Bereichen Großhandel/Handwerk/Dienstleistungen. Aus Abbildung 67 kann entnommen werden, dass sich das internationale Beschaffungsvolumen gleichmäßiger auf die einzelnen Beschaffungskanäle verteilt. So existieren insgesamt vier Beschaffungskanäle, die jeweils mehr als 18 Prozent des Anteils am gesamten internationalen Beschaffungsvolumen ausmachen, wobei Kanal B (Direktbezug von Markenhersteller im Ausland) mit 26,7 Prozent des internationalen Beschaffungsvolumens der bedeutendste ist. Gleichermaßen ist ersichtlich, dass auch in den Bereichen Großhandel/Handwerk/Dienstleistungen über 60 Prozent des Beschaffungsvolumens auf Kanäle des Direktbezugs (Direktbezug von Markenartikeln, Eigenmarken bzw. Commodity-Artikeln) entfallen. Alle weiteren Kanäle (d.h. Kanäle E bis K in Abbildung 67) weisen hier – wie auch bei der Gesamtbetrachtung und der Betrachtung der Verbundgruppen des Einzelhandels – einen geringen Anteil am gesamten internationalen Beschaffungsvolumen auf.

Auch bei den Verbundgruppen aus den Bereichen Großhandel/Handwerk/Dienstleistungen wurde die zukünftige Bedeutung der Beschaffungskanäle analysiert. Es zeigt sich dabei, dass die größte Bedeutungszunahme für den Beschaffungskanal „Einkaufsagenten/Handelsmittler im Ausland" (Mittelwert: 1,2) vorhergesagt wird. Darüber hinaus ist eine Tendenz zur Angleichung der Bedeutung der drei Direktbezugskanäle festzustellen, da für die etwas weniger voluminösen Kanäle innerhalb dieser Gruppe (Kanäle A und C) ein stärkeres Wachstum prognostiziert wurde als für den dominanten Kanal B. Bei den einzelhandelsorientierten Verbundgruppen wurden im Gegensatz dazu für die heute bedeutsameren innerhalb dieser Gruppe von Beschaffungskanälen auch die höheren Bedeutungszuwächse prognostiziert. Der höchste Bedeutungszuwachs (Mittelwert: 1,4) wurde dementsprechend dem mit 38,4 Prozent wichtigsten Kanal (Direktbezug vom Hersteller von Eigenmarken im Ausland) zugewiesen (siehe Abbildung 66).

Abbildung 67: Beschaffungskanäle GH/HW/DL – heutiges Volumen und zukünftige Bedeutung

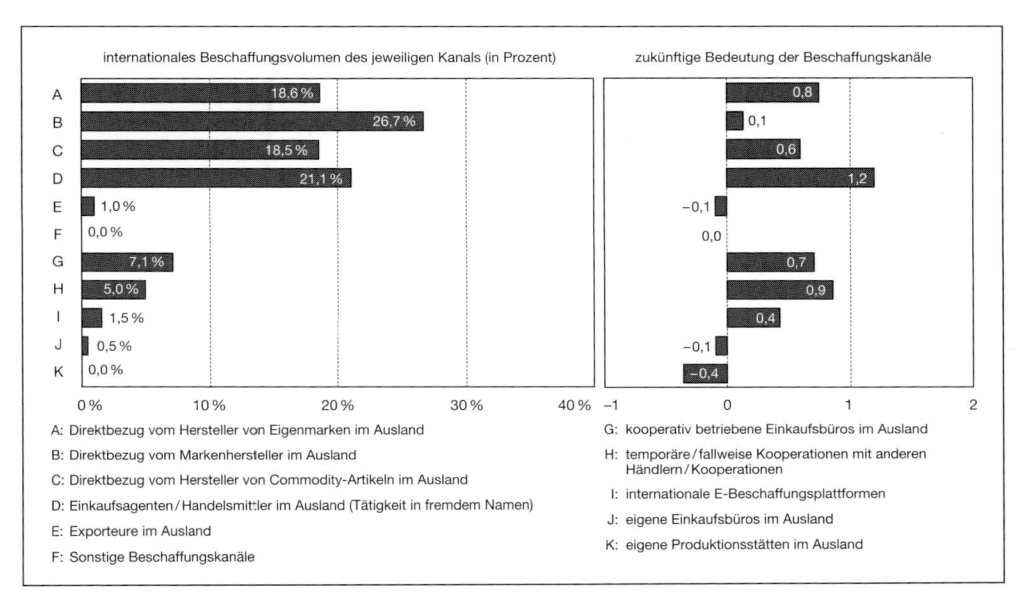

	internationales Beschaffungsvolumen des jeweiligen Kanals (in Prozent)	zukünftige Bedeutung der Beschaffungskanäle
A	18,6 %	0,8
B	26,7 %	0,1
C	18,5 %	0,6
D	21,1 %	1,2
E	1,0 %	−0,1
F	0,0 %	0,0
G	7,1 %	0,7
H	5,0 %	0,9
I	1,5 %	0,4
J	0,5 %	−0,1
K	0,0 %	−0,4

A: Direktbezug vom Hersteller von Eigenmarken im Ausland
B: Direktbezug vom Markenhersteller im Ausland
C: Direktbezug vom Hersteller von Commodity-Artikeln im Ausland
D: Einkaufsagenten/Handelsmittler im Ausland (Tätigkeit in fremdem Namen)
E: Exporteure im Ausland
F: Sonstige Beschaffungskanäle
G: kooperativ betriebene Einkaufsbüros im Ausland
H: temporäre/fallweise Kooperationen mit anderen Händlern/Kooperationen
I: internationale E-Beschaffungsplattformen
J: eigene Einkaufsbüros im Ausland
K: eigene Produktionsstätten im Ausland

Viertes Kapitel:

Praktische Vorgehensweisen und Fallbeispiele

A. Gegenstand

B. Konkretisierung der Länderselektion am Beispiel der Unterhaltungselektronik-/Informationstechnologie-Branche in Polen
    I. Überblick
    II. Analyse der relevanten Selektionskriterien
        1. Marktvolumen und Marktwachstum
        2. Bevölkerungsreichtum
        3. Angebot an qualifizierten Arbeitnehmern und Arbeitskosten/Lohnniveau
        4. Sicherungsmöglichkeiten für Forderungen
        5. Möglichkeit der Durchführung von Zentralregulierung/Zentralfakturierung/Vermittlungsgeschäft
        6. Stabilität der Gesellschaftsstruktur, der Rechtsordnung und Durchsetzbarkeit von Verträgen
        7. Politische Stabilität
        8. Schutz von Urheberrechten, Markenzeichen
        9. Ausmaß an Korruption
        10. Höhe der Tarife, Zölle und Steuern
        11. Kenntnisse der englischen Sprache sowie der Sprache des Stammlandes
        12. Kulturell-psychische Distanz
        13. Kommunikations- und Verkehrsinfrastruktur
        14. Geografische Distanz
        15. Vorhandensein mittelständisch geprägter Handels-/Handwerksstrukturen
        16. Kapitalerfordernisse beim Markteinstieg
        17. Bekanntheit der Geschäftsmodelle von Verbundgruppen und Verfügbarkeit guter Standorte
        18. Wettbewerbsintensität
        19. Verfügbarkeit kooperationswilliger Lieferanten
    III. Bewertung auf Basis eines Scoring-Modells

C. Fallbeispiel Einkaufsbüro Deutscher Eisenhändler GmbH (E/D/E)
- I. Unternehmensportrait
- II. Absatzseitige Internationalisierung
    1. Status quo, Entwicklungsprozesse und Perspektiven
    2. Motive, Voraussetzungen und Barrieren der Internationalisierung
    3. Aspekte der Marktwahl
    4. Einsatz von Betätigungsformen
    5. Anwendung von Geschäftsmodellen
- III. Fazit und Ausblick

D. Fallbeispiel SPORT 2000
- I. Unternehmensportrait
- II. Beschaffungsseitige Internationalisierung
    1. Organisationale Verankerung der Beschaffungsfunktion
    2. Lieferantenstruktur
    3. Status quo, Entwicklungstendenzen und Perspektiven der internationalen Beschaffung
    4. Beurteilung von ausländischen Produktionsländern
    5. Auswahl und Analyse von Beschaffungskanälen
- III. Fazit und Ausblick

A. Gegenstand

In diesem Kapitel werden die Vorgehensweisen im Rahmen der absatzseitigen und der beschaffungsseitigen Internationalisierung von Verbundgruppen an praktischen Beispielen konkretisiert. Die wichtige und zugleich äußerst komplexe Vorgehensweise bei der Wahl eines ausländischen Absatzmarktes wird am Beispiel eines potenziellen Markteintritts in Polen verdeutlicht. Als Branche wird beispielhaft der Unterhaltungselektronik-/Informationstechnologie-Bereich ausgewählt. Am Fallbeispiel „Einkaufsbüro Deutscher Eisenhändler (E/D/E)" wird die absatzseitige Internationalisierung einer Verbundgruppe in umfassender Form dargestellt. Die beschaffungsseitige Internationalisierung verdeutlicht das Fallbeispiel „Sport 2000".

B. Konkretisierung der Länderselektion am Beispiel der Unterhaltungselektronik-/Informationstechnologie-Branche in Polen

I. Überblick

Im Rahmen dieses Abschnitts soll verdeutlicht werden, wie sich die in Abschnitt B.I. des Zweiten Kapitels analysierten Kriterien der Länderselektion konkret auf einen Ländermarkt und eine Branche innerhalb dieses Ländermarktes anwenden lassen. Zu diesem Zweck wurden der polnische Markt sowie die Unterhaltungselektronik-/Informationstechnologie-Branche (im Folgenden als UE-/IT-Branche bezeichnet) ausgewählt.[1]

Polen eignet sich aus mehreren Gründen als exemplarischer Ländermarkt. Zum einen sind in Polen bereits acht der an der vorliegenden Studie teilnehmenden deutschen Verbundgruppen absatzseitig tätig. Damit stellt Polen im gesamten osteuropäischen Raum das derzeit wichtigste Absatzgebiet neben Tschechien dar. Zum anderen wurde von 14 deutschen Verbundgruppen im Rahmen der Studie angegeben, dass ein zukünftiger Eintritt in den polnischen Markt geplant sei, wobei die Anzahl der geplanten Markteintritte in keinem anderen Land höher lag. Folglich ist der polnische Markt sowohl gegenwärtig als auch zukünftig durch eine hohe Relevanz hinsichtlich der Expansion deutscher Verbundgruppen gekennzeichnet.

Bei der Auswahl der zur Konkretisierung herangezogenen Branche wurde darauf geachtet, dass es sich um eine Branche handelt, in der die Teilnehmer dieser Studie schwerpunktmäßig

---

[1] Synonym wird der Begriff „Consumer Electronics" mit der Abkürzung „CE" verwendet.

tätig sind, wie es bei der UE-/IT-Branche der Fall ist. Betrachtet man die europaweiten Aktivitäten der teilnehmenden Verbundgruppen aus diesem Bereich, so stellt sich heraus, dass sie größtenteils entweder bereits in Polen tätig sind oder aber zukünftig dort tätig sein wollen. Laut Auswärtigem Amt (2006a) nimmt die UE-/IT-Branche in Polen gegenwärtig einen hohen Stellenwert ein und hat darüber hinaus gute Zukunftsaussichten.

Im Folgenden werden zahlreiche Länderselektionskriterien auf den genannten Ländermarkt sowie die genannte Branche angewendet. Hierbei ist anzumerken, dass nur diejenigen Kriterien berücksichtigt werden, die von den Verbundgruppen gemäß der in Abschnitt B.I. des Zweiten Kapitels vorgenommenen Auswertung als relevant (Mittelwert > 3,0) bewertet wurden. Da es sich um eine länderbezogene Anwendung auf Branchenebene handelt, wurden darüber hinaus unternehmensspezifische Kriterien ausgeklammert. Tabelle 6 gibt einen Überblick über die Kriterien, die im Folgenden sukzessive analysiert werden. Zuvor werden jedoch noch Kurzüberblicke über die Wirtschaft Polens sowie die UE-/IT-Branche gegeben.

Tabelle 6: Relevante Länderselektionskriterien aus Sicht der Verbundgruppen

Kategorie	Kriterium	Mittelwert
ökonomisch	Marktvolumen	4,2
	Marktwachstum	4,0
	Bevölkerungsreichtum	3,1
	Angebot an qualifizierten Arbeitskräften	3,0
	Arbeitskosten / Lohnniveau	3,0
politisch-rechtlich	Sicherungsmöglichkeit für Forderungen	3,9
	Möglichkeit der Durchführung von Zentralregulierung/ Zentralfakturierung/Vermittlungsgeschäft (ZR/ZF/VG)	3,9
	Stabilität der Gesellschaftsstruktur	3,8
	Stabilität der Rechtsordnung	3,8
	Durchsetzbarkeit von Verträgen	3,8
	politische Stabilität	3,4
	Schutz von Urheberrechten, Markenzeichen	3,4
	Ausmaß an Korruption	3,3
	Höhe der Tarife, Zölle und Steuern	3,2
soziokulturell	Kenntnisse der englischen Sprache	3,5
	Kenntnisse der Sprache des Stammlandes	3,3
	kulturell-psychische Distanz	3,1
geografisch-logistisch	Kommunikationsinfrastruktur	3,4
	Verkehrsinfrastruktur	3,4
	geografische Distanz	3,0
Branchenstruktur	Vorhandensein mittelständisch geprägter Handels-/Handwerksstrukturen	4,3
	Kapitalerfordernisse beim Markteinstieg	3,5
	Bekanntheit der Geschäftsmodelle von Verbundgruppen	3,3
	Verfügbarkeit guter Standorte	3,0
Wettbewerber	Wettbewerbsintensität	3,6
	Verfügbarkeit kooperationswilliger Lieferanten	3,5

Die Wirtschaft Polens

Polen hat seit Beginn der neunziger Jahre einen tief greifenden demokratischen und marktwirtschaftlichen Transformationsprozess durchlaufen. Die heutige Wirtschaftsstruktur reflektiert diesen Wandel und nähert sich in ausgewählten Indikatoren bereits der Struktur der EU-15-Mitgliedstaaten an. Die Bruttowertschöpfung erfolgt inzwischen zu mehr als 50 Prozent im Dienstleistungssektor und nur noch zu 24 Prozent in der Industrie. Mehr als 60 Prozent der Wertschöpfung entfallen auf den privaten Sektor, der darüber hinaus für die Beschäftigung von fast 70 Prozent der Arbeitskräfte verantwortlich ist.

Das Bruttoinlandsprodukt (BIP) Polens betrug im Jahre 2005 ca. 195,2 Mrd. USD. Angaben des polnischen Zentralamtes für Statistik (GUS) zufolge erreichte die Wirtschaft im gleichen Jahr ein Wachstum von 4,9 Prozent, was bedeutet, dass Polen eines der führenden Länder hinsichtlich des BIP-Wachstums im osteuropäischen Vergleich darstellt (GUS 2006). Für 2006 wurde ein BIP-Wachstum von 4,2 Prozent prognostiziert, für 2007 eines von 5,6 Prozent. Nach Angaben der Economist Intelligence Unit (EIU) ist gleichermaßen ein starkes Wachstum des in Kaufkraftstandards ausgedrückten BIP pro Kopf in Polen zu beobachten, das sich im Jahre 2005 auf 9.800 EUR belief (EIU 2006).

Seit Beginn der Wirtschaftstransformation wird in Polen ein Trend stark schwankender Inflationsraten verzeichnet. Betrug die Inflationsrate im Jahre 1997 noch 14,9 Prozent im Jahresdurchschnitt, so lag sie im Jahre 2004 lediglich bei 3,5 Prozent. Für die kommenden Jahre wird ein Absinken der Inflationsrate erwartet (BLC 2006). Polens offizielle Arbeitslosenquote lag im Oktober 2005 mit 17,3 Prozent um etwa 3 Prozentpunkte niedriger als im Vorjahr; dies entspricht rund 2,7 Mio. Menschen im erwerbsfähigen Alter. Damit hat Polen die höchste Arbeitslosenquote in der EU, wobei die faktische Quote auf Grund der ausgeprägten Schattenwirtschaft als weitaus niedriger eingeschätzt wird.

Die polnische Außenhandelsbilanz des Jahres 2004 war durch Importe im Wert von 87,9 Mrd. USD und Exporte im Wert von 73,8 Mrd. USD gekennzeichnet. Im Vergleich zum vorangehenden Jahr war eine Steigerung des Exports um 37,7 Prozent und des Imports um 29,3 Prozent zu verzeichnen. Auf Grund der höheren Konkurrenzfähigkeit polnischer Waren auf dem internationalen Markt und des verlangsamten Anstiegs des Inlandskonsums stieg der Export seit dem Jahr 2000 schneller als der Import. Der Warenaustausch konzentrierte sich auf Handelsumsätze mit der EU, deren Anteil im Jahre 2004 79,1 Prozent des gesamten Exports Polens sowie 67,9 Prozent des gesamten Imports ausmachte. Der wichtigste Handelspartner Polens ist seit vielen Jahren Deutschland, dessen Anteil am gesamten polnischen Export im Jahre 2004 30 Prozent und am Import 24,2 Prozent betrug (Auswärtiges Amt 2006a).

Vergleicht man das Wohlstandsniveau von Polen mit dem der Deutschen, so liegt das deutsche Wohlstandsniveau weit über dem polnischen. Polen erreicht hier 47 Prozent des durchschnittlichen Niveaus in der EU, während Deutschland auf etwa 109 Prozent kommt. Gründe für diese große Diskrepanz sind strukturelle Probleme Polens wie bspw. der mit über 18 Prozent relativ hohe Anteil von Beschäftigten in der Landwirtschaft sowie das ungleiche Entwicklungsniveau zwischen städtischen Zentren und ländlichen Regionen.

Die UE-/IT-Branche[1]

Der Anteil der UE-Branche am polnischen BIP beläuft sich auf ca. 1,2 Prozent. Etwa 5.000 Firmen sind in dieser Branche in den Bereichen Produktion, Handel und Dienstleistungen in Polen tätig, davon sind ca. 250 Firmen ausländischer Herkunft. Darunter befinden sich bekannte Herstellerfirmen wie Philips, Thomson, LG, Daewoo und Siemens, aber auch bekannte Handelsunternehmen (z. B. Media Markt) einschließlich Verbundgruppen wie bspw. Euronics und ElectronicPartner.

Bei den in der UE-/IT-Branche tätigen Unternehmen mit mehr als 50 Beschäftigten handelt es sich vor allem um ausländische Firmen, wohingegen Unternehmen mit weniger als zehn Beschäftigten fast ausschließlich polnischer Herkunft sind. Dabei ist zu beachten, dass die UE-Branche infolge der Eigentumsumwandlungen in den neunziger Jahren praktisch völlig privatisiert wurde. Die staatlichen Unternehmen bilden nur 2 Prozent der Gesamtzahl aller in dieser Branche tätigen Firmen. Eine tendenziell gleiche Aussage lässt sich hinsichtlich der in der IT-Branche tätigen Unternehmen tätigen.

Der Wert der verkauften Produktion in Polen belief sich in der Unterhaltungselektronik im Jahre 2002 auf mehr als 2,5 Mrd. USD. Die großen und mittleren Unternehmen in der UE-Branche mit mehr als 50 Beschäftigten erzeugen 95 Prozent des Gesamtwertes der verkauften Produktion. Die Produktion von Audio- und Videogeräten (hauptsächlich Fernsehgeräte) sowie von Ausrüstung für die Telekommunikation bilden mit einem Wertanteil von 90 Prozent die Schwerpunkte innerhalb der Branche.

In der UE-Branche sind insgesamt ca. 30.000 Personen beschäftigt. Dabei ist anzumerken, dass die Beschäftigtenzahl in den neunziger Jahren um ca. 20 Prozent abnahm. Der Wertanstieg der verkauften Produktion trug beim gleichzeitigen Rückgang der Beschäftigtenzahl

---

[1] Die Ausführungen beziehen sich im Wesentlichen auf PAIiIZ (2004b) sowie PAIiIZ (2004c).

zur wesentlichen Zunahme des Indikators der Arbeitsproduktivität in der Branche bei. Der Rückgang der Beschäftigtenzahl geht einher mit einem deutlichen Anstieg der Arbeitsproduktivität für die Gruppe der Hersteller von Audio- und Videogeräten. Dieser Indikator war doppelt so hoch wie der Indikator für die Hersteller der Telekommunikationsausrüstung und der IT-Hardware.

II. Analyse der relevanten Selektionskriterien

1. Marktvolumen und Marktwachstum

Der Markt für Unterhaltungselektronik in Polen wurde im Jahre 2002 auf 5,5 Mrd. USD geschätzt. Im Jahre 2002 wurde zum ersten Mal seit vielen Jahren ein Umsatzrückgang verzeichnet. Bei nahezu gleich bleibenden Absatzzahlen wurde dieser Rückgang vor allem durch die deutliche Senkung der Einzelhandelspreise für elektronische Geräte bewirkt. Von diesem Rückgang waren alle Segmente des Gesamtmarktes betroffen. Das Volumen im Segment der Audio- und Videogeräte, das schwerpunktmäßig Fernsehgeräte beinhaltet und von importierten Geräten dominiert wird, betrug im Jahre 2002 825 Mio. USD. Wie in vielen anderen europäischen Ländern ist auch in Polen in der jüngsten Vergangenheit ein Anstieg der Verkaufszahlen von Plasma-Fernsehern zu verzeichnen (GfK 2005).

Der polnische Telekommunikationsmarkt (Ausrüstung und Dienstleistungen) ist trotz des Rückgangs seines Volumens in den vergangenen Jahren immer noch einer der dynamischsten Telekommunikationsmärkte in den mittel- und osteuropäischen Ländern. Die Jahre 2000 bis 2002 waren durch die bedeutende Abnahme der Wachstumsdynamik des Marktes der Festnetztelefonie und durch die bedeutende Zunahme der Wachstumsdynamik des Marktes der Mobiltelefonie gekennzeichnet.

Der polnische IT-Markt, in dem im Jahre 2005 ca. 17,8 Mrd. Zloty (1 Zloty = 0,25958 EUR, 10.12.2006) umgesetzt wurden, konnte in den letzten Jahren mit hohen Wachstumsraten aufwarten (siehe Abbildung 68). Innerhalb der vergangenen zehn Jahre konnten mit Ausnahme der Jahre 2001 und 2002 jeweils zweistellige Wachstumsraten verzeichnet werden. Nachdem das Wachstum im Jahre 2005 14,1 Prozent betrug, ist auch innerhalb der kommenden Jahre von zweistelligen Zuwachsraten auszugehen. Der wichtigste Trend im polnischen IT-Markt zeichnete sich in den vergangenen Jahren durch einen Rückgang des Anteils von Hardware am Gesamtmarktvolumen aus. Während der Software-Anteil in etwa konstant blieb, war insbesondere ein steigender Anteil der Services zu verzeichnen. Gleichermaßen zeigt sich, dass sich diese Trends auch in der Zukunft fortsetzen werden, wenn auch in einem schwächeren Ausmaß.

Abbildung 68: Marktvolumen und Marktwachstum des polnischen IT-Marktes

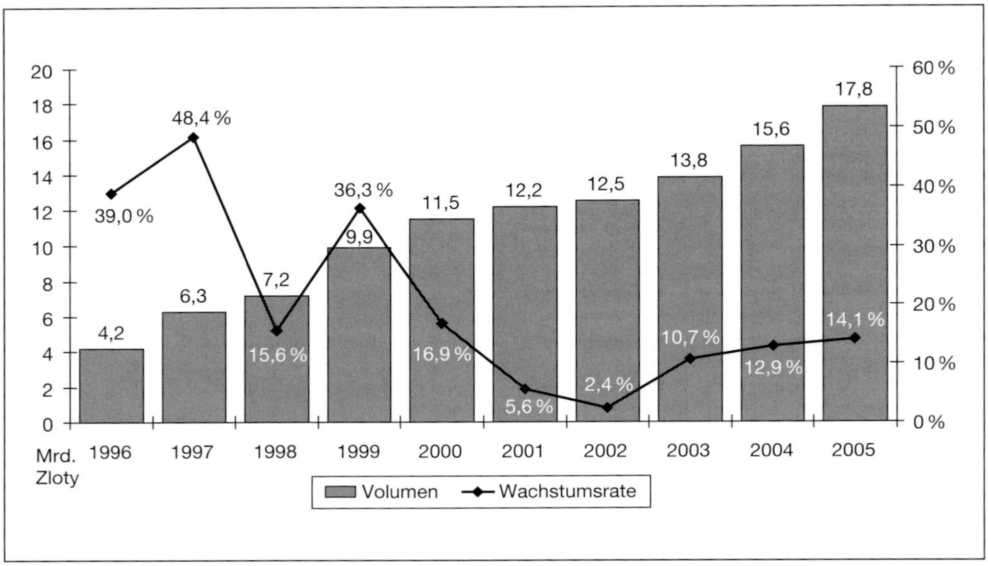

Mrd. Zloty	1996	1997	1998	1999	2000	2001	2002	2003	2004	2005
Volumen	4,2	6,3	7,2	9,9	11,5	12,2	12,5	13,8	15,6	17,8
Wachstumsrate	39,0%	48,4%	15,6%	36,3%	16,9%	5,6%	2,4%	10,7%	12,9%	14,1%

Quelle: Teleinfo 1998–2005; PMR Publications 2006.

Ein bedeutsames Wachstumssegment für den IT-Markt stellen die KMU in Polen dar, deren Ausgaben zwar in der Vergangenheit nur einen geringen Anteil am Gesamtmarkt ausmachten, im Jahre 2005 aber stark gestiegen sind. Die polnischen KMU stehen vor der Herausforderung, ihre IT-Strukturen dem sich dynamisch verändernden Wettbewerbsumfeld anzupassen. Viele große IT-Unternehmen bieten als Reaktion hierauf bereits individualisierte Software für osteuropäische KMU an. Diese Aussagen werden durch eine Studie der Warsaw School of Economics auf Basis einer Befragung von 520 polnischen KMU untermauert: Die Befragten gaben hierbei quartalsweise an, ob der Bedarf an IT-Lösungen ihrer Einschätzung nach falle, gleich bleibe oder wachse. Im Quartal 04/2005 wurde dieser Bedarf von je 48 Prozent der Befragten als wachsend bzw. als gleich bleibend und von lediglich 5 Prozent als fallend eingeschätzt (siehe Abbildung 69).

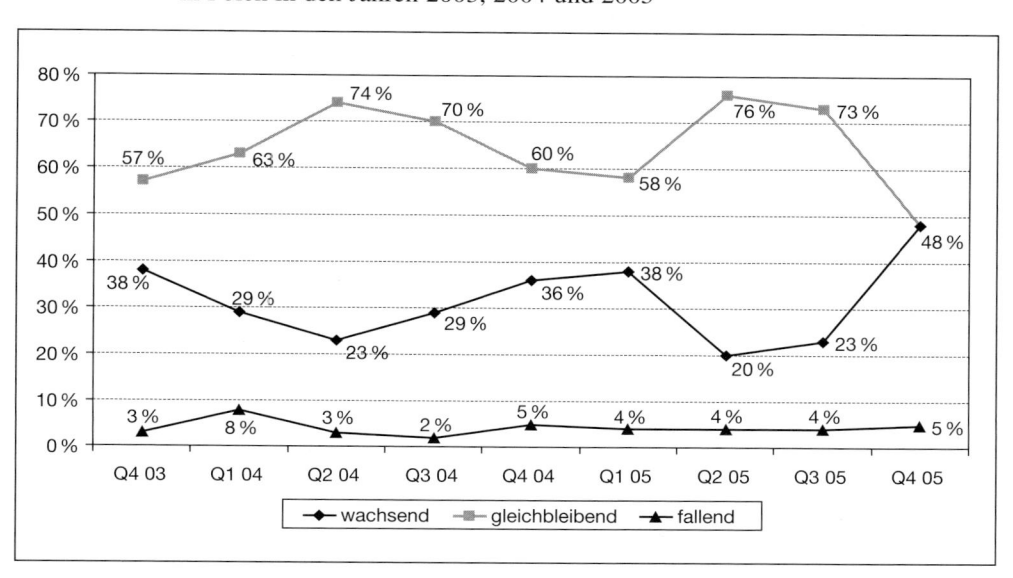

Abbildung 69: Quartalsweise erhobene Nachfrage nach IT-Hardware und -Service bei KMU in Polen in den Jahren 2003, 2004 und 2005

Quelle: SGH Institute of IT and the Information Society 2005.

2. Bevölkerungsreichtum

Mit einer derzeitigen Einwohnerzahl von 38,2 Mio. kommt Polen eine herausragende Bedeutung in Osteuropa in Bezug auf die Gesamtbevölkerung zu. Die Gesamtbevölkerung Polens entspricht nach derzeitigem Stand etwa 5,3 Prozent der Gesamtbevölkerung Europas. Im Hinblick auf die Größe der Bevölkerung steht Polen in Europa insgesamt an siebter und weltweit an 28. Stelle. Die Bevölkerungsdichte beträgt 127 Einwohner pro Quadratkilometer.

Wie anhand von Tabelle 7 ersichtlich ist, blieb die Bevölkerungszahl Polens in der Vergangenheit relativ konstant. Zukünftig tendiert die Bevölkerungszahl Polens jedoch zur Stagnation bzw. zum Rückgang. Als Ursachen für diese Entwicklung können rückläufige Geburtenzahlen sowie eine Bevölkerungsabwanderung angeführt werden. Belief sich die Einwohnerzahl Polens im Jahre 1995 noch auf 38,5 Mio., so wird sie für das Jahr 2020 auf 37,1 Mio. geschätzt. Aktuellen Prognosen zufolge wird sich die Zahl im Verlauf der Jahre weiter reduzieren und im Jahre 2050 lediglich 33,7 Mio. betragen.

Tabelle 7: Bevölkerungsentwicklung in den neuen EU-Mitgliedstaaten (in Mio.)

	1995	2000	2005	2010*	2020*	2030*	2040*	2050*
Bulgarien	8,4	8,2	7,7	7,4	6,8	6,2	5,6	5,1
Estland	1,5	1,4	1,3	1,3	1,2	1,2	1,2	1,1
Lettland	2,5	2,4	2,3	2,2	2,1	2,0	1,9	1,9
Litauen	3,6	3,5	3,4	3,3	3,2	3,1	3,0	2,9
Polen	38,5	38,7	38,2	37,8	37,1	36,5	35,4	33,7
Rumänien	22,7	22,5	21,6	21,3	20,3	19,2	18,3	17,1
Slowenien	2,0	2,0	2,0	2,0	2,0	2,0	2,0	1,9
Slowakei	5,4	5,4	5,4	5,3	5,3	5,2	5,0	4,7
Tschechien	10,3	10,3	10,2	10,1	9,9	9,7	9,3	8,9
Ungarn	10,3	10,2	10,1	10,0	9,7	9,5	9,2	8,9

* Prognose
Quelle: Eurostat/US Bureau of the Census 2006.

3. Angebot an qualifizierten Arbeitnehmern und Arbeitskosten/ Lohnniveau

Das große Angebot an qualifizierten Arbeitnehmern ist einer der Hauptgründe für zahlreiche ausländische Investitionen in Polen. Die Arbeitsqualität in Polen nähert sich der in den hoch entwickelten Ländern Westeuropas vorzufindenden Arbeitsqualität immer mehr an. Mehrere Studien über die Standortattraktivität in Europa haben Polen in den letzten Jahren als besonders attraktives Land bezüglich des Angebots an Arbeitskräften hervorgehoben (z.B. Ernst & Young 2005).

Auf Grund der Tatsache, dass Polen in vielen Sektoren (z.B. Automobilindustrie) über eine langjährige Tradition verfügt, gestaltet es sich relativ leicht, auf dem Arbeitsmarkt Mitarbeiter zu finden, welche die jeweilige Tätigkeit nicht von Grund auf lernen müssen (Ministerstwo Spraw Zagranicznych 2006). Dies betrifft insbesondere Spezialisten sowie Ingenieure. Es ist jedoch zu beachten, dass sich das Arbeitskräfteangebot regional unterschiedlich gestaltet und stark von der akademischen und industriellen Tradition abhängt. Qualifizierte Ingenieure und Informatiker finden sich vor allem in Großstädten mit akademischen Zentren wie Warszawa (Warschau), Kraków (Krakau), Gdańsk (Danzig), Wrocław (Breslau), Poznań (Posen) und Łódź (Lodsch). Tabelle 8 zeigt eine Auswahl der europäischen Städte mit dem besten Angebot an qualifizierten Arbeitskräften.

Tabelle 8: Vergleich des Angebots an qualifizierten Arbeitskräften in Europa

Stadt	Rang 2005	Rang 2004	Ergebnis 2005*	Ergebnis 2004*
London	1	1	1,32	1,32
Frankfurt	3	3	0,58	0,59
Warschau	14	16	0,28	0,20
Budapest	18	23	0,21	0,13
Prag	24	19	0,11	0,16
Moskau	26	28	0,09	0,08

* „The scores shown for each city (…) are (…) weighted (…) according to nominations for the best, second best, and third best. Each score provides a comparison with other cities' scores and over time for the same city" (Cushman & Wakefield Healey & Baker 2005, S. 34.)

Quelle: Cushman & Wakefield Healey & Baker 2005.

Es kann davon ausgegangen werden, dass das Angebot an qualifizierten Arbeitnehmern in Zukunft durch die gegenwärtigen sozialen und demografischen Entwicklungen noch weiter steigen wird. Eine Generation des „demografischen Hochs", in der es einen höheren Anteil von Studierenden als noch vor zehn bis 15 Jahren gibt, wird in den Arbeitsmarkt eintreten. Hinzu kommt, dass jährlich mehr als 350.000 Polen die Grund- und Berufsausbildung absolvieren und den Firmen im Anschluss daran als potenzielle Mitarbeiter zur Verfügung stehen.

Generell zeigt sich, dass Polen im internationalen Vergleich – insbesondere gegenüber dem „Hochlohnland Deutschland" – ein Land mit niedrigen Arbeitskosten darstellt. Betragen die Arbeitskosten pro Stunde im Jahre 2004 in Deutschland 26,60 EUR, so betrug dieser Wert in Polen lediglich 4,80 EUR (siehe Tabelle 9). Im osteuropäischen Vergleich des Lohnniveaus nimmt Polen einen Platz im Mittelfeld ein. So sind die Arbeitskosten zwar geringer als bspw. in Slowenien oder Ungarn, jedoch höher als in den baltischen Staaten oder in Tschechien.

Weiterhin ist auch der Entwicklungsverlauf der Arbeitskosten in Polen von Interesse. So ist aus Tabelle 9 ersichtlich, dass die Arbeitskosten (Lohnkosten inkl. Lohnnebenkosten auf Stundenbasis) seit 1995 stark angestiegen sind. Gleichermaßen sind die Arbeitskosten seit dem Höchststand von 2001 mit 5,22 EUR aber wieder rückläufig und betragen heute 4,82 EUR. Im Gegensatz dazu sind die Arbeitskosten in Deutschland seit 1990 kontinuierlich angestiegen.

Tabelle 9: Entwicklung der Arbeitskosten pro Stunde im EU-Vergleich (ab 1990, in EUR)

	1990	1995	2000	2001	2002	2003	2004	2005
Estland	–	1,6	2,7	3,0	3,3	3,6	3,9	–
Lettland	–	–	2,1	2,2	2,2	2,2	–	–
Litauen	–	1,4	2,5	2,6	2,7	2,9	3,0	–
Polen	–	2,0	4,5	5,2	5,1	4,6	4,8	–
Slowakei	–	1,7	2,9	3,2	3,4	3,8	4,3	–
Slowenien	–	–	6,7	7,0	7,3	7,7	8,0	–
Tschechien	–	2,1	3,1	3,5	4,1	4,2	4,5	–
Ungarn	–	2,1	3,1	3,6	4,2	4,4	4,9	–
Deutschland	16,9	23,0	24,7	25,0	25,4	26,1	26,6	27,2
EU 15	12,9	15,7	18,7	19,2	19,7	20,1	20,7	21,3
EU 25	–	–	–	–	17,1	17,3	–	–

Quelle: WIFO/Institut der deutschen Wirtschaft/Eurostat 2006.

4. Sicherungsmöglichkeiten für Forderungen

Sollte eine Forderung trotz mehrmaliger Mahnung nicht beglichen werden, kann die jeweilige Außenhandelsstelle eines Landes – bevor ein Gerichtsverfahren eingeleitet wird – mündlich und/oder schriftlich beim polnischen Schuldner intervenieren.[1] Bleibt auch diese Vorgehensweise ohne Erfolg, so können deutsch- oder englischsprachige Rechtsanwälte namhaft gemacht werden, die ein weiteres Interventionsschreiben verfassen und gegebenenfalls gerichtliche Schritte einleiten. Dies ist bei größeren Summen sowie bei realer Chance auf Einbringung der Forderung empfehlenswert. Bei Geschäftskontakten mit polnischen Mitgliedern/Kunden ist darauf zu achten, dass jeder Geschäftsvorgang auch schriftlich dargestellt wird. Eine klar nachvollziehbare Dokumentation ist Voraussetzung zur gerichtlichen Eintreibung der Forderung (WKO 2006). Darüber hinaus bietet die Deutsch-Polnische Industrie- und Handelskammer Unternehmen mit Sitz in Deutschland Inkasso-Dienste an. Im Auftrag des Unternehmens zieht die Kammer fällige Forderungen vom Schuldner ein. Die Grundlage dafür bilden Kopien von Rechnungen, Lieferscheinen und anderen Bescheinigungen über die Warenannahme oder die Erbringung einer Dienstleistung.

Das Zivilprozessrecht ist im Zivilverfahrensgesetzbuch von 1964 („KPC") geregelt. Hiernach können Forderungen im normalen Zivilprozess, in einem besonderen Eilverfahren für unbestrittene Forderungen oder im Mahnverfahren (Forderungen sind durch Urkunden belegbar) geltend gemacht werden. Eil- und Mahnverfahren sind eine schnelle und kostengünstige Variante zum

---

[1] Bei den in den ersten drei Absätzen dieses Abschnitts erläuterten Sicherungsmöglichkeiten wird unterstellt, dass eine deutsche Verbundgruppe über die Direktaufnahme von Mitgliedern in Polen tätig ist und dass das Warengeschäft maßgeblich durch Export bestimmt ist.

ordentlichen Zivilprozess. In jedem Fall ist jedoch Klageerhebung vor dem örtlich (Wohn-/ Geschäftssitz des Beklagten) und sachlich zuständigen polnischen Gericht erforderlich.

Im Vergleich zu den in der Tabelle 10 aufgeführten osteuropäischen Staaten entstehen durch den Forderungseinzug in Polen gesamthaft relativ geringe (außergerichtliche und gerichtliche) Kosten. Bei den polnischen Verjährungsfristen zeigt sich ein unterschiedliches Bild im Hinblick auf Kaufleute und Privatpersonen. Sind die Verjährungsfristen für Privatpersonen mit zehn Jahren im internationalen Vergleich betrachtet eher „großzügig" bemessen, so sind die Verjährungsfristen für Kaufleute mit zwei Jahren relativ gering.

Tabelle 10: Forderungseinzug

	Verjährungsfristen (in Jahren)		Eigentumsvorbehalt	Kosten
	Kaufleute	Private		
Bulgarien	5	5	☹	☹
Kroatien	3	3	☹	😐
Lettland	10	10	☺	😐
Litauen	10	–	☹	😐
Polen	2	10	☺	☺
Rumänien	10	–	☹	😐
Russland	3/1	3/1	😐	☹
Slowakei	4	–	☹	☹
Slowenien	3	5	😐	😐
Tschechien	4	< 10	😐	😐
Ungarn	5	5	😐	😐

Quelle: Creditreform International 2006.

Darüber hinaus besteht in Polen die Möglichkeit, Forderungen durch einen Eigentumsvorbehalt abzusichern. Zwar ist der Eigentumsvorbehalt theoretisch bei ausdrücklicher schriftlicher Vereinbarung in allen aufgeführten osteuropäischen Ländern wirksam. Bei der konkreten Betrachtung zeigt sich aber, dass die schriftliche Vereinbarung in einigen Ländern, so bspw. in Bulgarien und Kroatien, notariell zu beglaubigen ist, wohingegen in Lettland die Vereinbarung des Eigentumsvorbehaltes keiner festgelegten Form entsprechen muss. Hier geht das Eigentum laut Gesetz erst mit der Zahlung des Kaufpreises auf den Käufer über. Weiterhin sei in diesem Kontext erwähnt, dass der Eigentumsvorbehalt in einigen osteuropäischen Ländern, so z. B. in Litauen, Rumänien oder auch Russland, in der Praxis faktisch kaum bekannt ist. Somit zeigt sich im internationalen Vergleich, dass Polen eine erleichterte Möglichkeit der Absicherung von Forderungen durch einen Eigentumsvorbehalt bietet.

Der Eigentumsvorbehalt bedarf der Schriftform und für die Drittwirksamkeit der notariellen Datumsbeglaubigung („feststehendes Datum", Art. 81 ZGB). Weitere Sicherungsmittel bei einem Vertrag über bewegliche Sachen sind das Faustpfandrecht, das Registerpfandrecht und die Bürgschaft. Für die Besicherung von Darlehen kommt auch das im Gesetz über die Grundbücher und die Hypothek ausgestaltete Grundpfandrecht in Frage; eine Grundschuld besteht dagegen nicht (bfai 2006a).

5. Möglichkeit der Durchführung von Zentralregulierung/Zentralfakturierung/Vermittlungsgeschäft

Als Grundlage für den Einsatz von ZR-Systemen dienen eine stabile Rechtsordnung sowie die Durchsetzbarkeit von Verträgen, zwei Kriterien die im Folgenden noch separat betrachtet werden. In dem vom Großhandel dominierten polnischen Markt sind die Funktionsweise sowie die operativ-technische Abwicklung der Zentralregulierung bzw. Zentralfakturierung auf sämtlichen Stufen der Wertschöpfungskette nahezu unbekannt. Dies gilt sowohl für die Händler als potenzielle Verbundgruppen-Mitglieder als auch für Hersteller als potenzielle Lieferanten. Da dies gleichermaßen für Kreditversicherer sowie die polnischen Finanzbehörden gilt, ist das Modell der Zentralregulierung in Polen sehr schwer zu realisieren (Merse 2004). Die GARANT SCHUH + MODE AG hat im Jahre 1996 – und damit als eine der ersten Verbundgruppen – begonnen, die Voraussetzungen für die Zentralregulierung in Polen zu schaffen und setzt dieses Instrument seither erfolgreich dort ein.

In der polnischen UE-/IT-Branche, in der in nahezu allen Sortimentsbereichen ein Großteil der Umsätze über den Großhandel abgewickelt wird, gestaltet sich die Einführung der Zentralregulierung als weitaus schwieriger, wie das Beispiel der EK/servicegroup verdeutlicht. Während im Zuge der Neueröffnung eines „Mr. Watt"-Marktes im polnischen Sieradz (Schieratz) im Mai 2003 zunächst Umsätze in Polen zentral reguliert wurden (EK/servicegroup 2003), wurde mit der Beendigung des Vermarktungskonzepts „Mr. Watt" auch die Zentralregulierung in Polen wieder eingestellt. Diese Maßnahme ist auf geschäftspolitische sowie technische Gründe, die u.a. mit der Komplexität und der Erklärungsbedürftigkeit des ZR-Modells zusammenhängen, zurückzuführen.

6. Stabilität der Gesellschaftsstruktur, der Rechtsordnung und Durchsetzbarkeit von Verträgen

Zur Analyse der polnischen Gesellschaftsstruktur werden im Folgenden einige ausgewählte Indikatoren betrachtet. Hierzu zählen die Zusammensetzung der Gesellschaft nach Altersklassen, die Ungleichheit der Einkommensverteilung, die Armutsgefährdungsquote, die ethnische Zusammensetzung der Gesellschaft, die gebräuchlichen Sprachen sowie die ausgeübten Religionen.

Wie aus Tabelle 11 ersichtlich ist, ist die polnische Gesamtbevölkerung, legt man das Jahr 2004 zu Grunde, im Vergleich zur deutschen sowie zur durchschnittlichen Gesamtbevölkerung der EU 15 und der EU 25 durch höhere Anteile in den jüngeren Bevölkerungsklassen gekennzeichnet. Dies trägt zur langfristigen Stabilität der polnischen Gesellschaftsstruktur bei.

Tabelle 11: Gesellschaftsstruktur nach Altersklassen im Jahre 2004 (in Prozent)

	< 15 Jahre	15–24 Jahre	25–49 Jahre	50–64 Jahre	65–79 Jahre	≥ 80 Jahre
Polen	17,2	16,7	36,1	17,0	10,6	2,4
Deutschland	14,7	11,7	36,9	18,7	13,8	4,2
EU 15	16,3	12,2	36,6	17,9	12,8	4,2
EU 25	16,4	12,7	36,6	17,9	12,5	4,0

Quelle: Eurostat/US Bureau of the Census 2006.

Betrachtet man das Verhältnis des Gesamteinkommens von den 20 Prozent der Bevölkerung mit dem höchsten Einkommen zum Gesamteinkommen von den 20 Prozent der Bevölkerung mit dem niedrigsten Einkommen im Jahre 2003, wobei unter Einkommen das verfügbare Äquivalenzeinkommen verstanden wird, so zeigt sich, dass die Einkommen in Polen mit einem Quotienten von 5,0 ungleicher verteilt sind als dies im EU-Durchschnitt der Fall ist (EU 15: 4,6; EU 25: 4,6) (Eurostat 2006). Aus diesem Indikator lässt sich eine destabilisierende Wirkung auf die Gesellschaftsstruktur ableiten, zumal der Quotient in den vergangenen Jahren in Polen kontinuierlich angestiegen ist. Eine ebensolche Wirkung geht von der polnischen Armutsgefährdungsquote[1] aus, die im Jahre 2003 31 Prozent betrug und damit über dem EU-Durchschnitt lag (EU 15: 25 Prozent; EU 25: 25 Prozent) (Eurostat 2006).

Hinsichtlich der ethnischen Zusammensetzung der Bevölkerung ist Polen als sehr homogen zu beschreiben. Die Polen (inkl. der Schlesier und Kaschuben) stellen mit ca. 99 Prozent die Mehrheitsbevölkerung. Zu den größten ethnischen Minderheiten in Polen gehören laut der Volkszählung von 2002 mit Deutschen (ca. 300.000), Weißrussen (ca. 50.000) und Ukrainern (ca. 30.000) unmittelbar aus den angrenzenden Nachbarländern stammende Einwohner. Demzufolge wird in Polen abgesehen von den Sprachen der genannten Minderheiten fast ausnahmslos die Amtssprache Polnisch gesprochen.

---

[1] Diese Quote gibt den Anteil an Personen mit einem verfügbaren Äquivalenzeinkommen (vor Sozialtransfers) unter der Armutsgefährdungsschwelle wieder, die auf 60 Prozent des nationalen verfügbare Median-Äquivalenzeinkommens (nach Sozialtransfers) festgelegt ist (Eurostat 2006).

Auch die Religion, die in Polen einen hohen Stellenwert einnimmt, trägt zur Stabilität der Gesellschaftsordnung bei, da das Land seit dem Zweiten Weltkrieg und der Westverschiebung Polens fast einheitlich katholisch ist. Die Bewohner Polens sind zu ca. 90 Prozent der römisch-katholischen Kirche (davon 70 Prozent praktizierend) zuzuordnen, die übrigen 10 Prozent verteilen sich auf Polnisch-Orthodoxe, Protestanten, Altkatholiken sowie religiöse Minderheiten (u. a. Zeugen Jehovas, Juden und Moslems).

Zusammenfassend lässt sich somit festhalten, dass die Mehrzahl der herangezogenen Indikatoren auf eine stabile polnische Gesellschaftsstruktur hindeutet, so insbesondere die Zusammensetzung der Gesellschaft nach Altersklassen, wenngleich eine leichte Destabilisierung von der Ungleichheit der Einkommensverteilung sowie der Armutsgefährdung ausgeht.

Da die Stabilität der Rechtsordnung und die Durchsetzbarkeit von Verträgen zwei inhaltlich korrespondierende Kriterien darstellen, werden diese beiden Kriterien im Folgenden gemeinsam abgehandelt. Wie bereits erwähnt, bilden sie die Grundlage für den Einsatz von ZR-Systemen. Die Ausführungen über die polnische Rechtsordnung bzw. die Durchsetzbarkeit von Verträgen in Polen basieren auf den amtlichen Bekanntmachungen (Stand: April 2006) der Bundesagentur für Außenwirtschaft (bfai), einer Servicestelle des Bundesministeriums für Wirtschaft und Technologie.

Die polnische Verfassung vom 02. April 1997 enthält das Bekenntnis zum Einheitsstaat und zum demokratischen Rechtsstaat. Die Gesetzgebende Gewalt wird von den beiden Kammern des Parlaments (Sejm und Senat) ausgeübt. Die Exekutive besteht aus dem Präsidenten und dem Ministerrat, die Rechtsprechende Gewalt aus den Gerichten und Gerichtshöfen. Die Rechtsweggarantie, die jedermann zusteht, ist in Art. 45 der Verfassung geregelt. Amts- und damit Gerichtssprache ist Polnisch. Gesetze und andere Rechtsvorschriften sind im Gesetzblatt „Dziennik Ustaw" und dem als Amtsblatt fungierenden „Monitor Polski" zu veröffentlichen.

Polen gehört seit dem 01. Juni 1996 dem UN-Kaufrechtsübereinkommen vom 11. April 1980 (CISG) an und – im Unterschied zu Deutschland – auch dem UN-Verjährungsübereinkommen vom 14. Juni 1974 in seiner an das UN-Kaufrechtsübereinkommen angepassten Fassung (seit dem 01. Dezember 1995). Das letztgenannte Übereinkommen statuiert eine einheitliche vierjährige Verjährungsfrist für alle Ansprüche aus einem internationalen Warenkaufvertrag.

Nach dem Gewährleistungsrecht des polnischen Zivilgesetzbuches vom 23. April 1964 (ZGB) hat der Verkäufer grundsätzlich für die Mangelfreiheit der Kaufsache bei Gefahrübergang einzustehen. Grundtatbestand für die Sach- wie Rechtsmängelhaftung ist Art. 556 ZGB. Dem Käufer stehen die Ansprüche auf Minderung oder Vertragsrücktritt zu; bei unwesentlichen Mängeln ist jedoch das Rücktrittsrecht ausgeschlossen.

Die Verordnung (EG) Nr. 44/2001 des Rates vom 22. Dezember 2000 über die gerichtliche Zuständigkeit und die Anerkennung und Vollstreckung von Entscheidungen in Zivil- und Handelssachen ist seit dem EU-Beitritt in Polen unmittelbar anzuwenden. Danach ist eine in einem anderen EG-Mitgliedstaat ergangene und vollstreckbare Entscheidung auf Antrag des Vollstreckungsgläubigers an das zuständige polnische Landgericht („sad okregowy") für vollstreckbar zu erklären. Eines besonderen Anerkennungsverfahrens bedarf es dagegen nicht. Im Oktober 2005 sind auch die Vorschriften der Verordnung Nr. 805/2004 des Europäischen Parlaments und des Europarates über die Einführung des Europäischen Vollstreckungsbefehls in Kraft getreten. Die Zustellung gerichtlicher und außergerichtlicher Schriftstücke in Zivil- und Handelssachen in den Mitgliedstaaten richtet sich nach der Verordnung (EG) Nr. 1348/2000 des Rates vom 29. Mai 2000.

Eine echte Alternative zum Rechtsweg stellt die Vereinbarung einer schiedsgerichtlichen Streitbeilegung dar. Polen ist Vertragsstaat des New Yorker Übereinkommens vom 10. Juni 1958 über die Anerkennung und Vollstreckung ausländischer Schiedssprüche und des Europäischen Übereinkommens vom 21. April 1961 über die internationale Handelsschiedsgerichtsbarkeit. Polen hat sein im KPC geregeltes Schiedsverfahrensrecht durch das Gesetz Nr. 1478/2005 grundlegend novelliert und sich dabei am UNCITRAL-Modellgesetz von 1985 orientiert. Ersetzt wurden die bisherigen KPC-Vorschriften durch einen neuen Teil V (Art. 1154–1217 KPC). Hiernach bestehen für die Vollstreckung in- wie ausländischer Schiedssprüche dieselben Voraussetzungen. Polen selbst verfügt über eine Reihe institutioneller Schiedsgerichte in Warszawa, Gdynia (Gdingen) und Gdańsk. Hervorzuheben sind für internationale Handelsstreitigkeiten das Warschauer Schiedsgericht bei der Polnischen Wirtschaftskammer (KIG) sowie für deutsch-polnische Streitigkeiten das Ständige Schiedsgericht bei der Deutsch-Polnischen IHK (DPIHK).

Weiterhin sei erwähnt, dass die Verwendung der polnischen Sprache im innerpolnischen Rechts- und Geschäftsverkehr in einem speziellen Gesetz über die polnische Sprache geregelt wurde. So sind Verbraucher- und Arbeitsverträge (Arbeitsleistung wird in Polen erbracht) grundsätzlich in polnischer Sprache abzuschließen; ebenso müssen Bedienungsanleitungen, Rechnungen u. Ä. bei Geschäften mit Verbrauchern auf Polnisch ausgestellt sein.

7. Politische Stabilität

Die politische Stabilität Polens lässt sich auf der einen Seite innenpolitisch, andererseits aber auch außenpolitisch darstellen. Zunächst wird die Rolle Polens im Rahmen der Außenpolitik dargestellt, ehe eine innenpolitische Sichtweise dargelegt wird.

Viertes Kapitel: Praktische Vorgehensweisen und Fallbeispiele

Polen gilt heute als wirtschaftlich solider, stabiler und demokratischer Staat, was in der Aufnahme in die NATO am 12. März 1999 sowie in die Europäische Union am 01. Mai 2004, nachdem sich eine Mehrheit der polnischen Bürger in einer Volksabstimmung im Juni 2003 für den EU-Beitritt ausgesprochen hatte, Ausdruck findet und gleichermaßen Polen in den Binnenmarkt der EU eingliedert. Polen hat seit seinem Beitritt zunehmend aktiv an den Arbeiten der EU teilgenommen. Es bringt dabei eine Reihe von besonderen Interessen ein, die sich aus seiner geografischen Lage ergeben. Polen misst den Beziehungen zu den großen EU-Mitgliedstaaten wie Deutschland, Frankreich und Großbritannien eine herausgehobene Bedeutung bei. Daneben sucht es die Abstimmung insbesondere im Rahmen der ehemaligen Visegrad-Gruppe (Tschechische Republik, Ungarn, Slowakei) mit den baltischen und den nordischen Staaten.

Die Republik Polen ist nach der Verfassung von 1997 eine parlamentarische Demokratie mit präsidialen Elementen, die den Prinzipien des Rechts- und Sozialstaates verpflichtet ist. Diese Verfassung ist das Ergebnis eines großen politischen Transformationsprozesses: Nach der politischen Wende von 1989 wurde 1990 Lech Walesa zum Staatspräsidenten gewählt. Die ersten vollständig freien Parlamentswahlen fanden am 27. Oktober 1991 statt. 1992 und 1993 wurde die Verfassung grundlegend überarbeitet, ehe am 17. Oktober 1997 die neue Verfassung verabschiedet wurde. Mit Einführung der Verwaltungsreform zum 01. Januar 1999 wurde die Zahl der Regionen (Woiwodschaften) von 49 auf 16 reduziert; gleichzeitig wurden 350 (heute 314) Kreise (Powiaty) gebildet. Das Parlament besteht aus zwei Kammern, dem Sejm (460 Abgeordnete) und dem Senat (100 Abgeordnete). Der Sejm wird nach Verhältniswahlrecht, der Senat nach Mehrheitswahlrecht für je vier Jahre gewählt. Es gibt eine 5-Prozent-Hürde für Parteien bzw. eine 8-Prozent-Hürde für Parteienbündnisse. Ausnahmeregelungen bestehen zu Gunsten nationaler Minderheiten, wovon die deutsche Minderheit profitiert.

8. Schutz von Urheberrechten, Markenzeichen

Polen ist seit November 1919 Mitglied der Pariser Verbandsübereinkunft zum Schutz des gewerblichen Eigentums in Bezug auf Erfindungen, Gebrauchsmuster, gewerbliche Muster, Warenzeichen sowie Firmennamen. Für ausländische Privatpersonen bzw. Unternehmen besteht Vertretungszwang durch einen polnischen Patentanwalt. Empfohlene Anwälte können u. a. auf der Homepage des polnischen Patentamtes „Urzad Patentowy Rzeczypospolitej Polskiej" unter www.uprp.pl eingesehen werden.

Der Patentschutz für Erfindungen besteht für 20 Jahre und verleiht dem Patentinhaber das ausschließliche Recht auf Erfindungsverwertung, d. h., die Erfindung herzustellen, anzubieten und zu gebrauchen. Ausländische Patente werden beim Patentamt registriert. Durch die Novellierungen des Patentgesetzes ist das Patentrecht dem Standard des Europäischen Patentamtes angeglichen worden. Der Schutz für Gebrauchsmuster wird für zehn Jahre und für gewerbliche Muster für 25 Jahre erteilt. Warenzeichen (Marken) können für zehn Jahre (mit Option auf weitere zehn Jahre) geschützt werden. Durch die Markenrichtlinie wurde das Markenrecht in den einzelnen Mitgliedstaaten weit gehend vereinheitlicht. Wesentlicher Grundsatz für den Schutzbereich der nationalen Marke ist, dass eine in einem Mitgliedstaat eingetragene Marke nur in diesem Mitgliedstaat gilt. Dies macht es erforderlich, Marken, die in mehreren oder allen Mitgliedstaaten der EU gelten sollen, auch in jedem dieser Mitgliedstaaten zu schützen. Mit der Verordnung über die Gemeinschaftsmarke wurde eine Marke geschaffen, die in allen Mitgliedstaaten der Gemeinschaft Schutz genießt. Es reicht also, die Marke einmal als Gemeinschaftsmarke zu registrieren, um gemeinschaftsweit eine Schutzwirkung zu erzielen. Es gibt auch die Möglichkeit, Marken auf Grund von völkerrechtlichen Abkommen international zu schützen (insbesondere nach dem Madrider Markenabkommen). Durch die Eintragung einer internationalen Marke (die oft auch bei nationalen Markenbehörden möglich ist) kann ein Markenschutz für die Vertragsstaaten des betreffenden Abkommens erlangt werden.

Urheberrechte (Copyrights) sind in Polen gemäß den Bestimmungen der Berner Übereinkunft zum Schutze von Werken der Literatur und Kunst geschützt. Der Schutz erstreckt sich auf folgende Bereiche: literarische Werke, Software, wissenschaftliche Arbeiten, künstlerische Arbeiten, Fotografien und musikalische Aufnahmen. Abgesehen von einigen Ausnahmen ist die Wiedergabe, Übertragung und Aufführung von Medien für nicht-kommerzielle Zwecke mit Einschränkungen möglich. Das Copyright umfasst sowohl kommerzielle als auch private Rechte. Generell erlischt der Schutz 70 Jahre nach dem Tod des Urhebers.

Unter branchenspezifischen Gesichtspunkten soll hier noch Erwähnung finden, dass Hersteller und Importeure von Videorecordern, Kassettendecks und anderen elektronischen Audioanlagen, wie auch von leeren Video- und Audiobändern eine Gebühr in Höhe von 3 Prozent ihres Umsatzes an Künstler, Performer und Produzenten abführen müssen. Die durch die Verletzung von Urheberrechten erzielten Gewinne können konfisziert werden und es können Geld- und Freiheitsstrafen von bis zu fünf Jahren verhängt werden (WKO 2006).

9. Ausmaß an Korruption

Jährlich wird von Transparency International (TI), dem führenden Netzwerk zur Bekämpfung von Korruption mit Niederlassungen in mehr als 90 Ländern, der „Global Corruption Report" veröffentlicht, der ein Länderranking die Korruption in den jeweiligen Staaten betreffend beinhaltet (siehe Tabelle 12). Es zeigt sich, dass Polen im Korruptionswahrnehmungsindex – sowohl absolut als auch im Vergleich zu anderen osteuropäischen Staaten, die zum 01. Mai 2004 neu in die EU aufgenommen wurden – schlecht abschneidet. Da es jahrzehntelang wie selbstverständlich war, Daten zu manipulieren, falsche Beweise vor Gericht einzubringen usw., mussten tief greifende Reformen eingeleitet werden, um die Korruption in diesem Bereich zu bekämpfen.

Tabelle 12: Korruptionswahrnehmungsindex 2005 (Maximalwert = 10)

Land	Wert	Platz	Land	Wert	Platz
Russland	2,4	126	Litauen	4,8	44
Ukraine	2,6	107	Ungarn	5,0	40
Polen	3,4	70	Slowenien	6,1	31
Lettland	4,2	51	Estland	6,4	27
Slowakei	4,3	47	Deutschland	8,2	16
Tschechien	4,3	47	Island	9,7	1

Quelle: Transparency International 2006.

So wurde u. a. im Januar 2005 eine spezielle Anti-Korruptionsabteilung im Wirtschaftsministerium installiert, welche die Polizei im Kampf gegen Korruption unterstützen soll. Des Weiteren wurden verschiedene Maßnahmen das Parlament, die Steuergesetzgebung, das Devisenwesen sowie die Rechtssicherheit betreffend eingeleitet, die bereits erste Erfolge zeigen. Dies gilt insbesondere bezüglich der Rechtssicherheit. Mithin wurden auch die Prozesse transparenter und somit für die Bürger nachvollziehbarer gemacht, um den Korruptionsvorwurf, mit dem sich Polizei, Richter und Steuerstaatsanwälte oftmals konfrontiert sahen, zu entschärfen (Pitera 2006).

In einer Umfrage des polnischen Meinungsforschungsinstituts TNS OBOP gaben 94 Prozent der polnischen Bürger an, dass Korruption oft oder sehr oft auftrete. Besonders anfällig für Schmiergelder seien Schiedsrichter, Ärzte, Abgeordnete, Polizisten und andere Staatsbedienstete. Zwei Drittel der Polen glauben, dass man mit Schmiergeld so gut wie alles erreichen kann (DPIHK 2006).

10. Höhe der Tarife, Zölle und Steuern

Durch den Beitritt Polens zur Europäischen Union ist das Land Mitglied der Zollunion. Dies bedeutet, dass seit dem 01. Mai 2004 keine Zölle mehr auf den Handel zwischen Polen und den Mitgliedstaaten der EU erhoben werden (sog. „Freier Warenverkehr"). Weiterhin resultierte der Beitritt Polens in der Vereinheitlichung der Zollvorschriften zwischen Polen und den anderen Mitgliedstaaten. Dementsprechend wurden der polnische Zollkodex und die meisten national geprägten Zollvorschriften einschließlich des polnischen Zolltarifs durch das Gemeinschaftsrecht ersetzt.

Im Grundsatz haben alle Unternehmen, die in Polen absatzseitig tätig sind – d. h. sowohl inländische als auch ausländische Unternehmen –, Zugang zum internationalen Handel. Dieser Zugang wird durch die handelspolitischen Maßnahmen, die durch die EU in Bezug auf spezielle Waren und Länder eingeführt wurden, und zu deren Anwendung Polen verpflichtet ist, reglementiert. Allgemein gilt, dass die Einfuhr nach Polen gegenwärtig den gleichen Genehmigungserfordernissen wie die Einfuhr in alle anderen Mitgliedstaaten der EU – so auch Deutschland – unterliegt. Somit sehen sich deutsche Verbundgruppen hinsichtlich der Einfuhrbedingungen mit den gleichen Bedingungen wie im Heimatmarkt konfrontiert.

Der Handel mit bestimmten Gütern kann in gewissen Fällen im Hinblick auf Umfang oder Wert durch Einfuhr- bzw. Ausfuhrquoten der Europäischen Union beschränkt sein. Dies ist in Polen bspw. hinsichtlich der Einfuhren von Stahl und Textilien der Fall. Weiterhin kann festgehalten werden, dass für die polnische UE-/IT-Branche keine von den Stammländern der hier betrachteten Verbundgruppen abweichenden Regelungen gelten.

In diesem Kontext ist zu beachten, dass die EU auch Tarifquoten, Tarifobergrenzen und Tarifaussetzungen beschließen kann. Aktuell liegen die polnische UE-/IT-Branche betreffend weder Tarifquoten, Tarifobergrenzen noch Tarifaussetzungen vor, sodass auch hier festgehalten werden kann, das für Verbundgruppen dieser Branche keine vom Heimatmarkt abweichenden Tarife vorliegen. Dabei ist aber zu beachten, dass (elektronische) Geräte beim erstmaligen Import zertifiziert werden müssen. Die Untersuchungen für Zertifizierungszwecke werden von Inlands- und Auslandslabors durchgeführt, die vom Polnischen Akkreditierungszentrum (Polskie Centrum Akredytacji – PCA) akkreditiert sind. Die polnischen Laboratorien haben mit einigen Laboratorien aus den europäischen Ländern entsprechende Verträge über gegenseitige Anerkennung der Untersuchungsergebnisse abgeschlossen (z. B. dem VDE in Deutschland).

Weiterhin soll auch kurz auf die Höhe der Steuern eingegangen werden. Dem Gesetz vom 15. Februar 1992 über die Einkommensteuer von juristischen Personen unterliegen die ansässigen Kapitalgesellschaften ebenso wie ausländische juristische Personen, die über eine Zweigniederlassung in Polen wirtschaftlich tätig sind. Der Steuersatz beträgt seit dem 01. Januar 2004 19 Prozent. Ab dem 01. Januar 2008 soll dieser Satz 18 Prozent betragen. Die Einkünfte natürlicher Personen einschließlich von Freiberuflern und Einzelunternehmern werden seit dem 01. Januar 2004 nach einem dreistufigen progressiven Tarif (19 Prozent, 30 Prozent,

40 Prozent) besteuert. Wirtschaftlich tätige Steuerpflichtige können jedoch unter bestimmten Voraussetzungen auch die Linearbesteuerung (19 Prozent) wählen. Steuerreformpläne des Finanzministeriums plädieren ab 2009 für einen zweistufigen Tarif wie auch für eine Abschaffung der Pauschalbesteuerung. Grundlage der Umsatzbesteuerung ist das Gesetz vom 11. März 2004 über die Steuer auf Waren und Dienstleistungen. Der Normalsatz beträgt 22 Prozent; für den Waren- und Dienstleistungsexport besteht ein Nullsteuersatz. Ermäßigte Sätze von 7 Prozent gelten z. B. für Getreide, Kartoffeln, Molkereiprodukte für den privaten Verbrauch, von 3 Prozent z. B. für Agrarrohstoffe, lebende Tiere u. a. Eine Gewerbesteuer kennt das polnische Recht nicht. Für Steuern, die seit dem 01. Januar 2005 erhoben werden, gilt das neue deutsch-polnische Doppelbesteuerungsabkommen (DBA) vom 14. April 2003, das am 19. Dezember 2004 in Kraft getreten ist (bfai 2006a).

Insgesamt lässt sich festhalten, dass der Handel zwischen Deutschland und Polen keinen besonderen Vorschriften unterliegt. Dies drückt sich auch in dem stetig steigenden Handelsvolumen zwischen beiden Staaten aus: So wie Deutschland zum wichtigsten Lieferanten Polens geworden ist, stellt Deutschland auch den größten ausländischen Abnehmer für polnische Waren dar.

11. Kenntnisse der englischen Sprache sowie der Sprache des Stammlandes

Die Kenntnisse der englischen Sprache wurden im Rahmen der soziokulturellen Kriterien als wichtig bewertet. Bei der landesspezifischen Konkretisierung lässt sich anhand von Tabelle 13 eindeutig der Trend erkennen, dass polnische Schüler in zunehmendem Maße der englischen Sprache mächtig sind. Lernten 1999 lediglich 86 Prozent der Schüler in der Sekundarstufe II Englisch, so sind es heute (im Jahre 2004) bereits 93,5 Prozent. Somit wird deutlich, dass seitens der Schulen wichtige sprachliche Weichen für die Kommunikation der zukünftigen polnischen Arbeitskräfte mit ausländischen Geschäftspartnern, Arbeitgebern, Kunden o.Ä. gestellt werden. Dies ist jedoch im osteuropäischen Vergleich kein Alleinstellungsmerkmal, da in den übrigen in Tabelle 13 aufgeführten Ländern ähnliche Voraussetzungen durch Erlernen der englischen Sprache geschaffen werden.

Neben der englischen Sprache wurde im Fragebogen auch erhoben, inwieweit die Kenntnisse der Sprache des Stammlandes eine Relevanz aufweisen. In der konkreten Anwendung dieses Länderselektionskriteriums anhand der deutschen Sprache zeigt sich, dass Polen hier im internationalen Vergleich einen Spitzenrang aufweist. Lediglich Slowenien und die Slowakei wiesen einen höheren Prozentsatz an Schülern der Sekundarstufe II auf, die Deutsch lernen.

Weiterhin kann festgehalten werden, dass polnische Schüler im Durchschnitt 1,6 Fremdsprachen lernen. Legt man auch hier den internationalen Vergleich in Bezug auf Osteuropa zu Grunde, so wird deutlich, dass dies ein Spitzenwert ist. Von den zehn neuen EU-Mitgliedsländern übertrifft lediglich Estland diesen Wert mit 2,2 Fremdsprachen pro Schüler.

Tabelle 13: Prozentualer Anteil der Schüler, die Englisch lernen (Allgemeinbildende Schulen der Sekundarstufe II)

	1998	1999	2000	2001	2002	2003	2004
Bulgarien	75,9	75,8	80,3	79,0	80,8	79,5	81,6
Estland	–	87,3	88,3	90,9	91,2	90,8	92,1
Lettland	72,0	–	88,7	89,2	89,3	88,4	92,1
Litauen	73,4	73,9	72,1	73,7	76,5	77,6	78,5
Polen	–	86,0	88,6	90,1	90,6	92,2	93,5
Rumänien	69,4	76,0	82,6	86,1	87,8	91,2	92,9
Slowenien	–	94,6	97,7	95,6	98,2	96,2	99,7
Slowakei	93,7	94,2	96,2	95,9	96,0	96,7	97,1
Tschechien	88,5	96,0	100,0	96,6	98,9	100,0	100,0
Ungarn	47,7	54,9	57,6	60,6	57,6	64,3	70,4
Deutschland	90,4	91,2	90,9	92,0	90,9	93,1	92,0

Quelle: Unesco/OECD/Eurostat 2006.

12. Kulturell-psychische Distanz

Trotz der geografischen Nähe ist die kulturell-psychische Distanz zwischen Deutschland und Polen nicht zu unterschätzen. So müssen Verbundgruppen im Rahmen der absatzseitigen Internationalisierung insbesondere das „Deutschland-Bild" der Polen berücksichtigen. Dabei haben viele Polen auch heutzutage noch immer die Weltkriegsvergangenheit der Deutschen im Gedächtnis (Urban 2006). Die deutsch-polnischen Beziehungen haben seit 1989 starke Substanz entwickelt. Übereinstimmende Interessen in vielen Bereichen und die gemeinsame Mitgliedschaft in der EU und der NATO geben ihnen ein solides Fundament. Hochrangige Besuche von beiden Seiten finden regelmäßig statt.

Die besondere Qualität der Beziehungen zwischen Deutschland und Polen basiert unter anderem auf der vorbehaltlosen deutschen Anerkennung der Schuld für den Zweiten Weltkrieg und dem Verzicht auf nachträgliche Geltendmachung materieller Ansprüche wegen Vertreibung. Vor diesem Hintergrund haben das vom Bund der Vertriebenen in Deutschland geplante „Zentrum gegen Vertreibungen" und von deutschen Vertriebenen beim Europäischen Gerichtshof eingereichten Klagen auf Rückgabe bzw. Entschädigung wegen Eigentumsverlustes in Polen Unruhe ausgelöst.

Im Oktober 2003 haben sich die beiden damaligen Präsidenten Rau und Kwasniewski in ihrer Danziger Erklärung dafür ausgesprochen, die gemeinsame Geschichte in einem europäischen Rahmen aufzuarbeiten. Dies hat am 02. Februar 2005 zur Bildung eines „Europäischen Netzwerkes Erinnerung und Solidarität" geführt, das auch für andere Nationen offen steht. So haben neben Deutschland und Polen von Anfang an auch Ungarn und die Slowakei daran teilgenommen.

Um die kulturell-psychische Distanz zwischen den beiden Nachbarstaaten zu verringern und die bereits vorhandenen engen Kontakte zwischen beiden Ländern und deren Qualität in den Bereichen Kultur, Bildung und Wissenschaft zu intensivieren, wurde das von Mai 2005 bis Mai 2006 andauernde Deutsch-Polnische Jahr initiiert. Im genannten Zeitraum haben ca. 1.000 Veranstaltungen stattgefunden, bei denen vor allem der Austausch der Zivilgesellschaften gefördert wurde (Auswärtiges Amt 2006b). Fast alle so genannten Kulturmittler und politischen Stiftungen haben in Polen eigene Büros, Außenstellen oder Vertretungen. Darüber hinaus engagiert sich eine Reihe privater Stiftungen im Bereich der Kulturbeziehungen. Zusammen mit 600 deutsch-polnischen Städtepartnerschaften, den Aktivitäten der Bundesländer, Landkreise und Gemeinden, der Schulen und Hochschulen sowie wissenschaftlicher Gesellschaften führt dies zu einem intensiven Kulturaustausch. Grundlage der Tätigkeit der deutschen Mittler in Polen ist das Deutsch-Polnische Kulturabkommen vom 14. Juli 1997.

13. Kommunikations- und Verkehrsinfrastruktur

Der Entwicklungsstand der Kommunikationsinfrastruktur in Polen lässt sich anhand verschiedener Kommunikationsmittel aufzeigen. Auf Grund ihrer hohen Bedeutung werden im Folgenden die Bereiche Festnetztelefonie, Mobilfunk sowie Internet herausgegriffen.

Die Zahl der Festnetzanschlüsse im Netz der polnischen Telecom Telekomunikacja Polska betrug Ende 2004 ca. 12,5 Mio. Darin kommt ein relativ geringes Wachstum von 1,4 Prozent im Vergleich zum Vorjahr zum Ausdruck. Die durchschnittliche Telefondichte betrug 33,1 Anschlüsse pro 100 Einwohner (siehe Abbildung 70). Damit hat die Festnetz-Telekommunikation in Polen das durchschnittliche EU-Niveau noch nicht erreicht: So betrugen die Telefondichten per 01. Januar 2004 z.B. in Schweden 73,6, in Deutschland 66,0, in Frankreich 56,6 und in Spanien 42,9 (UNIDO 2005). Die Zahl der Mobilfunknutzer stieg hingegen von 2003 auf 2004 um 32,7 Prozent auf 23,1 Mio. an, wodurch die Handy-Dichte auf

B. Konkretisierung der Länderselektion

60,5 Abonnenten pro 100 Einwohner zunahm. Damit überstieg die Anzahl der Mobiltelefone in Polen die der Festnetzanschlüsse um ca. 50 Prozent. Die Handy-Dichte liegt jedoch noch unterhalb des europäischen Durchschnitts: Per 01. Januar 2004 wurden in ausgewählten europäischen Ländern folgende Handy-Dichten erreicht: Italien: 101,8; Schweden: 91,6; Deutschland: 78,5; Frankreich: 69,6 (UNIDO 2005).

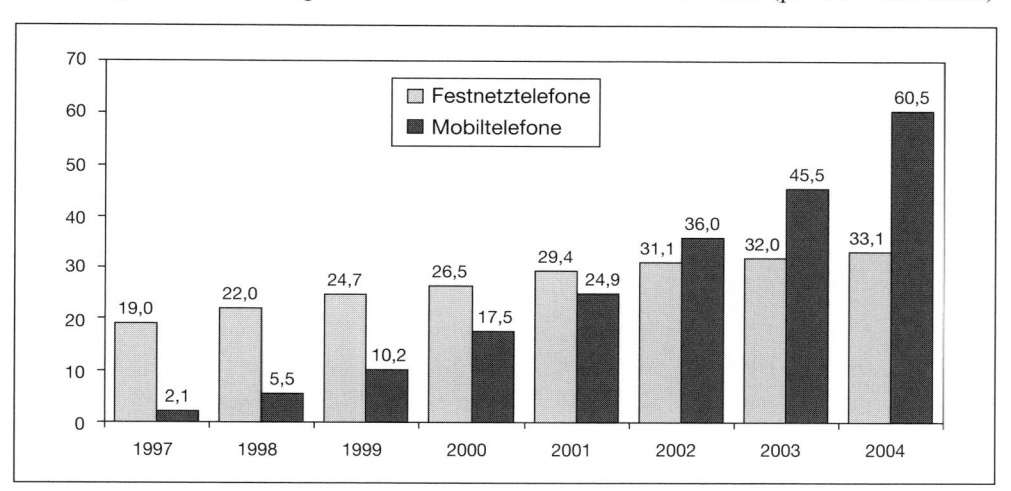

Abbildung 70: Entwicklung der Fernmeldeabonnentenzahlen in Polen (pro 100 Einwohner)

Jahr	Festnetztelefone	Mobiltelefone
1997	19,0	2,1
1998	22,0	5,5
1999	24,7	10,2
2000	26,5	17,5
2001	29,4	24,9
2002	31,1	36,0
2003	32,0	45,5
2004	33,1	60,5

Quelle: GUS 2006.

Polnische Bürger nutzen das Internet regelmäßig für vielfältige Aktivitäten. Im Jahre 2005 haben 29 Prozent aller Privatpersonen im Alter zwischen 16 und 74 Jahren in den drei Monaten vor der Erhebung durchschnittlich einmal pro Woche auf das Internet zugegriffen. Vergleicht man diesen Wert mit dem Durchschnitt der EU 25 (43 Prozent) bzw. der EU 15 (46 Prozent), so zeigt sich eindeutig, dass Polen hier noch Entwicklungspotenzial besitzt. Dies gilt gleichermaßen im Vergleich zu den weiteren osteuropäischen Staaten, wenngleich der Anteil der Einzelpersonen in Polen, die das Internet regelmäßig nutzen, von 22 Prozent im Jahre 2003 auf 29 Prozent im Jahre 2004 gestiegen ist.

Interessant erscheint in diesem Kontext auch, wie hoch der Grad der Versorgung mit Breitbandanschlüssen ist. Der Indikator wird erhoben, indem die Anzahl der Breitbandanschlüsse in das Verhältnis zur Bevölkerung gesetzt wird, und zeigt auf, inwieweit sich der Breitband-Zugang zum Internet in den Ländern allgemein ausgeweitet hat. Es zeigt sich dabei ein strukturell ähnliches Bild wie bei der vorangehenden Kennzahl. Auch hier weist Polen mit 1,9 Prozent der Bevölkerung, die einen Breitbandanschluss abonniert hat, einen wesentlich niedrigeren Wert auf als der europäische Durchschnitt der EU 15 bzw. der EU 25 mit einem Wert von 10,6 Prozent bzw. 12 Prozent. Auch im Vergleich mit den weiteren osteuropäischen Staaten, die seit dem 01. Mai 2004 Mitglied der EU sind, weist Polen einen wesentlich niedrigeren Wert auf. Hier sei allerdings nochmals darauf hingewiesen, dass sich die Zahl der Breitbandanschlüsse in Polen von 2004 auf 2005 vervierfacht hat, das Land also langsam, aber stetig, im internationalen Vergleich nachzieht.

Neben den Konsumenten und deren Zugang zum Internet erscheint es auch interessant, inwieweit Unternehmen das Internet nutzen. Betrachtet man sämtliche Unternehmen, die mehr als zehn Vollzeitbeschäftigte haben, so zeigt sich, dass Polen im europäischen Vergleich lediglich leicht unterhalb des Durchschnitts der EU 15 bzw. der EU 25 liegt. Auch im Vergleich mit den weiteren osteuropäischen Staaten kann festgehalten werden, dass die polnischen Unternehmen über eine relativ hohe Zugangsrate zum Internet verfügen. Betrachtet man die Kenngröße unterteilt nach mittleren Unternehmen (50–249 Vollzeitbeschäftigte) und Großunternehmen (250 Beschäftigte und mehr), wird deutlich, dass die polnischen Unternehmen aus diesen beiden Größenklassen über einen im europäischen und insbesondere osteuropäischen Vergleich überdurchschnittlichen Zugang zum World Wide Web verfügen.

Durch die zentrale Lage auf dem europäischen Kontinent besitzt Polen ausreichende Straßen-, Zug- und Flugverbindungen mit allen EU-Ländern. Darüber hinaus erlaubt die zentrale Lage auch den Handelsaustausch mit den im Osten an die EU grenzenden Ländern wie bspw. der Ukraine oder Weißrussland. Die drei Haupthäfen an der südlichen Ostseeküste – Szczecin-Świnoujście (Stettin-Swinemünde), Gdynia und Gdańsk – sind mit den wichtigsten Häfen der Welt verknüpft. Dadurch eignet sich Polen auch für Firmen als Brückenkopf, die eine Ausdehnung ihres internationalen Aktionsradius in Osteuropa anstreben.

Neben dem Fryderyk Chopin-Flughafen (früher: Okęcie) in Warszawa verfügt Polen über sieben weitere Flughäfen mit internationalem Status in den Städten Kraków, Gdańsk, Katowice (Kattowitz), Poznań, Wrocław, Szczecin und Łódź. Dadurch lassen sich die meisten Orte in Europa innerhalb von zwei Stunden erreichen. Innerhalb des Landes sorgt ein gut ausgebautes Netz von Flugverbindungen für regelmäßigen Passagierverkehr zwischen den größten Ballungszentren Polens. In den kommenden Jahren erwartet man in Polen eine dynamische Luftverkehrsentwicklung, u. a. dank der Konkurrenz der so genannten Low-Cost-Anbieter. Außerdem wird der Bau des neuen Terminals auf dem internationalen Flughafen in Warszawa fortgesetzt, um dessen internationale Wettbewerbsfähigkeit erhalten zu können (PAIiIZ 2004a).

Im Jahre 2004 verfügte Polen über ein Straßennetz mit einer Gesamtlänge von 377.000 km. Bis Mitte 2004 gab es in Polen 483,5 km Autobahnen sowie 216 km Schnellstraßen, wobei im Zuge des Ausbaus des bestehenden Netzes vier neue Verkehrsstränge geplant sind. Fast ein Drittel der polnischen Straßen befindet sich aktuell in einem schlechten Zustand, der den Transport über die Straße oftmals erheblich erschwert. Dies resultiert aus den in den achtziger und neunziger Jahren nicht getätigten Investitionen in die Modernisierung bzw. den Ausbau der polnischen Straßen und dem immer stärker ansteigenden Straßenverkehr. Gerade LKWs nutzen Polen stark als Transitland und frequentieren stark die Autobahnen und Schnellstraßen. Für die Jahre 2006 und 2007 ist geplant, ca. 250 km an neuer Autobahnstrecke entstehen zu lassen. Bis 2017 sollen drei Autobahnen mit der Gesamtlänge von ca. 2.000 km gebaut werden. Die Modernisierung und Weiterentwicklung dient einer merklichen Verringerung der Transportkosten sowie einer größeren Pünktlichkeit bei Lieferungen sowohl innerhalb Polens als auch die angrenzenden Länder betreffend.

Polen sticht mit einem sehr dichten Eisenbahnnetz mit einer Gesamtlänge von ca. 21.000 km hervor. Der Vorteil dieses Eisenbahnnetzes besteht darin, dass die Kompatibilität mit den Netzen der russischen Föderation gegeben ist, wodurch ein schneller und zuverlässiger Warenverkehr mit den östlichen Märkten gewährleistet wird. Nachteilig ist die nicht gegebene Kompatibilität mit dem deutschen Netz, weshalb der Warentransport heute überwiegend per LKW stattfindet. Um von der Straße auf die Schiene zu kommen, bedarf es einer weiteren Investition in die Schiene sowie Lösungen, die beispielsweise Leit- und Sicherheitstechnik kompatibel machen, was bisher auch nur ansatzweise der Fall ist (BerliNews 2005).

Die Länge der Wasserwege für die Binnenschifffahrt beträgt ca. 3.600 km, wobei die Flüsse Oder, Weichsel, Warta und Noteć die wichtigsten Verbindungen für die Binnenschifffahrt bilden. Die wichtigsten Handelshäfen sind Gdańsk, Gdynia, Kołobrzeg (Kolberg), Szczecin und Świnoujście an der Südküste der Ostsee. Im Zusammenhang mit der Güterbeförderungsbelebung durch den EU-Beitritt von Polen sind die Seehafenumladungen enorm gewachsen. Der notwendige Ausbau der Schifffahrtsinfrastruktur wird sowohl von Privatanlegern als auch durch öffentliche und EU-Mittel finanziert.

14. Geografische Distanz

Im Rahmen dieses Kriteriums sollen zum einen die geografischen Distanzen innerhalb Polens, zum anderen die geografische Distanz der deutschsprachigen Länder zu Polen sowie drittens die geografische Distanz zu weiteren Ländern, für die Polen als Brückenkopf dienen könnte, betrachtet werden.

Polen liegt in der Mitte des europäischen Kontinents. Aus diesem Grund stellt Polen eine kulturelle, historische und politische Brücke zwischen dem Osten und Westen Europas dar. Bedingt durch seine zentrale Lage ist Polen von allen Stammländern der an der Befragung teilnehmenden Verbundgruppen recht schnell zu erreichen. Die Entfernung zwischen den Hauptstädten dieser Länder und Warschau stellt sich, legt man die Straßenroute zu Grunde, wie folgt dar: Amsterdam-Warschau: 1194 km; Berlin-Warschau: 576 km; Bern-Warschau: 1545 km; Wien-Warschau: 712 km.

Oftmals verbinden Unternehmen mit einem Markteintritt in Polen auch die Möglichkeit eines direkten Zugangs sowohl zu den Märkten der EU-Länder, als auch zu den Märkten der Länder Mittel- und Osteuropas. Durch einen Markteintritt in Polen als Tor zu Osteuropa haben Verbundgruppen Zugang zu 250 Mio. Osteuropäern. Eine wirtschaftliche Tätigkeit in Polen ermöglicht darüber hinaus, aus der polnischen Erfahrung im Handel mit den Ländern des ehemaligen Ostblocks sowie mit den Ländern der Russischen Föderation Vorteile zu schöpfen.

15. Vorhandensein mittelständisch geprägter Handels-/Handwerksstrukturen

Die bereits ausgeführte rasche wirtschaftliche Entwicklung Polens nach dem Fall des Sozialismus und die damit verbundene ökonomische Belebung ist auf eine Reformpolitik zurückzuführen, welche die neu zu gestaltenden Rahmenbedingungen an marktwirtschaftlichen Prinzipien ausrichtete. Verglichen mit anderen postkommunistischen Staaten wurde in Polen vor allem die erste kritische Phase des Transformationsprozesses zügig durchschritten. Als Träger des Aufschwungs gilt die große Zahl derer, welche die neuen wirtschaftlichen Möglichkeiten eigeninitiativ genutzt und privatwirtschaftliches Handeln vorangetrieben haben (Mroczek/von Schuttenbach/Ciurla 2000). Seit den neunziger Jahren sind so in Polen über 3 Mio. neue Firmen entstanden. Zum größten Teil handelt es sich dabei um kleine und mittelgroße Unternehmen, die bis heute die Wirtschaftsstruktur Polens entscheidend prägen. Diese Strukturen sind Ausdruck eines vitalen Unternehmertums trotz wirtschaftlicher Erschütterungen und unsicherer Verhältnisse (Wirtschafts- und sozialpolitisches Forschungs- und Beratungszentrum der Friedrich-Ebert-Stiftung 2004). Im Jahre 2003 verfügten über 98 Prozent der Betriebe im fragmentierten polnischen Handelsmarkt über lediglich ein oder zwei Läden (siehe Tabelle 14).

Tabelle 14: Handelsbetriebe in Polen nach Anzahl an Läden

#Läden \ Jahr	1991	1995	1997	1998	2000	2001	2002	2003
1–2	254.867	377.547	375.792	403.314	386.700	402.788	404.335	394.201
3–10	2.211	3.989	4.689	4.923	4.411	4.665	4.335	4.551
11–20	1.239	969	866	828	781	770	756	740
21–50	882	337	248	249	221	225	239	246
51–100	91	27	23	18	22	26	30	35
101–200	11	4	3	4	6	5	9	10
≥ 201	5	2	3	1	2	2	2	5
Gesamt	259.306	382.875	381.594	409.337	392.143	408.481	409.721	399.806

Quelle: Rocznik Statystyczny 1994–2004; GUS 1994–2004.

Laut Angaben des Central Statistical Office (CSO) arbeiten 63 Prozent aller Beschäftigten in Polen in Kleinstunternehmen, kleinen oder mittleren Unternehmen (KMU). Hierbei wurde die im Februar 2004 modifizierte Definition der EU für KMU aus dem Jahre 2004 angewendet, nach der Unternehmen als KMU klassifiziert werden, die im vorausgegangenen Geschäftsjahr sämtliche der in Tabelle 15 wieder gegebenen Kriterien erfüllt haben.

Tabelle 15: KMU-Definition der Europäischen Union

		Kleinstunternehmen	Kleinunternehmen	mittleres Unternehmen
Beschäftigte		< 10	< 50	< 250
Jahresumsatz	oder	< 2 Mio. EUR	< 10 Mio. EUR	< 50 Mio. EUR
Jahresbilanzsumme		< 2 Mio. EUR	< 10 Mio. EUR	< 43 Mio. EUR

Quelle: Europäische Union 2004.

Tabelle 16 gibt einen nach der Beschäftigtenzahl gegliederten Überblick über die polnischen KMU. Hierbei ist ersichtlich, dass in 95 Prozent der aufgeführten Unternehmen nicht mehr als neun Personen beschäftigt sind.

Tabelle 16: KMU in Polen nach Beschäftigtenzahl

Gesamt	0–9	10–49	50–249	> 249
3.643.992	3.463.245	144.618	30.106	6.023

Quelle: Central Statistical Office (CSO).

Viertes Kapitel: Praktische Vorgehensweisen und Fallbeispiele

Gerade für Unternehmen aus dem Bereich des im Grundsatz sehr mittelständisch strukturierten Handwerks (LGH/PV Metall 2004) bietet Polen vielfältige Möglichkeiten. Laut Schätzungen der polnischen Handwerkskammer ZRP gibt es in Polen zwischen 500.000 und 600.000 Handwerksbetriebe, darunter einige traditionsreiche Gewerke, die in Deutschland nicht mehr existieren.

Der Mittelstand fungiert in Polen als ein Motor der wirtschaftlichen Dynamik und hat eine hohe Bedeutung für den Verlauf und den Erfolg des polnischen Transformationsprozesses. Durch das postsozialistische Erbe unterscheidet sich die Rolle des Mittelstands in Polen von seiner Rolle in den etablierten Marktwirtschaften Westeuropas: „Während der Mittelstand in den westlichen Ländern ein bedeutender Garant für die Erhaltung der bereits vorhandenen Wirtschaftsordnung ist, trägt er in Ost- und Mitteleuropa erst zu ihrer Herstellung bei, indem er im wirtschaftlichen und im gesellschaftlichen Bereich einen wesentlichen Beitrag zur Entstehung von neuen Strukturen leistet" (Mroczek/von Schuttenbach/Ciurla 2000, S. 31).

Während gerade kleine und mittlere Betriebe nach der Wende meist ohne öffentliche Förderung auskommen mussten, ist inzwischen eine schrittweise Umorientierung der Wirtschaftsförderung zu beobachten. Wurden bislang vor allem Großindustrien wie die Kohlewirtschaft oder die staatlichen Eisenbahnen subventioniert – 90 Prozent der staatlichen Unterstützung flossen in diese Bereiche –, ist gerade für die kommenden Jahre eine Umschichtung der Fördergelder zu Gunsten der spezifischen Bedürfnisse der KMU vorgesehen. Zu den Adressaten zählen insbesondere Kleinstunternehmen, da für diese ein besonders hoher Förderbedarf – verglichen mit mittelgroßen und großen Firmen – ermittelt wurde. Dieser Förderbedarf wird insbesondere in den Faktoren Kapital, Marketingkenntnisse und Ausstattung mit moderner Kommunikationstechnologie gesehen (IKB 2004).

Dass sich die polnische Wirtschaft seit der Wende belebt hat, ist jedoch nicht nur auf die Aktivitäten des lokalen Mittelstandes zurückzuführen. Auch von der Investitionstätigkeit ausländischer Geldgeber gingen entscheidende Impulse aus. Im Zuge der Privatisierung wurden zahlreiche Unternehmen von ausländischen Investoren übernommen, sodass gerade die großen Industrien in Polen profitieren konnten. In den Mittelstand wurde hingegen kaum investiert. Daher hofft die polnische Regierung, dass die für die nationale Wirtschaft so bedeutsamen KMU künftig häufiger zum Adressaten ausländischer Kapitalinvestitionen werden. Von diesen Investitionen verspricht sich die polnische Regierung auch eine positive Wirkung auf die Beschäftigung (PwC 2005).

Betrachtet man den Mittelstand in Polen gesamthaft, so zeigt sich, dass dieser bereits relativ stark ausgeprägt ist, wenngleich etwas weniger stark als in Deutschland. Weiterhin steht der Mittelstand in Polen vor der zukunftsweisenden Entscheidung, den Kampf gegen die großen, international agierenden Unternehmen alleine aufzunehmen, oder aber sich gemeinsam in branchenspezifischen Netzwerken – so u. a. auch Verbundgruppen – zu engagieren (Gerstenberger/Jungfer/Schmalholz 2002).

16. Kapitalerfordernisse beim Markteinstieg

Wie die Markteintritte der großen, international agierenden Filialunternehmen in Polen gezeigt haben, sind relativ hohe finanzielle Mittel nötig, um sich erfolgreich am Markt zu positionieren. Daher ist es enorm wichtig, dass sich Verbundgruppen rechtzeitig mit der Bereitstellung eines ausreichenden Finanzrahmens auseinandersetzen. Die Markteintrittskosten umfassen dabei nicht allein die „Gründungskosten", sondern gleichermaßen die erforderlichen Finanzmittel, „um das eigene Unternehmen durch Werbung bekannt zu machen und die in der ersten Phase der Geschäftstätigkeit zu erwartende ‚Durststrecke' zu überbrücken" (FfH/ifo Institut 2004, S. 21). Trotz der Tatsache, dass Polen der Europäischen Union angehört, gibt es darüber hinaus zahlreiche aus der länderübergreifenden Tätigkeit resultierende Unterschiede, die es zu berücksichtigen gilt und die zum Teil mit beachtlichen Kosten (z. B. Vertragsgestaltung, Übersetzungen, Dolmetscherdienste, juristische Beratung) verbunden sind (FfH/ifo Institut 2004). Die Ermittlung der konkreten Größenordnung des für den Markteintritt in Polen notwendigen tatsächlichen Finanzbedarfs bedingt eine unternehmensindividuelle Prüfung in Abhängigkeit der speziellen Zielregion, der Größe und Lage der benötigten Geschäftsräume sowie weiterer relevanter Kriterien.

17. Bekanntheit der Geschäftsmodelle von Verbundgruppen und Verfügbarkeit guter Standorte

Absatzaktivitäten in Form des Zusammenschlusses von Handels-, Handwerks- und/oder Dienstleistungsunternehmen unter dem Dach einer Verbundgruppe waren in den osteuropäischen Staaten bis zu den politischen Veränderungen zu Beginn der neunziger Jahre weitestgehend unbekannt. Die Zurückhaltung der Unternehmen in Osteuropa gegenüber dem Beitritt bzw. dem Aufbau einer Verbundgruppe war und ist immer noch – ähnlich wie gegenüber einem Engagement in einem Verband – relativ groß. Einerseits entstammt diese Skepsis einem Informationsdefizit bezüglich der genauen Ziele und Funktionen von Verbundgruppen, andererseits fürchtet ein Großteil der Unternehmen bei einem Beitritt bzw. Anschluss an eine Verbundgruppe einen Teil ihrer erst kürzlich erworbenen Selbstständigkeit wieder aufgeben oder zumindest einschränken zu müssen (FfH/ifo Institut 2004).

Dennoch agieren in Polen laut Boruc (1998) ungefähr zehn Einkaufskooperationen polnischer Herkunft (grupy zakupowe), die Kontrakte für eine relativ große Anzahl an Mitgliedern aushandeln. Bezogen auf die gesamte polnische Handelslandschaft handelt es sich bei den involvierten Firmen allerdings um eine eher geringe Anzahl: „a few dozen wholesalers and several thousand small retailers" (Michalak 2001, S. 498). Es ist davon auszugehen, dass neben den polnischen Einkaufskooperationen auch die Handelsaktivitäten der bereits in Polen operierenden Kooperationen nicht-polnischer Herkunft (siehe Abbildung 71) zur Steigerung der allgemeinen Bekanntheit und Akzeptanz von Verbundgruppen – in der UE-/IT-Branche sowie in weiteren Branchen – in Polen beitragen. Hierbei ist allerdings zu berücksichtigen, dass diese Kooperationen dort zum Großteil kein klassisches Verbundgruppengeschäft, sondern vielmehr Großhandelsgeschäfte und/oder Franchise-Modelle betreiben.

Abbildung 71: Auswahl der im Jahre 2006 in Polen tätigen Verbundgruppen nicht-polnischer Herkunft

Verbundgruppe	Branche
Avia-Gruppe	Schmierstoffe
CARAT Systementwicklungs- und Marketing GmbH & Co. KG	Kfz-Teile
Copa eG	Bodenbelag / Heimtextilien
Datev eG	Dienstleistungen für StB, WP und RA
E/D/E Einkaufsbüro Deutscher Eisenhändler GmbH	Eisenwaren
EK/servicegroup eG	living, comfort, hobby, family, fashion
ElectronicPartner GmbH	Unterhaltungselektronik
Ermuri Einkaufsverband eG	Tabakwaren
Euronics eG	Unterhaltungselektronik
FOTOCO GMBH & Co. KG	Foto, Video, Elektronik
GARANT SCHUH + MODE AG	Schuhe / Lederwaren
Group Auto Union	Kfz-Teile
IGEFA Handelsgesellschaft mbH & Co. KG	Reinigung / Hygiene / Pflege
Igepa group GmbH & Co. KG	Papier
Intersport-Gruppe	Sport
point S international AG	Reifen
TEMOT International Autoparts GmbH	Kfz-Teile

Unternehmen wie bspw. die EK/servicegroup gehen darüber hinaus davon aus, dass in Polen zukünftig neben den Konzern-geprägten Großunternehmen nur diejenigen mittelständischen Handelsunternehmen wettbewerbsfähig bleiben, die mit einer starken Verbundgruppe im Rücken zusammenarbeiten (EK/servicegroup 2003), wobei sich die mögliche Zusammenarbeit durch den Beitritt Polens zur EU erleichtert haben sollte. Bereits im Jahre 2001 weist Michalak (S. 499) auf die Notwendigkeit der verstärkten Kooperation sowie weiterer Maßnahmen zur Existenzsicherung der polnischen KMU hin: „Without some sort of cooperation, joint capital investment, consolidation and cost restructuring most of these small businesses and purchasing groups are not likely to survive."

Die international operierenden Filialisten in den Bereichen Handel und Dienstleistungen haben ihre Standorte in erster Linie in innerstädtischen, so genannten „1a-Lagen" oder an verkehrsgünstigen peripheren Standorten. Durch die zunehmende Motorisierung – vgl. hierzu das Selektionskriterium „Verkehrsinfrastruktur" – sind die Konsumenten zunehmend mobil, sodass es zu Neubewertungen der Standortlagen kommt und neuen, bisher weniger attraktiven Standorten eine neue Attraktivität zukommt. In Abhängigkeit von der Unternehmensgröße steht die sich internationalisierende Verbundgruppe vor der Entscheidung, Standorte in unmittelbarer Nähe zu den Filialisten bzw. etablierten Unternehmen zu erschließen, oder aber sich in weniger stark verdichteten Regionen anzusiedeln, die wegen eines eingeschränkten Potenzials an Verbrauchern für großflächige Betriebsformen von geringerem Interesse sind (FfH/ifo Institut 2004). Zu beachten ist, dass insbesondere großflächige Ansiedelungen zum Teil erheblichen Restriktionen unterliegen.

Bezüglich der Errichtung neuer Standorte durch den Bau von Immobilien ist zu beachten, dass Baugenehmigungen bei den Ortschaften bzw. dem jeweiligen Vorsitzenden der Verwaltung zu beantragen sind. Weiterhin ist zu berücksichtigen, dass der ausländische Investor verpflichtet ist, die Behörde, welche die Baugenehmigung erteilt hat, sowie den aufsichtsführenden Architekten von dem Zeitpunkt in Kenntnis zu setzen, an dem der Bau einer neuen Verkaufsstelle/Niederlassung beginnen soll. Gleichermaßen ist eine schriftliche, vom jeweiligen Bauleiter und Inspektor, der für die Leitung des Bauvorhabens verantwortlich ist, unterschriebene Erklärung beizufügen. Vor der Eröffnung einer neuen Verkaufsstelle/Niederlassung in Polen ist zu beachten, dass ein Unternehmen nach Abschluss des Bauvorhabens eine Baubezugsgenehmigung benötigt, die auf Grundlage einer Mitteilung an die Behörde für Umweltschutzinspektion, die Behörde für Sanitärinspektion, die staatliche Feuerwehr und die polnische Arbeitsinspektion erteilt werden kann. Haben die genannten Behörden nach 14 Tagen keine Einwände, so kann die neue Verkaufsstelle/Niederlassung eröffnet werden.

Sollen hingegen bestehende Immobilien erworben werden, so sind ebenfalls vielfältige Vorschriften bzw. Gesetze zu beachten. So müssen Verträge über Kauf und langfristige Pacht notariell beurkundet sein, da sie ansonsten für ungültig erklärt werden können. Benötigten ausländische Gesellschaften (d.h. Gesellschaften, die direkt oder indirekt durch einen Ausländer kontrolliert werden) bis zum EU-Beitritt Polens eine schriftliche Genehmigung des Ministeriums für Inneres und Verwaltung, bevor sie Immobilien erwerben konnten, so ist in der Fassung des Gesetzes über den Erwerb von Grundstücken durch Ausländer vom 19. Juli 2004 die Genehmigungspflicht beim Grundstückserwerb für Ausländer aus der EU abgeschafft worden, was eine operative Erleichterung für die ausländischen Unternehmen aus der EU mit sich bringt. Nicht-EU-Ausländer brauchen auch weiterhin grundsätzlich eine Genehmigung des Innenministers zum Immobilienerwerb in Polen.

18. Wettbewerbsintensität

Im Vergleich zu vielen westeuropäischen Märkten für Unterhaltungselektronik ist die Wettbewerbsintensität in Osteuropa (noch) geringer. Dies begründet sich mit den erst in den letzten Jahren vollzogenen Markteintritten der bereits in Westeuropa etablierten Player. Deren Expansionsstrategie führte in den letzten Jahren zu einer gestiegenen Wettbewerbsintensität in Osteuropa, insbesondere in Polen (Welsch 2001). Für die kommenden Jahre wird in der polnischen UE-Branche mit einer weiteren Konsolidierung des Marktes, kürzeren Produktzyklen, höherem Lagerumschlag, niedrigeren Verkaufspreisen sowie geringeren Margen gerechnet (PMR Publications 2005).

Generell lassen sich in Polen drei grundlegende Arten von Vertriebskanälen innerhalb der UE-/IT-Branche unterscheiden: Hierbei handelt es sich zum einen um die „klassischen" Filialisten des Handels, zum anderen um Einkaufskooperationen, sowie drittens um sonstige Vertriebskanäle. Zu letzteren zählen all diejenigen Kanäle, die keiner der beiden erstgenannten Kategorien zugeordnet werden können, z. B. Hypermarkets und am Markt operierende „freie Händler". Der Marktanteil dieser Kategorie, der sich im Jahre 2003 noch auf ca. 35 Prozent belief, hat sich auf Grund der vermehrten Markteintritte ausländischer Unternehmen rückläufig entwickelt (Global Insight 2004) und betrug bereits im Jahre 2004 nur noch 25 Prozent (siehe Abbildung 72).

Marktschätzungen zufolge ist der Anteil der Filialisten in den letzten Jahren gestiegen, insbesondere durch die rasche Expansion von Media Markt. Der Marktanteil der Filialisten lag im Jahre 2003 bei etwa 35 Prozent und ist – u. a. durch den Markteintritt von Saturn – im Jahre 2004 weiter gewachsen. Der Marktanteil der Einkaufskooperationen, der sich im Jahre 2003 auf ca. 30 Prozent belief, ist ebenfalls als wachsend zu bezeichnen, wenn auch in einem verminderten Tempo im Vergleich zu den Filialisten (Euromonitor International 2004). Die Marktanteile der Key Player in der polnischen UE-Branche im Jahre 2004 können Abbildung 72 entnommen werden.

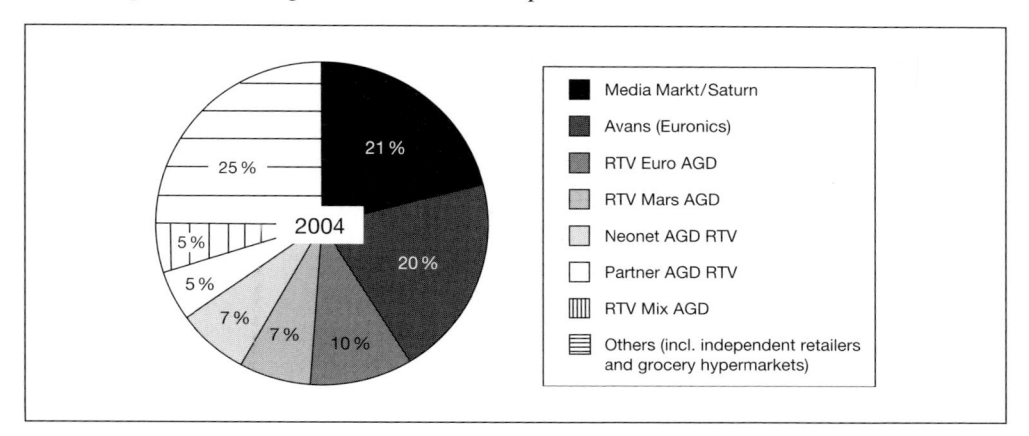

Abbildung 72: Verteilung der Marktanteile im polnischen UE-Handel im Jahre 2004

- Media Markt/Saturn: 21 %
- Avans (Euronics): 20 %
- RTV Euro AGD: 10 %
- RTV Mars AGD: 7 %
- Neonet AGD RTV: 7 %
- Partner AGD RTV: 5 %
- RTV Mix AGD: 5 %
- Others (incl. independent retailers and grocery hypermarkets): 25 %

Quelle: in Anlehnung an PMR Publications 2005.

Im Jahre 2005 trat die deutsche ElectronicPartner-Kooperation in den polnischen Markt ein. Im gleichen Jahr folgte mit der britischen DSG International (ehem. Dixons) durch die Eröffnung zweier Electro World Outlets in Warschau der Markteintritt eines Filialisten. Der britische Handelsgigant, der bereits ein weiteres Outlet in der Matrania Shopping Mall in Gdańsk errichtet hat, plant eine schnelle Expansion des Ladennetzes in Polen. So ist die Eröffnung eines dritten Outlets in Warschau vorgesehen, wenngleich sich das Unternehmen auf eine Ausdehnung auf andere polnische Städte fokussiert. Langfristig soll das bestehende Netz von 16 Outlets in Polen, Ungarn und Tschechien auf 32 Outlets verdoppelt werden. In Bezug auf Polen wird angestrebt, innerhalb von drei Jahren die Nummer 2 im Markt nach Marktanteilen zu werden.

Auf Grund der angestrebten Ausweitung von Marktanteilen seitens der bereits auf dem Markt etablierten Player sowie den Plänen von Unternehmen, den Markteintritt nach Polen zu vollziehen, ist in Zukunft davon auszugehen, dass die Wettbewerbsintensität weiter zunehmen wird. Trotzdem bieten sich den Unternehmen auf dem Markt gute Zukunftsaussichten. So sind die Umsätze in der Unterhaltungselektronik in den ersten vier Monaten des Jahres 2006 gegenüber dem vergleichbaren Vorjahreszeitraum um fast zwei Drittel gestiegen (FTD 2006). Insbesondere Audio-, Video- und Hausgeräte konnten überdurchschnittlich zulegen (bfai 2006b). Darüber hinaus existiert in Polen, trotz der noch vergleichsweise niedrigen Kaufkraft, ein wachsender Kreis kaufkräftiger Kunden, insbesondere in den Großstädten, der an höherwertigen und beratungsintensiven Produkten interessiert ist (FfH/ifo Institut 2004). Die Ausweitung der Marktanteile bestehender Wettbewerber sei exemplarisch am Beispiel von Media Markt und Saturn aufgezeigt.

Media Markt vollzog den Markteintritt in Polen bereits im Jahre 1998 und erhöhte die Anzahl der Filialen in den darauf folgenden Jahren kontinuierlich. Wie aus Tabelle 17 ersichtlich ist, forcierte das Unternehmen eine sehr schnelle Expansion. Im Jahre 2004 trat auch die zweite Vertriebslinie der Metro Group für Consumer Electronics, Saturn, in den polnischen Markt ein. Innerhalb Polens operiert Metro nunmehr außerordentlich erfolgreich. Den Break-Even erreichte das Unternehmen im Jahre 2002 und ist mit 31 Standorten (Stand: Ende 2005) Marktführer innerhalb Polens. Die EBIT-Marge ist dabei aus Sicht des Metro-Konzerns sehr zufrieden stellend und beläuft sich auf ca. 5 Prozent. Gemäß der zukünftigen Planung des Unternehmens sollen mittelfristig 40 Märkte betrieben werden, wodurch eine flächendeckende Präsenz innerhalb Polens angestrebt wird (Metro AG 2006).

Tabelle 17: Expansion von Media Markt (ab 2000) und Saturn (ab 2004) in Polen

Jahr	2000	2001	2002	2003	2004	2005
Standorte (31.12.)	9	15	16	20	26	31
Umsatz in Mio. EUR	113	225	320	343	435	586
Ø Umsatz per Standort in Mio. EUR	13	15	20	17	17	19

Quelle: Metro AG 2006.

19. Verfügbarkeit kooperationswilliger Lieferanten

Die internationale UE-/IT-Branche wird auf der Herstellerseite sowohl von US-amerikanischen als auch von asiatischen (japanischen und koreanischen) Herstellern dominiert. Als führende Player der Computerindustrie lassen sich hierbei Firmen wie Microsoft, Fujitsu-Siemens und Intel herausstellen, während in der Unterhaltungselektronik-Industrie Unternehmen wie Sony, Philips, Matsushita (mit den Marken Panasonic und Technics) und Samsung zu nennen sind (Axel Springer AG 2005). Philips stellt hierbei das einzige europäische Herstellerunternehmen dar, das in dieser Branche weltweit konkurrieren kann.

Wenngleich sämtliche der genannten Unternehmen als potenzielle Lieferanten für in Polen tätige Verbundgruppen in Frage kommen, so liegt ein besonderer Fokus auf denjenigen Unternehmen, die sich dem lokalen Markt durch das Betreiben eigener Produktionsstätten in Polen stärker verpflichtet fühlen. Hierzu zählen u.a. Philips, Thomson, LG, Daewoo, Siemens, Alcatel, Lucent Technologies, Flextronics, Dell, Hewlett-Packard, Sony Ericsson sowie Kimball Electronics. Darüber hinaus wird LG.Philips seine zentrale osteuropäische Produktionsstätte für LCD-Fernseher im Jahre 2007 in Biskupice Podgórne in der Nähe von

Wrocław eröffnen. Die dazu benötigten Komponenten werden von sechs koreanischen Unternehmen geliefert, die sich ebenfalls dort in einer Art Zuliefererpark niederlassen (Rundfunk Berlin-Brandenburg 2005).

Bei den betreffenden Herstellerunternehmen handelt es sich größtenteils um Global Player, die durch eine sehr starke Markt- und Verhandlungsmacht gekennzeichnet sind und vorrangig große Handelsunternehmen als Abnehmer für ihre Ware suchen, weshalb sie vorzugsweise Konzerne bzw. Filialunternehmen beliefern. In einigen europäischen Ländern kooperieren diese großen, international tätigen Lieferanten aber auch mit Verbundgruppen, wie dies bspw. in Deutschland der Fall ist, wo die Verbundgruppen ElectronicPartner, Euronics sowie Expert wichtige Kunden darstellen.

Vor dem Hintergrund dieser positiven Erfahrungen und erfolgreichen Operationen in der Kooperation mit Verbundgruppen ist davon auszugehen, dass sich die Lieferanten auch in anderen europäischen Ländern ähnlich kooperationswillig zeigen und sich auf Verbundgruppen-spezifische Geschäftsmodelle, wie die Zentralregulierung sie bspw. darstellt, einlassen. Dies sollte insbesondere auch dann der Fall sein, wenn die Verbundgruppen durch einen bereits bestehenden hohen Marktanteil ein entsprechend hohes Absatzpotenzial für die Lieferanten bieten.

III. Bewertung auf Basis eines Scoring-Modells

Im Folgenden werden die für Verbundgruppen relevanten Länderselektionskriterien im Hinblick auf den potenziellen Markteintritt einer deutschsprachigen Verbundgruppe in den polnischen Markt im Bereich UE-/IT-Handel anhand eines Scoring-Modells bewertet. Hierbei handelt es sich um eine exemplarische Darstellung, die dazu dient, die Vorgehensweise dieses Verfahrens zu konkretisieren. Wenngleich die vorgenommenen Bewertungen auf den detaillierten und um Objektivität bemühten Analysen der vorangehenden Ausführungen beruhen, so ist bei der genauen Festlegung der Bewertungspunkte sowie bei den zu treffenden Annahmen dennoch eine verbleibende „Rest-Subjektivität" nicht vollständig auszuschließen. Zur Evaluation der einzelnen Kriterien wurde ein Bewertungsschema angewandt, das nach den folgenden sieben Kategorien hinsichtlich der im Zielland vorherrschenden Bedingungen unterscheidet:

- 0: sehr schlechte Bedingungen
- 1: schlechte Bedingungen
- 2: eher schlechte Bedingungen

- 3: annehmbare Bedingungen
- 4: eher günstige Bedingungen
- 5: günstige Bedingungen
- 6: sehr günstige Bedingungen.

Nach Einschätzung der Verfasser herrschen eher schlechte bzw. schlechte Bedingungen lediglich bei vier Kriterien des Gesamtkatalogs vor: Dies betrifft zum einen das in Polen weithin unbekannte Instrument der Zentralregulierung, dessen Einsatz noch erhebliche Schwierigkeiten bereitet. Zum anderen betrifft dies die im internationalen Vergleich relativ hohe Korruptionsrate. Um diese zu mindern, bedarf es verstärkter Maßnahmen der politischen Führung des Landes. Drittens ist die im EU-Vergleich noch unterdurchschnittlich entwickelte Kommunikationsinfrastruktur, so bspw. die Telefon- und Internetdichte (private Nutzung), anzuführen. Darüber hinaus sind für einen Markteintritt in Polen substanzielle finanzielle Mittel aufzubringen.

Die übrigen 22 Kriterien teilen sich gleichmäßig in elf annehmbare und elf günstige bzw. sehr günstige Kriterien auf. Zunächst wird ein Überblick über die annehmbaren Kriterien gegeben. Hierzu zählen die Bedingungen der Verkehrsinfrastruktur, die einerseits hinsichtlich des Flugverkehrs sowie hinsichtlich der Verkehrswege Schiene und Wasser positiv zu bewerten sind, wohingegen die Straßenverkehrswege noch ausbaufähig sind und das Eisenbahnnetz nicht mit dem deutschen kompatibel ist. Infrastrukturelle Verbesserungen der beiden letztgenannten Verkehrswege haben sich jedoch bereits in einem wieder ansteigenden Güterverkehrsvolumen niedergeschlagen.

Das Kriterium des Vorhandenseins mittelständischer Strukturen in Handel und Handwerk ist als annehmbar zu bewerten, da sich derartige Strukturen in der postsozialistischen Ära durchaus entwickelt haben, wenngleich diese nicht so ausgeprägt sind wie in den westeuropäischen Ländern (z.B. Deutschland). Waren die Geschäftsmodelle von Verbundgruppen bis zum Beginn des Transformationsprozesses noch völlig unbekannt, so tragen die Aktivitäten der polnischen Einkaufskooperationen sowie der in Polen bereits aktiven ausländischen Verbundgruppen zu einer steigenden Bekanntheit bei, wenngleich noch erhebliche Aufklärungsarbeit hinsichtlich der Geschäftsmodelle von Verbundgruppen zu leisten sein wird.

Die Wettbewerbsintensität in der polnischen UE-/IT-Branche hat u. a. durch Markteintritte ausländischer Filialisten sowie Verbundgruppen zugenommen und wird durch den bevorstehenden Konsolidierungsprozess weiter ansteigen. Dadurch, dass die Wettbewerbsintensität dennoch geringer ist als in vielen westeuropäischen Ländermärkten, kann sie gesamthaft als annehmbar bewertet werden. Diese Bewertung ist ebenfalls bezüglich der Verfügbarkeit von Standorten vorzunehmen, da viele gute Standorte einerseits bereits vergeben sind, sich durch die erläuterte Neubewertung von Standortlagen und die Erleichterung des Immobilienerwerbs durch Ausländer auf Grund des EU-Beitritts Polens andererseits Chancen auf den Erwerb guter Standorte bieten.

Von der Kooperationswilligkeit der mit lokalen Produktionsstätten vertretenen etablierten Lieferanten von Elektronikartikeln sowie von IT-Komponenten kann zwar im Grundsatz ausgegangen werden, allerdings sind die Hersteller durch eine starke Großhandelsfokussierung geprägt, wodurch eine direkte Zusammenarbeit mit Verbundgruppen erschwert wird.

Auch bezüglich der Stabilität der Gesellschaftsstruktur ergibt sich ein zweigeteiltes Bild. So tragen die altersmäßige sowie die ethnische Zusammensetzung der Bevölkerung maßgeblich zur Stabilisierung der Gesellschaftsstruktur bei, wohingegen von der ungleichen Einkommensverteilung sowie der relativ hohen Armutsgefährdungsquote destabilisierende Wirkungen ausgehen.

Die Stabilität der Rechtsordnung und die Durchsetzbarkeit von Verträgen hat in Polen durch die Angehörigkeit zum UN-Kaufrechtsübereinkommen und zum UN-Verjährungsübereinkommen sowie durch das novellierte Schiedsverfahrensrecht deutlich zugenommen, wenngleich das Gesetz über die polnische Sprache den Rechts- und Geschäftsverkehr für Ausländer erschwert.

Die Republik Polen ist nach dem Durchlaufen eines großen politischen Transformationsprozesses als politisch stabiler Rechts- und Sozialstaat anzusehen. Zu dieser Stabilität haben die Aufnahme in die NATO und die EU wesentlich beigetragen. Seit dem Regierungswechsel im Juli 2006, bei dem der als wirtschaftsfreundlich geltende Kasimierz Marcinkiewicz von Jaroslaw Kaczynski als Ministerpräsident abgelöst wurde, wächst in Polen jedoch die Sorge vor einem zunehmend nationalistischen Kurs des Landes, der zur politischen Instabilität beitragen könnte.

Die kulturell-psychische Distanz zwischen Polen und den Ländern des deutschsprachigen Raumes stellt sich einerseits auf Grund der Zugehörigkeit zum europäischen Kulturkreis als eher gering, andererseits durch historische Ereignisse (insbesondere im Hinblick auf Deutschland) als eher hoch dar und wird vor diesem Hintergrund als gesamthaft annehmbar eingestuft.

Nachfolgend werden die Faktoren erläutert, die auf Grund des Vorherrschens günstiger bzw. sehr günstiger Bedingungen für ein Marktengagement in Polen sprechen. So weist die im

Wachstum befindliche UE-/IT-Branche in Polen ein deutliches Marktpotenzial auf. Auch das in Polen vorhandene Marktvolumen ist als günstig zu bewerten, nicht zuletzt da das Land mit 38,2 Mio. Einwohnern den größten Markt unter den zehn neuen Mitgliedsländern der EU darstellt. Zwar wird ein zukünftiges Abschmelzen der Bevölkerungszahl prognostiziert, dies kann jedoch durch die auf Grund der Dominanz der jungen Bevölkerungsklassen relativ stabile Bevölkerungsstruktur als tendenziell geringeres Problem im Vergleich zu anderen osteuropäischen Staaten angesehen werden.

Polen verfügt dafür über ein im osteuropäischen Vergleich überdurchschnittlich hohes Angebot an qualifizierten Arbeitnehmern, die sich durch sehr gute Fremdsprachenkenntnisse, so bspw. hinsichtlich der englischen und der deutschen Sprache, auszeichnen. Die Arbeitskosten sind in Polen im EU-Vergleich (noch) relativ gering, wenngleich sie in den letzten Jahren schon gestiegen sind und wohl auch weiterhin steigen werden. Es existieren darüber hinaus vergleichsweise gute Möglichkeiten für Verbundgruppen bzw. Lieferanten, ihre Forderungen abzusichern, so z. B. durch Eigentumsvorbehalt.

Der Handel zwischen Deutschland und Polen unterliegt durch den EU-Beitritt Polens keinen besonderen Vorschriften, da Polen Mitglied der Zollunion ist. Es liegen für in der UE-/IT-Branche tätige Verbundgruppen darüber hinaus keine vom Heimatmarkt abweichenden Tarife vor. Neben dem freien Warenverkehr führte der EU-Beitritt Polens auch zu einem besseren Schutz von Urheberrechten und Markenzeichen.

Polen ist darüber hinaus durch eine besonders ausgeprägte geografische Nähe zu den deutschsprachigen Ländern sowie – in abgeschwächter Form – auch zu den Niederlanden gekennzeichnet. Durch die zentrale Lage Polens in Europa eignet sich das Land im Besonderen als Sprungbrett für die weiter gehende Bearbeitung eines Großteils des osteuropäischen Raumes. Die genauen Bewertungen der einzelnen Kriterien können Tabelle 18 entnommen werden.

Bei der Analyse der Kriterien zeigt sich, dass insbesondere die Verbundgruppen-spezifischen Kriterien wie die Möglichkeit der Durchführung von Zentralregulierung/Zentralfakturierung/Vermittlungsgeschäft, das Vorhandensein mittelständischer Handels-/Handwerksstrukturen sowie die Bekanntheit der Geschäftsmodelle von Verbundgruppen lediglich schlechte bis annehmbare Bewertungen erreichen.

Bei einer Bewertung der übergeordneten Kategorien ist ersichtlich, dass fast alle Kategorien einen Erfüllungsgrad von mindestens 50 Prozent aufweisen. Es wird deutlich, dass die ökonomischen Kriterien mit 90,1 Prozent des möglichen Maximalwerts den höchsten

Erfüllungsgrad erreichen, während die Kriterien der Branchenstruktur die schwächste Kategorie hinsichtlich des Erfüllungsgrads darstellen (45,9 Prozent). Die in der Kategorie „Wettbewerber" zusammengefassten Kriterien „Wettbewerbsintensität" sowie „Verfügbarkeit kooperationswilliger Lieferanten" erreichen lediglich 50 Prozent des Maximalwerts.

Tabelle 18: Exemplarisches Scoring-Modell für den Eintritt (deutscher) Verbundgruppen der UE-/IT-Branche in den polnischen Markt

Kategorie	Kriterium	Bewertung (B)	Gewichtung (G)*	B × G	Σ	Max.	% von Max.
ökonomisch	Marktvolumen	5	4,2	21,0			
	Marktwachstum	6	4,0	24,0			
	Bevölkerungsreichtum	5	3,1	15,5			
	Angebot an qualifizierten Arbeitskräften	6	3,0	18,0			
	Arbeitskosten/Lohnniveau	5	3,0	15,0	93,5	103,8	90,1 %
politisch-rechtlich	Sicherungsmöglichkeit für Forderungen	5	3,9	19,5			
	Möglichkeit der Durchführung von ZR/ZF/VG	1	3,9	3,9			
	Stabilität der Gesellschaftsstruktur	3	3,8	11,4			
	Stabilität der Rechtsordnung	3	3,8	11,4			
	Durchsetzbarkeit von Verträgen	3	3,8	11,4			
	politische Stabilität	3	3,4	10,2			
	Schutz von Urheberrechten, Markenzeichen	5	3,4	17,0			
	Ausmaß an Korruption	1	3,3	3,3			
	Höhe der Tarife, Zölle und Steuern	5	3,2	16,0	104,1	195,0	53,4 %
soziokulturell	Kenntnisse der englischen Sprache	5	3,5	17,5			
	Kenntnisse der Sprache des Stammlandes	5	3,3	16,5			
	kulturell-psychische Distanz	3	3,1	9,3	43,3	59,4	72,9 %
geografisch-logistisch	Kommunikationsinfrastruktur	2	3,4	6,8			
	Verkehrsinfrastruktur	3	3,4	10,2			
	geografische Distanz	6	3,0	18,0	35,0	58,8	59,5 %
Branchenstruktur	Vorhandensein mittelständisch geprägter Handels-/Handwerksstrukturen	3	4,3	12,9			
	Kapitalerfordernisse beim Markteinstieg	2	3,5	7,0			
	Bekanntheit des Geschäftsmodells von VG	3	3,3	9,9			
	Verfügbarkeit guter Standorte	3	3,0	9,0	38,8	84,6	45,9 %
Wettbewerber	Wettbewerbsintensität	3	3,6	10,8			
	Verfügbarkeit kooperationswilliger Lieferanten	3	3,5	10,5	21,3	42,6	50,0 %
* Die Gewichtung basiert auf den in der empirischen Untersuchung gemessenen Mittelwerten (siehe Tabelle 6).				336,0		544,2	61,7 %

Eine zusammenfassende Betrachtung sämtlicher Kriterien legt das Fazit nahe, dass die mit einem Marktengagement in Polen verbundenen Chancen schwerer wiegen als die diesbezüglichen Risiken, zumal das Zielland die kritische Phase des politischen sowie marktwirtschaftlichen Transformationsprozesses überstanden hat. Um eine fundierte Gesamtbewertung des polnischen UE-/IT-Marktes hinsichtlich der Eignung als Expansionsmarkt für (deutsche) Verbundgruppen vorzunehmen, empfiehlt es sich jedoch, eine konkrete Entscheidungsregel aufzustellen. Die hier gewählte Entscheidungsregel orientiert sich an dem in Prozent angegebenen Erfüllungsgrad des maximal zu erzielenden Punktwerts:

- Erfüllungsgrad < 50 Prozent: Eintritt nicht empfehlenswert
- 50 Prozent ≤ Erfüllungsgrad < 75 Prozent: Eintritt bedingt empfehlenswert (Nachuntersuchung vornehmen bzw. wenig kapitalintensive Betätigungsformen wählen)
- Erfüllungsgrad ≥ 75 Prozent: Eintritt empfehlenswert.

Da bei der erfolgten Gesamtbewertung ein Erfüllungsgrad von 61,7 Prozent erreicht wird, kann ein Markteintritt auf der Basis der formulierten Entscheidungsregel weder uneingeschränkt empfohlen, noch definitiv abgelehnt werden. Um eine diesbezügliche Entscheidung treffen zu können, müssen daher die Charakteristika der jeweiligen Verbundgruppe, die vor der Eintrittsentscheidung steht, berücksichtigt werden. Derartige Charakteristika können bspw. im Rahmen einer Feasibility Study in den Entscheidungsprozess einfließen. Dieser letzte Schritt, der notwendig ist, um zu einem abschließenden Ergebnis zu gelangen, bleibt somit der betreffenden Verbundgruppe vorbehalten. Fällt die Entscheidung dabei zu Gunsten eines Markteintritts aus, so ist jedoch empfehlenswert, eine wenig kapitalintensive Betätigungsform wie bspw. die Direktaufnahme polnischer Mitglieder zu wählen. Kapitalintensive Betätigungsformen wie z.B die Gründung von Tochtergesellschaften sollten hingegen erst bei einem Erfüllungsgrad von mindestens 75 Prozent gewählt werden (vgl. Abschnitt 6 für die Analyse von Betätigungsformen).

C. Fallbeispiel Einkaufsbüro Deutscher Eisenhändler GmbH (E/D/E)

I. Unternehmensportrait

Das 1931 gegründete E/D/E mit Sitz in Wuppertal ist Europas größter Einkaufs- und Marketingverbund für den Bereich Hartwaren, dem sich insgesamt rd. 1.400 Mitgliedsunternehmen angeschlossen haben.

Der Großteil dieser mittelständischen Handelshäuser (950) ist dem Produktionsverbindungshandel (PVH) zuzuordnen, dessen vorwiegend gewerbliche Abnehmer aus der Industrie, dem Handwerk und den Kommunen kommen. Diese Abnehmer werden vom PVH mit Werkzeugen und Maschinen, Baubeschlägen und Bauelementen, Sanitär und Heizung, Stahl und Befestigungstechnik, Sicherheits- und Industrietechnik sowie Arbeitsschutzprodukten beliefert.

Die im Einzelhandel tätigen Mitglieder, die Baumärkte, Gartencenter oder Fachmärkte betreiben, werden von der ZEUS GmbH & Co. KG (Soltau) betreut, einem gemeinsamen Tochterunternehmen des E/D/E (35-prozentige Beteiligung), der Firma hagebau (50 Prozent) und der EK/servicegroup (15 Prozent).

Das E/D/E weist im Gegensatz zu den meist genossenschaftlich organisierten Verbundgruppen eine privatwirtschaftliche Gesellschaftsstruktur in Form der GmbH auf, deren Anteile zu 75,5 Prozent die Familie Trautwein, zu 20 Prozent die GmbH selbst sowie zu 4,5 Prozent die gemeinnützige E/D/E Stiftung halten. Im Jahre 2006 konnte das Unternehmen, das über 162 Mio. EUR Eigenkapital verfügt (Eigenkapitalquote: 31,2 Prozent), mit seinen 705 Mitarbeitern einen Innenumsatz von ca. 3,688 Mrd. EUR erwirtschaften. Die Umsatzentwicklung des E/D/E, die durch eine beinahe Verfünffachung des Umsatzes von 1985 im Vergleich zu 2006 gekennzeichnet ist, ist in Abbildung 73 dargestellt.

Seit seiner Gründung hat sich das Unternehmen von einer reinen Einkaufsgemeinschaft zunächst zu einem umfassenden Dienstleister mit Angeboten in den Bereichen Marketing, Logistik, Objektplanung, Finanzabwicklung, Mitgliederbetreuung usw. entwickelt und schließlich zu einer System- und Servicezentrale, die für einen reibungslosen Zentraleinkauf und Warenfluss sorgt und als Informations- und Datendrehscheibe dient.

Abbildung 73: Die Umsatzentwicklung des E/D/E (1985–2006)

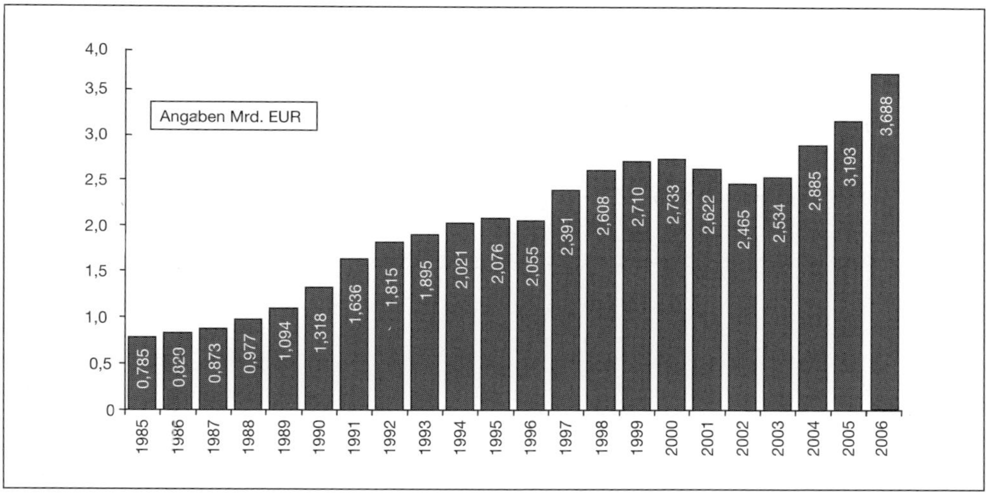

Jahr	Umsatz (Mrd. EUR)
1985	0,785
1986	0,829
1987	0,873
1988	0,977
1989	1,094
1990	1,318
1991	1,636
1992	1,815
1993	1,895
1994	2,021
1995	2,076
1996	2,055
1997	2,391
1998	2,608
1999	2,710
2000	2,733
2001	2,622
2002	2,465
2003	2,534
2004	2,885
2005	3,193
2006	3,688

Quelle: E/D/E 2007.

II. Absatzseitige Internationalisierung

1. Status quo, Entwicklungsprozesse und Perspektiven

Hinsichtlich der Auslandsaktivitäten des E/D/E lässt sich zunächst feststellen, dass das Unternehmen über rd. 400 Mitglieder (inkl. Kooperationspartner) mit mehr als 640 Verkaufsstellen im Ausland verfügt. Der Anteil des im Ausland erwirtschafteten Innenumsatzes belief sich im Jahre 2006 auf ca. 11 Prozent, wobei im Ausland stärkere Umsatzzuwächse (Steigerung von 24 Prozent gegenüber dem Vorjahr) zu verzeichnen waren als im Inland.

Während andere Handelskooperationen in der Eisenwarenbranche vor zehn Jahren noch rein national agierten, war das E/D/E infolge der Impulse durch ausländische Händler bzw. Un-

Abbildung 74: Die europaweite Ausdehnung des E/D/E im Jahre 2006

Quelle: E/D/E 2006.

ternehmer zu diesem Zeitpunkt schon auf ausgewählten benachbarten Ländermärkten tätig. So wurde um 1970 zunächst der österreichische und im Jahre 1985 der niederländische Markt erschlossen, bevor im Jahre 1990 die Markteintritte in Luxemburg und Belgien und im Jahre 1993 in Frankreich erfolgten.

Im Jahre 2006 hatte das Unternehmen eine europaweite Ausdehnung mit einer Präsenz in 22 europäischen Ländern erreicht, wie Abbildung 74 verdeutlicht. Kurz- bis mittelfristig ist eine weiter gehende Expansion Richtung Südeuropa (Spanien), Richtung Skandinavien (Schweden, Finnland) sowie Richtung Osteuropa (Polen, Slowenien, Ungarn) geplant.

Waren die Internationalisierungsbestrebungen des E/D/E im letzten Jahrzehnt noch durch eine mittlere Geschwindigkeit gekennzeichnet, so wird gegenwärtig wesentlich schneller auf Auslandsmärkten agiert, was auch darin zum Ausdruck kommt, dass Auslandsmärkte in zunehmendem Maße simultan erschlossen werden. Gleichermaßen ist eine Erhöhung des strategischen Planungsgrads hinsichtlich der internationalen Aktivitäten festzustellen. Dieser äußert sich zum einen in der verstärkten schriftlichen Fixierung der Internationalisierungsvorhaben in Business-Plänen und Strategiepapieren sowie zum anderen in der Anpassung der Organisationsstrukturen bzw. Geschäftsprozesse an die internationale Strategie.

Die Unternehmensstrategie des E/D/E kann auf eine zweistufige Konzeption zurückgeführt werden. Auf einer ersten Stufe sind die Grundlagen der Strategie festgelegt. Diese bestehen zum einen in den Leitsätzen, die in den neunziger Jahren von Mitarbeitern und Führungskräften gemeinsam erarbeitet wurden. Zum anderen zählen hierzu auch Studien zur Zukunft der Einkaufskooperationen sowie zur Zukunft des PVH. In einem auf diesen Grundlagen aufbauenden strategischen Planungsprozess (Stufe 2), wurden von der Geschäftsleitung strategische Langfristziele definiert und im Rahmen von „Strategischen Erfolgspositionen (SEP)" (siehe Abbildung 75) konkretisiert. Diese SEP dienen als Basis für die Zusammenarbeit im Unternehmen und für die Kommunikation mit Geschäftspartnern, Lieferanten und Händlern. Darüber hinaus wurden konkrete Zukunftsziele in dem Strategieentwurf „Challenge 2012" festgeschrieben. So wird angestrebt, im Jahre 2012 einen Umsatz von 1,2 Mrd. EUR im Ausland zu erwirtschaften. Hierzu sollen alle Warenbereiche des E/D/E beitragen.

Gemäß der strategischen Hauptstoßrichtung des E/D/E soll sich das Unternehmen zum führenden europäischen Dienstleister im definierten Bereich des PVH und des Einzelhandels entwickeln. Diese Maßgabe wurde dahingehend konkretisiert, dass erstens eine Position unter den Top 3 in jedem Marktsegment erreicht werden soll, zweitens das eigene Leistungsangebot zur Benchmark in diesen Segmenten werden soll und drittens die Operationen in jedem

Segment rentabel sein sollen. Darüber hinaus wurde eine europäische Ausrichtung als konkreter Strategiebestandteil formuliert und in den genannten Strategiepapieren schriftlich festgehalten (siehe SEP Nr. 10). Dieser Entschluss beruht auf der Erkenntnis, dass zukünftiges Wachstum in der inländischen Eisenwarenbranche nur noch durch Verdrängung von Wettbewerbern möglich ist.

Abbildung 75: Die Strategischen Erfolgspositionen (SEP) des E/D/E

```
1. Quality Awareness auf allen Ebenen
2. Verbindliche Systemleistungen je Fachkreis
3. Klare Unternehmensstruktur und Führungssystem
4. Hohe Einkaufskompetenz und Steuerung der Logistikströme
5. Ertragsstarke, warenunabhängige Dienstleistungen
6. Überlebensfähige Mitgliederstrukturen
7. „State of the Art"-IT
8. Zukunftsorientierte Personalentwicklung
9. Zukunftssichere Finanzierungsstruktur
10. Klare europäische Positionierung
11. Systematische Innovation zur Weiterentwicklung der Geschäftstätigkeit
12. Detaillierte Unternehmensplanung und Controlling

Entwicklung zum führenden europäischen Dienstleistungsunternehmen im definierten Bereich des PVH/EH
- Position unter Top 3 in jedem Marktsegment
- Rentabilität in allen Bereichen
- Benchmarker im Leistungsangebot
```

Quelle: E/D/E 2005.

Die Anpassung der Organisationsstrukturen an die internationale Ausrichtung erfolgte im Jahre 2001 durch die Gründung eines eigenen Geschäftsbereichs für die internationalen Aktivitäten. Somit sind die Internationalisierung tangierende Aufgaben und Prozesse institutionalisiert worden. In dem neu gegründeten Geschäftsbereich sind derzeit (August 2006) 15 Mitarbeiter tätig. Dies schließt eigene Vertriebsmitarbeiter in den bedeutenden Auslandsmärkten Österreich, Frankreich, Großbritannien, Spanien und den Niederlanden ein. Darüber hinaus könnten zukünftig zusätzliche Vertriebsmitarbeiter in weiteren Ländern eingestellt werden, sofern zuvor genügend Potenziale in diesen Ländern ermittelt wurden.

2. Motive, Voraussetzungen und Barrieren der Internationalisierung

Als zentrales Motiv der verstärkten Internationalisierung kann das Streben nach Umsatzausweitung angeführt werden. Da die Geschäftstätigkeit des E/D/E durch die Nähe zur Bauwirtschaft gekennzeichnet ist, die sich in Deutschland seit zehn Jahren rückläufig entwickelt, bewegt sich auch das E/D/E seit 1995 in schrumpfenden Märkten. Die Entwicklung in der Bauwirtschaft lässt sich anhand des Rückgangs der Beschäftigten im deutschen Bauhauptgewerbe verdeutlichen (siehe Abbildung 76). Die negativen Auswirkungen auf die im baunahen Bereich operierenden Handelsunternehmen lassen sich beispielhaft anhand des in Abbildung 77 dargestellten Umsatzrückgangs im deutschen Baubeschlagfachhandel mit Fensterbeschlägen darstellen.

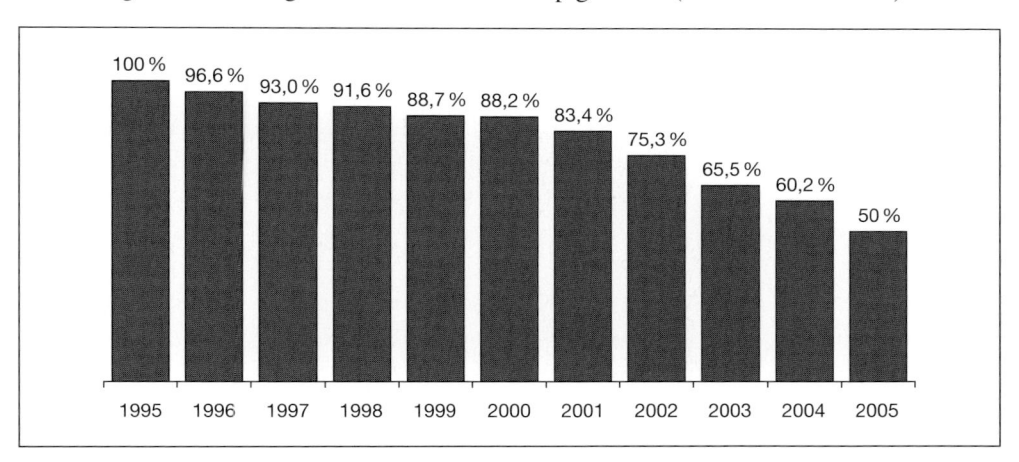

Abbildung 76: Beschäftigte im deutschen Bauhauptgewerbe (1995 = 100 Prozent)

Quelle: E/D/E 2006.

Im Hinblick auf die in Abschnitt A.III. des Zweiten Kapitels vorgenommene Kategorisierung von Internationalisierungsmotiven kann festgehalten werden, dass die Entscheidung zur verstärkten Internationalisierung des E/D/E schwerpunktmäßig auf ökonomischen Motiven (Umsatzausweitung, langfristige Gewinnerzielungsmöglichkeiten), Push-Motiven (gesättigter und stark konzentrierter Heimatmarkt) sowie offensiven Motiven (Erschließung neuer Absatzmärkte, konkurrierenden Verbundgruppen zuvorkommen) beruht.

Bezüglich der für internationale Tätigkeiten zu schaffenden Voraussetzungen ist anzumerken, dass das E/D/E vor allem bei den als besonders relevant erachteten Voraussetzungen einen

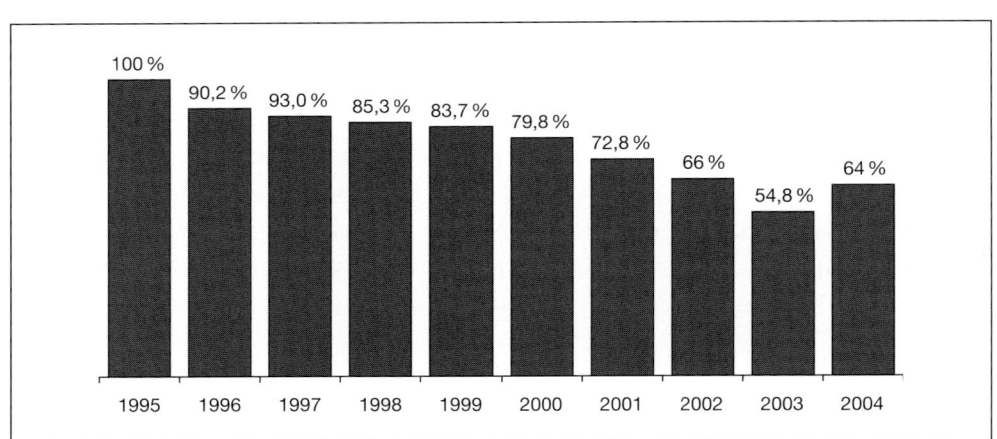

Abbildung 77: Umsatzentwicklung im deutschen Baubeschlaghandel mit Fensterbeschlägen (1995 = 100 Prozent)

Jahr	Prozent
1995	100 %
1996	90,2 %
1997	93,0 %
1998	85,3 %
1999	83,7 %
2000	79,8 %
2001	72,8 %
2002	66 %
2003	54,8 %
2004	64 %

Quelle: E/D/E 2005.

hohen Erfüllungsgrad aufweist. So verfügt das E/D/E über klare Strukturen in der Verbundgruppenführung, hinreichende finanzielle Ressourcen sowie erfolgreiche Operationen im Heimatland. Diese Kriterien erzielten bei der Befragung Mittelwerte zwischen 4,1 und 4,3 auf einer 5-er Skala (vgl. Abschnitt A.IV. des Zweiten Kapitels).

Die für eine internationale Tätigkeit wichtige länderübergreifende Verständlichkeit des Namens einer Verbundgruppe ist beim E/D/E nur bedingt gegeben. Während die Abkürzung E/D/E durchaus international einsetzbar ist, erweist sich die ausgeschriebene Variante „Einkaufsbüro Deutscher Eisenhändler" als sehr sperrig und auf Grund der nationalen Bezugnahme als wenig geeignet, um grenzüberschreitend angewandt werden zu können. Das E/D/E trägt dieser Situation Rechnung, indem es eine europaweit nutzbare Firmenbezeichnung entwickeln lässt, deren Einführung für das Jahr 2007 vorgesehen ist.

Eindeutig positiv zu bewerten ist hingegen die Tatsache, dass das E/D/E über etablierte Handelsmarken mit hohem Internationalisierungspotenzial verfügt. Beispielhaft können folgende Handelsmarken angeführt werden:

- „E-COLL" für Kleb- und Dichtstoffe, Werkstattmaterial und chemisch-technische Produkte
- „E-NORM pro" für Befestigungstechnik
- „E-PLUS" für Betriebsbedarf

- „E-TOP" für Arbeitsschutz, Beschläge, Türbeschläge, Industriebedarf und Werkzeuge usw.
- „Forum" für Werkzeuge, Sanitär
- „FORMAT" für Sanitär und Heizung, Werkzeuge, Arbeitsschutz, Bau- und Möbelbeschläge.

Ebenfalls hervorzuheben sind die durch Mehrsprachigkeit sowie Fremdwährungsfähigkeit international ausgerichteten Systeme im Bereich der Warenwirtschaft sowie im Bereich der Zentralregulierung. Auch die Printkataloge werden zunehmend in mehreren Sprachen erstellt; im Jahre 2006 war dies bei ca. 25 Prozent der Kataloge der Fall. Darüber hinaus ist eine stärkere internationale Vernetzung der Logistiksysteme erreicht worden, um dem steigenden Anteil der ins Ausland zu liefernden Ware gerecht zu werden.

Als wichtigste Barrieren der Internationalisierung stellen sich beim E/D/E insbesondere die hohen Markterschließungskosten sowie der erhöhte Koordinationsaufwand des Ländermanagements heraus. Als gleichermaßen hinderlich sind die zunehmende Komplexität der Internationalisierungsaufgaben sowie die hohe Zeitintensität der Einbindung von Mitgliedern im Ausland zu bewerten.

3. Aspekte der Marktwahl

Bei der Selektion von Ländermärkten orientiert sich das E/D/E an einer Kombination vielfältiger genereller Kriterien sowie die Branche bzw. den Wettbewerb betreffender Kriterien.

Im Rahmen der generellen Kriterien werden ökonomische Kriterien wie das Marktvolumen und das Marktwachstum, geografisch-logistische Kriterien wie die Kommunikationsinfrastruktur, die Verkehrsinfrastruktur und Transportkosten, aber vor allem auch politisch-rechtliche Kriterien berücksichtigt. Innerhalb der letztgenannten Kriterien werden insbesondere die politische Stabilität, das Ausmaß an Korruption, die Stabilität der Rechtsordnung, die Durchsetzbarkeit von Verträgen, der Schutz von Urheberrechten und Markenzeichen sowie die Möglichkeit der Durchführung der Zentralregulierung zur Bewertung herangezogen. Hierbei handelt es sich jedoch nicht um KO-Kriterien, wie sich am Beispiel Ungarn und Slowenien aufzeigen lässt. In diesen Ländern ließ sich auf Grund der mangelnden Bekanntheit des Instrumentes der Zentralregulierung zunächst nicht eruieren, ob es tatsächlich zum Einsatz gebracht werden kann. Der Markteintritt wurde dennoch in beiden Fällen vollzogen und die Zentralregulierung konnte erfolgreich eingesetzt werden.

Bezüglich der branchen- bzw. wettbewerbsbezogenen Kriterien stellt das Vorhandensein mittelständisch geprägter Handels-/Handwerksstrukturen ein ganz entscheidendes Kriterium bei der vom E/D/E durchgeführten Ländermarktanalyse dar. Darüber hinaus werden die Wettbewerbsintensität sowie die Verfügbarkeit kooperationswilliger Lieferanten geprüft.

Zur Bewertung von Ländermärkten wendet das E/D/E neben Business-Plänen vorrangig Machbarkeitsstudien sowie Investitionsrechnungen als Analysemethoden an, wobei die Durchführung dieser Methoden dem internationalen Geschäftsbereich innerhalb der Unternehmenszentrale obliegt. Während in der Vergangenheit externe Organisationen im Rahmen der Länderanalyse in der Regel weniger stark einbezogen wurden und oftmals Reisen in die zu bewertenden Zielländer unternommen wurden, um Gespräche mit Händlern, Unternehmern, Lieferanten usw. vor Ort zu führen, ist man inzwischen dazu übergegangen, extern professionelle Länderanalysen durchführen zu lassen, wobei die Bewertungskriterien vom E/D/E selbst definiert werden. Bei der Bewertung des polnischen Ländermarktes bspw. wurde zusätzlich zu den selbst durchgeführten Analysen eine Marktanalyse bei einer Unternehmensberatung in Auftrag gegeben. Über die aktive Teilnahme an branchenspezifischen Messen wie bspw. der „e_procure & supply" werden darüber hinaus internationale Kontakte geknüpft.

4. Einsatz von Betätigungsformen

Die Art und Weise des Markteintritts in Auslandsmärkte nimmt beim E/D/E verschiedene Formen an, sodass das Unternehmen selbst von einer „Mehr-Wege-Strategie" spricht. Hierbei kommen drei der vier am häufigsten von Verbundgruppen im Rahmen der empirischen Erhebung gewählten Betätigungsformen zum Einsatz: die Direktaufnahme ausländischer Mitglieder, die Kooperation mit ausländischen Verbundgruppen sowie die Mitwirkung in supranationalen Kooperationen. Die beiden erstgenannten Betätigungsformen werden schwerpunktmäßig eingesetzt.

Auf Grund seines umfassenden Dienstleistungsangebots wird das E/D/E von den ausländischen Händlern als Systemverbund bzw. Full-Service-Verbund wahrgenommen, wovon es bei der Akquisition dieser Händler als Direktmitglieder profitiert. Tabelle 19 gibt einen Überblick über die Länder, in die das E/D/E in den vergangenen 15 Jahren durch die Direktaufnahme von Mitgliedern eingetreten ist.

Als Beispiel eines besonders erfolgreichen Markteintritts per Direktaufnahme ausländischer Mitglieder kann der Eintritt in den französischen Ländermarkt angeführt werden (siehe Abbildung 78). Durch die Übertragung eines national bewährten und international anwendbaren warenbasierten Konzepts wurden in Frankreich 24 Händler gewonnen. Dieses Konzept kommt zum gegenwärtigen Zeitpunkt auch in England und Spanien zum Einsatz.

Tabelle 19: Ländereintritt durch direkt aufgenommene Mitglieder seit 1995

Jahr	Land	Jahr	Land
1993	Frankreich (I)	2000	Slowenien
1995	Niederlande	2001	Türkei
1996	Österreich (I)	2002	Irland
1998	Belgien	2002	Finnland
1998	Luxemburg	2003	Slowakei
1998	Polen	2004	Frankreich (II)*
1999	Schweiz	2004	Österreich (II)*
1999	Norwegen	2005	England
2000	Italien	2006	Dänemark
2000	Ungarn	2006	Spanien

* In diesen Ländern erfolgte im Jahre 2004 eine zweite Phase der Direktaufnahme von Mitgliedern.

Quelle: E/D/E 2006.

Abbildung 78: Die Mitgliederstruktur des E/D/E in Frankreich

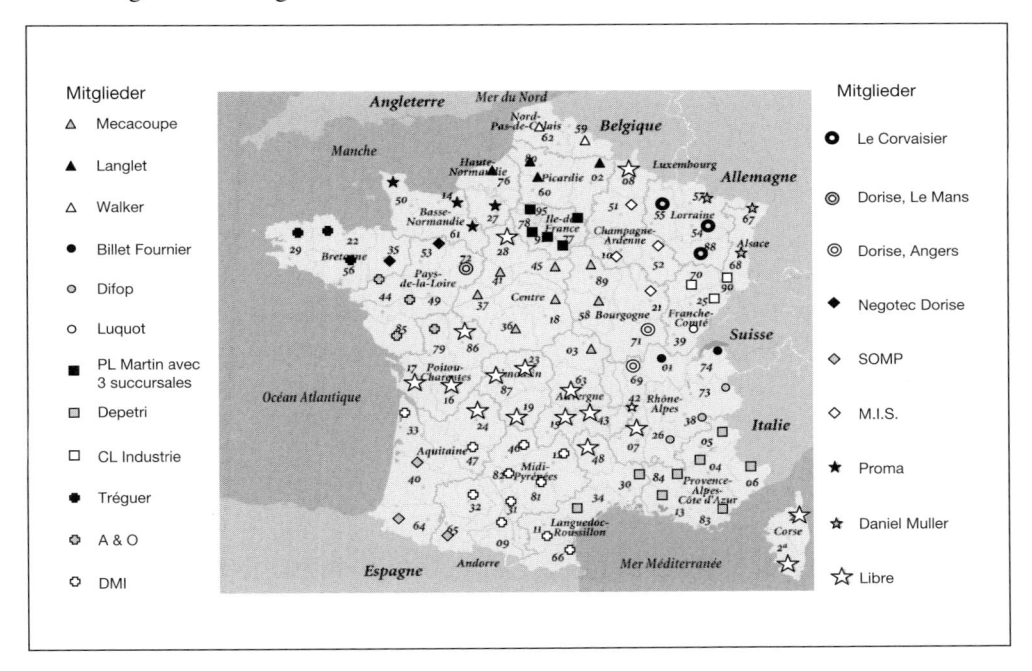

Quelle: E/D/E 2007.

Die Kooperation mit ausländischen Verbundgruppen als alternative Betätigungsform kann durch unterschiedliche Intensitätsgrade gekennzeichnet sein. So können sich die gemeinsam durchgeführten Aktivitäten auf eine oder mehrere der folgenden Bereiche erstrecken:

- gemeinsame Lieferantenverhandlungen
- Anbindung an die Zentralregulierung
- Bündelung der Handelsmarken
- internationaler Einkauf.

Das Spektrum der Kooperationspartner des E/D/E ist als sehr heterogen zu bezeichnen, da es Verbundgruppen unterschiedlicher Größe in Bezug auf die Mitgliederstärke sowie den Umsatz umfasst. So verfügt die italienische Verbundgruppe „Consorzio Distributori Utensili (CDU)", mit der das E/D/E seit 1999 kooperiert, über 24 Mitglieder mit ca. 37 Verkaufsstellen. In regelmäßig stattfindenden Arbeitssitzungen tauschen die beiden Verbundgruppen Marktinformationen aus und treffen Entscheidungen über den gemeinsamen Einkauf von Markenartikeln und Handelsmarken.

Die „Ferney Group" hingegen, mit der das E/D/E seit 2001 in den Niederlanden zusammenarbeitet, kann als weitaus größere Kooperation mit 65 Mitgliedern und ca. 140 Verkaufsstellen charakterisiert werden. Die Schwerpunkte dieser Kooperation liegen beim gemeinsamen Einkauf sowie der Bündelung von Handelsmarken.

Der im Jahre 1907 gegründete Kooperationspartner „Zentralschweizerischer Eisenhändler Einkaufs-Verband (ZEEV)" vereinigt ca. 220 Mitglieder mit rd. 240 Verkaufsstellen. Die Kooperation der beiden Gruppen zeichnet sich dadurch aus, dass 132 der ZEEV-Mitglieder das E/D/E-Standardlager nutzen und die gemeinsamen Vertriebsaktivitäten in der ZEEV-Zentrale gebündelt sind. Darüber hinaus forciert ein Außendienstmitarbeiter des ZEEV die Zusammenarbeit über Aktionen, Zielvereinbarungen und besondere landesspezifische Angebote in enger Abstimmung mit dem E/D/E. Tabelle 20 gibt einen Überblick über die seit 1989 durch Kooperation mit ausländischen Gruppen erschlossenen Ländermärkte.

Ende des Jahres 2005 konnte das E/D/E mit der Menouquin-Gruppe einen Partner in Belgien gewinnen. Es handelt sich hierbei um einen führenden belgischen Einkaufsverband, der mit 70 angeschlossenen Mitgliedern an 95 Standorten präsent ist. Der Kooperationsvertrag umfasst sowohl die Abrechnung von gemeinsamen Lieferanten als auch den Zugang der Menouquin-Mitglieder zum Standardlager des E/D/E.

Tabelle 20: Kooperationspartner des E/D/E

Jahr	Kooperationspartner	Land	Jahr	Kooperationspartner	Land
1989	3E	Österreich	1999	Troy	Großbritannien
1995	Groupe Socoda	Frankreich	1999	Cecofersa	Spanien
1998	Luna	Schweden	2001	Ferney Group	Niederlande
1998	Necomij	Niederlande	2001	ZEEV	Schweiz
1999	CDU	Italien	2005	Menouquin	Belgien

Quelle: E/D/E 2006.

Im Rahmen seiner „Mehr-Wege-Strategie" war das E/D/E darüber hinaus an der Gründung von mehreren Gemeinschaftsunternehmen nationaler Verbundgruppen beteiligt, die auch als supranationale Kooperationen bezeichnet werden. Hierzu zählen bspw. die Euro Baubeschlag-Handel (EBH) AG, die EURO CRAFT S.A.R.L. sowie die Professional Tool Cooperation (PTC).

Die im Januar 2002 von den beiden Baubeschlagsgruppen Befa (Neuss) und Ibau (Köln) sowie dem E/D/E gegründete EBH AG ist die größte europäische Baubeschlagskooperation mit 69 Mitgliedern in Deutschland, fünf in Österreich, sechs in Belgien, drei in den Niederlanden und einem in Italien. Die von Wuppertal aus geführte AG bündelt Bedarfspotenziale, um optimale Einkaufskonditionen sowie eine effektive Marktdurchdringung zu gewährleisten. Eine wesentliche Grundlage für die Zusammenarbeit in der EBH AG ist die Bildung von Fachgruppen mit hohem Verpflichtungsgrad für die Händler. Es werden gemeinsame Vermarktungsstrategien entwickelt, die sich ausschließlich auf den Vertrieb von Beschlägen und Sicherheitstechnik konzentrieren und trotz der Eigenständigkeit der angeschlossenen Handelshäuser flächendeckend und einheitlich umgesetzt werden. Hieraus resultiert eine Händlerplattform von über 100 Standorten mit zentraler Steuerung, welche die Kooperation und Koordination mit den Herstellerunternehmen vereinfacht, wobei man sich auf ausgewählte Schwerpunktlieferanten konzentriert.

EURO CRAFT ist eine vom E/D/E und der französischen Groupe Socoda im Jahre 1995 in Paris gegründete supranationale Kooperation für den Fachhandel im Eisenwarenbereich, der sich 1998 die Einkaufs- und Marketinggruppen Necomij B.V. (Niederlande), Luna AB (Schweden) und 1999 die spanische Cecofersa S.A. als Mitglieder angeschlossen haben. Das Leistungsportfolio umfasst die Bedarfsbündelung, die Entwicklung gemeinsamer Einkaufsstrategien, die Erzielung von Synergien im Beschaffungsmarketing sowie den Vertrieb von europäischen Handelsmarken. Hierzu wurden Rahmenverträge mit marktführenden Lieferanten der Bereiche Elektrowerkzeuge sowie chemisch-technische Produkte geschlossen. Um die Lieferanten- und Mitgliederarbeit weiter zu professionalisieren, wurde beschlossen, eine eigenständige Geschäftsstelle in Paris zu eröffnen. Die Realisierung mit eigenem Personal erfolgte im Herbst 2006.

Ein drittes Beispiel für eine supranationale Gruppe, die das E/D/E gegründet hat, stellt die Professional Tool Cooperation (PTC) dar, in der 14 Händler bzw. Kooperationen aus neun europäischen Ländern zusammengeschlossen sind. Hierbei handelt es sich um eine Spezialisten-Kooperation eines homogenen Warenbereichs, die in halbjährlichen Treffen den gemeinsamen Einkauf planen, externes Know-how durch Vorträge von Gastreferenten (bspw. von strategisch wichtigen Lieferanten) einbringen, Informationen austauschen und wesentliche Wettbewerber auf internationalem Niveau beobachten. So wurden bspw. auf Tagungen in Belgien und in den Niederlanden Wettbewerber der Branchen Werkzeuge und Betriebseinrichtungen analysiert.

Bei einer ganzheitlichen Betrachtung der „Mehr-Wege-Strategie" des E/D/E und den drei verschiedenen Betätigungsformen wird deutlich, dass oftmals zwei und in einigen Fällen sogar alle drei dieser Betätigungsformen simultan in einem Land zum Einsatz kommen. So können die Schweiz, Österreich, Frankreich und BeNeLux als Beispiele für Ländermärkte angeführt werden, in denen sowohl eine Direktaufnahme von Mitgliedern als auch eine Kooperation mit einer lokalen Verbundgruppe stattfindet. Die parallele Anwendung sämtlicher Betätigungsformen kann in den Niederlanden beobachtet werden: Im Jahre 1995 wurden dort einzelne Großhändler als Mitglieder aufgenommen und im Jahre 2001 wurde eine Kooperation mit der Ferney Group eingegangen. Zusätzlich existiert eine Kooperation mit der Necomij-Gruppe über die EURO CRAFT und drei niederländische Händler sind über den supranationalen Verbund EBH an das E/D/E angebunden.

5. Anwendung von Geschäftsmodellen

Bei der Wuppertaler Verbundgruppe kommen in West- und Osteuropa mehrere Geschäftsmodelle parallel zum Einsatz. Neben der Zentralregulierung und dem Eigenhandel tritt das E/D/E als Systemverbund am Markt auf, der über Marketing- und Logistikdienstleistungen hinaus noch zahlreiche weitere Dienstleistungen anbietet und sich durch deren Bündelung als Full-Service-Dienstleister aufgestellt hat. In Westeuropa werden auch Franchise- bzw. Lizenzkontrakte vergeben. Dies spiegelt die Ergebnisse der Primärerhebung wider, nach denen die Vergabe solcher Kontrakte durch Verbundgruppen in Westeuropa weitaus verbreiteter ist als in Osteuropa.

Bei der Wahl der Geschäftsmodelle stehen für das E/D/E sowohl Heimatland-spezifische als auch Verbundgruppen-spezifische sowie allgemein-betriebswirtschaftliche Aspekte im Vordergrund. Neben der Erfahrung mit einem Geschäftsmodell und seinem Erfolg im Heimatland werden das Vorhandensein mittelständischer Strukturen im Zielland, das dortige Vorhandensein von Händlern/Unternehmern als potenzielle Kooperationspartner sowie die Durchsetzbarkeit des Geschäftsmodells im Zielland berücksichtigt. Darüber hinaus spielen das Umsatz- und das Gewinnpotenzial des jeweiligen Geschäftsmodells eine wichtige Rolle.

III. Fazit und Ausblick

Das E/D/E liefert ein Bespiel für eine im Internationalisierungsprozess bereits fortgeschrittene Verbundgruppe, deren internationale Aktivitäten sich bereits auf über 20 europäische Länder erstrecken, wobei die Erschießung weiterer Ländermärkte geplant ist. Nachdem das E/D/E in den neunziger Jahren durch seine ersten über Landesgrenzen hinweg gehenden Tätigkeiten zunächst „Duftmarken" in Europa hinterlassen hat, ist eine zunehmende Professionalisierung der Internationalisierungsstrategie festzustellen, die sich maßgeblich in der im Jahre 2001 erfolgten Restrukturierung manifestiert, bei der ein eigener Geschäftsbereich für die im Rahmen der Internationalisierung anfallenden Aufgabe und Prozesse gegründet wurde. Schließlich kann anhand des Beispiels des E/D/E veranschaulicht werden, wie unterschiedliche Betätigungsformen auf Auslandsmärkten – mitunter simultan – eingesetzt und mehrere Geschäftsmodelle – bis hin zum Full-Service-Provider und Kontraktgeber – parallel verfolgt werden können.

Was die zukünftige Auslandsexpansion betrifft, so hat das E/D/E beschlossen, neben der weiteren Erschließung des skandinavischen Raums im Jahre 2006 mit dem Aufbau eines Händlernetzes für FORMAT-Werkzeuge in Spanien zu beginnen. Nach einem detaillierten Projektplan wurden erste Schritte zur Gewinnung branchenerfahrener Mitarbeiter, zur Mitgliederakquisition und zur Katalogproduktion unternommen. Die Umsetzung des Gesamtkonzepts, das u. a. die Eröffnung eines Vertriebsbüros beinhaltet, ist für das erste Quartal 2007 vorgesehen.

Gemäß den Zielvorgaben des E/D/E wurde im Jahre 2006 ein Umsatz von rd. 420 Mio. EUR im Ausland erwirtschaftet, für das Jahr 2007 ist ein Umsatz von mehr als 500 Mio. EUR geplant. Als Basis für dieses Wachstum sollen dabei die umfassenden und systematischen Marktanalysen von Ländermärkten sowie Warenbereichen dienen.

D. Fallbeispiel SPORT 2000

I. Unternehmensportrait

Die SPORT 2000 Deutschland GmbH (SPORT 2000) ist eine der führenden Verbundgruppen im europäischen Sporthandel mit Sitz im hessischen Mainhausen. Sie beschäftigt insgesamt 123 Mitarbeiter in der Zentrale und stellt einen Zusammenschluss von 763 Händlern mit 1.114 Sportgeschäften dar (Dezember 2005). Die SPORT 2000, die das operative Geschäft im Sportbereich von der Warenbeschaffung bis zur Entwicklung der fachhandelsunterstützenden Vermarktungskonzepte führt, ist wie die anwr Schuh GmbH eine 100-prozentige Tochtergesellschaft der Ariston-Nord-West-Ring eG (anwr), einem mittelständisch geprägten Einzelhandelsverbund. Die anwr-Gruppe unterstützt die SPORT 2000 durch Dienstleistungen ihrer weiteren Tochtergesellschaften, so im Bereich der Zentralregulierung durch die Spezialbank DZB, in der Steuerberatung durch die CONVENTA Wirtschaftsprüfungsgesellschaft sowie in der betriebswirtschaftlichen Beratung und Schulung durch die CONVENTA Unternehmensberatungsgesellschaft.

Die SPORT 2000 steuert darüber hinaus das Großhandelsgeschäft inklusive der Logistik der Zweirad-Verbundgruppe BICO, an der die anwr-Gruppe eine Beteiligung von 25,1 Prozent hält. Den Ausgangspunkt für diese Kooperation bildet die aktuelle Branchenentwicklung, nach der die Märkte für Fahrräder und Sportartikel sowohl auf der Absatz- als auch auf der Beschaffungsseite immer stärker zusammenwachsen.

Zur logistischen Abwicklung des Eigengeschäfts mit Markenartikeln sowie Eigenmarken der kombinierten Bereiche Sport/Freizeit/Fahrrad/Outdoor betreibt die SPORT 2000 ein Express-Lager am Stammsitz in Mainhausen sowie je ein Lager in Verl und in Aschaffenburg. In Verl werden in erster Linie Fahrradteile sowie große und schwere Waren gelagert, in Aschaffenburg hauptsächlich Schuhe.

Im Jahre 2005 erzielte die SPORT 2000, die über eine mehr als 60-prozentige Eigenkapitalquote verfügt, einen Zentralregulierungsumsatz (Umsätze der von der SPORT 2000 betreuten Mitglieder mit Lieferanten zu Einkaufspreisen) von 744,9 Mio. EUR. Dies entspricht einem Einzelhandelsumsatz von insgesamt 1,86 Mrd. EUR und bedeutet gegenüber dem Vorjahr eine Steigerung um 7,4 Prozent. Im Eigengeschäft erreichte die SPORT 2000 im selben Jahr Umsatzerlöse von 88,4 Mio. EUR (nach 93,3 Mio. EUR im Vorjahr). Verantwortlich für den leichten Rückgang waren in erster Linie geringere Lager- und Streckenabwicklungen in den Bereichen Nike und Hartware. Der Jahresüberschuss, der zum Großteil den Rücklagen zugeführt wurde, belief sich auf 1,84 Mio. EUR. Die Mitgliedsunternehmen der SPORT 2000 konnten ihren Umsatz im Jahre 2005 um 1,8 Prozent gegenüber dem Vorjahr steigern. Mit 43 neuen Mitgliedern sowie 42 mitgliederseitigen Abgängen wurde im selben Jahr eine leicht positive Partnerbewegungsbilanz erreicht.

Gemäß ihrer im Jahre 2005 verabschiedeten Strategie strebt die SPORT 2000 mittel- bis langfristig danach, „Europas leistungsstärkste Verbundgruppe im Sport" zu werden – „mit Sporthändlern die klar positioniert ihren lokalen Markt bestreiten". Um diese Zielvorgabe zu erreichen, wurde ein umfangreicher Maßnahmenkatalog erarbeitet, dessen Kernaussagen wie folgt zusammengefasst werden können:

- stärkere Profilierung der Partner/Betriebstypen
- ständige Verbesserung der Qualität und Leistungsfähigkeit der zentralen Dienstleistungen
- Optimierung des Markenspektrums und Ausbau des Eigenmarken-Portfolios zur Renditesicherung
- vernetzte Strukturen zur Optimierung der Wertschöpfungskette
- weitestgehende Unabhängigkeit von Kreditinstituten.

Da die SPORT 2000 in den Handel mit global agierenden Weltmarken wie bspw. Adidas und Nike involviert ist, werden Entscheidungen zunehmend in einem europaweiten Kontext getroffen, sodass nationale Interessen eine immer geringere Rolle spielen. Deshalb müssen sich die Mitglieder der SPORT 2000 Deutschland sowie die SPORT 2000 Deutschland selbst gegenüber der SPORT 2000 International in Warenentscheidungen und in der Umsetzung von Vermarktungskonzepten committen.

Internationale Aktivitäten

Die SPORT 2000 Deutschland GmbH ist Partner der SPORT 2000 International GmbH. Diese bündelt die Einkaufs- und Marketingaktivitäten von rund 20 europäischen Länderorganisationen, denen insgesamt über 3.000 Sporthändler mit über 28.000 Mitarbeitern angeschlossen sind. Im Jahre 2005 konnte auf einer Fläche von ca. 1 Mio. Quadratmetern ein Umsatz von knapp 4 Mrd. EUR erwirtschaftet werden. Die Entwicklung des Umsatzes, der Ladenzahl sowie der Fläche in den Jahren 2004 sowie 2005 ist in Abbildung 79 dargestellt. Wie Abbildung 80 verdeutlicht, ist die SPORT 2000 International der drittgrößte Sportwarenhändler der Welt.

Abbildung 79: Entwicklung ausgewählter Kenngrößen der SPORT 2000 International GmbH

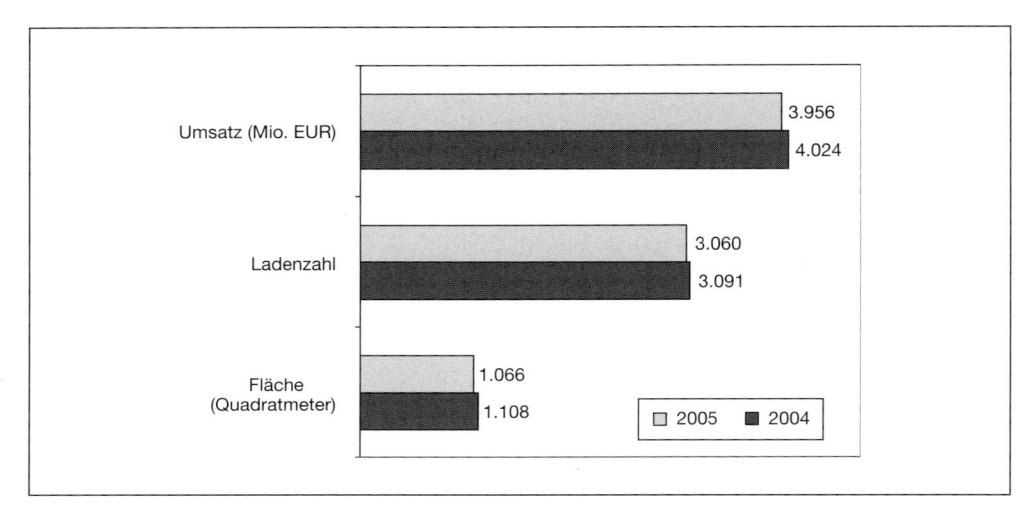

Kenngröße	2005	2004
Umsatz (Mio. EUR)	3.956	4.024
Ladenzahl	3.060	3.091
Fläche (Quadratmeter)	1.066	1.108

Quelle: SPORT 2000 International GmbH 2006.

Abbildung 80: Die weltweit größten Sportwarenhändler (gemessen am Umsatz in Verkaufspreisen in Mio. EUR)

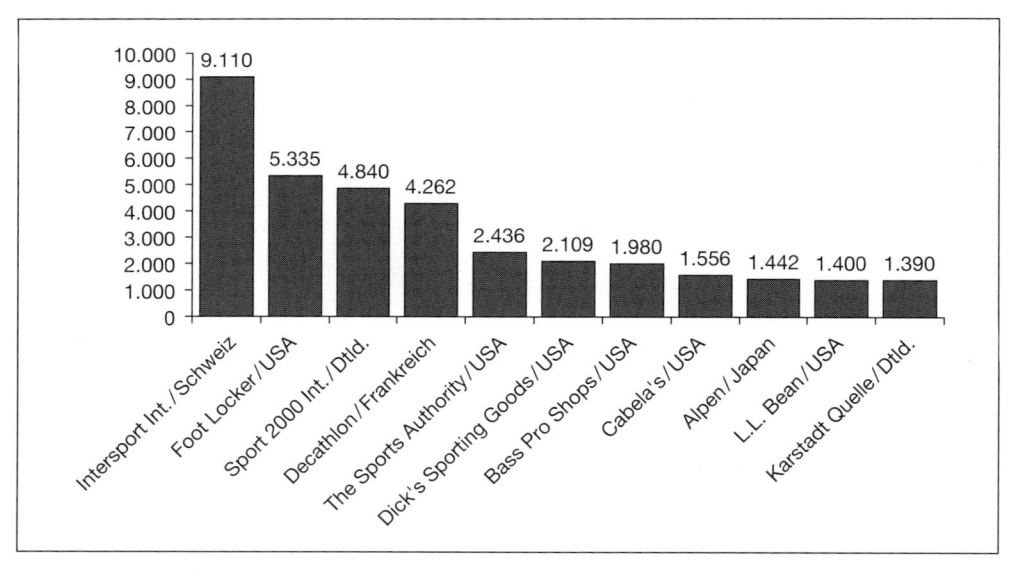

Händler	Umsatz
Intersport Int./Schweiz	9.110
Foot Locker/USA	5.335
Sport 2000 Int./Dtld.	4.840
Decathlon/Frankreich	4.262
The Sports Authority/USA	2.436
Dick's Sporting Goods/USA	2.109
Bass Pro Shops/USA	1.980
Cabela's/USA	1.556
Alpen/Japan	1.442
L.L. Bean/USA	1.400
Karstadt Quelle/Dtld.	1.390

Quelle: Sporting Goods Intelligence 2004.

Das internationale Netzwerk der SPORT 2000 International GmbH ist so strukturiert, dass die Länderorganisationen in Deutschland, Frankreich, Italien, Spanien, Schweden, Dänemark, Norwegen, Österreich sowie den Niederlanden als ihre Anteilseigner fungieren. Die Handelskooperationen in den übrigen Ländern sind als so genannte „buying partner" mit der internationalen Gesellschaft verbunden. Während Abbildung 81 einen generellen Überblick über den geografischen Aktionsradius der SPORT 2000 International gibt, werden in Abbildung 82 die Handelskooperationen der SPORT 2000 in den jeweiligen Auslandsmärkten aufgeführt. Hierbei ist anzumerken, dass die erst jüngst erschlossenen Länder Ungarn, Slowakei sowie Tschechien von Österreich aus bedient werden, die baltischen Länder Estland und Litauen von Lettland aus.

Abbildung 81: Geografischer Aktionsradius der SPORT 2000 International

Quelle: SPORT 2000 International GmbH 2006.

Im Frühjahr 2005 hat die SPORT 2000 einen Full-Service-Verbund in der Schweiz etabliert, die SPORT 2000 Schweiz AG. Diese hat ihr Büro in Zürich unter dem Dach des Kooperationspartners Swiss Shoe bezogen, von wo aus die Mitarbeiter das Leistungsspektrum in den Bereichen Partner, Ware, Sortiment und Angebote für den Schweizer Markt koordinieren. Hierbei erhalten sie zusätzliche Unterstützung durch die Infrastruktur der Swiss Shoe und der SPORT 2000 Deutschland.

Abbildung 82: Europaweite Handelskooperationen der SPORT 2000 International

Land	Handelskooperation	Land	Handelskooperation
Dänemark	Sport Danmark A/S.	Luxemburg	SPORT 2000 Deutschland GmbH
Deutschland	SPORT 2000 Deutschland GmbH	Niederlande	Euretco Sport b.v.
England	Sports World International Ltd.	Norwegen	T. Fjelland & Co. A/S
Estland	Sportland SIA	Österreich	Zentrasport Österreich reg. Gen. M.b.H.
Finnland	Wihuri OY	Russland	Sportmaster Tading
Frankreich	SPORT 2000 France S.A.	Schweden	Teamsportia AB
Griechenland	Hellenic Flame S.A.	Schweiz	SPORT 2000 Schweiz AG
Italien	Sport Alliance s.r.l.	Slowakei	Zentrasport Österreich reg. Gen. M.b.H.
Lettland	Sportland SIA	Spanien	Detall Sport S.A.
Liechtenstein	SPORT 2000 Schweiz AG	Tschechien	Zentrasport Österreich reg. Gen. M.b.H.
Litauen	Sportland SIA	Ungarn	Zentrasport Österreich reg. Gen. M.b.H.

Quelle: SPORT 2000 International GmbH 2005.

Zwecks Optimierung der länderübergreifenden Kooperation im Einkaufs-, Organisations- und Marketingbereich beschlossen die Shareholder der SPORT 2000 im Jahre 2005 eine Anpassung der internationalen Struktur vorzunehmen. So wurden die Aktivitäten zur Stärkung der Dachmarke SPORT 2000 aus der Einkaufsorganisation in die SPORT 2000 International Marketing AG ausgegliedert, um zukünftig die Interessen der Länder, welche die Dachmarke in ihren Märkten nutzen, bevorzugt bedienen zu können. Dadurch wird die Aufnahme weiterer Partner erleichtert, welche die internationale Zusammenarbeit vor allem unter dem Gesichtspunkt der Volumenbündelung beim Einkauf sehen.

II. Beschaffungsseitige Internationalisierung

1. Organisationale Verankerung der Beschaffungsfunktion

Die Beschaffungstätigkeiten sind bei der SPORT 2000 in einem eigenen Geschäftsbereich mit 23 Mitarbeitern zusammengefasst. Der Leiter dieses Geschäftsbereichs verantwortete im Jahre 2005 ein Einkaufsvolumen (Einkaufswert) von 450 Mio. EUR, das sich aus über 5.000 Artikeln zusammensetzte. Hierbei handelt es sich um Sportartikel aus den Bereichen Textil, Schuhe und Hartware. Für jeden der drei Bereiche gibt es einen Einkaufsleiter, dem – je nach Bereich – Produktmanager, Junior Produktmanager, Sachbearbeiter, Qualitätsspezialisten sowie Assistenten zugeordnet sind (siehe Abbildung 83).

Abbildung 83: Struktur des Geschäftsbereichs „Einkauf"

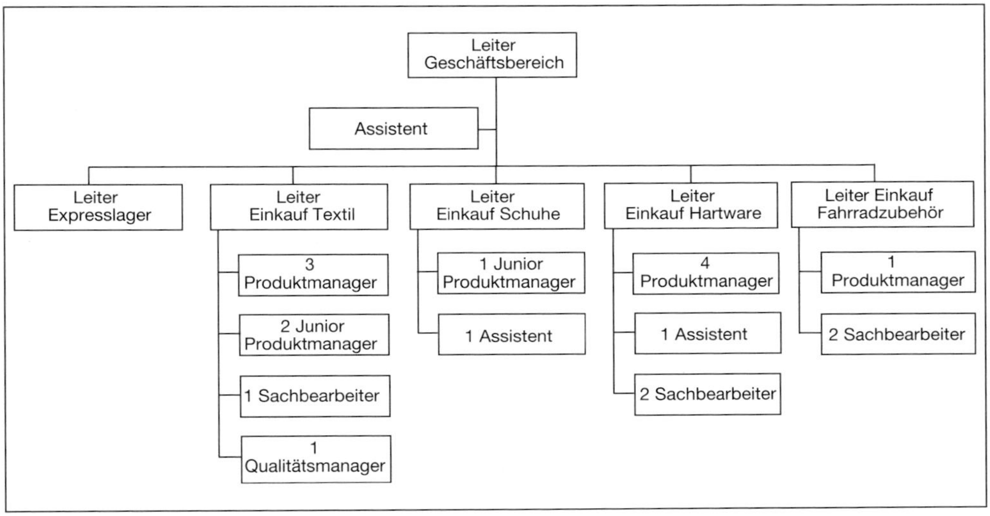

Quelle: SPORT 2000 Deutschland GmbH 2006.

Im Schuhbereich werden Synergien mit der Schwestergesellschaft anwr Schuh genutzt, da einerseits die SPORT 2000 über ihr zentrales Verhandlungsmandat mit den großen Sportartikelherstellern die Beschaffung der Sportschuhe abwickelt und andererseits die anwr Schuh die Volumen von SPORT 2000 im Bereich des Schuhfacheinzelhandels betreut. Zusätzlich zu den Bereichen Schuhe, Textil und Hartwaren sind der Einkauf für Fahrradzubehör (BICO) sowie die Abwicklung des Expresslagers im Geschäftsbereich „Einkauf" angesiedelt. Die insgesamt vier Einkaufsleiter sowie der Leiter des Express-Lagers berichten jeweils direkt an den Geschäftsbereichsleiter.

2. Lieferantenstruktur

Die SPORT 2000 arbeitet im Rahmen der Beschaffung mit mehr als 400 Lieferanten zusammen, von denen mehr als 50 Prozent ihren Sitz im Ausland haben. Zwar ist die Lieferantenstruktur so ausgewogen, dass keine größere Abhängigkeit von einzelnen Produzenten besteht, jedoch waren die vergangenen Geschäftsjahre durch eine zunehmende Umsatzkonzentration geprägt. Dies hatte zur Folge, dass die Top-50-Lieferanten über 83 Prozent, die Top-100-Lieferanten bereits über 90 Prozent des Gesamtumsatzes der SPORT 2000 im Jahre 2005 ausmachten. Die SPORT 2000 wählt ihre Lieferanten in erster Linie nach deren Vertrauens- bzw. Glaubwürdigkeit sowie nach der Qualität der gelieferten Produkte aus. Gleichermaßen bedeutsam für die Lieferantenwahl sind darüber hinaus die Beschaffungssicherheit, die Pünktlichkeit der Lieferung sowie das Preis-/Leistungs-Verhältnis.

Tabelle 21: Die Top-50-Lieferanten der SPORT 2000 im Jahre 2005

Rang	Lieferant	Rang	Lieferant
1	Adidas	26	Ziener
2	Nike	27	Skechers
3	Asics	28	VF Gruppe
4	Puma	29	Esprit
5	Tecnica-Gruppe	30	Dunlop
6	K2-Gruppe	31	Brooks
7	Reebok	32	New Balance
8	Head-Gruppe	33	Salewa
9	Jako	34	Rossignol
10	Amer-Gruppe	35	Columbia
11	Fischer	36	Maier Sport
12	Jack Wolfskin	37	Exel
13	Schöffel	38	Polar
14	Erima	39	Fjällräven / Hanwag
15	Odlo	40	O'Neill
16	Kettler	41	Venice Beach
17	VauDe	42	Hummel
18	Leki	43	Chiemsee
19	Campagnolo	44	Converse
20	Meindl	45	Protest
21	Mammut	46	MEXX
22	Falke	47	Alpina
23	Uhlsport	48	Tatonka
24	Killtec	49	L-Fashion
25	Fila	50	Uvex

Quelle: SPORT 2000 Deutschland GmbH 2006.

Bei der Auflistung der Top-50-Lieferanten in Tabelle 21 ist die SPORT 2000 selbst nicht aufgeführt, die jedoch durch ihre sechs Eigenmarken Dynamics, High Colorado, Fishbone, Stuf, V3TEC und York als drittgrößter Lieferant in die Liste eingehen würde. Die SPORT 2000 verpflichtet sich gegenüber ihren angeschlossenen Händlern zu einer schnellen Lieferbereitschaft, um deren Ertragskraft zu optimieren.

3. Status quo, Entwicklungstendenzen und Perspektiven der internationalen Beschaffung

Im Jahre 2005 beschaffte die SPORT 2000 im Eigengeschäft ca. 80 Prozent ihres gesamten Einkaufsvolumens direkt im Ausland. Den Prognosen der Verbundgruppe zufolge wird sich dieser Anteil zukünftig, d. h. in einem Perspektivzeitraum bis zum Jahre 2012, auf ca. 95 Prozent erhöhen. Sowohl der gegenwärtige als auch der zukünftige Anteil der direkten Auslandsbeschaffung bei der SPORT 2000 liegen weit über den im Rahmen der empirischen Untersuchung gemessenen Mittelwerten von 16,7 Prozent bzw. 25,9 Prozent (siehe Abschnitt A. des Dritten Kapitels).

Der Sportartikelbereich ist durch die Notwendigkeit von jährlich starken Qualitätssteigerungen, einen hohen Innovationsdruck sowie einen Mangel an inländischen Lieferantenalternativen gekennzeichnet. Diese Charakteristika des Warenbereichs begünstigen nach Einschätzung von SPORT 2000 eine Zunahme der internationalen Beschaffungstätigkeiten. Diese Einschätzung stimmt mit den Ergebnissen der Verbundgruppen-Befragung dahingehend überein, dass die drei genannten Charakteristika ebenfalls als förderlich für die Zunahme der internationalen Beschaffung eingestuft wurden.

Handelsmarken sowie Commodity-Artikel werden von der SPORT 2000 bereits heute in starkem Ausmaß international beschafft, während dies für Markenartikel nur ansatzweise der Fall ist. Die Verbundgruppe geht davon aus, dass der Grad der internationalen Beschaffung zu Lasten einer rein nationalen Beschaffung in allen drei Kategorien zukünftig stark steigen wird. Ein besonderer Fokus liegt dabei zukünftig auf den Handelsmarken, deren Umsatzanteil von derzeit 8 Prozent mittelfristig auf 15 Prozent gesteigert werden soll.

Das internationale Einkaufsvolumen der SPORT 2000 verteilt sich auf insgesamt neun Länder, von denen sieben Länder dem asiatischen Raum zuzuordnen sind: Bangladesh, China, Indien, Indonesien, Pakistan, Taiwan und Thailand. Mit ca. 85 Prozent entfällt der Großteil des Einkaufsvolumens auf diesen geografischen Raum, wobei China das wichtigste Produktionsland für Schuhe, Textilien sowie Hartware darstellt. Die übrigen 15 Prozent des Einkaufsvolumens entfallen auf die europäischen Länder Italien und Polen.

Für den Schuhbereich stellen Indien und Bangladesh nach China die bedeutendsten Beschaffungsländer dar, bei den Textilien ist neben China vor allem Indonesien als wichtiges Beschaffungsland anzuführen. Im Bereich der Hartwaren wird die Dominanz Chinas immer größer, sodass ehemals bedeutsame Beschaffungsländer wie Vietnam und Malaysia zunehmend verdrängt werden.

Den Prognosen der Verbundgruppe zufolge werden gesamthaft betrachtet die Einkaufsvolumina aus Bangladesh, China und Thailand steigen bzw. im Fall von China und Indien stark steigen. Für die übrigen Länder (Italien, Polen, Indonesien, Pakistan und Taiwan) wird eine rückläufige Entwicklung vorausgesagt.

4. Beurteilung von ausländischen Produktionsländern

Bei der Beurteilung von Produktionsländern legt die SPORT 2000 vielfältige Kriterien zu Grunde. Eine sehr hohe Bedeutung kommt den Stückkosten sowie den Logistikkosten, die insbesondere die Transportkosten enthalten, zu. Eine hohe Bedeutung wird der ökonomischen Situation sowie der Infrastruktur des Produktionslandes beigemessen. Ebenso werden tarifäre und nicht-tarifäre Handelshemmnisse sowie Zahlungs- und Währungsrisiken als wichtige Kriterien berücksichtigt. Eine geringe Bedeutung kommt hingegen der kulturellen Nähe zu. Bei der Beurteilung ausländischer Produktionsländer gegenüber dem heimischen Produktionsmarkt auf der Basis der genannten Kriterien wird das Spannungsfeld zwischen den Stückkosten und den Logistikkosten offensichtlich. Während erstere in den ausländischen Produktionsländern, insbesondere in China und Taiwan, als sehr niedrig und im Heimatmarkt als sehr hoch beurteilt werden, verhält es sich bei den Logistikkosten, vor allem auf Grund des Einflusses der Transportkosten, genau umgekehrt.

5. Auswahl und Analyse von Beschaffungskanälen

Im Rahmen der Beschaffungskanalwahl zieht die SPORT 2000 einen umfassenden Kriterienkatalog heran. Die wichtigsten Kriterien sind hierbei die Möglichkeit der Differenzierung im Warenangebot, die Möglichkeit der Kontrolle der Wertschöpfungskette, der Aufbau von eigenem Know-how und Marktkenntnissen sowie eine bessere Transparenz, bspw. bei der Kostenstruktur. Eine hohe Bedeutung wird im Rahmen der Wahl des Beschaffungskanals aber auch dem Erreichen von kritischen Größen, einer hohen Flexibilität sowie der Möglichkeit der direkten Einflussnahme, bspw. auf die Warenqualität, beigemessen.

Das Beschaffungsvolumen der SPORT 2000 teilt sich auf vier Beschaffungskanäle auf. Über 90 Prozent des Volumens werden direkt von Herstellern von Eigenmarken im Ausland, von Markenherstellern im Ausland bzw. von Herstellern von Commodity-Artikeln im Ausland bezogen, wobei der Großteil dieses Volumens auf den erstgenannten Kanal entfällt. Neben diesen drei Kanälen, die allesamt den direkten Formen von Beschaffungskanälen zugeordnet werden können, wird ein knapp 10-prozentiger Anteil des Gesamtvolumens über Exporteure im Ausland abgewickelt. Für den Direktbezug von Herstellern von Eigenmarken im Ausland sowie den Direktbezug von Markenherstellern im Ausland wird ein hohes Wachstum prognostiziert, während den beiden anderen genannten Beschaffungskanälen zukünftig eine geringere Bedeutung zukommen wird.

Die SPORT 2000 France S.A., eine Tochtergesellschaft der SPORT 2000 Deutschland GmbH, nutzte mit der Beschaffung über ein kooperativ betriebenes Einkaufsbüro im Ausland zeitweise einen weiteren Beschaffungskanal, der sich allerdings nicht bewährte und deshalb nicht mehr genutzt wird. Die SPORT 2000 France S.A. hatte mit der „Sport Europe Distribution" (SED), einer in Grenoble ansässigen Sport-Verbundgruppe, ein gemeinsames Einkaufskontor „Synergies Sport" gegründet. Ziel dieser Maßnahme war es, den angeschlossenen Händlern beider Verbundgruppen durch die Zusammenlegung und der damit verbundenen größeren Anzahl von Mitarbeitern im Einkauf eine bessere Leistung bieten zu können. Außerdem sollten dadurch die Einkaufsvolumina bei den Lieferanten gebündelt und die Konditionen verbessert werden. Nach anfänglichen Erfolgen dieses Einkaufskontors zeigte sich jedoch, dass die Unternehmenskultur der beiden Verbundgruppen sowie die der maßgeblichen Führungskräfte zu unterschiedlich waren, um eine langfristige, für beide Seiten fruchtbare Zusammenarbeit zu ermöglichen. So kam es im Herbst des Jahres 2005 zur Trennung und der Rückabwicklung des gemeinsamen Einkaufskontors.

III. Fazit und Ausblick

Die beschriebenen Entwicklungen bei der SPORT 2000, einer Verbundgruppe, die bereits frühzeitig die Weichen für eine erfolgreiche internationale Beschaffung gestellt hat, spiegeln sehr deutlich die wesentlichen im Rahmen der empirischen Erhebung aufgezeigten Trends hinsichtlich der beschaffungsseitigen Internationalisierung von Verbundgruppen wider.

So werden zum einen die bereits in hohem Maße internationalen Beschaffungstätigkeiten der SPORT 2000 angesichts der jährlich erforderlichen Qualitätssteigerungen, des hohen Innovationsdrucks sowie des Mangels an inländischen Lieferantenalternativen in den kommenden Jahren weiter stark zunehmen. Dies bezieht sich bei der untersuchten Verbundgruppe sowohl auf die Beschaffung von Markenartikeln als auch von Handelsmarken sowie Commodity-Artikeln. Zum anderen erfolgt die Beschaffung in allen drei Warenbereichen

(Hartware, Schuhe und Textilien) in zunehmendem Maße aus asiatischen Ländern, wobei China einen eindeutigen Schwerpunkt bildet. Darüber hinaus prognostiziert die Verbundgruppe, dass sich insbesondere der Anteil der über direkte Kanäle beschafften Ware erhöhen wird.

Fünftes Kapitel:

Zusammenfassende Schlussbetrachtung

Der Fokus der absatzseitigen Expansion von Verbundgruppen liegt auf west- sowie osteuropäischen Ländermärkten, wobei letztere erst seit relativ kurzer Zeit durch die Erweiterung der EU in den Blickpunkt gerückt sind. Nord- und südeuropäische Länder stellen ebenfalls Zielländer dar, wenn auch in geringerem Ausmaß. Über Europa hinausgehende Tätigkeiten der untersuchten Verbundgruppen sind auf der Absatzseite sehr selten vorzufinden.

Auf der Beschaffungsseite hingegen zeichnet sich ein deutlicher Trend zu Gunsten asiatischer Beschaffungs- bzw. Produktionsländer ab, wobei China eine herausragende Position einnimmt, die sich zukünftig noch verstärken wird. Europa betreffend, wird sich der Anteil der klassischen Beschaffungs- bzw. Produktionsländer wie bspw. Italien und Spanien verringern, während die Türkei, Polen und Russland an Bedeutung gewinnen werden. Die Notwendigkeit für eine Intensivierung der internationalen Beschaffungstätigkeiten ergibt sich vor allem aus dem hohen Kostensenkungs- und Innovationsdruck, durch den viele Warenbereiche charakterisiert sind. Darüber hinaus werden ausländische Lieferanten als Alternative gesucht, um die langen, durch Abhängigkeit gekennzeichneten Beziehungen zu inländischen Lieferanten flexibler gestalten zu können.

Der entscheidende erste Impuls zur Internationalisierung geht meistens vom Verbundgruppen-Management aus, wobei die Verbundgruppen-Mitglieder, Gesellschafter sowie ausländische Händler/Unternehmer auch häufig Impulsgeber sind. Bei der Erschließung von Ländermärkten, die sich zukünftig stärker strategisch geplant und wesentlich schneller als in der Vergangenheit vollziehen wird, gehen Verbundgruppen in der Regel sukzessive vor und beziehen selten externe Organisationen in den Internationalisierungsprozess ein. In immer stärkerem Maße richten Verbundgruppen ihre internen Organisationsstrukturen durch Abordnung spezieller Mitarbeiter, Gründung von eigenen Geschäftsbereichen oder internationalen Organisationen auf die zunehmende Bedeutung des Auslandsgeschäfts aus.

Als Gründe für das verstärkte Auslandsengagement von Verbundgruppen können u. a. ökonomische Motive wie Umsatzausweitung und langfristige Gewinnerzielungsmöglichkeiten, offensive Motive wie die Erschließung neuer Absatzmärkte, Push-Motive wie der gesättigte und konzentrierte Heimatmarkt sowie insbesondere mit der kulturellen, geografischen, logistischen und sprachlichen Nähe verbundene Pull-Motive angeführt werden.

Hinsichtlich der im Vorfeld der Internationalisierung zu schaffenden Voraussetzungen wird deutlich, dass diese vor allem in klaren Entscheidungsstrukturen in der Verbundgruppe, hinreichenden finanziellen Ressourcen sowie erfolgreichen Operationen im Heimatmarkt bestehen. Hierbei handelt es sich um Voraussetzungen, welche die Verbundgruppen ihrer eigenen Einschätzung zufolge bereits relativ gut erfüllen. Das Know-how über den Internationalisierungsprozess sowie das Know-how über potenzielle Zielländer stellen hingegen zwei gleichermaßen wichtige, aber zu einem geringeren Grad erfüllte Voraussetzungen dar. So bildet die fehlende Auslandserfahrung von Verbundgruppen oftmals eine wichtige Barriere bei den Internationalisierungsbestrebungen. Als weitere relevante Barrieren wurden neben der hohen Kostenintensität die zunehmende Komplexität des Internationalisierungsprozesses sowie der hohe Koordinationsaufwand des Ländermanagements inklusive der Einbindung der Mitglieder im Ausland identifiziert.

Bei der Auswahl von Ländermärkten stützen sich Verbundgruppen auf generelle Selektionskriterien wie bspw. das Volumen und das Wachstum eines Auslandsmarktes, auf branchen- bzw. wettbewerbsspezifische Kriterien wie bspw. die mit einem Markteinstieg verbundenen Kapitalerfordernisse sowie auf unternehmensspezifische Kriterien. Innerhalb dieser Kategorien sind insbesondere die Verbundgruppen-spezifischen Kriterien hervorzuheben. Hierzu zählen das Vorhandensein mittelständisch geprägter Handels- bzw. Handwerksstrukturen in der jeweiligen Branche, die Sicherungsmöglichkeit für Forderungen sowie die Möglichkeit der Durchführung von Zentralregulierung/-fakturierung bzw. von Vermittlungsgeschäften. Um eine konkrete Hilfestellung für Verbundgruppen hinsichtlich des gesamten Prozesses der Marktwahl zu geben, wurde exemplarisch ein Scoring-Modell entwickelt und für Verbundgruppen aus der UE-/IT-Branche, die beabsichtigen, in den polnischen Markt einzutreten, angewandt.

Im Rahmen der beschaffungsseitigen Betrachtung der Kriterien zur Beurteilung von Produktionsländern ziehen Verbundgruppen hauptsächlich kostenorientierte Kriterien wie bspw. die Stückkosten, die Logistikkosten und die Rohmaterialkosten heran. Daher können Kostensenkungspotenziale als wichtigster Treiber der beschaffungsseitigen Internationalisierung identifiziert werden. Bei einem Vergleich vom Heimatmarkt der Verbundgruppen mit ausländischen Produktionsländern anhand der Beurteilungskriterien zeigt sich, dass die hohen Stückkosten sowie die hohen Rohmaterialkosten im Heimatland als Push-Faktoren der zunehmenden Internationalisierung der Beschaffung wirken. Diese Push-Faktoren fallen bei der Beurteilung stärker ins Gewicht als die im Heimatmarkt positiv bewerteten Faktoren wie bspw. die intakte Infrastruktur, die stabile politische Situation sowie die geografische und kulturelle Nähe.

Bei den absatzseitigen Betätigungsformen, die Verbundgruppen auf Auslandsmärkten einsetzen, dominieren die Direktaufnahme ausländischer Mitglieder, die Kooperation mit ausländischen Verbundgruppen sowie die Gründung von Tochtergesellschaften, wobei die Bedeutung der Kooperation mit ausländischen Verbundgruppen abnimmt, wenn ausschließlich die wichtigsten Auslandsmärkte von Verbundgruppen betrachtet werden. Dieses Ergebnis bestätigt sich am Beispiel der beim Eintritt in den österreichischen Markt gewählten Betätigungsformen.

Die Wahl der Betätigungsform wird von einer Vielzahl an relevanten Determinanten beeinflusst. Hervorzuheben sind hierbei die Ausnutzung von Synergieeffekten und die Ressourcen-/Kostenintensität, die für die Direktaufnahme ausländischer Mitglieder sowie die Kooperation mit ausländischen Verbundgruppen sprechen, aber auch die Steuerungs-/Kontrollmöglichkeiten des Auslandsgeschäfts und die Erlangung von Ländermarkt-Know-how. Diese Kriterien sind insbesondere bei der Gründung von Tochtergesellschaften gegeben. Eine dynamische Betrachtung der Betätigungsformen von Verbundgruppen ist noch wenig aussagekräftig, da erst wenige Verbundgruppen einen Wechsel der Betätigungsform vorgenommen haben.

Verbundgruppen versuchen in Auslandsmärkten tendenziell ihre traditionellen Geschäftsmodelle der Zentralregulierung und des Warengeschäfts einzusetzen. Im Vergleich zu den westeuropäischen Absatzmärkten erweist sich das Etablieren der Zentralregulierung in Osteuropa als weitaus schwieriger, während das Agieren als Lieferant in dieser Region sehr verbreitet ist. In West- wie in Osteuropa zählen zunehmend auch zusätzlich angebotene Dienstleistungen (v.a. in den Bereichen Marketing und Logistik) zum Geschäftsmodell-Portfolio von Verbundgruppen, während sich Regiebetriebe und Franchise- bzw. Lizenzierungskonzepte in Auslandsmärkten noch wenig durchgesetzt haben. Bei der Wahl der Geschäftsmodelle lassen sich Verbundgruppen sehr stark von der Erfahrung und dem Erfolg mit den im Heimatland praktizierten Geschäftsmodellen leiten, obwohl andersartige Geschäftsmodelle oftmals besser geeignet sein könnten, um die ausländischen Zielmärkte zu bearbeiten (wie z. B. Franchisekonzepte auf Grund ihrer höheren Stringenz).

Auf der Beschaffungsseite ist ein klarer Trend zur zunehmenden Bedeutung direkter Beschaffungskanäle, insbesondere des Direktbezugs, erkennbar. Gesamthaft betrachtet betrifft dies sowohl den Bezug von Markenartikeln als auch von Handelsmarken und Commodity-Artikeln. Während bei den primär einzelhandelsorientierten Verbundgruppen eine klare volumenmäßige Abstufung der direkten Beschaffungskanäle erkennbar ist (der Anteil von direkt im Ausland bezogenen Markenartikeln ist höher als der von Commodity-Artikeln, aber niedriger als der von Eigenmarken), ergibt sich bei den Verbundgruppen, die den Bereichen Großhandel, Handwerk oder Dienstleistungen zuzuordnen sind, eine gleichmäßigere Verteilung der direkten Beschaffungskanäle.

Darüber hinaus lassen sich vielfältige Erkenntnisse für sich im Internationalisierungsprozess befindliche Verbundgruppen aus den dargestellten Fallbeispielen des Einkaufsbüros Deutscher Eisenhändler (E/D/E) sowie der Firma SPORT 2000 ableiten. Diese Fallbeispiele beschreiben absatzseitige sowie beschaffungsseitige Internationalisierungsstrategien und konkretisieren die Fragestellungen, die in den verschiedenen Modulen der Untersuchung aufgeworfen wurden.

Literatur

Ahrens, C. (1994): Kooperative Handelssysteme auf europäischen Märkten – Marktstrukturen und Wettbewerbsverhältnisse, München.

Alexander, N. (2000): The retail internationalisation process, in: International Marketing Review, 17. Jg., Nr. 4/5, S. 334–353.

Altmann, J. (2001): Außenwirtschaft für Unternehmen, 2. Aufl., Stuttgart.

Anderer, M. (1997): Internationalisierung im Einzelhandel – Strategien und Steuerungsmodelle, Frankfurt a. M.

Anderson, E.; Gatignon, H. (1986): Modes of Entry: A Transaction Cost Analysis and Propositions, in: Journal of International Business Studies, 17. Jg., Nr. 3, S. 1–26.

Arend-Fuchs, C.; Kabuth, P.; Bayer, F. (2001): Zentralregulierung in Europa, in: Zentes, J.; Swoboda, B. (Hrsg.): Perspektiven der Zentralregulierung, Frankfurt a.M., S. 25–49.

Arnold, U. (1998): Global Sourcing – Strategische Neuorientierungen des Einkaufs, in: Zentes, J.; Swoboda, B. (Hrsg.): Globales Handelsmanagement: Voraussetzungen – Strategien – Beispiele, Frankfurt a. M., S. 235–256.

Arnold, U.; Eßig, M. (1997): Organisation des Global Sourcing: Ansatzpunkte für einen optimalen Zentralisationsgrad, in: Marktforschung & Management, 41. Jg., Nr. 2, S. 64–69.

Arnolds, H.; Heege, F.; Tussing, W. (2001): Materialwirtschaft und Einkauf, 10. Aufl., Wiesbaden.

Attiyeh, R.; Wenner, D. (1981): Critical Mass: Key to Export Profits, in: The McKinsey Quarterly, 18. Jg., Nr. 4, S. 73–88.

Ausschuss für Definitionen zu Handel und Distribution (2006): Katalog E – Definitionen zu Handel und Distribution, 5. Ausg., Köln.

Auswärtiges Amt (2006a): Polen: Wirtschaft und Umweltpolitik, http://www.auswaertiges-amt.de/diplo/de/Laenderinformationen/Polen/Wirtschaft.html.

Auswärtiges Amt (2006b): Polen: Kultur- und Bildungspolitik, http://www.auswaertiges-amt.de/diplo/de/Laenderinformationen/Polen/Kultur-UndBildungspolitik.html.

AVE (Außenhandelsvereinigung des Deutschen Einzelhandels e.V.) (2003): Textilpolitik – Das Ende des Quotenregimes naht, die Nervosität nimmt zu, http://www.ave-koeln.de/doc/doc/0411Textilpolitik.pdf.

Axel Springer AG (Hrsg.) (2005): Consumer Electronics, Hamburg.

Backhaus, K.; Büschken, J.; Voeth, M. (2003): Internationales Marketing, 5. Aufl., Stuttgart.

Bäurle, I. (1996): Internationalisierung als Prozessphänomen: Konzepte – Besonderheiten – Handhabung, Wiesbaden.

BAFA (Bundesamt für Wirtschaft und Ausfuhrkontrolle) (2005): China: Kategorie 5, http://www.bafa.de/1/de/service/publikat/pdf/21-07-2005ChinaKat5.pdf.

Barberis, A. (1990): Strategies for technology-based Competition and Global Marketing: The Supplier's View, in: International Journal of Technology Management, 5. Jg., Nr. 1, S. 1–12.

Barrenstein, P.; Kliger, M. (2003): Verbundgruppen im Wandel, in: akzente, 9. Jg., Nr. 27, S. 10–15.

Bartholomew, F. (2004): EU will Textilindustrie unterstützen: Sieben-Punkte-Plan für die Zeit nach dem Quotenfall, in: TextilWirtschaft, 59. Jg., Nr. 44, S. 44.

Bartsch, A. (2005): Lieferantenwert – Auswirkungen der Eigenschaften von Lieferanten auf Nutzen und Aufwand bei industriellen Kunden, Wiesbaden.

Bassen, A.; Behnam, M.; Gilbert, D.U. (2001): Internationalisierung des Mittelstands: Ergebnisse einer empirischen Studie zum Internationalisierungsverhalten deutscher mittelständischer Unternehmen, in: Zeitschrift für Betriebswirtschaft, 71. Jg., Nr. 4, S. 413–432.

Bauer, E. (1995): Internationale Marktforschung, München–Wien.

Becker, J.; Winkelmann, A. (2004): Informationsmanagement außenhandelsorientierter Unternehmen: IT-Systeme als Voraussetzung, in: Zentes, J.; Morschett, D.; Schramm-Klein, H. (Hrsg.): Außenhandel – Marketingstrategien und Managementkonzepte, Wiesbaden, S. 989–1007.

Bell, R.; Davies, R.; Howard, E. (1997): The Changing Structure of Food Retailing in Europe: The Implications for Strategy, in: Long Range Planning, 30. Jg., Nr. 6, S. 853–861.

Berekoven, L. (1987): Geschichte des deutschen Einzelhandels, 2. Aufl., Frankfurt a. M.

BerliNews (2005): Innovationsfeld Mobilität und Logistik: Forschungs- und Entwicklungsbedarf für den Verkehr der Zukunft, http://www.berlinews.de/archiv-2004/2251.shtml.

Berndt, R.; Fantapié Altobelli, C.; Sander, M. (1997): Internationale Marketing-Politik, Berlin–Heidelberg–New York.

Berndt, R.; Fantapié Altobelli, C.; Sander, M. (2005): Internationales Marketing-Management, 3. Aufl., Berlin–Heidelberg–New York.

Beutin, N. (2000): Kundennutzen in industriellen Geschäftsbeziehungen, Wiesbaden.

bfai (Bundesagentur für Außenwirtschaft) (2006a): Polen verstärkt seine Position als TV-Geräte-Produzent, http://www.bfai.de/fdb-SE,MKT20060331103839.

bfai (Bundesagentur für Außenwirtschaft) (2006b): Handelskonzerne expandieren in Polen: Bau neuer Verkaufs- und Geschäftszentren – Kaufkraft und Konsumentenvertrauen steigen, Pressemitteilung, Berlin.

Birkigt, K.; Stadler, M. (2000): Corporate Identity – Grundlagen, in: Birkigt, K.; Stadler, M.; Funck, H. (Hrsg.): Corporate Identity: Grundlagen, Funktionen, Fallbeispiele, 10. Aufl., Landsberg a.L., S. 11–61.

BLC (Business Location Center Berlin-Brandenburg) (2006): Auslandsinvestoren in Polen weiter willkommen, http://www.businesslocator.de/AW/Seite6.jsp.

Blümle, E.-B.; Maass, R. (1998): Aspekte der Internationalisierung von Verbundgruppen, in: Olesch, G. (Hrsg.): Kooperation im Wandel – Zur Bedeutung und Entwicklung von Verbundgruppen, Frankfurt a. M., S. 317–329.

BMWi (Bundesministerium für Wirtschaft und Technologie) (2006): Die wirtschaftliche Lage in der Bundesrepublik Deutschland – Monatsbericht April 2006, Pressemitteilung, Berlin.

Bogaschewsky, R.; Kracke, U. (1999): Internet – Intranets – Extranets: Strategische Waffen für die Beschaffung. Grundlagen und Nutzungsmöglichkeiten in der Praxis, Gernsbach.

Boruc, R. (1998): Wokulscy, in: Wprost, Nr. 830, S. 50–51.

Bradley, F. (2002): International Marketing Strategy, 4. Aufl., London u. a.

Brenner, W.; Zarnekow, R. (2001): E-Procurement: Potenziale, Einsatzfelder und Entwicklungstrends, in: Hermanns, A.; Sauter, M. (Hrsg.): Management-Handbuch Electronic Commerce: Grundlagen, Strategien, Praxisbeispiele, 2. Aufl., München, S. 487–502.

Bruhn, M. (2001): Bedeutung der Handelsmarke im Markenwettbewerb – eine Einführung, in: Bruhn, M. (Hrsg.): Handelsmarken. Zukunftsperspektiven der Handelsmarkenpolitik, 3. Aufl., Stuttgart, S. 3–48.

Bruhn, M. (2006): Handelsmarken – Erscheinungsformen, Potenziale und strategische Stoßrichtungen, in: Zentes, J. (Hrsg.): Handbuch Handel: Strategien – Perspektiven – Internationaler Wettbewerb, Wiesbaden, S. 631–656.

Burmann, C.; Meffert, H. (2004): Strategische Flexibilität als Determinante des Markenwertes von Unternehmen, in: Marketing – ZFP, 26. Jg., Nr. 1, S. 43–54.

Burmeister, J. (2005): Lehrmeister Tsunami?, in: Frankfurter Allgemeine Sonntagszeitung, 02. Januar 2005, Nr. 53, S. 3.

Burt, S.; Dawson, J.; Sparks, L. (2003): Failure in international retailing: research propositions, in: International Review of Retail, Distribution and Consumer Research, 13. Jg., Nr. 4, S. 355–373.

Calof, J.; Beamish, P. (1995): Adapting to Foreign Markets: Explaining Internationalization, in: International Business Review, 4. Jg., Nr. 2, S. 115–131.

Carduck, C. (2000): International Procurement Offices – Internal Service Providers in Procurement Organizations of Multinational Corporations, Frankfurt a. M.

Carpano, C.; Chrisman, J.J.; Roth, K. (1994): The Relationship between International Diversification and Performance in Service Firms, in: Journal of International Business Studies, 25. Jg., Nr. 3, S. 639–656.

Carter, J.R.; Vickery, S.K. (1989): Currency Exchange Rates: Their Impact on Global Sourcing, in: Journal of Purchasing & Materials Management, 25. Jg., Nr. 3, S. 13–20.

Cateora, P.R.; Graham, J.L. (2005): International Marketing, 12. Aufl., Boston.

CAWM/ZGV (Hrsg.) (2004): Verbundgruppenmitgliedschaft und Risiko: Die Auswirkungen der Verbundgruppenmitgliedschaft auf die Risikolage der Mitgliedsunternehmen, Münster–Berlin.

Craig, C.S.; Douglas, S.P. (2000): International Marketing Research, 2. Aufl., Chichester u. a.

Creditreform International (2006): „Never walk alone!" – Auskünfte international mit Verlass, Präsentation im Rahmen der 2. Sitzung des Arbeitskreises „Internationales" des ZGV, 27. April 2006, Wuppertal.

Cundiff, E.W.; Hilger, M.T. (1988): Marketing in the International Environment, 2. Aufl., Englewood Cliffs.

Cushman & Wakefield Healey & Baker (2005): European Cities Monitor 2005, London.

Czinkota, M.; Ronkainen, I. (2004): International Marketing, 7. Aufl., Willard, OH.

Dannenmaier, S.; Lindebner, G. (2001): Zentralregulierungs-Systeme als Grundlage des Finanzcontrolling, in: Zentes, J.; Swoboda, B. (Hrsg.): Perspektiven der Zentralregulierung, Frankfurt a. M., S. 167–184.

Dautzenberg, P. (1996): Verbundgruppenmanagement im Spannungsfeld zwischen Zentralisierung und Dezentralisierung – Erfolgreiche Konzeptions- und Realisierungsprozesse im Marketing von Verbundgruppen des Einzelhandels, Diss., St. Gallen.

Dautzenberg, P. (1997): Management von Verbundgruppen, in: Belz, C.; Rudolph, T. (Hrsg.): Handelsdynamik – Kompetenz für Marketing-Innovationen, Schrift 3, St. Gallen, S. 38–45.

Dessewffy, E. (2005): Textilschwemme nach Quotenende, http://arbeit-wirtschaft.at/aw_03_2005/art5.htm.

Dichtl, E.; Koeglmayr, H.G.; Mueller, S. (1990): International Orientation as a Precondition for Export Success, in: Journal of International Business Studies, 21. Jg., Nr. 1, S. 23–40.

Die Welt (2005): USA und China weiter zerstritten, http://www.welt.de/data/2005/09/02/769087.html.

Dolmetsch, R. (2000): eProcurement – Sparpotenzial im Einkauf, München u. a.

Dolski, J.; Hermanns, A.; Mayer, A. (2004): E-Procurement und internationale Beschaffung, in: Zentes, J.; Morschett, D.; Schramm-Klein, H. (Hrsg.): Außenhandel – Marketingstrategien und Managementkonzepte, Wiesbaden, S. 745–764.

DPIHK (Deutsch-Polnische Industrie- und Handelskammer) (2006): Polens Bürger machen gegen Korruption mobil, http://www.ihk.pl/img_upload/files/AFP_20012006_2.pdf.

Eggert, A. (2000): Konzeptualisierung und Operationalisierung der Kundenbindung aus Kundensicht, in: Marketing – ZFP, 22. Jg., Nr. 2, S. 119–130.

Eggert, J.A. (2004): Außenhandel des Einzelhandels: Bedeutung und Besonderheiten, in: Zentes, J.; Morschett, D.; Schramm-Klein, H. (Hrsg.): Außenhandel – Marketingstrategien und Managementkonzepte, Wiesbaden, S. 795–816.

Eggert, U. (2006): Wettbewerbliches Umfeld – Konsumenten, Lieferanten, Konkurrenten, in: Zentes, J. (Hrsg.): Handbuch Handel: Strategien – Perspektiven – Internationaler Wettbewerb, Wiesbaden, S. 23–47.

EIU (Economist Intelligence Unit) (2006): Latest Global Forecast, http://store.eiu.com/index.asp?layout=pr_story&press_id=1150001915&ref=pr_list.

EK/servicegroup (2003): Erstes EK Polska-Mitglied eröffnet Markt, http://www.ek-servicegroup.de/presse/archiv/detail/detail.html?ebene4=32.

Ernst & Young (Hrsg.) (2005): Kennzeichen D: Standort-Analyse 2004: Attraktivität Deutschlands als Investitionsstandort – Internationale Unternehmen bewerten Deutschland, Düsseldorf.

Eßig, M. (2006): Electronic Procurement – Konzeption und Anwendung, in: Zentes, J. (Hrsg.): Handbuch Handel: Strategien – Perspektiven – Internationaler Wettbewerb, Wiesbaden, S. 735–758.

Eßig, M.; Batran, A. (2004): Importe auf Basis kooperativer und integrativer Sourcing-Optionen: Eine vergleichende Analyse, in: Zentes, J.; Morschett, D.; Schramm-Klein, H. (Hrsg.): Außenhandel – Marketingstrategien und Managementkonzepte, Wiesbaden, S. 723–743.

Euromonitor International (2004): Consumer Electronics in Poland, Studie, o.O.

Eurostat (2006): Europa in Zahlen – Eurostat Jahrbuch 2005, Straßburg.

Faust, M. (2005): Reorganization and Relocation in the German Fashion Industry, Paper prepared for „The Conference on Organisational Configurations and Locational Choices of Firms: Responses to Globalisation in Different Industry and Institutional Environments", University of Cambridge, 14.–15. April 2005.

Fenwick, M.; Edwards, R.; Buckley, P. (2003): Is Cultural Similarity Misleading? The Experience of Australian Manufacturers in Britain, in: International Business Review, 12. Jg., Nr. 3, S. 297–309.

Festing, M. (1999): Strategisches Internationales Personalmanagement – eine transaktionskostentheoretisch fundierte Analyse, 2. Aufl., München u. a.

FfH (Institut für Markt- und Wirtschaftsforschung GmbH); ifo Institut für Wirtschaftsforschung (2004): Erfolgsstrategien des Auslandsengagements kleiner und mittlerer Unternehmen des deutschen Einzelhandels in den neuen EU-Ländern Polen, Slowakei, Tschechien und Ungarn – Wie sind die Chancen? Was gilt es zu beachten?, Berlin–München.

Foscht, T.; Jungwirth, G.; Schnedlitz, P. (2000): Zukunftsperspektiven für das Handelsmanagement: Konzepte – Instrumente – Trends, Frankfurt a. M.

Frese, E.; von Werder, A. (1994): Organisation als strategischer Wettbewerbsfaktor – Organisationstheoretische Analyse gegenwärtiger Umstrukturierungen, in: ZfbF, Sonderheft 33, S. 1–27.

Freter, H. (1983): Marktsegmentierung, Stuttgart.

Freudenberg, T. (2006): Europa AG bei Firmen kein Renner, in: Handelsblatt, 52. Jg., Nr. 33, 15. Februar 2006, S. 18.

Fritz, W. (1995): Marketing-Management und Unternehmenserfolg, 2. Aufl., Stuttgart.

FTD (Financial Times Deutschland) (2006): Polen – Hohe Dynamik bei schwacher Basis, 14. Juni 2006, http://ftd.de/politik/europa/84030.html.

Gable, M.; Topol, M.T.; Mathis, S.; Fisher, M.E. (1995): Entry barriers in retailing, in: Journal of Retailing and Consumer Services, 2. Jg., Nr. 4, S. 211–221.

Geiger, A. (2001): Europäische Verbundgruppen im EU-Kartellrecht, Baden-Baden.

Gereffi, G.; Humphrey, J.; Kaplinsky, R.; Sturgeon, T. (2001): Introduction: Globalisation, Value Chains and Development, in: IDS Bulletin, 32. Jg., Nr. 3, S. 1–8.

Gerstenberger, W.; Jungfer, J.; Schmalholz, H. (2002): Standortbedingungen in Polen, Tschechien und Ungarn und die Position Sachsens im Standortwettbewerb, ifo dresden, Studie Nr. 33, Dresden.

GfK (Gesellschaft für Konsumforschung) (2005): Die Consumer Electronics durch innovative Technologien und Produkte weltweit im Aufwind, Studie, Nürnberg.

Global Insight (2004): Poland: Strong Growth in Consumer Electronics, London.

Gröppel-Klein, A. (2004): Internationale Kundensegmentierung, in: Zentes, J.; Morschett, D.; Schramm-Klein, H. (Hrsg.): Außenhandel – Marketingstrategien und Managementkonzepte, Wiesbaden, S. 309–328.

Groß, W. (2003): Strategische Entwicklungsrichtungen für Verbundgruppen des Handels, in: Dr. Wieselhuber & Partner GmbH (Hrsg.): Erfolg im Handel: Praxis des Kooperationsmanagements, Frankfurt a. M., S. 47–69.

Gruschwitz, A. (1993): Global Sourcing – Konzeption einer internationalen Beschaffungsstrategie, Stuttgart.

GUS (Polnisches Zentralamt für Statistik) (2006): Statistisches Jahrbuch für Polen 2005, Warschau.

Haan, H. de (1984): Die Risikopolitik der internationalen Unternehmung, Gießen.

Haertsch, P. (2000): Wettbewerbsstrategien für Electronic Commerce: Eine kritische Überprüfung klassischer Strategiekonzepte, 2. Aufl., Lohmar u. a.

Handelskammer Hamburg (2005): China-Importe: Textilstreit entschärft, http://www.hk24.de/HK24/HK24/produktmarken/index.jsp?url=http%3A//www.de/HK24/HK4/sevicemarken/ueber_uns/hamburger_wirtschaft/ausgewaehlte_Artikel/juli_2005/index.jsp.

Hansen, U. (1990): Absatz- und Beschaffungsmarketing des Einzelhandels, Göttingen.

Henzler, H. (1979): Neue Strategie ersetzt den Zufall, in: Manager Magazin, 9. Jg., Nr. 4, S. 122–129.

Herbig, P.; O'Hara, B. (1996): International Procurement Practises: A Matter of Relationships, in: Management Decision, 34. Jg., Nr. 4, S. 41–45.

Hertel, J.; Zentes, J.; Schramm-Klein, H. (2005): Supply-Chain-Management und Warenwirtschaftssysteme im Handel, Berlin–Heidelberg–New York.

Heymann, E. (2005): Nach Ende des Welttextilabkommens: China reift zur Schneiderei der Welt, in: Deutsche Bank Research (Hrsg.): Themen international, Nr. 310, Frankfurt a. M.

Hofmann, S.; Fröndhoff, B. (2006): Flirt mit der Europa AG, in: Handelsblatt, 52. Jg., Nr. 230, 28. November 2006, S. 18.

Homburg, C. (2000): Kundennähe in Industriegüterunternehmen: Konzeption – Erfolgsauswirkungen – Determinanten, 3. Aufl., Wiesbaden.

Hünerberg, R. (1994): Internationales Marketing, Landsberg a.L.

Hummel, M. (2002): E-Procurement – Mode oder Trend?, in: Handel im Fokus, Mitteilungen des Instituts für Handel an der Universität zu Köln, 54. Jg., Nr. 1, S. 32–36.

Humphrey, J.; Schmitz, H. (2000): Governance and Upgrading: Linking Industrial Clusters and Global Value Chain Research, IDS Working Paper No. 120, Brighton.

Hurth, J. (1998): Internationales Beschaffungsmanagement des Einzelhandels, in: Zentes, J.; Swoboda, B. (Hrsg.): Globales Handelsmanagement: Voraussetzungen – Strategien – Beispiele, Frankfurt a.M., S. 257–281.

IBB; H.I.MA. (Hrsg.) (2003): Die Zukunft der Kooperationen: Studie im Auftrag des ZGV e.V., Frankfurt a.M.

IKB (Deutsche Industriebank AG) (2004): Herausforderungen und Chancen für den deutschen Mittelstand durch die EU-Erweiterung, Ausgewählte Förder- und Finanzierungsprogramme für Polen, Düsseldorf.

Jahrmann, F.-U. (2004): Außenhandel, 11. Aufl., Ludwigshafen.

Janz, M. (2004): Erfolgsfaktoren der Beschaffung im Einzelhandel, Wiesbaden.

Johanson, J.; Vahlne, J.-E. (1977): The Internationalization Process of the Firm: A Model of Knowledge Development and Increasing Foreign Market Commitments, in: Journal of International Business Studies, 8. Jg., Nr. 1, S. 23–32.

Johanson, J.; Vahlne, J.-E. (1990): The Mechanism of Internationalisation, in: International Marketing Review, 7. Jg., Nr. 4, S. 11–24.

Johanson, J.; Vahlne, J.-E. (2006): Commitment and Opportunity Development in the Internationalization Process: A Note on the Uppsala Internationalization Process Model, in: Management International Review, 46. Jg., Nr. 2, S. 165–178.

Jungbauer, S.M. (2004): Quotenfall und internationale Marktöffnung – Ein neuer Aufbruch für die textile Handelspolitik, in: Gesamtverband der deutschen Textil- und Modeindustrie (Hrsg.): Jahrbuch der Textil- und Modeindustrie 2004, Eschborn, S. 12–17.

Jungbauer, S.M. (2005): Das Jahr danach: Quotenliberalisierung 2005 – handelspolitische Rück- und Ausblicke, in: Gesamtverband der deutschen Textil- und Modeindustrie (Hrsg.): Jahrbuch der Textil- und Modeindustrie 2005, Eschborn, S. 12–18.

Kahlen, C. (2006): Europa AG bekommt Konkurrenz, in: Lebensmittel Zeitung, 58. Jg., Nr. 14, 07. April 2006, S. 36.

Kaufmann, L. (2001): Internationales Beschaffungsmanagement – Gestaltung strategischer Gesamtsysteme und Management einzelner Transaktionen, Wiesbaden.

Keegan, W.J.; Schlegelmilch, B.B. (2001): Global Marketing Management – A European Perspective, Harlow.

Kluge, V. (1992): Das internationale Steuerrecht, 3. Aufl., München.

Koppelmann, U. (1982): Zur Risikominderung im Beschaffungsbereich, in: Kresse, W. (Hrsg.): Jahrbuch für Betriebswirte und Betriebslehre, Stuttgart, S. 173–180.

Koppelmann, U. (2000): Beschaffungsmarketing, 3. Aufl., Köln u. a.

KPMG Special Services; EIM Business Policy Research (2004): Beobachtungsnetz der europäischen KMU, 2003/4, Internationalisierung von KMU, Studie im Auftrag der europäischen Kommission, Amsterdam.

Kreutzer, R. (1990): Global Marketing – Konzeption eines länderübergreifenden Marketing, Wiesbaden.

Krokowski, W. (2003): Global Sourcing, in: Arnold, U.; Kasulke, G. (Hrsg.): Praxishandbuch Einkauf, Köln, S. 3–18.

Kumar, N. (1997): The Revolution of Trust in Manufacturer-Retailer-Relationships, in: Harvard Business Review, 49. Jg., Nr. 11/12, S. 92–106.

Kumar, V.; Stam, A.; Joachimsthaler, E. (1994): An Interactive Multicriteria Approach to Identifying Potential Foreign Markets, in: Journal of International Marketing, 2. Jg., Nr. 1, S. 29–52.

Kußmaul, H.; Richter, L. (2005): Besteuerung von Kooperationen, in: Zentes, J.; Swoboda, B.; Morschett, D. (Hrsg.): Kooperationen, Allianzen, Netzwerke: Grundlagen – Ansätze – Perspektiven, 2. Aufl., Wiesbaden, S. 1103–1124.

Kutschker, M.; Bäurle, I. (1997): Three + One: Multidimensional Strategy of Internationalization, in: Management International Review, 37. Jg., Nr. 2, S. 103–125.

Kutschker, M.; Schmid, S. (2006): Internationales Management, 5. Aufl., München–Wien.

Lehmann, R.; Schlange, L.E. (2004): Born Global – Die Herausforderungen einer internationalen Unternehmensgründung, in: Zeitschrift für KMU und Entrepreneurship, 52. Jg., Nr. 4, S. 206–224.

LGH (Landes-Gewerbeförderungsstelle des nordrhein-westfälischen Handwerks e.V.); PV Metall (2004): Chancen des Metallhandwerks auf dem polnischen Markt, Studie, Münster.

Libertas Institut (2007): EWIV-Statistik des Europäischen EWIV-Informationszentrums, http://www.libertas-institut.com/de/EWIV/statistik.pdf.

Liebmann, H.-P.; Zentes, J. (2001): Handelsmanagement, München.

Link, W. (1997): Erfolgspotentiale für die Internationalisierung: Gedankliche Vorbereitung – Empirische Relevanz – Methodik, Wiesbaden.

Loos-Neidhart, J. (2005): Multichannel Sourcing im strategischen Beschaffungsmanagement des Nonfood-Handels, Bamberg.

Lumbe, H.-J.; Beßlich, J. (1997): World Class Purchasing, in: Marktforschung & Management, 41. Jg., Nr. 2, S. 59–63.

Macharzina, K. (1982): Theorie der internationalen Unternehmenstätigkeit – Kritik und Ansätze eine integrativen Modellbildung, Stuttgart.

Macharzina, K.; Engelhard, J. (1987): Bildungsbedarf im internationalen Management, in: Die Betriebswirtschaft, 47. Jg., Nr. 2, S. 191–244.

Macharzina, K.; Oesterle, M.-J. (1995): Internationalisierung und Organisation unter besonderer Berücksichtigung europäischer Entwicklungen, in: Scholz, C.; Zentes, J. (Hrsg.): Strategisches Euro-Management, Stuttgart, S. 203–225.

Macharzina, K.; Wolf, J. (2005): Unternehmensführung, 5. Aufl., Wiesbaden.

Mandewirth, S.O. (1997): Transaktionskosten von Handelskooperationen: Ein Effizienzkriterium für Verbundgruppen und Franchise-Systeme, Heidelberg.

Markmann, F. (2002): Franchising in Verbundgruppen – Eine ökonomische Analyse der institutionellen Barrieren seiner Implementierung, Wiesbaden.

Markmann, F.; Olesch, G. (2001): Franchisesysteme und Verbundgruppen – Ein Vergleich von Struktur und Strategie, in: Ahlert, D. (Hrsg.): Handbuch Franchising und Cooperation – Das Management kooperativer Unternehmensnetzwerke, Neuwied u. a., S. 107–137.

Mattmüller, R. (1997): Zur Wettbewerbsschwäche von Verbundgruppen im Handel – eine institutionenökonomische Analyse der Beziehung zwischen Zentrale und Anschlußbetrieben, in: GfK (Hrsg.): Jahrbuch der Absatz- und Verbrauchsforschung, 44. Jg., Nr. 4, S. 383–400.

Matzler, K.; Renzl, B.; Hinterhuber, A. (2004): Internationale Wettbewerbsanalyse: Bedeutung für exportorientierte Unternehmen, in: Zentes, J.; Morschett, D.; Schramm-Klein, H. (Hrsg.): Außenhandel – Marketingstrategien und Managementkonzepte, Wiesbaden, S. 281–308.

Meffert, H. (1999): Zwischen Kooperation und Konfrontation – Strategien und Verhaltensweisen im Absatzkanal, in: Beisheim, O. (Hrsg.): Distribution im Aufbruch, München, S. 406–424.

Meffert, H.; Bolz, J. (1998): Internationales Marketing-Management, 3. Aufl., Stuttgart u. a.

Meffert, H.; Pues, C. (2002): Timingstrategien des internationalen Markteintritts, in: Macharzina, K.; Oesterle, M.-J. (Hrsg.): Handbuch Internationales Management, 2. Aufl., Wiesbaden, S. 403–415.

Menze, T. (1992): Strategisches Internationales Beschaffungsmarketing, Dortmund.

Merse, K. (2004): Aufbau eines mittelständischen Facheinzelhandels in Osteuropa: Das Beispiel GARANT SCHUH + MODE AG, Vortrag anlässlich der Unternehmenspolitischen Tagung (UpT) 2004 der UGAL, 28. Mai 2004, Krakau.

Metro AG (2006): Metro Group Highlights 2005, Pressemitteilung des Unternehmens, Düsseldorf.

Michalak, W.Z. (2001): Retail in Poland: An Assessment of Changing Market and Foreign Investment Conditions, in: Canadian Journal of Regional Science, 24. Jg., Nr. 3, S. 485–504.

Ministerstwo Spraw Zagranicznych (2006): Arbeitskräfteangebot in Polen, http://www.business.gov.pl/Arbeitskr%C3%A4fteangebot,in,Polen,264.html.

Monczka, R.M.; Giunipero, L.C. (1984): International Purchasing: Characteristics and Implementation, in: The Journal of Supply Chain Management, 20. Jg., Nr. 3, S. 2–9.

Morschett, D. (2002): Konzeptualisierung und Operationalisierung des Markenwertes von Einkaufsstätten, in: Marketing – ZFP, 24. Jg., Nr. 4, S. 277–292.

Morschett, D. (2004): Retail-Performance-Measurement – Konzepte und Perspektiven des Prozess-Controllings im Handel, in: Zentes, J.; Biesiada, H.; Schramm-Klein, H. (Hrsg.): Performance-Leadership im Handel, Frankfurt a.M., S. 63–92.

Mroczek, E.; von Schuttenbach, L.; Ciurla, M. (2000): Mittelständische Unternehmen in Polen – Ihre Entwicklung und ihr Einfluß auf den Transformationsprozeß, Heidelberg.

Mühlhaus, R. (2006): Zentralregulierung – So modern wie vor hundert Jahren, in: Gries, A.; Hämmerling, A. (Hrsg.): Kompendium der Schuhwirtschaft 2007 – Jahrbuch für Handel, Industrie und Dienstleister, S. 114–115.

Müller-Hagedorn, L. (1998): Der Handel, Stuttgart u. a.

Müller-Hagedorn, L. (2005): Kooperationen im Handel, in: Zentes, J.; Swoboda, B.; Morschett, D. (Hrsg.): Kooperationen, Allianzen und Netzwerke: Grundlagen – Ansätze – Perspektiven, 2. Aufl., Wiesbaden, S. 1303–1326.

Nekolar, A.P. (2003): e-Procurement, Berlin.

Ohmae, K. (1985): Die Macht der Triade, Wiesbaden.

Olesch, G. (1980): Die Einkaufsverbände des Einzelhandels, Band 1: Typologie und Dokumentation, Frankfurt a. M.

Olesch, G. (1994): Internationalisierungsstrategien der Kooperationen des Handels, in: Thexis – Fachzeitschrift für Marketing, 11. Jg., Nr. 4, S. 16–20.

Olesch, G. (1997): Das Phasenmodell der Handelskooperation – eine Neubewertung, in: Der Verbund, 10. Jg., Nr. 4, S. 4–6.

Olesch, G. (1998): Internationale Beschaffungskooperationen, in: Zentes, J.; Swoboda, B. (Hrsg.): Globales Handelsmanagement: Voraussetzungen – Strategien – Beispiele, Frankfurt a. M., S. 283–305.

Olesch, G.; Ewig, H. (2003): Das Management von Verbundgruppen, Neuwied u. a.

o. V. (2001): Kraftakt, in: Markant Handelsmagazin – Das Journal für Handels-Management, 46. Jg., Nr. 7, S. 10–12.

o. V. (2005): BTE für Lösung des „China-Import-Problems", in: TextilWirtschaft, 60. Jg., Nr. 31, S. 22.

PAIiIZ (Polnische Agentur für Information und Auslandsinvestitionen AG) (2004a): Infrastruktur in Polen, Warschau.

PAIiIZ (Polnische Agentur für Information und Auslandsinvestitionen AG) (2004b): Elektronische Industrie in Polen, Warschau.

PAIiIZ (Polnische Agentur für Information und Auslandsinvestitionen AG) (2004c): Telecommunications in Poland 2004, Warschau.

Palmer, M.; Quinn, B. (2005): An Exploratory Framework for Analysing International Retail Learning, in: International Review of Retail, Distribution and Consumer Research, 15. Jg, Nr. 1, S. 27–52.

Papadopoulos, N.; Chen, H.; Thomas, D. (2002): Toward a Tradeoff Model for International Market Selection, in: International Business Review, 11. Jg., Nr. 2, S. 165–192.

Parry, M.; Bass, F.M. (1990): When to Lead or Follow? It Depends, in: Marketing Letters, 1. Jg., Nr. 3, S. 187–198.

Peisert, R. (2004): Die Wahl der internationalen Standorte durch europäische Handelsunternehmen – Internationalisierungspfade, Strategiemuster, empirische Befunde und Handlungsempfehlungen, Berichte aus dem Lehrstuhl für Betriebswirtschaftslehre, insbesondere Marketing der Fernuniversität Hagen, Nr. 10, Hagen.

Perlitz, M. (2004): Internationales Management, 5. Aufl., Stuttgart.

Pfohl, H.-C. (2004): Logistiksysteme, 7. Aufl., Berlin u. a.

Pitera, J. (2006): Corruption in Poland, in: Transparency International (Hrsg.): Global Corruption Report, Berlin, S. 227–230.

Plapp, T. (2003): Wahrnehmung von Risiken aus Naturkatastrophen. Eine empirische Untersuchung in sechs gefährdeten Gebieten Süd- und Westdeutschlands, Karlsruhe.

PMR Publications (2005): Non-Food Retail Poland 2005, Krakau.

Porter, M.E. (2000): Wettbewerbsvorteile: Spitzenleistungen erreichen und behaupten, 6. Aufl., Frankfurt a. M.

Porter, M.E. (2004): Competitive Advantage: Creating and Sustaining Superior Performance, New York u. a.

PwC (PricewaterhouseCoopers) (2005): EU-Osterweiterung – Investitionsklima in Polen und Slowakei, Düsseldorf.

Quack, H. (1995): Internationales Marketing, München.

Quinn, B. (1999): The temporal content of UK retailers' motives for international expansion, in: The Service Industries Journal, 19. Jg., Nr. 2, S. 101–116.

Reinhold, K. (2005): Lieferung mit Lücken, in: TextilWirtschaft, 60. Jg., Nr. 35, S. 24–26.

Reynolds, J. (1999): Retailer Internationalisation: French Retailer Seek Cultural Affinities, in: European Regional Review, o. Jg., Nr. 23, S. 33–37.

Rhee, J.; Cheng, J. (2002): Foreign Market Uncertainty and Incremental International Expansion: The Moderating Effect of Firm, Industry, and Host Country Factors, in: Management International Review, 42. Jg., Nr. 4, S. 419–439.

Rosenbloom, B. (2003): Multi-Channel Marketing and the Retail Value Chain, in: Thexis – Fachzeitschrift für Marketing, 20. Jg., Nr. 3, S. 23–26.

Rundfunk Berlin Brandenburg (2005): Investoren als Glücksbringer, Babelsberg.

Sander, M. (1998): Unternehmen und Umwelt, in: Berndt, R.; Fantapié Altobelli, C.; Schuster, P. (Hrsg.): Springers Handbuch der Betriebswirtschaftslehre, Band 1, Berlin u. a., S. 41–67.

Saquet, E. (1993): Die Zentralregulierung als Abrechnungssystem und Marketinginstrument, in: Bank und Markt, o. Jg., Nr. 8, S. 36–38.

Scheer, A.-W.; Hofer, A.; Adam, O. (2005): Moderne Informations- und Kommunikationstechnologien – Treiber neuer Kooperations- und Kollaborationsformen, in: Zentes, J.; Swoboda, B.; Morschett, D. (Hrsg.): Kooperationen, Allianzen und Netzwerke: Grundlagen – Ansätze – Perspektiven, 2. Aufl., Wiesbaden, S. 349–374.

Schenk, H.-O. (1991): Marktwirtschaftslehre des Handels, Wiesbaden.

Schenk, H.-O. (1998): Zum Stellenwert der Verbundgruppen in den Wirtschaftswissenschaften, in: Olesch, G. (Hrsg.): Kooperation im Wandel – Zur Bedeutung und Entwicklung der Verbundgruppen, S. 153–181.

Schneider, D.; Müller, R. (1989): Datenbankgestützte Marktselektion: Eine methodische Basis für Internationalisierungsstrategien, Stuttgart.

Scholz, C. (1987): Strategisches Management: Ein integrativer Ansatz, Berlin–New York.

Scholz, C.; Zentes, J. (2006): A Strategy Map for Germany: From Passive Self-Pity to Offensive Self-Renewal, in: Scholz, C.; Zentes, J. (Hrsg.): Strategic Management – New Rules for Old Europe, Wiesbaden, S. 273–301.

Schramm-Klein, H. (2004): Steigerung der Effektivität- und Effizienz durch den Einsatz moderner IT-Systeme im Handel, in: Zentes, J.; Biesiada, H.; Schramm-Klein, H. (Hrsg.): Performance-Leadership im Handel, Frankfurt a. M., S. 29–60.

Schulte, G. (2001): Zentralregulierung im deutschen und europäischen Recht, in: Zentes, J.; Swoboda, B. (Hrsg.): Perspektiven der Zentralregulierung, Frankfurt a. M., S. 51–69.

Schwerin, J.G. von (2004): Quo vadis Kooperation – Abschwung Deutschland, Chance Ausland?, in: Ahlert, D.; Olbrich, R.; Schröder, H. (Hrsg.): Internationalisierung von Vertrieb und Handel, Jahrbuch Vertriebs- und Handelsmanagement 2004, Frankfurt a. M., S. 267–279.

SGH Institute of IT and the Information Society (2005): Predicted Demand for IT Hardware and Services Among SMEs in Poland, Warschau.

Siebert, J. (2006): Einkaufs- und Marketingkooperationen – Auslaufmodell Verbundgruppe?, in: Gries, A.; Hämmerling, A. (Hrsg.): Kompendium der Schuhwirtschaft 2007 – Jahrbuch für Handel, Industrie und Dienstleister, Frankfurt a. M., S. 104–107.

Siebert, J.; Veltmann, L. (2006): Horizontale Kooperation als Wettbewerbsstrategie, in: Zentes, J. (Hrsg.): Handbuch Handel: Strategien – Perspektiven – Internationaler Wettbewerb, Wiesbaden, S. 259–273.

Simmet-Blomberg, H. (1995): Auslandsmarktforschung, in: Tietz, B.; Köhler, R.; Zentes, J. (Hrsg.): Handwörterbuch des Marketing, 2. Aufl., Stuttgart, Sp. 107–118.

Simon, H.; Wiese, C. (1992): Europäisches Preismanagement, in: Marketing – ZFP, 14. Jg., Nr. 4, S. 246–256.

Simon, H.; Wiese, C. (1995): Internationale Preispolitik, in: Hermanns, A.; Wißmeier, U.K. (Hrsg.): Internationales Marketing-Management, München, S. 225–255.

Sommer, C. (1994): Falsche Signale, in: Manager Magazin, 24. Jg, Nr. 6, S. 160–164.

Stahr, G. (1980): Marktselektion im Auslandsgeschäft, in: Zeitschrift für betriebswirtschaftliche Forschung, 32. Jg., Nr. 3, S. 276–290.

Statistisches Bundesamt (2005): Statistisches Jahrbuch 2005 für das Ausland, Wiesbaden.

Stegmüller, B. (1995a): Internationale Marktsegmentierung, in: Jahrbuch der Absatz- und Verbrauchsforschung, 41. Jg., Nr. 4, S. 366–386.

Stegmüller, B. (1995b): Internationale Marktsegmentierung als Grundlage für internationale Marketing-Konzeptionen, Bergisch-Gladbach.

Steinmann, H.; Kumar, B.; Wasner, A. (1981): Der Internationalisierungsprozeß von Mittelbetrieben – Überlegungen zum Entwurf eines Forschungskonzepts, in: Pausenberger, E. (Hrsg.): Internationales Management, Stuttgart, S. 107–127.

Sternquist, B. (1997): A conceptual model of strategic international retail expansion, in: International Journal of Retail & Distribution Management, 25. Jg., Nr. 8, S. 262–268.

Stölzle, W. (1999): Industrial Relationships, München.

Südwesttextil (2005): Verordnung zur Implementierung des MoU mit China, http://www.suedwesttextil.de/infoboard/News/wirtschaft.php.

Sullivan, D.; Bauerschmidt, A. (1990): Incremental Internationalization: A Test of Johanson and Vahlne's Thesis, in: Management International Review, 30. Jg., Nr. 1, S. 19–30.

Swoboda, B. (2002a): Dynamische Prozesse der Internationalisierung – Managementtheoretische und empirische Perspektiven des unternehmerischen Wandels, Wiesbaden.

Swoboda, B. (2002b): The Relevance of Timing and Time in International Business – Analysis of Different Perspectives and Results, in: Scholz, C.; Zentes, J. (Hrsg.): Strategic Management – A European Approach, Wiesbaden, S. 85–113.

Swoboda, B. (2004): International Market Selection on the Purchasing and Sales Side – Empirical Analysis of Criteria and Determinants, Working Paper, Chair for Marketing and Retailing, Trier University, Trier.

Swoboda, B.; Meyer, S. (1999): MittelstandsBarometer 1999 – Internationalisierung in KMU, Institut für Handel & Internationales Marketing an der Universität des Saarlandes und Deutsche Gesellschaft für Mittelstandsberatung, Saarbrücken–Stuttgart.

Swoboda, B.; Morschett, D. (2002a): Unternehmensentwicklung in internationalen Märkten am Beispiel der KBE GmbH – Fallstudie, in: Wirtschaftswissenschaftliches Studium, 31. Jg., Nr. 7, S. 417–420.

Swoboda, B.; Morschett, D. (2002b): Unternehmensentwicklung in internationalen Märkten am Beispiel der KBE GmbH – Lösungsskizze, in: Wirtschaftswissenschaftliches Studium, 31. Jg., Nr. 8, S. 481–484.

Swoboda, B.; Schwarz, S. (2004): Internationale Marktauswahl: Konzepte und Methoden, in: Zentes, J.; Morschett, D.; Schramm-Klein, H. (Hrsg.): Außenhandel – Marketingstrategien und Managementkonzepte, Wiesbaden, S. 255–280.

Swoboda, B.; Schwarz, S. (2006): Dynamics of the Internationalisation of European Retailing: From a National to a European Perspective, in: Scholz, C.; Zentes, J. (Hrsg.): Strategic Management – New Rules for Old Europe, Wiesbaden, S. 159–200.

Taubald, H. (2001): Zentralregulierung der Markant-Gruppe, in: Zentes, J.; Swoboda, B. (Hrsg.): Perspektiven der Zentralregulierung, Frankfurt a. M., S. 274–287.

Tietz, B. (1983): Konsument und Einzelhandel, 3. Aufl., Frankfurt a. M.

Tietz, B. (1989): Marktforschung, internationale, in: Macharzina, K.; Welge, M.K. (Hrsg.): Handwörterbuch Export und Internationale Unternehmung, Stuttgart, Sp. 1453–1468.

Tietz, B. (1992): Einzelhandelsperspektiven für die Bundesrepublik Deutschland bis zum Jahre 2010, Frankfurt a. M.

Transparency International (Hrsg.) (2006): Jahrbuch Korruption 2006 – Schwerpunkt: Korruption im Gesundheitssektor, Berlin.

Treis, B.; Lademann, R. (1981): Das Beschaffungsverhalten von Einzelhändlern in kooperativen Gruppen, in: Marketing – ZFP, 3. Jg., Nr. 3, S. 169–180.

UNCTAD (United Nations Conference on Trade and Development) (2004): Assuring Development Gains from the International Trading System and Trade Negotiations: Implication of ATC Termination on 31 December 2004, Genf.

UNIDO (United Nations Industrial Development Organization) (2005): Business in Polen, Warschau.

Urban, T. (2006): Das Deutschland-Bild in Polen, in: Süddeutsche Zeitung, 52. Jg., Nr. 80, 14. März 2006, S. 4.

Vahlne, J.-E.; Nordström, K. (1992): Is the Globe Shrinking? Psychic Distance and the Establishment of Swedish Sales Subsidiaries During the Last 100 Years, Paper of the Institute of International Business at the Stockholm School of Economics, Stockholm.

Veltmann, L. (2003): Verbundgruppen und Franchise-Systeme – kein Widerspruch?, in: Nebel, J.; Schulz, A.; Flohr, E. (Hrsg.): Das Franchise-System – Handbuch für Franchise-Geber und Franchise-Nehmer, 3. Aufl., Köln, S. 631–635.

Vogel, T.; Grote, C. (2002): E-Procurement-Lösungen als Dienstleistung einer Verbundgruppe des Großhandels: CaTradeNet als Beschaffungsplattform der E/D/E, in: Zentes, J.; Swoboda, B.; Morschett, D. (Hrsg.): B2B-Handel: Perspektiven des Groß- und Außenhandels, Frankfurt a. M., S. 425–439.

Welge, M.K.; Al-Laham, A. (1995): Probleme der Implementierung von Wettbewerbsstrategien, in: Scholz, C.; Zentes, J. (Hrsg.): Strategisches Euro-Management, Stuttgart, S. 57–72.

Wellenbeck, M.T. (2001): Franchisesysteme in Verbundgruppen des Einzelhandels – Widerspruch oder Überlebensstrategie?, in: Ahlert, D. (Hrsg.): Handbuch Franchising & Cooperation – Das Management kooperativer Unternehmensnetzwerke, Neuwied u. a., S. 139–147.

Wellenbeck, M.T. (2002): Zusammenschlüsse von Kooperationen im Einzelhandel – Zukunft der Verbundgruppen?, Wiesbaden.

Welsch, J. (2001): Wachstums- und Beschäftigungsmotor IT-Branche: Fachkräftemangel, Green Card und Beschäftigungspotenziale, Wiesbaden.

Wills, J. (1993): Merchandising and Buying Strategies – New Roles for a Global Operation, London.

Wirtschafts- und sozialpolitisches Forschungs- und Beratungszentrum der Friedrich-Ebert-Stiftung (2004): Der Beitritt naht: Der deutsche und der polnische Mittelstand zwischen Hoffnung und Skepsis, Reihe Wirtschaftspolitische Diskurse Nr. 156, Berlin.

Wißmeier, U.K. (1992): Strategien im internationalen Marketing, Wiesbaden.

WKO (Außenwirtschaft Österreich) (2006): AWO-Länderreport Polen, Warschau.

Wöhe, G. (2005): Einführung in die Allgemeine Betriebswirtschaftslehre, 22. Aufl., München.

Wood, V.R.; Robertson, K.R. (2000): Evaluating International Markets – The Importance of Information by Industry, Country of Destination and by Type of Export Transaction, in: International Marketing Review, 17. Jg., Nr. 1, S. 34–55.

Wortmann, M. (2005): Globalisation of the German Apparel Value Chain: Retailers, Manufacturers and Agents, Paper prepared for „The Conference on Organisational Configurations and Locational Choices of Firms: Responses to Globalisation in Different Industry and Institutional Environments", University of Cambridge, 14.–15. April 2005.

Wunderer, R. (1993): Internationalisierung als strategische Herausforderung für das Personalmanagement – Darstellung ausgewählter Probleme, in: Coenenberg, A.G.; Funk, J.; Djarrahzadeh, M. (Hrsg.): Internationalisierung als Herausforderung für das Personalmanagement, Stuttgart, S. 1–26.

Zentes, J. (1994): Strategische Allianzen: Neuorientierung der kooperativen Wettbewerbsstrategien im Handel, in: Trommsdorff, V. (Hrsg.): Handelsforschung 1994/1995 – Kooperation im Handel und mit dem Handel, Wiesbaden, S. 73–85.

Zentes, J. (2001): Stand und Entwicklungstendenzen der Zentralregulierung, in: Zentes, J.; Swoboda, B. (Hrsg.): Perspektiven der Zentralregulierung, Frankfurt a. M., S. 5–23.

Zentes, J. (2002): Renaissance des Großhandels, in: Zentes, J.; Swoboda, B.; Morschett, D. (Hrsg.): B2B-Handel: Perspektiven des Groß- und Außenhandels, Frankfurt a. M., S. 3–31.

Zentes, J. (2006): Dynamik des Handels – Perspektiven und Zukunftsstrategien, in: Zentes, J. (Hrsg.): Handbuch Handel: Strategien – Perspektiven – Internationaler Wettbewerb, Wiesbaden, S. 3–22.

Zentes, J.; Morschett, D. (2003): Perspektiven und Strategien der Verbundgruppen im Handel und Handwerk, in: Zeitschrift für das gesamte Genossenschaftswesen, 53. Jg., S. 143–153.

Zentes, J.; Schramm-Klein, H. (2005): Determinanten der Kooperation – Exogene und endogene Einflussfaktoren, in: Zentes, J.; Swoboda, B.; Morschett, D. (Hrsg.): Kooperationen, Allianzen und Netzwerke: Grundlagen – Ansätze – Perspektiven, 2. Aufl., Wiesbaden, S. 279–300.

Zentes, J.; Swoboda, B. (1999): Motive und Erfolgsgrößen internationaler Kooperationen mittelständischer Unternehmen: Überprüfung kontingenztheoretischer Hypothesen, in: Die Betriebswirtschaft, 59. Jg., Nr. 1, S. 44–60.

Zentes, J.; Swoboda, B. (2001): Grundbegriffe des Marketing – Marktorientiertes Globales Management-Wissen, 5. Aufl., Stuttgart.

Zentes, J.; Wittig, A. (2004): Marktorientierte Formen des Auslands-Sourcing: Eine vergleichende Analyse, in: Zentes, J.; Morschett, D.; Schramm-Klein, H. (Hrsg.): Außenhandel – Marketingstrategien und Managementkonzepte, Wiesbaden, S. 699–722.

Zentes, J.; Hilt, C.; Domma, P. (2006): Global Sourcing im deutschsprachigen Einzelhandel, Köln–Saarbrücken.

Zentes, J.; Hilt, C.; Domma, P. (2007): HandelsMonitor Spezial – Global Sourcing im Einzelhandel, Frankfurt a. M.

Zentes, J.; Janz, M.; Morschett, D. (2000): Neue Dimensionen des Konsumgütermarketing – Hersteller-Handels-Beziehungen 2005, Saarbrücken.

Zentes, J.; Schramm-Klein, H.; Neidhart, M. (2005): HandelsMonitor 2005/06: Expansion – Konsolidierung – Rückzug: Trends, Perspektiven und Optionen im Handel, Frankfurt a. M.

Zentes, J.; Swoboda, B.; Morschett, D. (2004): Internationales Wertschöpfungsmanagement, München.

Zentes, J.; Swoboda, B.; Schramm-Klein, H. (2006): Internationales Marketing, München.

ZEW (Zentrum für Europäische Wirtschaftsforschung) (2006): Spitzenbelastung in Deutschland im EU-Vergleich, http://www.zew.de/de/topthemen/meldung_show.php?LFDNR=584&KATEGORIE=TOP.

ZGV (Zentralverband Gewerblicher Verbundgruppen); Dr. Wieselhuber & Partner GmbH (Hrsg.) (2000): Benchmarking-Studie Verbundgruppen 2000, Bonn–München.

Autoren

Univ.-Professor Dr. *Joachim Zentes*, Jahrgang 1947, war im Anschluss an seine Promotion 1975 und Habilitation 1979 an der Universität des Saarlandes, Saarbrücken, Lehrbeauftragter an den Universitäten Metz und Regensburg sowie Professor für Betriebswirtschaftslehre, insbesondere Marketing, an den Universitäten Frankfurt/Main und Essen; weitere Rufe erhielt er an die Universitäten Fribourg und Basel. Seit 1991 ist er Inhaber des Lehrstuhls für Betriebswirtschaftslehre, insbesondere Außenhandel und Internationales Management, an der Universität des Saarlandes, Direktor des Instituts für Handel & Internationales Marketing (H.I.MA.) an der Universität des Saarlandes sowie Direktor der Sektion Wirtschaftswissenschaft des Europa-Instituts der Universität des Saarlandes. Joachim Zentes war Gastprofessor in Fribourg, Warschau, Basel und Santiago de Chile; er ist Mitherausgeber der Zeitschrift Marketing – Zeitschrift für Forschung und Praxis, Mitglied in Beiräten und Aufsichtsräten von mehreren Unternehmen im In- und Ausland sowie Mitglied verschiedener Forschungsinstitutionen.

Lambert Scheer, Master of Economics, Jahrgang 1978, studierte International Management an der Universiteit Maastricht sowie International Business an der Stern School of Business der New York University. Seine Master's Thesis verfasste er zum Thema „Headquarters-Subsidiary Knowledge Transfer in Multinational Corporations – An Integrative Perspective". Seit Januar 2004 ist er wissenschaftlicher Mitarbeiter am Lehrstuhl für Betriebswirtschaftslehre, insbesondere Außenhandel und Internationales Management, sowie am Institut für Handel & Internationales Marketing (H.I.MA.) an der Universität des Saarlandes, Saarbrücken. Schwerpunktmäßig beschäftigt er sich mit aktuellen Forschungsfragen des Internationalen Marketingmanagements und des Handelsmanagements, insbesondere der Steuerung von Kooperationssystemen. Darüber hinaus betreute er zahlreiche praxisorientierte Forschungs- und Beratungsprojekte in Kooperation mit namhaften Unternehmen.

Dipl.-Kfm. *Markus Lehnert*, Jahrgang 1978, studierte Betriebswirtschaftslehre an der Universität des Saarlandes, Saarbrücken, mit den Schwerpunkten Außenhandel und Internationales Management, Industriebetriebslehre und Controlling sowie Wirtschaftsinformatik. Darüber hinaus belegte er Vorlesungen an der Universität Kassel und der European School of Management and Technology (esmt). Seine Diplomarbeit erstellte er für ein international tätiges Unternehmen aus der Vending-Branche zum Themenschwerpunkt Internationales Marketing. Seit Mai 2004 ist er wissenschaftlicher Mitarbeiter am Lehrstuhl für Betriebswirtschaftslehre, insbesondere Außenhandel und Internationales Management, sowie am

Institut für Handel & Internationales Marketing (H.I.MA.) an der Universität des Saarlandes, Saarbrücken. Zu seinen aktuellen Forschungsschwerpunkten zählen Fragestellungen des Kooperationsmanagements, der Binnenhandelspolitik sowie der Positionierungs- und Profilierungsstrategien von Handelsunternehmen.

HANDELSMONITOR

Liebmann / Friessnegg / Gruber / Riedl

HandelsMonitor 2006/07

Die neuen Trends, Entwicklungen und Erfolgspotenziale in der Unternehmensführung im Handel

9., überarbeitete und erweiterte Auflage,
253 Seiten, mit zahlreichen Abbildungen,
Wire-O-Bindung
ISBN 978-3-86641-051-0   € 198,–

Aus dem Inhalt: Handelsunternehmen aus Kundensicht: Zwischen Profil und Profillosigkeit • Handelsunternehmen aus Managementsicht: Zwischen Erfolgstradition und neuen Herausforderungen • Handelsmanager zunehmend unter Innovations- und Wertschöpfungsdruck • Barrieren, Blockaden und Entwicklung von Managementkompetenz uvm.

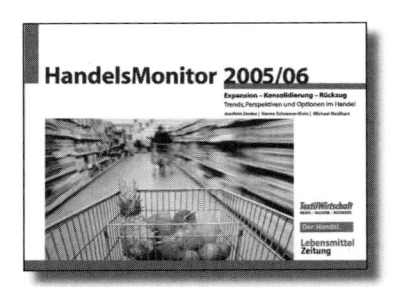

Zentes / Schramm-Klein / Neidhart

HandelsMonitor 2005/06

Expansion - Konsolidierung - Rückzug
Trends, Perspektiven und Optionen im Handel

179 Seiten, mit zahlreichen Bildern, Grafiken und Tabellen, Wire-O-Bindung
ISBN 978-3-87150-882-0   € 198,–

Aus dem Inhalt: Strukturkrise, kollektive Depression, Konsumflaute: Apokalypse oder Radikalreform? • Wettbewerbsarena des Handels: End-Game-Situation oder Positivsummenspiel? • Neuorientierung der Wettbewerbsstrategien: Expansion oder Downsizing? • Overstoring: Konzertierte Aktion oder staatliche Reglementierung?

Ihr direkter Weg: www.dfv-fachbuch.de

Erhältlich in jeder Buchhandlung!
Deutscher Fachverlag · 60264 Frankfurt am Main

dfv **DEUTSCHER FACHVERLAG FACHMEDIEN**

HANDELSMONITOR

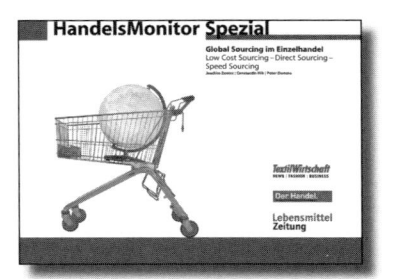

Zentes / Hilt / Domma

HandelsMonitor Spezial
Global Sourcing im Einzelhandel

133 Seiten, mit zahlreichen Bildern, Grafiken und Tabellen, Wire-O-Bindung
ISBN 978-3-86641-091-6   € 148,–

Aus dem Inhalt: Global Sourcing – Entwicklung, Herausforderung, Status quo und Zukunft • Inland vs. Ausland: Push- und Pull-Faktoren als Antriebskräfte des Global-Sourcing • Sourcing-Atlas: Fernost und der Rest der Welt • Wege der internationalen Beschaffung: „direct sourcing" im Aufwind • Der Handel hat Nachholbedarf: Corporate Social Responsibility (CSR) als „Muss"

Zentes / Hüffer / Pocsay / Chavie

Innovative Geschäftsmodelle und Geschäftsprozesse im Großhandel

366 Seiten, mit zahlreichen Grafiken und Tabellen, gebunden
ISBN 978-3-86641-090-9   € 68,–

Aus dem Inhalt: Von den Folgen und Einflüssen der Globalisierung, über technologische Entwicklungen wie E-Commerce und RFID bis hin zu branchenspezifischen Rahmenbedingungen bietet des Werk dem Leser eine vollständige Bestandsaufnahme des Themas Großhandel. Erfolgreiche Unternehmen wie die Rewe GVS, Lekkerland und andere werden als Best-Practice-Modelle ausführlich beschrieben.

Ihr direkter Weg: www.dfv-fachbuch.de

Erhältlich in jeder Buchhandlung!
Deutscher Fachverlag · 60264 Frankfurt am Main

dfv **DEUTSCHER FACHVERLAG FACHMEDIEN**